Uni-Taschenbücher 1332

UTB
FÜR WISSEN
SCHAFT

Eine Arbeitsgemeinschaft der Verlage

Birkhäuser Verlag Basel · Boston · Stuttgart
Wilhelm Fink Verlag München
Gustav Fischer Verlag Stuttgart
Francke Verlag München
Harper & Row New York
Paul Haupt Verlag Bern und Stuttgart
Dr. Alfred Hüthig Verlag Heidelberg
Leske Verlag + Budrich GmbH Opladen
J. C. B. Mohr (Paul Siebeck) Tübingen
R. v. Decker & C. F. Müller Verlagsgesellschaft m. b. H. Heidelberg
Quelle & Meyer Heidelberg
Ernst Reinhardt Verlag München und Basel
K. G. Saur München · New York · London · Paris
F. K. Schattauer Verlag Stuttgart · New York
Ferdinand Schöningh Verlag Paderborn · München · Wien · Zürich
Eugen Ulmer Verlag Stuttgart
Vandenhoeck & Ruprecht in Göttingen und Zürich

Horst Gründer

Geschichte der
deutschen Kolonien

Ferdinand Schöningh
Paderborn München Wien Zürich

Horst Gründer, Jahrgang 1939, Professor für Neuere und Neueste Geschichte an der Westfälischen Wilhelms-Universität Münster i. W.
Dr. phil. 1973, Habilitation 1981. Bücher, Aufsätze und Artikel zur
politischen und sozialen Geschichte des 19. und 20. Jahrhunderts sowie
zu den internationalen Beziehungen unter besonderer Berücksichtigung
der Kolonialgeschichte und der Geschichte der Dritten Welt, u. a. „Christliche Mission und deutscher Imperialismus. Eine politische Geschichte
ihrer Beziehungen während der deutschen Kolonialzeit (1884—1914)"
(Paderborn 1982).

CIP-Kurztitelaufnahme der Deutschen Bibliothek

Gründer, Horst:
Geschichte der deutschen Kolonien / Horst Gründer. —
Paderborn; München; Wien; Zürich: Schöningh, 1985.
  (UTB für Wissenschaft: Uni-Taschenbücher; 1332)
  ISBN 3-506-99369-0

NE: UTB für Wissenschaft / Uni-Taschenbücher

© 1985 by Ferdinand Schöningh at Paderborn

München · Wien · Zürich

Printed in Germany

Gesamtherstellung: Ferdinand Schöningh, Paderborn

Einbandgestaltung: Alfred Krugmann, Stuttgart

ISBN 3-506-99369-0

Inhaltsverzeichnis

Vorbemerkung

Die deutsche Kolonialgeschichte war nur kurz: Sie endete im Ersten Weltkrieg ebenso abrupt, wie sie Mitte der 1880er Jahre unter Bismarck begonnen hatte. Für die betroffenen Völker ist sie jedoch — im Rahmen des gesamten westlichen Imperialismus — in vielfacher Beziehung nicht folgenlos geblieben. Hundert Jahre nach dem Erwerb der ersten deutschen Kolonie scheint es daher angebracht, eine kritische Bestandsaufnahme der deutschen Kolonialvergangenheit auf der Grundlage des gegenwärtigen Forschungsstandes zu versuchen. Das vorliegende Studienbuch hat aus diesem Grunde zwei Schwerpunkte: die Kolonialbewegung und Kolonialpolitik im Gefüge der Innen- und Außenpolitik des Deutschen Kaiserreiches und die Ausübung und Auswirkung der deutschen Kolonialherrschaft in den deutschen „Schutzgebieten" in Afrika, Ostasien und im Pazifik. Da der begrenzte Raum dem Verfasser Beschränkungen auferlegte, ist der Darstellung und den knapp gehaltenen Anmerkungen eine umfassendere Bibliographie angefügt. Sie diente nicht nur den eigenen Studien als Voraussetzung, sondern ist auch als Hilfe für eine weitere oder in einzelnen Aspekten vertiefende Beschäftigung mit der abgehandelten Problematik gedacht.

An dieser Stelle sei es mir erlaubt, mich für das konstruktive Mitlesen des Manuskripts bzw. der Korrekturen zu bedanken. Dieser Dank gilt Dr. Jochen-Christoph Kaiser, Dr. Thomas Kleinknecht und meinem Freund Klaus Lieb (Unna) sowie meinen Mitarbeitern Michael Fröhlich und Andreas Wollasch, die auch bei der Erstellung der Kartenentwürfe und des Registers mitgewirkt haben. Gezeichnet wurden die Karten von Thomas Karling und Ursula Dey.

Münster i. W., 24. April 1984   Horst Gründer

Abkürzungen

DHPG	Deutsche Handels- und Plantagengesellschaft
DKG	Deutsche Kolonialgesellschaft
DKGSWA	Deutsche Kolonialgesellschaft für Südwestafrika
DOAG	Deutsch-Ostafrikanische Gesellschaft
Fs.	Festschrift
GfdK	Gesellschaft für deutsche Kolonisation
GP	Große Politik der Europäischen Kabinette 1871 bis 1914. Sammlung der Akten des Auswärtigen Amtes
Hrsg.	Herausgeber
KORAG	Koloniale Reichsarbeitsgemeinschaft
Masch.	maschinenschriftlich
MEW	Marx — Engels Werke
OHL	Oberste Heeresleitung
Sten.Ber.	Stenographische Berichte über die Verhandlungen des Reichstags
WAPV	Westafrikanische Pflanzungsgesellschaft Victoria

Einleitung

Die deutsche Kolonialgeschichte scheint im Geschichtsbewußtsein der Deutschen und in der deutschen Geschichtsschreibung nach 1945 eher eine nebengeordnete und beiläufige Rolle zu spielen. Das mag sowohl aus der Kurzlebigkeit des deutschen Kolonialreiches resultieren, das nur exakt dreißig Jahre effektiven Bestand hatte (1884—1914), als auch aus der relativen Folgenlosigkeit dieser historischen Erfahrung für das gegenwärtige politisch-historische Bewußtsein in beiden deutschen Staaten. Daß das Deutsche Reich 1919 im Versailler Friedensvertrag seine Kolonien in Afrika und in der Südsee sowie sein „Pachtgebiet" Kiautschou in China definitiv verloren hatte, wurde nicht zuletzt deshalb geradezu erleichtert registriert, weil Deutschland zumindest für die im Dekolonisationsprozeß evident werdende imperialistische Vergangenheit Europas und für die anschließend mit Vehemenz einsetzende Diskussion um die Probleme von „Ausbeutung" und „Unterentwicklung" nur indirekt die Verantwortung zu tragen schien. Im übrigen ließen und lassen sich bis heute die Beziehungen Deutschlands zu seinen ehemaligen Kolonien weitgehend ohne Belastung durch die eigene koloniale Vergangenheit gestalten. Nur gelegentlich geriet bei den mit Aufmerksamkeit verfolgten, unterschiedlich bewerteten entwicklungspolitischen Experimenten Nyereres in Tansania („Ujamaa") die deutsche Kolonialvergangenheit in den Blick. Während die Erinnerung an die ehemaligen deutschen Schutz- und Interessengebiete in der Südsee und in China kaum noch das öffentliche Bewußtsein prägt, bildet das hochpolitische Problem „Namibia" allerdings eine Ausnahme. Sowohl durch die ökonomisch-strategischen Interessen des Westens in Südafrika im allgemeinen als im besonderen durch die mehr als 20 000 Deutschsprachigen im ehemaligen Deutsch-Südwestafrika gerät die deutsche Kolonialvergangenheit immer wieder in den Blick. Die Ursache für diese Kontinuität liegt u. a. in dem historischen Umstand begründet, daß Südafrika nach der Niederlage der deutschen Kolonialtruppen im Ersten Weltkrieg aus wirtschaftlichen Gründen die meisten Deutschen im Lande belassen hatte. 1923 machten viele deutsche Siedler von dem

Angebot Gebrauch, die südafrikanische Staatsbürgerschaft zu erwerben, und die zwangsweise Ausbürgerung von Deutschen infolge nationalsozialistischer Aktivitäten blieb nur eine Episode. So ist es zu erklären, daß die Deutschen nach den zugewanderten Buren aus Südafrika (ca. 65%), aber vor Engländern und Portugiesen und anderen (ca. 15%) die zweitgrößte Gruppe (ca. 20%) der herrschenden weißen Minderheit bilden; Deutsch ist neben Afrikaans und Englisch halboffizielle dritte Amtssprache. Auch die einseitige Verteilung des Landbesitzes zugunsten der Weißen und die Lokation der schwarzen Bevölkerung in Namibia stellen weitgehend ein Erbe der deutschen Kolonialherrschaft dar; denn in keiner anderen deutschen Kolonie hat es eine Siedlung in diesem Ausmaß gegeben.

Aber nicht nur in der komplizierten Bevölkerungsstruktur, der Grundbesitzverteilung, dem Wanderarbeitersystem sowie den politischen Machtverhältnissen insgesamt wird das Erbe der deutschen Kolonialherrschaft sichtbar; auch die im südlichen Afrika praktizierte Apartheidspolitik besitzt Vorläufer und Wurzeln in der deutschen Eingeborenenpolitik in Südwestafrika.

Die zuletzt getroffene Feststellung macht bereits deutlich, daß die koloniale Erfahrung für die Betroffenen einen wesentlich tieferen Einschnitt in ihre Geschichte und in ihre Kultur darstellt als für die Kolonialeroberer. Für die Völker Afrikas, Asiens und Ozeaniens, die erstmals mit europäischem Herrschaftswillen und europäischem zivilisatorischen Sendungsbewußtsein in Berührung kamen, bedeutete die „schmerzliche" Erfahrung des westlichen Imperialismus einerseits einen radikalen Bruch mit ihrer Vergangenheit und kulturhistorischen Identität, andererseits den Ausgangspunkt für einen letztlich wohl unvermeidbaren sozialen und kulturellen Wandel und eine neue, „nationale" Identitätsfindung. Daß der durch den Kolonialismus verursachte „Stoß in die Moderne" mit tiefreichenden soziokulturellen Krisen und materiellen Verlusten einherging — wer wollte dies bezweifeln? Dennoch würde eine Kolonialhistorie zu kurz greifen, wenn sie die Geschichte der europäischen — und damit auch der deutschen — Kolonialherrschaft als reine Ausbeutungsgeschichte schreiben würde. So hat auch der Schweizer Kolonialhistoriker Rudolf von Albertini in seinem Standardwerk zur „Europäischen Kolonialherrschaft 1880—1940" im einzelnen dargelegt, „daß gerade im Kontext der ,kolonialen Situation' nicht nur Wachstum, sondern auch Entwicklung stattfand und koloniale Herrschaft einen Modernisierungsprozeß, wie immer man ihn definieren mag, ausgelöst hat"[1].

Albertinis große Studie bildet zugleich den inzwischen schon klassisch gewordenen Wendepunkt in dem zu Beginn der 1970er Jahre einsetzenden Prozeß, der den Umbruch von der Kolonialhistorie und „Überseegeschichte" alten Stils zur Geschichte der kolonialen Periode der Dritten Welt (K. J. Bade) markiert. „Man ist heute nicht mehr ‚Kolonialhistoriker', sondern Historiker Südostasiens, Indiens, der arabischen Länder, des Maghreb oder Schwarzafrikas", beschreibt v. Albertini diese Wende hin zu einer (Kolonial-)Geschichte „von innen", „die den kolonialen Einfluß auf die vorkoloniale Gesellschaft untersucht und deren Konfrontation mit der europäischen Macht und Zivilisation in den Vordergrund rückt"[2].

Mit diesem gleichzeitigen Wechsel der Perspektive zur Sicht der Betroffenen wird überdies erst deutlicher, daß der imperialistische Prozeß keineswegs nur als eine einseitige Einflußnahme anzusehen ist, sondern zugleich auch das Resultat von europäischer Expansion in Übersee und den je verschiedenen Antworten der „Peripherie" auf diese Herausforderung war, d. h. aus dem Spannungsverhältnis von europäischer „Expansion" und einheimischer „Reaktion" resultierte.[3] Die europäischen Eindringlinge — Kolonialpionier, Kolonialoffizier und Missionar — trafen auf kein „passives" Afrika geschweige denn China. Selbst gegenüber der Übermacht des weißen Mannes haben die vom Kolonisierungsprozeß erfaßten Völker auf die verschiedenste Weise — durch Widerstand oder Kooperation — reagiert und versucht, sich der neuen Situation nach ihren Vorstellungen und Interessen anzupassen, wobei der Grad der politischen Organisation und der kulturellen Konsistenz der indigenen Gesellschaften die politischen Beziehungen und das politische Abhängigkeitsverhältnis zwischen Europäern und Peripherienationen bestimmte. Die Afrikaner und die Südseebewohner, erst recht die Chinesen, waren daher nicht nur „Objekte" des Kolonialismus, als die sie eine sogenannte kritische Geschichtsschreibung im Grunde immer noch behandelt. Die Kolonialzeit bildete vielmehr — auch in ihrer deutschen Phase — in universalgeschichtlicher Perspektive allenfalls ein Durchgangsstadium ihrer autonomen Geschichte.

Den Perspektivenwechsel in der Betrachtungsweise des kolonialen Prozesses spiegeln auch die neueren, „peripherieorientierten" Imperialismustheorien gegenüber den klassischen Imperialismustheorien wider, die ausnahmslos „endogene" Theorien waren, insofern als sie die Ursachen imperialistischer Expansion ausschließlich in den inneren Problemen der westlichen Industriestaaten suchten.[4] Als die

wohl radikalste Version einer „endogenen Theorie" kann in
diesem Zusammenhang die erstmals von H.-U. Wehler in dieser
Konsequenz formulierte Theorie des „Sozialimperialismus" (Imperialismus als ein probates Ablenkungsmittel von sozialen und ökonomischen Schwierigkeiten) gelten, die er in seinem Werk „Bismarck und der Imperialismus" ausführlicher zu begründen versucht
hat.[5] Abgesehen von der einseitigen „Sozialimperialismus"-These
hat Wehler jedoch zum ersten Mal in dieser breiten Fundierung die
kolonialideologische Expansionsagitation in Deutschland und die
ersten Schritte der deutschen Kolonialexpansion beschrieben. Von
einem biographischen Ansatz her — und Wehler hinsichtlich des
unterschätzten Auswanderungsarguments der Kolonialdiskussion
ergänzend — hat auch K. J. Bade in einer brillanten Studie über
den Expansionspublizisten und Kolonialpolitiker Friedrich Fabri
die Geschichte von organisierter Kolonialbewegung, Kolonialpolitik und Kolonialwirtschaft in Deutschland dargestellt.[6] Die Arbeiten von Wehler und Bade können als die wichtigsten Untersuchungen zu den sozialökonomischen, politischen und ideologischen Bestimmungsfaktoren des Kolonialimperialismus im kaiserlichen Deutschland angesehen werden.
Einen zweiten Schwerpunkt in der Beschäftigung mit dem kurzzeitigen deutschen kolonialen Engagement bilden in den letzten anderthalb Jahrzehnten die Feldforschungen zu den deutschen Kolonialgebieten, wobei macht- und wirtschaftspolitische Fragen im
Vordergrund des Interesses stehen.[7] Um 1970 erschienen beinahe
gleichzeitig die ausgezeichneten Arbeiten von H. Bley zu Deutsch-
Südwestafrika, R. Tetzlaff und D. Bald zu Deutsch-Ostafrika
sowie von K. Hausen und A. Wirz zu Kamerun.[8] Sie werden
inzwischen für Afrika ergänzt durch die Fallstudie von A. J. Knoll
über Togo (1978).[9] Die deutschen Südseebesitzungen und China
sind monographisch von P. J. Hempenstall, S. Firth und
J. E. Schrecker sowie in einem von J. A. Moses und P. M. Kennedy
herausgegebenen Sammelband behandelt worden.[10] Eine vorzügliche Darstellung für die deutsche Kolonialpolitik in Afrika, die
die europäische Perspektive mit der Frage nach den wirtschaftlichen und gesellschaftlichen Folgen der deutschen Kolonialherrschaft verbindet, legten 1977 die amerikanischen Kolonialhistoriker L. H. Gann und P. Duignan vor.[11] Für den Kolonialrevisionismus nach 1918 bleibt das große Werk von K. Hildebrand
(1969) unübertroffen.[12] Zur Rolle der christlichen Mission im
Gefüge des deutschen Kolonialimperialismus sind schließlich jüngst

ein breit angelegter Sammelband, herausgegeben von K. J. Bade, und eine umfassendere systematische Untersuchung des Verfassers erschienen, die den politisch-kulturellen Zusammenprall und die Interaktion zwischen den weißen Missionaren und reagierenden indigenen Gesellschaften in der „situation coloniale" (G. Balandier) und damit den an Tiefenwirkung indirekte Herrschaft und ökonomische Penetration sicherlich übertreffenden geistigen und kulturellen Umbruchprozeß zum Thema haben.[13] Dagegen stellt die neueste Gesamtdarstellung der deutschen Kolonialgeschichte von W. D. Smith nicht so sehr die Geschichte des deutschen „Kolonialreiches" dar, sondern die Geschichte der deutschen „Kolonialpolitik".[14]

Anmerkungen

[1] Zürich 1976, 13.

[2] Ebd., 9.

[3] Vgl. z. B. H. L. Wesseling (Hrsg.), Expansion and Reaction. Essays on European Expansion and Reactions in Asia and Africa, Leiden 1978.

[4] Vgl. hierzu W. J. Mommsen, Imperialismustheorien. Ein Überblick über die neueren Imperialismusinterpretationen, Göttingen ²1980.

[5] München ⁴1976.

[6] Friedrich Fabri und der Imperialismus in der Bismarckzeit. Revolution — Depression — Expansion, Freiburg i. Br. 1975.

[7] Neueste Forschungsberichte: J. Dülffer, Deutsche Kolonialherrschaft in Afrika, Neue Politische Literatur 26 (1981), 458—473; K. J. Bade, Imperialismusforschung und Kolonialhistorie, Geschichte und Gesellschaft 9 (1983), 138—150. — Die wichtigste Literatur vor allem nach 1945 enthält die Bibliographie.

[8] H. Bley, Kolonialherrschaft und Sozialstruktur in Deutsch-Südwestafrika 1894—1914, Hamburg 1968; R. Tetzlaff, Koloniale Entwicklung und Ausbeutung. Wirtschafts- und Sozialgeschichte Deutsch-Ostafrikas 1885—1914, Berlin 1970; D. Bald, Deutsch-Ostafrika 1900—1914. Eine Studie über Verwaltung, Interessengruppen und wirtschaftliche Erschließung, München 1970; K. Hausen, Deutsche Kolonialherrschaft in Afrika. Wirtschaftsinteressen und Kolonialverwaltung in Kamerun vor 1914, Freiburg i. Br. 1970; A. Wirz, Vom Sklavenhandel zum kolonialen Handel. Wirtschaftsräume und Wirtschaftsformen in Kamerun vor 1914, Freiburg i. Br. 1972; beste knappe Zusammenfassungen für die deutsche Kolonialexpansion in Afrika: A. Wirz, Die deutschen Kolonien in Afrika, in: R. v. Albertini, Europäische Kolonialherrschaft, 302—327 sowie (mit neuen grundsätzlichen Ergebnissen) K. J. Bade, Die Deutsche Kolonialexpansion in Afrika: Ausgangssituation und Ergebnis, in: W. Fürnrohr (Hrsg.), Afrika im Geschichtsunterricht europäischer Länder. Von der

Kolonialgeschichte zur Geschichte der Dritten Welt, München 1982, 13—47.
[9] Togo under Imperial Germany 1884—1914. A Case Study in Colonial Rule, Stanford, Cal., 1978.
[10] P. J. Hempenstall, Pacific Islanders under German Rule. A Study of the Meaning of Colonial Resistance, Canberra 1978; S. Firth, New Guinea under the Germans, Melbourne 1982; J. E. Schrecker, Imperialism and Chinese Nationalism. Germany in Shantung, Cambridge, Mass., 1971; J. A. Moses — P. M. Kennedy (Hrsg.), Germany in the Pacific and Far East, 1870—1914, St. Lucia, Queensland, 1977.
[11] The Rulers of German Africa 1884—1914, Stanford, Cal., 1977. — Aufgrund der Benutzung der in Ostberlin lagernden Akten des ehemaligen Reichskolonialamtes ferner unentbehrlich: H. Stoecker (Hrsg.), Drang nach Afrika. Die koloniale Expansionspublizistik und Herrschaft des deutschen Imperialismus in Afrika von den Anfängen bis zum Ende des zweiten Weltkrieges, Berlin (O) 1977.
[12] Vom Reich zum Weltreich. Hitler, NSDAP und koloniale Frage 1919—1945, München 1969; vgl. ferner W. W. Schmokel, Der Traum vom Reich. Der deutsche Kolonialismus zwischen 1919 und 1945, Gütersloh 1967, sowie jüngst H. Pogge von Strandmann, Deutscher Imperialismus nach 1918, in: D. Stegmann, B.-J. Wendt, P.-Chr. Witt (Hrsg.), Deutscher Konservativismus im 19. und 20. Jahrhundert. Fs. f. Fritz Fischer zum 75. Geburtstag, Bonn 1983, 281—293.
[13] K. J. Bade (Hrsg.), Imperialismus und Kolonialmission. Kaiserliches Deutschland und koloniales Imperium, Wiesbaden 1982; H. Gründer, Christliche Mission und deutscher Imperialismus. Eine politische Geschichte ihrer Beziehungen während der deutschen Kolonialzeit (1884 bis 1914) unter besonderer Berücksichtigung Afrikas und Chinas, Paderborn 1982.
[14] W. D. Smith, The German Colonial Empire, Chapel Hill 1978; vorher schon R. Cornevin, Histoire de la colonisation allemande, Paris 1969, dt. Übers. Goslar 1974.

I. Zur Vorgeschichte

Die deutsche Kolonialexpansion in den achtziger Jahren und ihre Fortsetzung in der „Weltpolitik" seit den neunziger Jahren sind eingebettet in einen beinahe fünf Jahrhunderte währenden komplexen Prozeß frühneuzeitlicher Expansion, der die Kontinuität sowie die Einheit der westlichen Kolonialgeschichte unterstreicht. Allerdings sind im 16. und 17. Jahrhundert die Bemühungen um die Begründung deutscher Kolonialgebiete in der „Neuen Welt" im Gefolge der spanisch-portugiesischen Conquista — trotz des nicht unerheblichen Anteils deutscher Entdecker, Wissenschaftler, Forscher, Missionare, Händler und Handelshäuser (Welser in Venezuela) — für die Unternehmer und damit für die deutsche Kolonialgeschichte ergebnislos geblieben. Der „Aufruf zur Gründung deutscher Überseekolonien" in Südamerika des bayerischen merkantilistischen Finanzmanns und Polyhistors Johann Joachim Becher aus dem Jahre 1657 („Wohlan denn, dapffere Teutschen, machet, daß man in der Mapp neben neu Spanien, neu Franckreich, neu Engelland, auch ins künfftige neu Teutschland finde!") blieb ebenso ohne Resonanz wie sein Versuch im Jahre 1675 fehlschlug, im Auftrage Bayerns von den Holländern die Kolonie Neu-Amsterdam (das spätere New York) zu erwerben.[1] Nicht viel erfolgreicher gestalteten sich die Kolonialpläne und Kolonialgründungen des 18. Jahrhunderts.

Vergessen ist allerdings gemeinhin, daß der Nachbar und Schwager des Großen Kurfürsten, der Herzog Jakob von Kurland, eine Zeitlang die Insel Tobago, die südlichste der kleinen Antillen, und in Westafrika Landstriche in Gambia und die Andreas-Insel besaß und die Österreicher kurzzeitig Kolonien in der Delagoa-Bai (Süd-Mosambik) und auf den Nikobaren in Besitz hatten. Dagegen ist der Nachwelt noch am ehesten jenes im Geiste des Merkantilismus betriebene und von holländischem Einfluß zeugende Unternehmen des Großen Kurfürsten bekannt, das am 1. Januar 1683 mit der Gründung von „Groß-Friedrichsburg" an der westafrikanischen Küste (im heutigen Ghana) einen ersten Höhepunkt erreichte. Nach der Gründung weiterer Forts (Accada 1684, Takoradi 1685) und

der Niederlassung der Brandenburger an der mauretanischen Küste
auf der Insel Arguin, die die Holländer 1687 nach einem französischen Angriff aufgegeben hatten, erreichte der Große Kurfürst
von den Dänen die Abtretung eines Teils der Antillen-Insel St.
Thomas, was ihn in die Lage versetzte, am „Dreiecks-Handel" zwischen Europa, Afrika und Amerika teilzunehmen. Da sich Branden-
burg-Preußen jedoch außerstande sah, seine überseeischen Besitzungen und Unternehmungen wirksam gegenüber den großen seefah-
renden Nationen zu schützen, verkaufte Friedrich Wilhelm I. die
afrikanischen Besitzungen 1717 „für 7200 Dukaten und 12 Moh-
ren" an die Holländer, während die Dänen Preußens Anteil an der
westindischen Insel St. Thomas einschließlich der Faktorei kurzweg
beschlagnahmten.
Friedrich Wilhelms Sohn, Friedrich II., zeigte sich kaum mehr interessiert an kolonialen Unternehmungen, obgleich er sich an der
1751 in Emden mit einem Kapital von 270 000 Talern gegründeten
Asiatisch-Chinesischen Handelsgesellschaft beteiligt hatte. Eine
Eingabe des weitgereisten Handelskapitäns Joachim Nettelbeck,
des späteren Verteidigers von Kolberg, eine preußische Pflanzungskolonie zum Anbau von „Zucker, Kaffee und anderen Kolonialwaren" im nördlichen Südamerika zu begründen und gegebenenfalls zur Lösung der „Arbeiterfrage" die Wiederinbesitznahme der
„Kolonien" des Großen Kurfürsten an der Küste von Guinea ins
Auge zu fassen, ließ der König unbeantwortet.[2] Die militärischen
Notwendigkeiten angesichts der exponierten Lage Preußens hatten
Vorrang vor dem Erwerb überseeischen Kolonialbesitzes. Die
Klage des altdeutsch-national orientierten Historikers Justus Mö-
ser, daß die Nachkommen jener Männer, die einst die Hanse errichtet hatten, nunmehr „Austern fangen, Zitronen aus Spanien
holen und Bier aus England einführen"[3], wirft indes ein bezeichnendes Licht auf die Stimmung bestimmter „bürgerlicher" Kreise,
wenn auch das heraufziehende Zeitalter physiokratischer Ideen die
Neigung zu kolonialen Projekten und Programmen weiter vermindert haben dürfte.
Unter den Erfahrungen der Kontinentalsperre Napoleons reiften
zwar noch einmal koloniale Gedanken und Pläne heran, wie jene
weitere große Denkschrift Nettelbecks aus dem Jahre 1815, die
nicht nur den Wunsch nach einer Pflanzungskolonie traditioneller
Art aussprach, sondern bereits das nationale Motiv erkennen ließ,
die Gewinne aus Transport und Umsatz der Kolonialwaren dem
eigenen Land und der eigenen Volkswirtschaft zugute kommen zu

lassen. Den Durchbruch zu einer „nationalen" Argumentation für
deutsche Kolonien brachten aber erst die 1840er Jahre. Erst jetzt
brach ein Zeitalter planmäßiger deutscher Kolonialversuche und
Kolonialgründungen an. Handelsinteresse und die Furcht, die
eigene Nation komme bei einer fortschreitenden Aufteilung der
Welt zu kurz, ließen in der Presse der 1840er Jahre eine Welle
kolonialer Begeisterung aufbrechen. Vornehmlich liberale Bürgerliche plädierten für den deutschen Anspruch auf „Seegeltung" und
die Notwendigkeit einer starken Flotte sowie großer deutscher
Kolonien in Übersee. Man sprach u. a. davon, die Türkei zu „beer-
ben", andere wollten ein „Neudeutschland" in Südamerika oder in
Afrika errichten. In Nordamerika dachte man an den Kauf von
Teilen Kanadas oder Mexikos.

Die amerikanisch-mexikanischen Spannungen bildeten auch den
Anlaß für den 1842 in Biebrich von adeligen Offizieren gegründeten und unter dem fördernden Protektorat souveräner Fürsten,
Standesherren und Edelleuten stehenden „Verein deutscher Fürsten, Grafen und Herren zum Schutze deutscher Auswanderer in
Texas".[4] Dieser „Mainzer Adels-" oder „Texasverein", wie ihn
eine lebhaft interessierte Öffentlichkeit kurz nannte, versuchte, die
infolge unorganisierter Massenauswanderungen entstandenen Mißstände durch den planmäßigen Ankauf von Ländereien und deren
Besiedlung im damals selbständigen Texas zu beseitigen. Hintergrund dieser bereits in burschenschaftlichen Kreisen der Studenten-
bewegung diskutierten Bestrebungen war die Hoffnung, in Texas
ein deutsches und womöglich sogar ein unabhängiges Gemeinwesen
zu etablieren. Das aus patriotischen, sozialpolitischen, standespoli-
tischen und geschäftlichen Beweggründen unternommene Werk
endete indes in einem Fiasko. Unzureichendes Kapital, Unerfahrenheit und Gutgläubigkeit der verantwortlichen Männer, die
mehrfach auf Spekulanten hereinfielen, mangelnde Organisation
und Verwaltung und wahrscheinlich auch schwindendes Interesse
an einer deutschen Ansiedlung nach dem Anschluß von Texas an
die Union 1845 führten zum Zusammenbruch. Enttäuschte Rück-
kehrer — fast die Hälfte der 7 380 Auswanderer des Mainzer
Adelsvereins starben an Hunger und Seuchen — wiesen auf das
adelige Unternehmen als „Warnungsbeispiel für Auswanderungslu-
stige" hin, während der „Texas-Verein" selbst wegen der hohen
Verschuldung, deren Tilgung ihn bald ausschließlich beschäftigte,
sich erst 1893 auflösen konnte.

Als ein wesentlich seriöseres Unterfangen präsentierte sich dagegen

das Projekt einer „Deutschen Antipoden-Colonie" aus dem Jahre
1841/42, hinter dem eine Gruppe Hamburger Reeder, Schiffseigner und Kaufleute unter der Leitung des Senatssyndikus Karl Sieveking stand.[5] Anfang 1841 hatte Sieveking (1787—1847) begonnen, seine langgereiften Pläne für eine „deutsche Colonisations-
Gesellschaft" zu verwirklichen, wobei neben den nationalpolitischen Motiven natürlich die Aussicht der hanseatischen Werften auf
den Bau einer „Kolonisationsflotte" eine gewichtige Rolle mitspielte. Schließlich schien sich die Gelegenheit zu bieten, von der
Londoner New Zealand Company, einer Grundstücks- und Spekulationsgesellschaft, für 10 000 Pfund Sterling die neuseeländischen
Chatham-Inseln zu erwerben, die der Stadt Hamburg auf dem
Globus genau gegenüberliegen. Auf diesen „von der Natur vorbestimmten" Inseln (Antipoden) plante Sieveking ein Ansiedlungsgebiet für deutsche Auswanderer.
Zugleich dachte er auch an einen möglichen Stützpunkt im Stillen
Ozean für eine deutsche Marine. Die wirtschaftliche Grundlage des
Unternehmens basierte auf Gedanken des sogenannten Wakefieldschen Systems, d. h. die Gesellschaft garantierte den auswandernden Arbeitern freie Überfahrt, während sie die Kosten für Antransport, Organisation der Kolonisation, Infrastrukturmaßnahmen vor Ort und nicht zuletzt ihren Dividenden-Anspruch aus
dem Erlös spekulativer Landverkäufe decken wollte. Ebenfalls
sollten die aristokratischen Prinzipien der Hamburger Verfassung
— „Erbgesessenheit" und Besitz — auch für die Mitgliedschaft in
der zukünftigen Bürgerschaft von Warekauri (wie der einheimische
Name der Insel lautete) gelten, während besitzlose Einwanderer
zwar reale Aussichten auf eigenen Landbesitz erhalten, aber vorerst einige Jahre im Status von Lohnabhängigkeit gehalten werden
sollten. Als die britische Regierung jedoch die New Zealand Company wissen ließ, daß sie im Rahmen der erhaltenen „Charter"
weder zum Kauf noch zum Verkauf der zur königlichen Kolonie
Neuseeland gehörenden Chatham-Inseln berechtigt gewesen sei,
brach das auch beim Aktienverkauf nicht reüssierende Projekt zusammen. Das gescheiterte Unternehmen veranlaßte schließlich
einen Hamburger Lokalpoeten unter dem Motto „God save the
*Sieve*king" zu einem satirischen Hymnus, der mit dem Refrain
endete:
„Schon brüllen Hamburgs Rammer Gottverdauri!
Wy goat mit Froo un Kind nach Warekauri!"
Neben den gescheiterten Projekten des „Texas-Vereins" und der

„Antipoden-Kolonie" Sievekings stehen andere, mehr oder weniger erfolgreiche Kolonisationsversuche, die der weitverbreiteten Kolonisationsstimmung der 1840er Jahre entsprachen. In Frankfurt a.M., Leipzig und Dresden entstanden 1848 Kolonialvereine, denen sich weitere in Darmstadt, Wiesbaden, Hanau, Hamburg, Karlsruhe und Stuttgart anschlossen. Sie haben vor allem in Zentral- und Südamerika Kolonialland erworben und teilweise kolonisatorischen Erfolg erzielt. So gründete der „Colonisations-Verein von 1849 in Hamburg", der als Aktiengesellschaft ins Leben trat, im Küstengebiet der brasilianischen Provinz Santa Catharina die Kolonie „Dona Francisca", die bis zum Jahre 1868 ca. 8000 Kolonisten aufnahm. Aber auch in der weiter südlich gelegenen Provinz Rio Grande do Sul entstand eine ganze Reihe florierender deutscher Niederlassungen. Südbrasilien, Uruguay und die La Plata-Länder standen im Mittelpunkt deutscher Auswanderungspläne, überseeischer Handelsbestrebungen und erster „Weltmacht"-Träume. Hier in Südamerika erschien die Erhaltung des Deutschtums sowie eine Verbindung mit dem Mutterland, wenn auch in lockerer Form, leichter möglich als im assimilationskräftigeren Norden. Dennoch vermochte das national-politische Argument die deutsche Auswanderung ebensowenig von Nordamerika nach Südamerika umzulenken, wie die aus dem gleichen Motiv propagierte Siedlung entlang der Donau, auf der Balkanhalbinsel und im Nahen Osten bis nach Mesopotamien Erfolg hatte.

Unter dem Aspekt der Erhaltung des Deutschtums waren bereits zu Beginn der vierziger Jahre erstmals konkrete Vorschläge zu einer deutschen Besiedlung Palästinas und einer Vorherrschaft in dieser Region aufgetaucht. Der preußische Militär-Berater in der Türkei, Helmuth Graf von Moltke, vertrat in den Jahren von 1841—1844 in den Beilagen der renommierten „Augsburger Allgemeinen Zeitung" die Ansicht, daß die durch europäische Hilfe zurückgewonnenen Gebiete Syrien und Palästina in Wirklichkeit als „Geschenke" der Europäer an den Sultan anzusehen seien, die folglich am besten vor einer erneuten kriegerischen Verwicklung bewahrt werden konnten, indem Palästina als Pufferstaat zwischen Syrien und Ägypten in ein christliches Staatswesen unter einem deutschen Fürsten verwandelt würde.[6]

Der namhafteste Verfechter einer deutschen Auswanderung in die Gebiete entlang der Donau und darüber hinaus in den Nahen Osten, ebenfalls noch in den vierziger Jahren, war der Nationalökonom und Publizist Friedrich List. Im Zuge der Industrialisie-

rung mit ihren gewaltigen Fortschritten in Technik, Handel und
Verkehr erschien ihm in seinen visionären Großraumvorstellungen
Deutschland nicht nur als eine bedeutende mitteleuropäische, sondern auch überseeische Großmacht. Siedlungskolonien in gemäßigten Zonen sollten zur Unterbringung des Bevölkerungs- und Kapi-
talüberschusses dienen, und Tropenkolonien waren von ihm als
Bezugsquellen für Rohstoffe und als Absatzmärkte deutscher Fa-
brikwaren gedacht. Im Anschluß an die Handelspolitik des von
ihm begründeten „Zollvereins" (1834) erwartete er daher nicht nur
eine Erweiterung des Handels mit Amerika und die Schaffung
einer deutschen Handels- und Kriegsflotte, sondern ebenfalls eine
großartige und großzügige deutsche Kolonisation in Übersee. Nicht
ganz zu Unrecht hat man in ihm den „ersten großen Welt- und
Kolonialpolitiker Deutschlands" sehen wollen.[7]
Im Anschluß an List bedeuteten auch für seinen Fachkollegen Wilhelm Roscher die deutschen Auswanderer nach Amerika, Rußland
und Australien einen Verlust für das deutsche Vaterland, wohingegen er in den Siedlungsgebieten des Donauraumes, der Türkei und
des mittleren Ostens die natürliche Achse deutscher Ausbreitung
sah.[8]
Auffallend an dieser vormärzlichen Publizistik ist, daß sie von
jenen Kreisen des liberalen Besitz- und Bildungsbürgertums und
der Demokraten getragen wurde, die auch die Generation der
1848er Revolutionäre bildeten. So rief Richard Wagner, den die
Kolonialidee sein ganzes Leben lang nicht mehr losließ, am
15. Juni 1848 im demokratischen Vaterlandsverein zu Dresden
begeistert und von der überragenden Kolonisationsfähigkeit der
Deutschen überzeugt aus: „Nun wollen wir in Schiffen über das
Meer fahren, da und dort ein junges Deutschland gründen. Wir
wollen es besser machen als die Spanier, denen die neue Welt ein
pfäffisches Schlächterhaus, anders als die Engländer, denen sie ein
Krämerkasten wurde. Wir wollen es deutsch und herrlich ma-
chen."[9] Im Kreise der sogenannten Achtundvierziger sind die
Pläne zur Gründung deutscher Kolonien fortan nicht mehr zur
Ruhe gekommen.
Aus der gleichen nationalen Aufbruchstimmung stammte auch das
Flottenprogramm der Paulskirche, das ein gewichtiges Anliegen des
Bürgertums darstellte. Zwar sind Flottenpläne im Rahmen einer
deutschen Überseeausbreitung dann namentlich durch den Prinzen
Adalbert von Preußen vertreten worden, der zukünftig als Haupt-
verfechter einer *preußischen* Kolonial- und Stützpunktpolitik in

Übersee galt. In erster Linie aber waren es bürgerliche Liberale und Radikale, die in der vormärzlichen Publizistik und während der 1848er Revolution auf eine baldige deutsche Weltgeltung hofften, ohne in einen verbalen Imperialismus zu verfallen. Geht man davon aus, daß auch die Kolonialbewegung der achtziger Jahre, wie diejenige des Vormärz und der Revolution von 1848, eine „bürgerliche" Bewegung war, und bringt man das Scheitern der achtundvierziger Revolution mit der Verspätung des deutschen Kolonialismus in Zusammenhang, so spricht manches dafür, daß eine deutsche Kolonial- und Überseepolitik bereits in den vierziger Jahren — wie in Frankreich und vor allem in England — eingesetzt hätte, wenn diese nicht durch die agrarisch-konservative Reaktion verhindert worden wäre. Denn die Konservativen, die die Macht behielten, besaßen an überseeischer Politik nur ein geringes oder gar kein Interesse. Mit anderen Worten: „Wäre das Deutschlandproblem schon 1848 bereinigt worden, so hätten die imperialistischen Stimmungen schon damals gute Aussichten gehabt, konkretisiert zu werden" (H. Fenske).[10]

Allerdings — und hier sind gewisse Einschränkungen an der obigen These vorzunehmen — wäre von seiten der Kolonialfreunde die Argumentation der Freihändler zu überwinden gewesen, die im Interesse einer „internationalen Arbeitsteilung" und unter Verweis auf den Abfall der amerikanischen Kolonien jede Kolonialpolitik und Kolonisation ablehnten. Die in den fünfziger und sechziger Jahren auftauchenden Kolonialprojekte fanden daher zurückhaltenderen Widerhall, ohne daß sie an Zahlenmäßigkeit verloren hätten. Immer wieder, namentlich unter dem Einfluß der preußischen Handelsexpedition von 1860/61 nach Siam, China und Japan, stand Formosa als Basis eines deutschen Kolonialreiches zur Diskussion. 1866 machten Deutsche in Australien dem preußischen Handelsministerium den Vorschlag, Papua auf Neuguinea zu annektieren; 1867 wurde das Augenmerk der Deutschen zum wiederholten Male auf die Nikobaren gelenkt. Taiwan, Neuguinea, Madagaskar, die Sulu-Inseln sowie immer wieder Inseln im Pazifik und Kolonialgebiete in Afrika und Südamerika tauchten als potentielle Kolonialfelder, Flottenstationen und nicht zuletzt Strafkolonien in der Diskussion auf.

1870/71 verlieh der deutsch-französische Krieg im Zuge nationaler Kompensationsforderungen deutschen Kolonialplänen einen zusätzlichen Auftrieb. Bereits vor den Friedensverhandlungen stand französischer Kolonialbesitz als Kriegsentschädigung zur Diskussion. Hanseatische Kaufleute forderten ebenso wie Militär-, insbesondere Marinekreise, die Reichsregierung auf, als Kriegsziele von Frankreich die Abtretung Cochinchinas mit der Hauptstadt Saigon zu fordern. Bismarcks Stellungnahme zu diesen Plänen ist bekannt: „Ich will auch gar keine Kolonien. Die sind bloß zu Versorgungsposten gut (...) diese Kolonialgeschichte wäre für uns genauso wie der seidne Zobelpelz in polnischen Adelsfamilien, die keine Hemden haben."[11] Trotz dieser klaren Absage lebte die koloniale Projektemacherei ebenso fort wie die allgemeine Grundstimmung einer Notwendigkeit deutscher ökonomischer Expansion und überseeischer territorialer Besitzerweiterung, um allerdings erst in einem veränderten politisch-sozialen Klima die Züge einer zielstrebigen Kolonialagitation und sich formierenden Kolonialbewegung anzunehmen.

Anmerkungen

[1] Vgl. P. E. Schramm, Deutschland und Übersee. Der deutsche Handel mit den anderen Kontinenten, insbesondere Afrika, von Karl V. bis zu Bismarck, Braunschweig 1950, hier: 15, 29, 31 ff.
[2] Vgl. Th. Sommerlad, Der deutsche Kolonialgedanke und sein Werden im 19. Jahrhundert, Halle a. S. 1918, 14 ff.
[3] J. Mösers Sämtliche Werke, Bd. 4, Oldenburg, Berlin 1943, 218.
[4] Vgl. H. Gollwitzer, Die Standesherren. Die politische und gesellschaftliche Stellung der Mediatisierten 1815—1918. Ein Beitrag zur deutschen Sozialgeschichte, Göttingen ²1964, 328—332; H. Winkel, Der Texasverein. Ein Beitrag zur Geschichte der deutschen Auswanderung im 19. Jahrhundert, Vierteljahrsschrift für Sozial- und Wirtschaftsgeschichte 55 (1968), 348—372.
[5] H. Sieveking, Hamburger Kolonisationspläne 1840—1842, Preußische Jahrbücher 86 (1896), 149—170; vgl. H. Washausen, Hamburg und die Kolonialpolitik des Deutschen Reiches 1880—1890, Hamburg 1968, 12—15; W. Ustorf, Die deutsche Antipoden-Colonie. Ein patriotischer Traum aus dem Hamburger Vormärz, in: Entwicklungspolitische Korrespondenz (Hrsg.), Deutscher Kolonialismus. Materialien zur Hundertjahrfeier 1984, Hamburg 1983, 23—34.
[6] H. v. Moltke, Gesammelte Schriften und Denkwürdigkeiten, Berlin 1892, Bd. II, 279—320, bes. 284 f.
[7] L. Sevin, Die Entwicklung von Friedrich Lists kolonial- und weltpolitischen Ideen bis zum Plane einer deutsch-englischen Allianz 1847, Jahrbuch für Gesetzgebung, Verwaltung und Volkswirtschaft im Deutschen Reich (Schmollers Jahrbuch) 33 (1909), 1673—1715, hier: 1673; vgl.

H. Gollwitzer, Geschichte des weltpolitischen Denkens, Bd. I: Vom Zeitalter der Entdeckungen bis zum Beginn des Imperialismus, Göttingen
1972, 510—528.

[8] W. Roscher, Kolonien, Kolonialpolitik und Auswanderung, 1. Aufl.
1848, überarb. Aufl. Hamburg 1885 (in Zusammenarbeit mit Robert
Jannasch). — Ein bezeichnendes Beispiel für das Wiederaufleben der
kolonialen Gedanken der „1848"er nach 1880 (s. Anm. 10).

[9] Zit. n. Th. Sommerlad, Der deutsche Kolonialgedanke und sein Werden im 19. Jahrhundert, 48.

[10] Imperialistische Tendenzen in Deutschland vor 1866. Auswanderung,
überseeische Bestrebungen, Weltmachtträume, Historisches Jahrbuch 97/98
(1978), 336—383, hier: 382.

[11] M. Busch, Tagebuchblätter, Bd. II, Leipzig 1902, 157.

II. Frühe Kolonialagitation und Anfänge der Kolonialbewegung

Der Beginn der deutschen Kolonialexpansion in der Mitte der 1880er Jahre fiel in ein krisenhaftes Übergangs- und Durchgangszeitalter. Die durch die industrielle Revolution mobilisierte Gesellschaft befand sich in einem wirtschaftlichen, sozialen und geistigen Umbruchprozeß. Aus dieser Umbruchsituation resultierten wiederum jene Antinomien von Rationalismus und starken irrationalen Elementen, die die geistige Kultur der Zeit beherrschten. Rationalismus und Irrationalismus mischten sich folglich auch in der imperialistischen Expansionspropaganda, was dazu führte, daß in Wirklichkeit sozial oder sozialpsychologisch deutbare Motive unter dem Deckmantel der Wissenschaftlichkeit präsentiert und diskutiert wurden. Imperialismus und in seinem Gefolge Kolonialismus und Expansionismus beruhten aber keineswegs nur auf rationalem Kalkül und bewußter Planung, wie dies vornehmlich die marxistische Kritik gemeint hat und meint, sondern vielmehr zu ebenso großen Anteilen auf Abenteuerlust, Entdeckerdrang und Eroberungswillen. Die Dynamik der ausgangs des 19. Jahrhunderts vielfach mobilisierten Gesellschaft drängte schließlich — in Fortsetzung und zugleich als Klimax der jahrhundertelangen Bewegung der Entdeckungen und der Kolonisierung fremder Erdteile — die Staaten über die natürlichen Grenzen Europas hinaus, wobei der Imperialismus das Ventil für die inneren Veränderungen und Umwandlungen der Epoche darstellte bzw. die politische Form, in der die industrielle Revolution von Europa aus die ganze Welt erfaßte (Theodor Schieder). Daß sich in diesem Zusammenhang das Deutsche Reich, seit den 1860er Jahren in der Durchbruchsphase der Industriellen Revolution und 1870/71 zum Nationalstaat vereint, diesem epochalen Expansionsprozeß hätte entziehen und innerhalb Europas — auch angesichts der Kolonialpolitik kleinerer Staaten wie beispielsweise Belgien, Portugal und Italien — koloniale Abstinenz üben können, erscheint für den Historiker ebensowenig schlüssig wie für die überwiegende Mehrzahl der Zeitgenossen denkbar oder gar vernunftgerecht. Allerdings zeichnet gerade dieser um Aufholen und um Sicherung eines „Platzes an der Sonne"

bemühte deutsche Kolonialexpansionismus nicht zum wenigsten
dafür verantwortlich, daß ihm in stärkerem Maße als bei den etablierten Kolonialmächten Züge von „Improvisation" und „Tor-
schlußpanik" (K. J. Bade), in der kolonialen Praxis aber auch von
Überheblichkeit und erstrebtem „Perfektionismus" anhafteten.

1. Die Argumente der Kolonialdiskussion

Eines der wichtigsten Elemente der Krisenstimmung der späten
1870er und frühen 1880er Jahre, aus denen die deutsche Kolonialagitation ihre Argumente bezog, resultierte aus dem anhaltenden
Wachstum der Bevölkerung im Gefolge der Industriellen Revolution mit ihren Verbesserungen für Gesundheit und Lebensqualität.
Allein in den letzten beiden Jahrzehnten des 19. Jahrhunderts
wuchs die Reichsbevölkerung (ohne Elsaß-Lothringen) um fast
25% von rd. 45 Millionen auf rd. 56 Millionen an. Ursache für
diese gewaltige Bevölkerungsexplosion war nicht zuletzt das Aus-
einanderdriften von Sterbe- und Geburtenkurve im Kernprozeß
der sogenannten demographischen Transition, des Übergangs „von
der agrarisch-frühindustriellen Bevölkerungsweise mit ihren hohen
und stark schwankenden Sterbe- und Geburtenkurven zur industriellen Bevölkerungsweise mit ihren auf niedrigem Niveau
schwankenden Kurven von Geburt und Tod".[1] Da sich in der
Kernphase der demographischen Transition die Schere von Sterbe-
und Geburtenkurven am weitesten öffnet und das im Vergleich zur
Bewegung der Sterbekurve phasenverschoben einsetzende Absinken
der Geburtenkurve für das zeitgenössische Erlebnis erst in den
beiden Vorkriegsjahren sichtbar abzeichnete, mußte in den 1870er
und 1880er Jahren der alte malthusianische Alptraum vom tenden-
ziellen Anwachsen der Bevölkerung in geometrischer Progression
und der nur in arithmetischer Progression sich ausweitenden Er-
nährungsbasis erneut kollektive Ängste mit eschatologischen
Dimensionen wecken. Der Bevölkerungsdruck, der auf den Arbeitsmarkt durchschlug, entlud sich denn auch in der jetzt nahezu ausschließlich wirtschaftlich und sozial und nicht mehr politisch motivierten Auswanderung, die in der dritten Auswanderungswelle von
1880—1893 ihr säkulares Maximum erreichte. Unter „Überproduktion" verstand man daher nicht zum wenigsten, wie z. B. der
nationalliberale Historiker Heinrich von Treitschke, die „Überproduktion an Menschen".[2]

Die Bevölkerungs- und Auswanderungsfrage spielte demgemäß
eine zentrale Rolle in der Kolonialpropaganda und Expansionsagitation, wobei die entsprechenden Parolen „Ackerbau-" und „Siedlungskolonien" hießen. In erster Linie schienen sich Gebiete in Südamerika und im nahen und mittleren Osten anzubieten, aber auch
Afrika rückte zunehmend in den kolonialpolitischen Blickwinkel.
Mit der Reichsgründung erhielten zudem die nationalpolitischen
Implikationen, die bereits die Kolonialagitation im Vormärz aus-
gezeichnet hatten, erhöhten Stellenwert. Denn die bisherige Auswanderung, die zu 90% in die Vereinigten Staaten ging — zwischen 1880 und 1890 sind nur 1200 Deutsche nach Afrika ausge-
wandert — wurde als schwerwiegender Verlust nationaler Energien empfunden, als ein Aderlaß, der das Reich wertvoller Substanz beraube. Eingehende statistische Untersuchungen wurden darüber angestellt, welche Summen der Staat für die Auswanderer vor
ihrer Abreise aufgebracht habe und welch hoher Prozentsatz deutschen Volksvermögens und deutscher Volksenergien alljährlich
durch die Emigration verlorengehe. Anstatt daß dieses finanzielle
und nationale „Kapital" anderen Konkurrenznationen zugute
komme, wie vor allem den USA, sollte die Auswanderung in
deutsche Siedlungskolonien gelenkt werden. In der notwendig er-
scheinenden und zugleich als nationaler Verlust empfundenen Auswanderung lag daher vor allem der Ansatzpunkt für eine deutsche
Kolonialbewegung.
Die Auswanderung als Argument für den Erwerb von Kolonien
hat in der zeitgenössischen Diskussion deshalb auch ganz unzwei-
deutig bis in die 1890er Jahre eine zentrale, jedenfalls bedeuten-
dere Rolle gespielt als das Argument des Waren- und Kapital-
exports (H.-U. Wehler). Sehr zu Recht haben darum neuere Darstellungen (Bade, Hampe) die größere Bedeutung der Auswanderung gerade für den mittelständischen Expansionismus (einschließlich der Landbevölkerung) betont. Das Auswanderungsargument
stand sowohl bei den Vätern der deutschen Kolonialpropaganda
als auch in den Programmen der expansionistischen Interessenverbände zunächst an erster Stelle.
Zunehmendes Gewicht gewannen dann aber die *wirtschaftspolitischen* Argumente, die ihren Nährboden in dem sich abzeichnen-
den Umbruch vom „Agrarstaat mit starker Industrie zum Industriestaat mit starker agrarischer Basis" (K. J. Bade) besaßen. 1889
überschnitten sich die absinkende Kurve der landwirtschaftlichen
mit der steigenden Kurve der industriellen Wertschöpfungsanteile,

ebenso wie sich 1904 die Kurven landwirtschaftlicher und industrieller Beschäftigtenanteile kreuzten, d. h. zwischen 1889 und 1904 wandelte sich das Deutsche Reich definitiv vom Agrar- zum Industriestaat. Dieser Prozeß war gleichzeitig begleitet von anhaltenden oder sich wiederholenden Krisenerscheinungen sowohl im Bereich der Landwirtschaft (strukturelle Agrarkrise seit 1876) als auch in der Industrie.[3]
Von den Zeitgenossen sind allerdings diese Krisen in Landwirtschaft und Industrie sowie die gesamte Übergangssituation im Wirtschaftsleben als Überproduktions- und Absatzkrise verstanden worden, deren Heilungschancen allein in einer Exportoffensive in weltweitem Maßstab und in der Erschließung neuer Rohstoffquellen und Absatzmärkte gesehen wurden. Dem Drängen von Landwirtschaft und Teilen der Industrie nach Schutzzöllen einerseits und der Sicherung von Absatzmärkten andererseits entsprachen daher in der kolonialen Agitation Schlagworte wie „Handelskolonien" bzw. „Plantagen-" und „Bergbaukolonien". Während die eigentlichen Ursachen der strukturellen Krisen weitgehend unbekannt blieben, erwiesen sich die pseudowissenschaftlichen Argumente, deren sich bezeichnenderweise nationalökonomische Halbgebildete in der Kolonialdiskussion bedienten, als primär psychologisch verursacht. Schon die Tatsache, daß zwar Deutschland 1879 zum Schutzzoll überging, das koloniale Frankreich erst 1892, England als Kolonialmacht par excellence aber beim Freihandel blieb, zeigt, daß der Zusammenhang zwischen Schutzzöllen und formellem Expansionismus kein gesetzmäßiger war und eher den jeweils politisch-gesellschaftlichen Bedingungen entsprach.
Allerdings ist in der frühen Kolonialdiskussion die auf Protektion bedachte Landwirtschaft vorerst kein direkter Verfechter kolonialer Expansion gewesen. Für die ostelbischen Junker etwa lagen Kolonien vorerst im wahrsten Sinne außerhalb ihres Horizonts. Hinter dem Export von Spirituosen nach Afrika (gut drei Fünftel des deutschen Afrika-Handels), der nahezu ausschließlich von Hamburg ausging und der dem Interesse der „Kartoffelsprit" und Weizen produzierenden Ostelbier gedient haben soll (H. Stoecker, H.-U. Wehler), standen bis zum Beginn der neunziger Jahre in Wirklichkeit allein die freihändlerischen Interessen der Hamburger Spiritus-Fabrikanten und Exportfirmen und nicht ein auf Kolonial*erwerb* gerichtetes Solidaritätskartell von Schnapshändlern und ostelbischen Junkern.[4] Dagegen haben sich die Agrarier aus politischen Gründen wiederholt mit schutzzöllnerischen Interessen der

Industrie solidarisch erklärt und auf diese Weise indirekt die Kolonialbewegung gefördert. Im einzelnen mochten sie sich auch den genannten psychologischen Motiven der auf Sicherung überseeischer Rohstoffquellen und Absatzmärkte gerichteten Kolonialpropaganda nicht zu entziehen. Freilich mußte sich die Kolonialargumentation für den Export von Waren und Kapital nicht notwendig auf formellen Kolonialbesitz richten und hatte insbesondere die traditionellen freihändlerischen Argumente gegen sich.

Noch stärker hat indessen die im Zusammenhang mit den wirtschaftspolitischen Schwierigkeiten und dem demographischen Druck stehende *soziale* Frage das psychologische Klima für die Kolonialagitation — als „Ventil" für den „Überdruck" an Menschen, Waren und Kapital — bereitet. Zeitgenössische Beobachter unterschiedlichster politischer Herkunft (Fabri, Ketteler, Liebknecht usw.) haben die „soziale Frage" als die „eigentliche" oder „zentrale" Frage des 19. Jahrhunderts bezeichnet. Seitdem mit den Reformen zu Beginn des 19. Jahrhunderts der wirtschaftliche Liberalismus zum Bewegungsgesetz des preußischen Staates geworden war und sich auf dem Schlachtfelde gegen die Schwarzenberg-Brucksche Modelle eines österreichisch-dominierten, mitteleuropäischen Schutzzollraumes behauptet hatte, stand der moderne Industriestaat preußischer Provenienz unangefochten an der Spitze wirtschaftlicher Progressivität in Mitteleuropa.

Diese Entwicklung entsprach zweifellos den politischen und wirtschaftlichen Vorstellungen des Bürgertums. Ohnehin hatte die Furcht vor der sozialen Revolution durch die Bedrohung „von unten" bzw. durch einen zu weit getriebenen politischen Wandel bereits 1848 große Teile des Bürgertums aus der eigenen Emanzipationsbewegung ausscheren und Anschluß an die traditionellen Führungsschichten suchen lassen. Die Reichsgründung 1870/71 hat dann dem deutschen Bürgertum in Gestalt des Bismarck-Reiches den politischen Rahmen bereitgestellt, in dem es sich wirtschaftlich frei entfalten konnte. Da Bismarck nicht nur erkannt hatte, daß Preußen allein innerhalb der deutschen Nation als europäische Großmacht weiter existieren konnte, sondern ebenso, daß hierzu eine innenpolitische Teilung der Macht vonnöten war, hat sich das liberale Besitz- und Bildungsbürgertum um so bereitwilliger auf das „Bündnis" mit den konservativ-großagrarischen Führungseliten eingelassen.

Eine Bedrohung dieser Verbindung schien nur von der sich zwar wirtschaftlich allmählich verbessernden, aber gesellschaftlich nicht

integrierten Arbeiterschaft auszugehen, die ihren Anspruch auf
politische Teilhabe zunehmend selbstbewußter anmeldete. Da sich
sowohl die „Peitsche" der Sozialistengesetze als auch das „Zucker-
brot" der Sozialgesetzgebung letztlich als unwirksam erwiesen,
boten sich auch in dieser Beziehung Kolonien als Ausweg für den
Export des „revolutionären Zündstoffes" (E. v. Weber) an. Vorschläge und Projekte von der „organisierten" Auswanderung sozial
unruhiger Elemente in abseits gelegene „Siedlungskolonien" bis zur
Deportation politischer Agitatoren in sogenannte Verbrecherkolonien nach dem Vorbild Englands in Australien und Rußlands in
Sibirien gehörten daher immer wieder zu dem Arsenal kolonial-
propagandistischer Argumente. Daß es sich hierbei um eine Ver-
drängung politisch auszutragender Konflikte handelte und die
Kolonialfrage als Instrument politisch-sozialer „Ablenkung" von
inneren Schwierigkeiten diente, ist allerdings — insbesondere von
den Betroffenen — durchaus erkannt worden. Am schärfsten hat
auf diese Zusammenhänge bereits am 4. März 1885 Wilhelm Liebknecht (SPD) im Reichstag hingewiesen und die Kolonialfrage als
„Export der sozialen Frage" bezeichnet.[5]

Es wäre jedoch verfehlt, die Kolonialagitation und Kolonialbewegung seit den ausgehenden 1870er Jahren ausschließlich auf
wirtschafts-, sozialgeschichtliche oder gar sozialimperialistische
Ursachen zu reduzieren. *Nationalpolitische* und *nationalpsycholo-
gische* Motive stehen gleichrangig neben den wirtschafts- und so-
zialgeschichtlichen Argumenten und sind keineswegs nur Funktion derselben. Daß sich das Deutsche Reich 1870/71 endlich
als macht- und wirtschaftspolitisch effizienter „Nationalstaat"
etablierte, bedeutete die Realisierung der seit Beginn des 19. Jahrhunderts latent vorhandenen nationalen Identitätssehnsüchte. Erst
der nationale Staat schien die als notwendig erachteten Voraussetzungen für die „Nachahmung" erfolgreicher imperialistischer und
kolonisierender Nationen zu schaffen, wobei vor allem die neid-
voll bewunderten Engländer das erstrebte Vorbild abgaben. Die
kolonialagitatorischen Wendungen, Deutschland müsse sich ein
„deutsches Indien" in Afrika oder ein „deutsches Hongkong" in
China schaffen, weisen nicht zum wenigsten auf diesen Nachah-
mungseffekt.

Noch direkter hat es die agilste und zugleich problematischste
Erscheinung unter den deutschen Kolonialpropagandisten und späteren Kolonialkonquistadoren, Carl Peters, formuliert. Er sah in

der „Eroberung weiter Länderstrecken" den sichersten Weg für die „deutsche Art", es den Engländern gleichzutun:

„Es bestand in den achtziger Jahren ganz entschieden ein Kontrast zwischen der politischen Machtstellung des Reiches und der persönlichen Stellung so vieler deutscher Individuen unter fremden Völkern. Der deutsche Name, trotz Goethe und Sedan, hat keineswegs einen stolzen Klang auf der Erde. Wenn ich mich in der Geschichte und in der Gegenwart umsah, fand ich durchweg, daß die große wirtschaftliche Welteroberung, also eine weitsichtige Kolonialpolitik, von jeher auch das beste Mittel für die Erziehung eines Volkstums gewesen war und ist. Wenn man ein egoistisches Moment in diesem Motiv für meine kolonialpolitische Tätigkeit suchen will, so mag man es darin finden, daß ich es satt hatte, unter die Parias gerechnet zu werden, und daß ich einem Herrenvolk anzugehören wünschte. Ich legte keinen besonderen Wert darauf, für den Rest meines Lebens als Kompliment zu vernehmen: ‚You are exactly like an Englishman!' "[6]

Aber nicht nur für den hitzköpfigen Kolonialpionier Carl Peters war es selbstverständlich, daß mit dem nationalen Einigungswerk und der wachsenden Reputation des Reiches der Übergang von der nationalen Selbstbeschränkung zur kolonialen und schließlich imperialistischen „Weltpolitik" notwendig folgen mußte. Am prägnantesten hat diese Aufgabe „vor der Geschichte" der wohl bedeutendste und einflußreichste deutsche Soziologe, Max Weber, 1895 in seiner vielzitierten Freiburger Antrittsvorlesung formuliert: „Wir müssen begreifen, daß die Einigung Deutschlands ein Jugendstreich war, den die Nation auf ihre alten Tage beging und seiner Kostspieligkeit halber besser unterlassen hätte, wenn sie der Abschluß und nicht der Ausgangspunkt einer deutschen Weltmachtpolitik sein sollte"[7]. Dieser Anspruch auf Weltmachtpolitik entsprang keineswegs erst der wilhelminischen Zeit; denn schon zuvor hatte es in einem der weitverbreitetsten Aufrufe der Kolonialbewegung aus dem Wahljahr 1881 geheißen: „Überseeische Politik allein vermag auch den Grund zu legen zu einer Weltmacht Deutschlands!"[8] Die bisherige, als minderwertig erachtete Stellung Deutschlands unter den großen Mächten, schon wegen des Fehlens von überseeischem Besitz, und die nach der Nationalstaatsbildung verlangte machtpolitische Gleichbehandlung und koloniale Gleichstellung haben ganz wesentlich die nationalistische Komponente der Kolonialagitation verschärft. Nicht zuletzt aus dieser historisch bedingten „Verspätung" der deutschen Nation dürfte das im Vergleich zu den etablierten Kolonialmächten größere Gewicht des

nationalpolitischen Faktors in der deutschen Kolonialagitation
abzuleiten sein.

Ohnehin standen dem überschäumenden, nationalen Kraftgefühl
der Zeit tiefreichende Ängste gegenüber, wie das Zeitalter des
Hochimperialismus überhaupt durch die Wechselwirkung und
Wechselbeziehung von kollektiven Furchtsyndromen und naiv-
aggressivem Kraftbewußtsein und Überlegenheitsgefühl gekennzeichnet ist. Gerade die Doppelgesichtigkeit in der deutschen Kolonialpropaganda und Expansionsagitation: ihre optimistisch-macht-
politische Fundierung, ihr Bewußtsein der eigenen kulturellen
Überlegenheit und des weltpolitischen Mitsprache*rechts* auf der
einen und das Gefühl der bisherigen machtpolitischen Minderwer-
tigkeit und des Zukurzgekommenseins auf der anderen Seite,
sprechen für die herausragende Bedeutung kollektiver psycholo-
gischer Faktoren.

In das Konkurrenzmotiv, das sich in Formulierungen wie dem
notwendigen kolonialen Engagement als der „letzten Chance" im
kolonialen Aufteilungskampf niederschlug oder in der steten Sorge
artikulierte, bei eben diesem Verteilungskampf „zu spät (bzw. zu
kurz) zu kommen", mischten sich wie bei anderen Nationen *sozialdarwinistische* Motive, denen zufolge der organische Überlebens-
kampf in den Bereich der Nationen und Staaten übertragen wurde
(„survival of the fittest"). Die Aufgabe der Zukunft, nämlich Gebiete abzustecken, damit einst „unsere Söhne und Enkel als Angehörige eines Herrenvolkes über die Erde schreiten", wie es der
Verleger der nationalliberalen Magdeburgischen Zeitung, Robert
Faber, später einmal formulieren sollte[9], wurde bereits frühzeitig
als generationenüberschreitende Verpflichtung gegenüber den eigenen Volksangehörigen empfunden. Sicherlich: Sozialdarwinismus
ist auch Rechtfertigungsideologie gewesen, Rechtfertigungsideologie
für kapitalistischen Konkurrenzkampf, für imperiale Expansion,
für rassisches Überlegenheitsgefühl, für die Legitimierung der
bevorzugten Stellung des eigenen Volkes (Herrenvolk), für unter-
nehmerischen Absolutismus und für die Ablehnung jeder Sozialpolitik. Dennoch erscheint es einseitig, Sozialdarwinismus einzig als
Manipulationsinstrument herrschender Schichten oder als Rechtfer-
tigungssystem des bürgerlichen Kapitalismus hinzustellen.[10] Dafür waren die Zeitgenossen viel zu sehr von der Richtigkeit der
von Darwin ausgehenden Grundthesen überzeugt. Die Anschauungen vom Überleben des Stärkeren, von der Teilung der Welt in
„lebende" und „sterbende", in niedergehende und aufstrebende

Nationen, von der Alternative „Weltmacht oder Untergang",
Wachsen oder Verkümmern, alle diese Varianten sozialdarwini-
stischer Axiomatik beherrschten den intellektuellen Naturwissen-
schaftler ebenso wie den gemeinen Mann.

Nicht selten traten diese sozialdarwinistischen Argumente freilich
in einem sendungsideologischen oder kulturmissionarischen Ge-
wand auf („Am deutschen Wesen soll die Welt genesen"), wobei
dem „deutschen Gedanken in der Welt" (P. Rohrbach) gegenüber
der „formalen" westlichen Zivilisationsbotschaft mehr „Geistig-
keit" und „Tiefe" anhaften sollte. Jedenfalls stand es für Staatssekretär Bülow, der seit 1897 prononciert das Programm einer deutschen „Weltpolitik" vertrat, in Amalgamierung all dieser psychologischen Triebkräfte und nationalen Faktoren unabdingbar fest, wie
er am 11. 12. 1899 im Reichstag ausführte, daß, „wenn die Engländer
von einem ‚Greater Britain' reden, wenn die Franzosen
sprechen von einer ‚Nouvelle France', wenn die Russen sich Asien
erschließen", die Deutschen „Anspruch auf ein größeres Deutschland" hatten.[11]

Die deutsche Kolonialagitation resultierte folglich aus einem Bün-
del von Motiven, wobei sozialökonomische, nationalideologische,
sozialdarwinistische und kulturmissionarisch-sendungsideologische
Argumente nebeneinander standen. Zu den unterschiedlichsten
Motivationen gehörten daher ebenso diffuse Bedrohungsvorstel-
lungen, verursacht sowohl durch konjunkturelle Wachstumsschwan-
kungen und die strukturelle Agrarkrise als auch durch das rasche
Bevölkerungswachstum und die gesellschaftlichen Strukturveränderungen insgesamt, wie die Kolonialbewegung andererseits dem
Prestigebedürfnis breiter Bevölkerungskreise entsprach und deren
nationale und soziale Identifikationsprobleme erleichterte.

2. Führende Kolonialpropagandisten:
F. Fabri, W. Hübbe-Schleiden, E. von Weber

Gegen Ende der 1870er Jahre setzte die öffentliche Diskussion
über die Notwendigkeit einer deutschen überseeischen Expansion
und Kolonialpolitik vehement ein. Obgleich sich die Debatte in
einem breiten Umfeld bewegte, lassen sich doch drei markante
Persönlichkeiten aus der frühen Expansionspublizistik herausche-
ben, die das gesamte Arsenal der kolonialpolitischen Ideologie und
kolonialagitatorischen Argumentation vorformuliert und quasi

systematisiert haben: Friedrich Fabri, Wilhelm Hübbe-Schleiden und Ernst von Weber.

Als „Vater der deutschen Kolonialbewegung" gilt nach zeitgenössischem und heutigem Urteil gemeinhin der Missionsleiter, Expansionspublizist sowie Kolonial- und Sozialpolitiker *Friedrich Fabri* (1824—1891), von dessen Schriften wohl die stärkste kolonialpropagandistische Wirkung ausgegangen ist.

Fabri entstammte einer fränkischen Pfarrersfamilie, wirkte seit 1848 als Würzburger Stadtvikar, Religionslehrer und Gefängnisgeistlicher und übernahm 1851 eine Patronatspfarrei in der Nähe von Kissingen. 1857 erhielt er eine Berufung auf den Posten des leitenden Inspektors der Rheinischen Mission in Barmen. Mehr als ein Vierteljahrhundert stand er an der Spitze der größten deutschen Missionsgesellschaft, bevor seine kolonialpropagandistische Betriebsamkeit mit der umlaufenden Rede von „Fabris Mißwirtschaft" — steigende Verschuldung der Mission und Zusammenbruch der von ihm 1869 gegründeten „Missions-Handels-Gesellschaft" — ihn zum Abschied vom Barmer Missionshaus zwang. Er widmete sich desto intensiver seiner einzigartigen Stellung im Management der organisierten Kolonialbewegung, seiner Rolle als Vertrauensmann Bismarcks in kolonialen Fragen und nicht zuletzt seiner Berater- und Vermittlerfunktion zwischen Reichsregierung, kommerziellen Interessen und Missionsgesellschaften.[1]

Das ausgeprägte Krisenbewußtsein, das die richtungweisende Grundstimmung von Fabris Denken bildete, besaß seinen Ausgangspunkt in dem Erlebnis der Revolution von 1848, hinter der er das Gespenst der irreligiösen und anarchischen Sozialrevolution des Vierten Standes lauern sah. Fortan bestimmte die Suche nach einer konservativen, sozialdefensiven „Lösung der großen sozialen Frage" sein politisches Denken und Handeln. Standen seine christlich-konservativen Lösungsvorschläge zunächst noch unter dem Einfluß des Gemeinschaftsideals der Erweckungsbewegung und dem Rettungsgedanken der Inneren Mission, so trat durch die Erfahrungen in der veränderten Atmosphäre des Wupper-Tals mit seinen sozialökonomischen Problemen am Ende des frühen Industriekapitalismus — „Alles ist (hier) Kirche und Handel, Mission und Eisenbahn, Bibel und Dampfmaschine" (K. I. Nitzsch) — der ökonomische Aspekt der „sozialen Frage" beherrschend in den Vordergrund.

Als eine „politisch-ökonomische Betrachtung" war auch seine aufsehenerregende und in Massenauflage verbreitete Broschüre „Bedarf Deutschland der Colonien?" (1879) gedacht, mit der er der Expansionsdiskussion in einer weiteren Öffentlichkeit zum Durchbruch verhalf und in der er ein Kompendium zugkräftiger Argumente für die anhebende Kolonialdiskussion bot. In Überbevölkerung, Überproduktion und Kapitalüberschuß glaubte Fabri die eigentlichen Ursachen der wirtschaftlichen und gesellschaftlichen Krisenerscheinungen des Kaiserreichs erkannt zu haben und propagierte deswegen „als allumfassende Krisentherapie die Exportoffensive an Waren, Kapital und Menschen" (K. J. Bade).

Ausgangspunkt der Argumentation Fabris war die als „sozialpolitische Notwendigkeit" bezeichnete „Massenauswanderung" infolge des wachsenden Bevölkerungsdrucks und der mit diesem komplexen Prozeß zusammenhängenden Zunahme des Pauperismus. Wegen der nationalen und ökonomischen Wechselwirkung mit dem Mutterland („Expansion und Repulsion") ergab sich für ihn gleichzeitig die Notwendigkeit, die deutsche Auswanderung in eigene Kolonien zu lenken. In diesem Zusammenhang wies er auf die ökonomische Bedeutung von „Siedlungskolonien" — wegen des Austausches kolonialer Produkte gegen die Industrieerzeugnisse des Mutterlandes — sowie auf den wirtschaftlichen und nationalen Wert von tropischen „Handelskolonien" hin. Letztere schienen ihm wegen des klimatisch bedingten ständigen Zu- und Rückflusses vor allem mittlerer und höherer Schichten der Bevölkerung (Kaufleute, Beamte, Militärs, Techniker, Gewerbetreibende, Geistliche, Missionare, Lehrer, Forscher) die sicherste Gewähr dafür zu bieten, daß dieser Personenkreis „mit mehr oder minder reichem Erwerb" in die Heimat zurückkehrte. Zum weiteren waren Kolonien als innenpolitische Krisenhilfe („Sicherheitsventil") gegen die revolutionäre Sozialdemokratie gedacht, wobei sie für die „Mehrzahl der Irregeleiteten" als ein „neues Hoffnungsbild" erscheinen sollten, während er für die „Grimmigen" unter ihnen, die weiterhin an ihren revolutionären Idealen festhalten wollten, als ultima ratio „Verbrecherkolonien" empfahl.[2]

Export der „sozialen Frage" durch gelenkte Auswanderung der von ihr Betroffenen in Siedlungskolonien, die gleichzeitig als Absatzgebiete der industriellen Überproduktion dienen sollten, und gegebenenfalls Deportation derjenigen Kräfte der sich sozial emanzipierenden Arbeiterschaft, die an ihren systemverändernden Absichten festhielten — das war die inhaltliche Alternative der Fabrischen „Sozialpolitik" einer überseeischen Expansion. Schließlich hat Fabri die Kolonialpolitik noch als nationalen Integrationsfaktor in der offensiven Funktion einer deutschen „Kulturmission" definiert, die er wiederum als „Lebensfrage" sowohl für die nationale und geistige Entwicklung Deutschlands als auch in der machtpolitischen Auseinandersetzung mit konkurrierenden Nationen betrachtete. Im selben Jahr wie Fabris Broschüre erschien unter dem Titel „Ethiopien" ein weiteres kolonialpropagandistisches Werk, das den Hamburger Juristen und ehemaligen Attaché des deutschen Generalkonsulates in London, *Wilhelm Hübbe-Schleiden* (1846—1916), zum Verfasser hatte.

Der promovierte Jurist Hübbe-Schleiden war nach dem Krieg von 1870/71 aus dem diplomatischen Dienst ausgeschieden und hatte verschiedene europäische Länder bereist. Von 1875 bis 1877 lebte er als Kaufmann und Besitzer einer kleinen Handelsgesellschaft in Westäquatorialafrika. Nach kurzer Anwaltstätigkeit in Hamburg wandte er sich 1878 der Kolonialschriftstellerei zu. In „Ethiopien" — unter diesem Namen verstand Hübbe-Schleiden aus ethnographischen Gründen das westliche Äquatorialafrika und nicht das ostafrikanische Äthiopien — verarbeitete er in essayistischer Form seine unmittelbaren Erfahrungen in Übersee.

Mit diesen „Studien über Westafrika", seinem kolonialschriftstellerischen Erstlingswerk, schaltete sich Hübbe-Schleiden sogleich wirkungsvoll in die Expansionsdiskussion ein. Sein gesellschaftspolitisches Verständnis, das in extremer Weise von Wirtschaftsfragen geprägt war, gipfelte in der Quintessenz des Buches: „Eine Ausdehnung unseres Wirtschaftsgebietes ist das Einzige, was unser Volk vor der *Versumpfung* retten kann".[3]
Bereits in der Titelfolge seiner Veröffentlichungen kristallisierte sich das zunehmende Gewicht eines deutschen Weltmachttraumes heraus.[4] In seiner kulturhistorischen Studie „Ethiopien" suchte er allerdings noch nach realistischen Möglichkeiten für eine deutsche Marktausweitung in Afrika. Diese Notwendigkeit wurde nur beiläufig mit gesellschaftlichen Problemen begründet, sondern lag vorwiegend in der Absicht einer Belebung der nationalen Wirtschaft, wobei Hübbe-Schleiden vordringlich auf die Interdependenz von Industrieproduktion und Außenhandel verwies. Im wesentlichen sah sein wirtschaftliches Kolonialprogramm eine überseeische Expansion durch die Ausfuhr überschüssigen Kapitals und durch Importproduktion vor — also die Gründung und Ausweitung überseeischer Handelsgesellschaften und Produktionsunternehmen. Hinsichtlich der Rolle des Staates gab der Hamburger dem Freihandelsexpansionismus vorerst noch den Vorrang vor kolonialem Erwerb, änderte aber seine Meinung schon bald.

In der an Kolonialfragen interessierten Öffentlichkeit ist Hübbe-Schleidens „Ethiopien" mit Begeisterung aufgenommen worden. Friedrich Fabri suchte sofort Kontakt zu dem Hamburger Anwalt und bemühte sich seither, diesen materiell und ideell zu fördern. In seinen weiteren Schriften und Vorträgen ging Hübbe-Schleiden dann daran, seine wirtschaftsexpansiven Argumente zu einer „Theorie von der Produktivität der Kulturkräfte" zusammenzufassen und kapitalkräftigen Kreisen näherzubringen. In diesem Zusammenhang wurden von ihm die „tropische Kultivation" und die „subtropische Kolonisation" als „Grundbegriffe der Weltwirtschaft" in die Expansionsdiskussion eingeführt. Da eine Kolonisation im tropischen Afrika weder möglich noch wünschenswert sei, andererseits eine „Kultivation", d. h. die „Kultur Afrikas" durch die „Erziehung der Neger zur Arbeit" zu entwickeln, bei dem kommerziellen „Unternehmungsgeist der europäischen Rasse" bestens aufgehoben sei, versprach seine „Theorie von der Produktivität der Kulturkräfte" mit seinen Eingangsvariablen „Negerarbeit", „weißem" Kapital und Management als unzweifelhaftes Ergebnis: Zivilisation und „Kultur" für die Afrikaner, Reichtum und Importproduktion für die Europäer.[5] Dieser theoretische Ansatz ist von der Kolonialpropaganda aufgenommen und weiterentwickelt worden.

In seinen anschließenden Schriften hat sich Hübbe-Schleiden die bekannten, weitgehend von Fabri übernommenen sozialen Krisenargumente zu eigen gemacht, wobei sich die schrillen nationalen Begleittöne seiner nunmehr auf aktive Kolonialpolitik zielenden Expansionsagitation zunehmend auf eine aggressivere deutsche „Weltpolitik" richteten. England wandelte sich in seinen späteren Publikationen deshalb auch vom vielbewunderten Vorbild — 1878 wäre er laut Tagebucheintragung noch am liebsten Engländer geworden[6] — zum größten Rivalen Deutschlands, wie er ohnehin (wie andere vor und nach ihm) die Ansicht des französischen Nationalökonomen und Kolonialpropagandisten Paul Leroy-Beaulieu übernommen hatte, daß die „herrschendste" Nation des 20. Jahrhunderts diejenige sein werde, welche am meisten kolonisiere.[7]

Selbst die Missionsarbeit hat er als eine kulturelle Funktion des christlichen europäischen Staates definiert, die deshalb in den eigenen Kolonien zu geschehen habe. Ohnedies beruhten Hübbe-Schleidens Vorstellungen von einer deutschen Weltmacht nicht allein auf einer von erfolgreicher Wirtschaftsexpansion getragenen Macht-

politik, sondern ebenfalls auf der Überzeugung von der besonderen
deutschen Kulturmission. Die kulturellen Aspekte seiner Kolonial-
theorie haben schließlich nach der Jahrhundertwende in dem aus
der machtpolitischen Defensive geborenen Programm deutscher
„Weltpolitik als Kulturmission" ihre Fortsetzung gefunden.
Kaum von kulturpolitischen Zielen als vielmehr von der sozialimperialistischen Krisenstrategie war dagegen die Kolonialpropaganda des radikalsten Theoretikers eines antirevolutionären „Exports der sozialen Frage", *Ernst von Weber* (1830—1902), bestimmt. Auch für Weber, einen vermögenden, weitgereisten sächsi-
schen Rittergutsbesitzer, der sich einige Jahre in Afrika aufgehalten hatte, nahm die „Überbevölkerung" vor der „Überproduktion" die beherrschende Stelle in seinem kolonialagitatorischen
Gedankengerüst ein. Noch drastischer als Fabri propagierte er eine
staatlich gesteuerte Auswanderung als „Massenexport des revolutionären Zündstoffes", worunter er die „alljährlich immer zahlreicher und gefährlicher werdenden Proletariermassen" verstand.
„Werden", so führte er am 29. April 1879 vor dem „Centralverein
für Handelsgeographie und Förderung deutscher Interessen im
Auslande" aus, „nicht sowohl für unseren alljährlich so ungeheue-
r(e)n Bevölkerungszuwachs wie für die Überproduction der deutschen Arbeit regelmäßige weite Abzugskanäle geschaffen, so treiben wir mit Riesenschritten einer Revolution entgegen, die dem
Nationalwohlstande auf lange Zeit die tiefsten Wunden schlagen
wird". Als konkrete Ziele empfahl er nicht nur die Gründung eines
„Neu Deutschland" in Südafrika, sondern auch die „Anlage natio-
naldeutscher Colonien in Südamerika".[8]
Weder Ernst von Weber noch Fabri oder Hübbe-Schleiden waren
ausgesprochene Wirtschaftsfachleute. Ihre Thesen entsprangen nicht
der Kenntnis von Wirtschaftsabläufen oder demographischer Entwicklung, sondern waren das Ergebnis einer unmittelbar erlebten
sozialökonomischen Krise, deren Ursachen allerdings weder allgemein bekannt waren noch in ihrem Verlauf hinreichend prognosti-
ziert werden konnten. Die mit dem Anspruch auf Wissenschaftlichkeit erstellten Voraussagen erwiesen sich denn auch in der Regel
als ungenau oder falsch. Entscheidender waren indessen für die
Kolonialpropagandisten sowie ihre Zeitgenossen das unmittelbare
Erlebnis einer krisenhaften Zeit und ihre daraus resultierenden
subjektiven sozialen und politischen Ängste. „Pauperismus" und
„Sozialdemokratie" suchten sie daher mit der „Gegenutopie" bzw.
„Abwehrideologie" deutscher Kolonien zu begegnen, ebenso wie

diese — im Sinne eines „prophylaktischen Imperialismus" — als Sicherung der nationalen „Wohlfahrt" zukünftiger Generationen galten. Jedenfalls schien die Kolonialfrage für das Deutsche Reich eine „Lebensfrage" geworden zu sein oder — wie es Heinrich von Treitschke 1884 ausdrückte: „Für ein Volk, das (wie Deutschland) an einer beständigen Überproduktion leidet und Jahr für Jahr an 200 000 seiner Kinder in die Fremde sendet, wird die Kolonisation zur Daseinsfrage".[9]

3. Die organisierte Kolonialbewegung

Als Keimzelle der ausgangs der 1870er Jahre entstehenden Kolonialvereine kann man die geographischen Gesellschaften ansehen, die durch das neue Zeitalter der Entdeckungs- und Forschungsreisen seit den 1860er Jahren, vor allem in das Innere Afrikas, entstanden waren. Der Beitrag, den — teilweise in englischen oder belgischen Diensten stehende — deutsche Wissenschaftler zur geographischen Erforschung Afrikas, Asiens und Ozeaniens lieferten (z. B. Heinrich Barth, Nachtigal, Lenz, Schweinfurth, Rebmann, Krapf, v. François, v. Wissmann), ist durchaus beachtlich. Von Beginn an hat man daher in den geographischen Gesellschaften, die sich neben der Forschungsförderung und -finanzierung schon immer mit Problemen der Auswanderung und Kolonisation beschäftigten, die „Vorarbeit" der „Pioniere der Forschung" für den deutschen Kaufmann und den deutschen Aussiedler hervorgehoben. Dieser Zusammenhang lag beispielsweise auch für die alljährlich mit Reichsmitteln von 100 000 Mark zur Unterstützung der deutschen Afrikaforschung subventionierte „Deutsche Afrikanische Gesellschaft", die sich 1878 mit der „Deutschen Gesellschaft zur Erforschung Äquatorial-Afrikas" zur „Afrikanischen Gesellschaft in Deutschland" zusammenschloß, auf der Hand.
So sollte der am 9. Oktober 1878 in Berlin auf Initiative des Nationalökonomen Robert Jannasch, eines Schülers von Wilhelm Roscher, im Verein mit einigen anderen Nationalökonomen, Geographen, Redakteuren, Geschäftsleuten und Forschungsreisenden gegründete „Centralverein für Handelsgeographie und Förderung deutscher Interessen" ursprünglich „Centralverein für Handelsgeographie, Auswanderung und Kolonialpolitik" heißen.[1] Demgemäß nahm der Verein auch eine Mittelstellung zwischen Geographischer Gesellschaft und Auswanderungs- und Kolonialverein ein, wobei das anfänglich vorherrschende Auswanderungsargument

allmählich von der Propaganda für Exportförderung und Gewinnung neuer Absatzmärkte in den Hintergrund gedrängt wurde. Seinen Bestrebungen, die der „Centralverein" mit den bekannten ökonomischen („Überproduktion"), gesellschaftspolitischen sowie nationalideologischen Argumenten seit 1879 in seinen beiden Zeitschriften „Export" und „Geographische Nachrichten für Welthandel und Volkswirtschaft" vertrat, sollten ein „Deutsches Handelsgeographisches Museum" (1882), eine „Deutsche Exportbank" (1884) und ein „Deutsches Exportbüro" (1884) dienen, letzteres für handelsgeographische Recherchen, Auswanderungsfragen und Exportinteressenten. Zweigvereine entstanden in Barmen, Chemnitz, Dresden, Düsseldorf, Freiburg i. Br., Jena, Kassel, Marburg und Stuttgart. Bedeutend unter ihnen waren nur der „Verein für Handelsgeographie und Kolonialpolitik" in Leipzig unter dem Direktor des dortigen statistischen Büros und späteren Vorsitzenden des „Alldeutschen Verbandes", Ernst Hasse, sowie der „Münchener Verein zum Schutze deutscher Interessen im Ausland" unter dem Geographen Friedrich Ratzel. Überwiegend vertrat der „Centralverein" die Interessen der exportinteressierten kleinen und mittleren Fertigwarenindustrie des Rheinlandes, Süddeutschlands, Sachsens, Thüringens sowie der norddeutschen Reedereien. Allerdings waren in ihm gegenüber den unmittelbar angesprochenen Geschäftsleuten die dem Bildungsbürgertum zugehörigen Berufsgruppen bei weitem überrepräsentiert.

Das galt weniger für den ein Jahr nach dem „Centralverein" unter maßgeblicher Mitwirkung von Friedrich Fabri entstandenen „Westdeutschen Verein für Kolonisation und Export" (1879), in dem namhafte Vertreter der rheinisch-westfälischen Großindustrie und des Großhandels vertreten waren. Die Sozialstruktur seines Mitgliederstandes endete an der unteren Grenze des gehobenen Mittelstandes. Der Kölner Großindustrielle Eugen Langen stand als Vorsitzender an der Spitze, und der Hamburger Hübbe-Schleiden fungierte vorübergehend als Schriftführer. Der „Westdeutsche Verein" war einer der frühesten Versuche zur Organisation der kolonialen Propaganda und darf als erste koloniale Vereinsgründung in Deutschland bezeichnet werden.

In der Folgezeit schossen Vereine mit kolonialagitatorischen und kolonialpropagandistischen Zielen vor allem in den Industriezentren und Gewerbelandschaften geradezu wie Pilze aus dem Boden. Auch in Zeitschriften und Zeitungen formierte sich eine publizistische Fronde mit der Forderung nach einer offensiveren Handels-

politik. Zu den publizistisch bedeutendsten Kolonialpropagandisten zählte seit Anfang der 1880er Jahre beispielsweise der weit-
gereiste Journalist und Kolonialpionier Hugo Zöller (1852 bis
1933), der sein koloniales Credo in vielgelesenen Büchern sowie in
der einflußreichen, nationalliberal-konservativen „Kölnischen Zeitung" vertrat, dem führenden Blatt der kolonialwirtschaftlich
orientierten Publizistik.

An die Spitze der kleineren und mittleren Kolonialorganisationen
trat 1882 der *„Deutsche Kolonialverein"*. Den Anstoß zur Gründung gab der mecklenburgische Freiherr Hermann von Maltzan,
der nach längeren Reisen in Afrika im Frühjahr 1882 in der
„Augsburger Allgemeinen Zeitung" und an anderen Stellen wegen
der „wachsenden Überproduktion" Handelskolonien als eine „Lebensfrage für Deutschland" bezeichnet hatte. Zu dem engeren Gre-
mium der Gründungsinitiatoren gehörten ferner Fürst Hermann zu
Hohenlohe-Langenburg, Reichstagsabgeordneter der „Deutschen
Reichspartei" und erster Präsident des „Vereins", der Saarindu-
strielle Frhr. von Stumm-Halberg und der Bankier Guido Henckel
von Donnersmark. Hinzu traten weitere führende Persönlichkeiten
aus der Politik, der westdeutschen, saarländischen und schlesischen
Industrie, dem Handel, Reeder und Großhandelsunternehmer der
Hansestädte, Vertreter des Bankwesens sowie Angehörige städti-
scher Magistrate. Johannes Miquel, Oberbürgermeister der Stadt
Frankfurt a. M. und späterer preußischer Finanzminister, ist eine
der Schlüsselfiguren des vom Kolonialverein repräsentierten groß-
bürgerlichen Flügels der deutschen Kolonialbewegung gewesen.
Unter den Mitgliedern insgesamt überwogen in den ersten drei
Jahren allerdings mittlere Unternehmer, Kaufleute und vor allem
Angehörige des Bildungsbürgertums.

Nach der Mitgliederliste vom 31. März 1883 zählte der „Deutsche Kolonialverein" insgesamt 1 891 Mitglieder, von denen 1 468 beruflich erfaß-
bar waren. Das „Sozialprofil" gibt folgendes Bild: 811 Firmen (Unternehmer, Kaufleute, leitende Angestellte oder in corpore), 10 Schwerindu-
strielle, 43 Banken (Mitgliedschaft der Inhaber, Direktoren oder in corpore), 213 Wissenschaftler, Künstler, Rechtsanwälte, Ärzte, Ingenieure
und 172 höhere Beamte. Demgegenüber stand mit 2% (gegenüber 74%)
eine kleine Gruppe aus dem unteren Bürgertum mit 32 Handwerkern,
kleineren Gewerbetreibenden und unteren Angestellten.[2]

Bis 1884 hatte sich die Zahl der Vereinsmitglieder auf 9 000 in 43
Zweigvereinen erhöht. Der „Kolonialverein" verstand sich in erster Linie als ein Propagandainstrument für die Belebung des kolo-

nialen Gedankens, wenn er auch die konkrete Einrichtung von
Handelsstationen als Ausgangspunkt für größere Unternehmungen
ins Auge faßte bzw. diskutierte.
Dagegen war die am 28. 3. 1884 von Carl Peters und seinem För-
dererkreis gegründete „Gesellschaft für deutsche Kolonisation" von
vornherein mit der Zielsetzung an die Öffentlichkeit getreten, sich
lediglich mit „praktischer Kolonisation" zu befassen und sobald als
möglich diese Absicht in die Tat umzusetzen. Während der „Kolonialverein" in seiner Sozialstruktur das gehobene Besitz- und Bildungsbürgertum repräsentierte, waren in der mittelständischen
„Gesellschaft für deutsche Kolonisation" überwiegend kleine Gewerbetreibende, Offiziere, untere Beamte und kleinere und mittlere Kaufleute vertreten. An ihrer Spitze standen jüngere „Aben-
teurer" wie eben Carl Peters und seine Freunde, der Gutsbesitzer
und kaiserliche Kammerherr Felix Graf Behr-Bandelin, und sein
späterer Begleiter auf der ersten Usagara-Expedition, der Jurist
Carl Jühlke. In ihrem „antikapitalistischen" Ressentiment suchte
die „Gesellschaft", die in hartnäckiger Rivalität zum „Kolonialverein" stand, durch die Ausgabe von Anteilscheinen bis herab auf
die Höhe von 50,— Mark selbst Kleininteressenten anzusprechen.
Sie rückte auch die im Mittelstand attraktivere Auswanderungsfrage in den Vordergrund ihrer Vereinspropaganda. Insgesamt
vertrat man in der „Gesellschaft" einen radikalen Nationalismus
und extremen Expansionismus bei gleichzeitigem vulgären Antiso-
zialismus sowie einen pseudowissenschaftlichen axiomatischen Sozialdarwinismus und antisemitisch ausgerichteten Rassismus.
Als sich nach der kolonialeuphorischen Phase von 1884/85 eine
wachsende koloniale Desillusionierung breitmachte, schlossen sich
Ende 1888 die praktische „Gesellschaft für deutsche Kolonisation"
und der theoretische „Deutsche Kolonialverein" zur „Deutschen
Kolonialgesellschaft" als neuem Dachverband der organisierten
Kolonialbewegung — mit der Wochenzeitschrift „Deutsche Kolo-
nialzeitung" als zentralem Sprachrohr — zusammen (offizieller
Gründungstag 1. Januar 1888). In der Sozialstruktur des Mitglie-
derbestandes präsentierte sich diese koloniale pressure group des
zweiten Kaiserreiches als eine Organisation mit einer Spitzen-
gruppe professioneller Überseeinteressen und einer breiten Basis im
gehobenen Mittelstand. Der Schwerpunkt ihrer regionalen „Abtei-
lungen" lag bezeichnenderweise in den Kleinstädten vornehmlich
der hochindustrialisierten Gebiete und der agrarisch-industrie-
wirtschaftlichen Mischzonen des Reiches. Die Mitgliederzahl wuchs

— bei starker Fluktuation und teilweise sogar Stagnation — bis
zum Ersten Weltkrieg von 14 838 (Dezember 1887) auf etwas
mehr als 42 000 Mitglieder an.

Auffällig an der sozialen Zusammensetzung der kolonialen Interessenverbände ist zunächst die starke Repräsentanz nichtkapital-
wirtschaftlich gebundener Gesellschaftsschichten, nämlich des Bildungsbürgertums bzw. der Beamtenschaft. Sie spiegeln das gleiche
mittelständisch-bürgerliche Milieu, wie es das Sozialprofil der Expansionspublizisten auswies, wenn sie auch an der Spitze oder im
Vorstand von zumeist adeligen Honoratioren repräsentiert wurden.

4. Hanseaten und „Finanzkapital"

Die von den Kolonialpropagandisten für den Erwerb von Kolonien vorgebrachten Argumente — Lösung der Auswandererfrage
sowie Gewinnung von Rohstoff- und Absatzmärkten — trafen dagegen bei den Hanseaten im allgemeinen auf geringen Widerhall.
Mit der Hoffnung auf Handelsgewinne nach Jahrzehnten oder gar
erst für spätere Generationen ließen sich vor der definitiven Etablierung von deutschen Kolonien kaum Kaufleute — weder in
Hamburg noch in Bremen — für das koloniale Abenteuer gewinnen. Nicht nur, daß das Handelskapital im allgemeinen einer längeren Festlegung widerstrebte; nicht nur, daß die spezifisch handelspolitischen Argumente der Kolonialdiskussion für die Kaufleute wenig einsichtig waren; auch die politischen Auswirkungen in
Übersee selbst, wo die nationale Abgrenzung ähnliche Konsequen-
zen bei den übrigen handeltreibenden, zur See zumeist mächtigeren
Konkurrenten zur Folge gehabt hätte, sprachen gegen abgegrenzte
Schutzgebiete. Bis in die Mitte der achtziger Jahre blieben daher
die überwiegende Mehrheit der hanseatischen Kaufleute und der
mit ihnen verbundenen Bankhäuser entschiedene Anhänger des
Freihandels und Gegner von Kolonien.

Daß die im Überseegeschäft tätigen Händler seit Beginn ihrer Unternehmungen immer wieder Hilfs- und Schutzgesuche an ihre
Regierungen bzw. die Reichsregierung gerichtet hatten, spricht im
übrigen nicht notwendig für ihr konkretes Interesse an formellem
Kolonialerwerb. Der indirekte Schutz des Reichs war zwar jeder-
zeit erwünscht, aber man wollte gegenüber jeder staatlichen Abhängigkeit lieber die Unannehmlichkeiten und Fährnisse der Aus-

einandersetzung mit einheimischen Potentaten auf sich nehmen,
„als sich von den deutschen Beamten in den Topf gucken und jeden
ein- oder ausgehenden Warenballen sorgfältig zählen und auf-
zeichnen zu lassen", wie es noch 1899 in einem anonym verfaßten
Aufsatz eines mit den überseeischen Handelsverhältnissen bestens
vertrauten Hanseaten hieß.[1]
Schon vor der Kolonialbesitznahme sahen zahlreiche Hamburger
Afrikakaufleute eine staatliche Kontrolle ihres Spiritus-, Waffen-
und Pulverhandels voraus, der — wie erwähnt — bis zu drei
Fünfteln des hanseatischen Exports nach Afrika ausmachte. Durch
den Branntweinexport, vornehmlich in die westafrikanischen Kolonien Togo und Kamerun, war es den deutschen Kaufleuten überhaupt erst gelungen, im Afrika-Geschäft eine feste Position zu
gewinnen. Auch der deutsche Waffen- und Pulverhandel nach
Afrika war seit Anfang der achtziger Jahre ein bedeutender Han-
delssektor der Hanseaten. Da die Afrika-Kaufleute gerade in bezug auf diese Produkte, also Branntwein, Waffen, Schießpulver,
eine Beaufsichtigung und möglicherweise Beeinträchtigung ihres
Handels fürchten mußten, entsprang ihre Reserve gegenüber Kolonialerwerbungen nicht zuletzt diesen nüchternen geschäftlichen
Überlegungen.
Während man in Bremen ohnehin von den Kolonialbestrebungen
weitgehend unberührt geblieben war und die Kolonialbewegung
dort auch keinen bedeutenden Boden gewinnen konnte, traten in
Hamburg einige Übersee-Kaufleute, die als „Privatkolonisatoren"
in Westafrika und in der Südsee zum Plantagenbau übergegangen
waren, also Kapitalien fest angelegt hatten, vom Freihandelsexpansionismus ins „koloniale Lager" über. Diese Handelsunternehmen besaßen ein Interesse daran, daß ihre Besitzungen in Übersee
nicht unter die Schutzherrschaft einer fremden Macht fielen, die
möglicherweise ihre Investitionen und ihren Handel beeinträchtigt
hätte. Zu ihnen gehörten die Leiter der großen Handelsfirmen wie
C. Woermann, Jantzen & Thormälen und Gottlieb L. Gaiser in
Westafrika, Johann Cesar Godeffroy & Sohn sowie Hernsheim &
Co. in der Südsee.
Als ihr maßgeblicher Sprecher trat der Inhaber des bedeutendsten
Hamburger Westafrika-Hauses „C. Woermann" und größte Pri-
vatreeder der Welt, Adolph Woermann, auf. Adolph Woermann,
der den westafrikanischen Handel weitgehend dominierte und der
sich mit seinen dortigen Plantagen sowie seinen Reederei-Unter-
nehmungen und sonstigen Aktivitäten eine überragende Position

nicht nur in der norddeutschen Wirtschaft, sondern auch in der
Politik — u. a. als nationalliberaler Abgeordneter im Reichstag —
verschafft hatte, gelang es schließlich, die Hamburger Handelskammer zu einem Abgehen von ihrer jahrzehntealten freihändlerischen Tradition zu bewegen. Die Ursachen und Motive dieses
Gesinnungswandels lagen aber nicht nur in den allseits fühlbaren
Begleitumständen der krisenhaften achtziger Jahre begründet. Sie
standen ebenfalls in engem Zusammenhang mit politischen Bedro-
hungen deutscher Wirtschaftsinteressen in Westafrika, die durch
das Sierra-Leone-Abkommen vom 28. Juni 1882, das im März
1883 veröffentlicht wurde und in dem sich England und Frankreich gegenseitig gleiche Rechte in ihren Kolonien garantierten,
sowie durch die beabsichtigte Interessenaufteilung im Kongo, die
schließlich zur Berliner Kongo-Konferenz 1884/85 unter Leitung
Bismarcks führte, Auftrieb erhalten hatten.
Indem Woermann auf die wenig konkreten nationalen oder so-
zialpsychologischen Argumente der Kolonialbewegung weitgehend
verzichtete — die dennoch in Einzelfällen ihre Wirkung taten —
und in geschickter Weise nur die kommerziellen Gesichtspunkte für
einige Übersee-Kaufleute verdeutlichte, vermochte er eine Mehrheit
in der skeptisch bleibenden Handelskammer für die Unterstützung
der kolonialpolitischen Initiativen zu erhalten. Es ist allerdings zu
betonen, daß diese sowohl im Fall der Samoa-Vorlage von 1880
als auch bei den westafrikanischen Kolonialgründungen 1884 von
der Reichsregierung, nicht von der Handelskammer oder dem
Senat ausgingen. Die Mehrheit des Hamburger Senats blieb bis
1890 grundsätzlich gegen Kolonien eingestellt. Wenn man Vorlagen im Zusammenhang mit der Kolonialpolitik zustimmte,
geschah dies eher aus politischer Rücksicht gegenüber dem Reichskanzler oder stand im Zusammenhang mit der Stellung Hamburgs
im Reich, als daß man die prinzipiellen Bedenken gegen eine staatliche koloniale Schutzpolitik aufgegeben hätte. Erst *nachdem* das
Reich Kolonien erworben hatte und sich in der zweiten Hälfte der
neunziger Jahre eine gewisse Ordnung und Sicherheit in den Kolonien abzeichnete, schwand die anfängliche Skepsis, gehörten doch
gerade nach der Konsolidierungsphase der Schutzgebiete die Überseehändler und das mit ihnen verbundene Bankkapital zu den
Hauptnutznießern der deutschen Kolonialpolitik.[2]
Während sich im Überseehandel so zumindest Verschiebungen in
der kolonialpolitischen Haltung abzeichneten und durchaus einflußreiche Gruppen inzwischen für Kolonialerwerb eintraten, ver-

hielt sich das Bankkapital weiterhin zurückhaltend. Die Gründe
lagen naturgemäß zum ersten in der geringen Erfahrung des großen Kapitals in Deutschland mit dem Überseegeschäft. Hinzu kam,
daß rasche Gewinne auf dem unsicheren Kolonialmarkt selten zu
realisieren waren. Allenfalls waren es einzelne Vertreter dieser von
Hobson, Hilferding und Lenin als treibende Kraft im imperialistischen Prozeß charakterisierten „Finanzoligarchie", die ihren
Einfluß für einen Kolonialerwerb geltend zu machen suchten. In
diesem Zusammenhang ist beispielsweise auf Adolph von Hansemanns Berliner Disconto-Gesellschaft mit ihren Südsee-Interessen
(Samoa, Neuguinea) hinzuweisen. Zum weiteren zeigte es sich —
und sollte im Verfolg der deutschen „Weltpolitik" noch mehrfach
evident werden —, daß, im Vergleich mit dem englischen und
französischen Kapital, die deutsche Kapitaldecke für die erfah-
rungsgemäß erheblichen Investitionen bei Überseeprojekten äußerst
dünn war. Ohnehin dachten — nicht nur — die deutschen Bankiers
und ihre Klienten primär in den Maßstäben des internationalen
kapitalistischen Systems und hielten daher die Zusammenarbeit
von Kapitalinteressen der verschiedensten Länder prinzipiell für
vorteilhafter. In dieser Haltung mußten sie sich um so mehr bestärkt fühlen, als zu Beginn der deutschen Kolonialphase ja keineswegs geklärt war, ob die Schutzerklärungen der Jahre 1884/85
bereits definitiv in die Richtung formell-direkter Kolonialherrschaft wiesen oder ob sich Bismarcks Zielvorstellungen verwirklichen ließen, „weniger in der Form der Annektierung von überseeischen Provinzen an das Deutsche Reich vorzugehen als in der
Form von Gewährung von Freibriefen nach Gestalt der englischen
Royal Charters", wie er noch am 26. Juni 1884 über den Schutz
des deutschen Handels im Reichstag ausführte.[3] Solange aber noch
keine genügenden politischen Sicherheitsgarantien für jenen risiko-
reichen überseeischen Kapitalexport bestanden, verhielt sich das
Bankkapital jedenfalls abwartend und galt nicht als einer der Protagonisten für den Kolonialerwerb. Eine allmähliche Änderung der
antikolonialen Einstellung des deutschen Finanzkapitals ist erst
nach der Kolonialkrise von 1904—1907 festzustellen.
Daher kann keine Rede davon sein, daß Finanzinteressen die Ent-
scheidungen der deutschen Politiker diktiert hätten. Der deutsche
Imperialismus im allgemeinen und die deutsche Kolonialbewegung
im besonderen lassen sich nicht, wie dies die Darstellung vom
George F. W. Hallgarten („Imperialismus vor 1914") nahelegt, auf
die persönliche Verflechtung zwischen Politikern und der Ge-

schäftswelt einseitig reduzieren. Zugegebenermaßen hat es diese
Verbindungen gegeben; aber als Ganzes wird man den „inneren
Ring der finanziellen Manipulatoren und Spekulatoren" (Tom
Kemp) kaum als Universalschlüssel für Imperialismus und Kolonialismus anführen können. Auch in Deutschland reichten die Pri-
vatkontakte führender Finanziers oder Industrieller zur Bürokra-
tie, zu Regierungsmitgliedern oder zum Monarchen nicht aus, um
ökonomischer und kapitalistischer Partialinteressen halber kolonialistische Aktivitäten durchzusetzen.
Wenn sich allerdings Großfinanziers und Industriekapitäne in der
Regel keine Illusionen über die Rentabilität von formellen Kolonien machten und auch nach dem deutschen Kolonialerwerb immer
wieder von der politischen Führung gedrängt werden mußten, sich
stärker für Afrika oder die Südsee zu interessieren, so haben ihre
kühlen Kalkulationen sie doch nicht davon abgehalten, in nationalistischen Verbänden für eine deutsche „Großmacht-" und „Weltpolitik" einzutreten. Ihre relativ starke Beteiligung an der frühen
Kolonialbewegung ist daher weder im Sinne einer Vorstellung vom
allein interessengerichteten „homo oeconomicus" zu interpretieren,
noch können ihre Motive von dem gemeinsamen Bewußtsein jener
Gruppen und Schichten getrennt werden, die sich selbst als die
eigentliche Nation verstanden („staatstragende Elemente") und die
gemeinsam von dem politischen und sozialen Erlebnishorizont seit
der industriellen Revolution und der Reichsgründung von 1870/71
geprägt waren. „Als Angehörige des Bürgertums hatten aber auch
die Unternehmer dessen spezifische, ideologisch artikulierte Identi-
tätsprobleme und (Sozialisten-)Ängste" (P. Hampe).[4] Nur so läßt
sich erklären, daß die Kolonialbewegung nicht ausgesprochen
schichtenspezifisch fundiert gewesen ist und daß die gesellschaftliche Breite des kolonialistischen bzw. imperialistischen Konsenses
vom Aristokraten und Finanzmagnaten über den ausgesprochenen
Bildungsbürger bis zum Kleinbürger reichte.
Diese kollektiven Erfahrungen und Erlebnisse breiter Schichten —
so wird man im Hinblick auf die Ursachen für die 1879 erstmals
kulminierende und dann 1884/85 zum partiellen Erfolg führende
Kolonialagitation und Kolonialbewegung zusammenfassen können
— standen sowohl mit dem nationalen Hochgefühl in der Folge
der Reichsgründung 1870/71 in Zusammenhang als auch mit einer
sich verbreitenden Krisenstimmung. Diese Krisenstimmung resultierte offensichtlich aus den bedrückenden Schlüssen, die breitere
Bevölkerungskreise aus dem raschen Bevölkerungswachstum, der

strukturellen Agrarkrise und den konjunkturellen Wachstumsstörungen sowie aus den gesellschaftlichen Strukturveränderungen
zogen. Das Anwachsen der Sozialdemokratie im Zuge der „durch-
brechenden" Industrialisierung führte diese „staatstragenden"
Kräfte wiederum in einer negativen Koalition zusammen, indem
sie von der Kolonialpolitik nicht nur eine Besserung der wirtschaftlichen Lage, sondern auch eine Reduzierung der ihrer Ansicht nach
das gesellschaftliche System bedrohenden Spannungen erhofften.
So gesehen artikulierten sich im „Kolonialrausch" der beginnenden
1880er Jahre sowohl die subjektiven Existenzängste unterschiedlicher sozialer Schichten sowie die Machterhaltungsbestrebungen
gesellschaftlich und ökonomisch führender oder privilegierter
Gruppen als auch das Prestige- und Identitätsbedürfnis breiter
Bevölkerungskreise mit dem imperialen Nationalstaat.

Anmerkungen

1. Die Argumente der Kolonialdiskussion

[1] Vgl. hierzu und zum folgenden Unterkapitel insbesondere den vorerwähnten Aufsatz von K. J. Bade, Die deutsche Kolonialexpansion in
Afrika: Ausgangssituation und Ergebnis, in: W. Fürnrohr (Hrsg.), Afrika
im Geschichtsunterricht europäischer Länder, 13—47, hier: 13.
[2] Die ersten Versuche deutscher Kolonialpolitik (27. 11. 1884), in: ders.,
Aufsätze, Reden und Briefe, hg. v. K. M. Schiller, Meersburg 1929, 4. Bd.,
670 ff. — Am berühmtesten wurde Caprivis Diktum: „... wir müssen
exportieren: entweder wir exportieren Waren, oder wir exportieren Menschen" (Sten. Ber. 118, 3307).
[3] K. J. Bade, Transnationale Migration und Arbeitsmarkt im Kaiserreich:
Vom Agrarstaat mit starker Industrie zum Industriestaat mit starker
agrarischer Basis, in: T. Pierenkemper / R. Tilly (Hrsg.), Historische
Arbeitsmarktforschung, Göttingen 1982, 182—211; vgl. H. Rosenberg,
Große Depression und Bismarckzeit: Wirtschaftsablauf, Gesellschaft und
Politik in Mitteleuropa, Berlin 1967; H.-U. Wehler, Bismarck und der
Imperialismus, 39—111.
[4] 1876 hatte Friedrich Engels in seinem Aufsatz „Preußischer Schnaps
im deutschen Reichstag" bemerkt: „Kartoffelsprit ist für Preußen das,
was Eisen und Baumwollen-Waren für England sind, der Artikel, der es
auf dem Weltmarkt repräsentiert." Ihm folgend haben der DDR-Histori-
ker Stoecker und H.-U. Wehler direkte Beziehungen zwischen den Hamburger Spiritus-Händlern und den ostelbischen Junkern hergestellt und
ihre Interessen-Solidarität auch für die Kolonialagitation in Anspruch
genommen. Tatsächlich war das Profitstreben der Hamburger Exportfir-

men, die den billigeren russischen Kartoffelspiritus dem preußischen Schnaps vorzogen, *gegen* die Interessen der ostelbischen Junker gerichtet. Beide waren auch primär nicht an der Kolonialbewegung beteiligt. Das änderte sich für die ostelbischen (Groß-)Grundbesitzer erst nach 1885, als ihr Kartoffelschnaps, dessen Produktion sie aufgrund der Agrarkrise in den siebziger Jahren infolge des billigeren russischen und amerikanischen Getreides aufgenommen hatten, durch den russischen Spiritus auch vom europäischen Markt (Spanien stand seit 1883 mit beinahe 50% an der Spitze) verdrängt wurde und erhöhte subventionistische Exportprämien den Blick auf die Kolonien richteten.

[5] Sten. Ber. 81, 1540.

[6] C. Peters, Gesammelte Schriften, 3 Bde., München 1943, I, 450.

[7] Gesammelte Politische Schriften, Tübingen ³1971, 23.

[8] W. Hübbe-Schleiden, „Motive zu einer überseeischen Politik Deutschlands", Kölnische Zeitung Nr. 214 vom 4. 8. 1881, wiederabgedruckt in ders., Warum Weltmacht? Der Sinn unserer Kolonialpolitik, Hamburg 1906, 35—42; auch K. J. Bade, Friedrich Fabri, 147—149.

[9] Nach H. Gründer, Christliche Mission und deutscher Imperialismus, 110.

[10] So H.-U. Wehler, Sozialdarwinismus im expandierenden Industriestaat, in: Deutschland in der Weltpolitik des 19. und 20. Jahrhunderts. Fs. Fritz Fischer zum 65. Geburtstag, hg. v. I. Geiss — B. J. Wendt, Düsseldorf 1973, 133—142.

[11] Sten. Ber. 168, 3293.

2. Führende Kolonialpropagandisten: F. Fabri, W. Hübbe-Schleiden, E. von Weber

[1] Zu Fabri, aber auch zu den im Folgenden behandelten Kolonialpropagandisten Wilhelm Hübbe-Schleiden und Ernst von Weber, vgl. die materialreiche Studie von K. J. Bade, Friedrich Fabri und der Imperialismus in der Bismarckzeit. Revolution — Depression — Expansion, Freiburg i. Br. 1975.

[2] Bedarf Deutschland der Colonien? Eine politisch-ökonomische Betrachtung, Gotha 1879, bes. 18, 20 f., 23 f., 26 f., 29, 31—33, 39, 83—85, 106 f.

[3] Ethiopien. Studien über West-Afrika, Hamburg 1879, 386 (Hervorhebung im Original).

[4] „Überseeische Politik" (1881); „Weltwirtschaft" (1882); „Deutsche Welt-Hegemonie" (1890); „Warum Weltmacht? Der Sinn unserer Kolonialpolitik" (1906); vgl. K. J. Bade, Friedrich Fabri, 416.

[5] Überseeische Politik. Eine Culturwissenschaftliche Studie mit Zahlenbildern, Hamburg 1881; vgl. die Graphik bei K. J. Bade, Friedrich Fabri, 102.

[6] K. J. Bade, Friedrich Fabri, 415.

[7] Überseeische Politik, 77; vgl. P. Leroy-Beaulieu, De la colonisation chez les peuples modernes, Paris 1874, [4]1891, 839 f.

[8] Die Erweiterung des deutschen Wirtschaftsgebietes und die Grundlegung zu überseeischen deutschen Staaten. Ein dringendes Bedürfnis unserer wirtschaftlichen Notlage, Leipzig 1879, 7, 50 f., 57, 61.

[9] Die ersten Versuche deutscher Kolonialpolitik (27. Nov. 1884), in: ders., Aufsätze, Reden und Briefe, hg. v. K. M. Schiller, Meersburg 1929, 4. Bd., 670.

3. Die organisierte Kolonialbewegung

[1] Zur organisierten Kolonialbewegung: H.-U. Wehler, Bismarck und der Imperialismus, 158—168; K. J. Bade, Friedrich Fabri, bes. 102 ff., 136 ff., 287 ff.; zur Bedeutung der Geographie für die Entwicklung und den Ausbau des deutschen Kolonialreiches vgl. u. a. F.-J. Schulte-Althoff, Studien zur politischen Wissenschaftsgeschichte der deutschen Geographie im Zeitalter des Imperialismus, Paderborn 1971.

[2] K. J. Bade, Friedrich Fabri, 179.

4. Hanseaten und „Finanzkapital"

[1] Zit. n. H. Washausen, Hamburg und die Kolonialpolitik des Deutschen Reiches 1880—1890, Hamburg 1968, 183; vgl. zum Folgenden auch K. J. Bade, Die deutsche Kolonialexpansion in Afrika, 20.

[2] Vgl. H. Washausen, Hamburg und die Kolonialpolitik des Deutschen Reiches; E. Böhm, Überseehandel und Flottenbau. Hanseatische Kaufmannschaft und deutsche Seerüstung 1879—1902, Düsseldorf 1972.

[3] Sten. Ber. 76, 1062.

[4] P. Hampe, Die ökonomische Imperialismustheorie. Kritische Untersuchungen, München 1976, 355, vgl. 297 f., 331 ff.

III. Bismarck und die Kolonien

Die Entscheidung, daß Deutschland nach Jahren der Kolonialabstinenz dennoch im Frühsommer 1884 in die Reihe der europäischen Kolonialmächte eintrat, geht im letzten auf die Person des politisch verantwortlichen Reichskanzlers, Otto von Bismarck, zurück. Zwar haben die Agitatoren und Propagandisten von Kolonien und eine im Anwachsen begriffene, jedoch keineswegs als „nationale Bewegung" zu bezeichnende Kolonialbewegung den Boden bereitet und den „Impuls aus der Nation" gegeben, ohne den Bismarck es immer abgelehnt hatte, sich mit der Kolonialfrage überhaupt ernstlich zu beschäftigen.[1] Aber erst sein Entschluß stellt den definitiven Umschlagpunkt vom informell-indirekten Freihandelsexpansionismus seit den 1860er Jahren zum direkt-formellen Kolonialbesitz dar.

Die Frage stellt sich daher, warum sich Bismarck gerade 1884 auf eine offizielle Kolonialexpansion einließ, nachdem er doch nicht nur stets behauptet hatte, das Reich sei territorial „saturiert", sondern auch nie einen Zweifel daran gelassen hatte, wie er über Kolonien dachte. Selbst als ihm die französische Regierung im Zuge des 1870er Krieges wertvollen Kolonialbesitz, nämlich Cochinchina, angeboten hatte, um Elsaß-Lothringen zu retten, hatte Bismarck geantwortet: „O! O! Cochinchina! Das ist aber ein sehr fetter Brocken für uns; wir sind aber noch nicht reich genug, um uns den Luxus von Kolonien leisten zu können".[2] 1881 meinte er: „So lange ich Reichskanzler bin, treiben wir keine Kolonialpolitik. Wir haben eine Flotte, die nicht fahren kann ... und wir dürfen keine verwundbaren Punkte in fernen Weltteilen haben, die den Franzosen als Beute zufallen, sobald es losgeht".[3] Nicht anders reagierte er noch 1883, als er an Caprivi, damals Chef der Admiralität, die Frage richtete: „Ich höre, Sie sind gegen Kolonien?" und auf dessen bejahende Antwort versicherte: „Ich auch".[4] Es besteht also kein Anlaß, an dieser mehrfach bezeugten Grundeinstellung gegenüber aktiver Kolonialpolitik zu zweifeln.

Die Deutungsversuche für Bismarcks angeblichen „Umschwung" in seiner kolonialen Gesinnung sind denn auch bisher nicht zur Ruhe gekommen, wobei so extrem divergierende Positionen vertreten worden sind, wie einerseits die ältere These, daß Bismarcks Kolonialpolitik nicht eigentlich gewollt gewesen sei und nur dem Druck der Öffentlichkeit nachgegeben habe (F. Meinecke, H. Oncken), auf der anderen Seite die Meinung, er habe schon immer auf eine Möglichkeit zur Expansion gewartet (M. E. Townsend, H. A. Turner).[5] Darüber hinaus sind immer wieder personalistische Erklärungen herangezogen worden, wobei die persönliche Verflechtung zwischen Großkapital und Regierungsmitgliedern auf die Abhängigkeit des Staatsapparates von finanzoligarchischen Interessen verweisen sollen. Dies gilt sowohl für den Hinweis auf den maßgeblichen Einfluß des kolonialbegeisterten Fachreferenten für koloniale Fragen im Auswärtigen Amt, Heinrich von Kusserow, den Schwager des Geschäftsinhabers der Berliner Diskonto-Gesellschaft Adolph von Hansemann und Enkel des Kölner Bankiers Oppenheim, auf Bismarck (G. W. F. Hallgarten), als auch für die entscheidende Rolle, die Adolph Woermann und seinen Überseeinteressen beigemessen wird.

Die im letztgenannten Zusammenhang angeführten Woermann-Initiativen besitzen allerdings insofern einen realistischen Hintergrund, als sie auf die vorerwähnten englisch-französischen sowie englisch-portugiesischen wirtschaftlich-kolonialen Abmachungen über Gebiete in W-Afrika verwiesen, die auch den handelspolitischen und wirtschaftsexpansiven Intentionen Bismarcks zuwiderliefen. Das Vordringen anderer Kolonialmächte mit ihren Schutz-, Differential- und Prohibitivzöllen und Abgrenzungen unter dem Vorwand eines „preclusive imperialism" mußten auch bei Bismarck den Eindruck vertiefen, daß sich die Freihandelsepoche ihrem Ende zuneigte und gesteigerte Konkurrenz und protektionistische Methoden selbst in Übersee bevorstanden. Es war ohnehin die Zeit, in der er sich nach der Übernahme des preußischen Handelsministeriums (1880) lebhafter für die Hebung der Ausfuhr und die Förderung überseeischer Interessen im Sinne einer staatlich geförderten Außenhandelspolitik einsetzte. Die Furcht vor einer Benachteiligung des gesamten deutschen Westafrikahandels dürfte daher als „Initialzündung" (H.-U. Wehler) gewirkt haben, daß er 1884, wenn auch widerstrebend, den „Reichsschutz" über deutsche Interessengebiete in Afrika und in der Südsee zu formalisieren begann.

Andererseits wäre es unrealistisch anzunehmen, daß Bismarck von einer aktiven Kolonialpolitik kurz- oder mittelfristig gesamtwirtschaftlich spürbare Absatzeffekte erhofft hätte. Er hat sich nie sonderliche Illusionen über die wirtschaftliche Bedeutung von Ko-

lonien gemacht, die durch einen schon Anfang Dezember 1884 von
Reichskommissar Nachtigal erhaltenen, desillusionierenden Bericht
über die wirtschaftlichen Aussichten des südwestafrikanischen
Schutzgebietes — der bezeichnenderweise geheimgehalten wurde
— zusätzliche Nahrung erhalten haben mochte. Dennoch wird
man die ökonomischen Motive für Bismarcks langfristige Absichten, gesicherte Absatzmärkte zu schaffen — und sei es im bekannten Sinne eines prophylaktischen Imperialismus — nicht außer
Betracht lassen können. Die Dokumente, in denen er sich — wenn
überhaupt — auf positive Aspekte von Kolonialbesitz bezieht,
beschäftigen sich nahezu ausschließlich mit deren wirtschaftlichem
Nutzen, wobei naturgemäß neben den erhofften Rückwirkungen
auf gesicherte Absatzmärkte für die deutsche Industrie und das
deutsche Kapital soziale Erwartungen im Hinblick auf Arbeitsplätze, Löhne und die Zufriedenheit der Arbeiter standen. „Daß
Bismarck, die Kolonialpropagandisten und Geschäftsleute an beide
Werte gedacht haben, besonders in einer Zeit der Wirtschaftskrise,
sollte uns nicht wundern" (O. Pflanze).[6] Die Frage stellt sich
allerdings, ob Bismarck über die ökonomische Ebene hinausging
und Kolonien im Sinne eines defensiven „Sozialimperialismus"-
Modells als „Blitzableiter" zum Abbau innenpolitischer Spannungen und als Stabilisierungsfaktor für herrschende konservativ-re-
aktionäre Eliten gegenüber sozialemanzipatorischen Kräften verwendet hat. In dieser weitgefaßten Ausprägung ist jedenfalls die
„Sozialimperialismus"-These als ein allumfassendes Modell der
Herrschaftstechnik Bismarcks von H.-U. Wehler vertreten worden.[7]
Gegenüber dem universalen „Sozialimperialismus"-Modell Weh-
lers sind darüber hinaus bis heute Deutungsversuche diskutiert
worden, die zwar auch von einer Instrumentalisierung der Kolonialfrage durch Bismarck ausgehen, die sich aber auf die konkrete
außen- und innenpolitische Situation der mittachtziger Jahre bezie-
hen. Eine gewisse Aufmerksamkeit findet in diesem Zusammenhang immer noch die erstmals von E. Eyck (1941/44) vertretene
These, daß der Übergang zu einer aktiven Kolonialpolitik vor dem
Hintergrund der dem Reichskanzler und seinem Werk drohenden
Gefahr durch ein deutsches „Kabinett Gladstone" gesehen werden
müsse.[8] Gemeint war damit die Übernahme der Herrschaft durch
den Kronprinzen Friedrich Wilhelm und seine Gemahlin Victoria,
die Tochter der Queen, nachdem zu Beginn der achtziger Jahre
allgemein mit dem baldigen Tode des greisen Kaisers Wilhelm I.

gerechnet wurde. In diesem Falle war die Entlassung des Reichskanzlers durch den Thronfolger und die anschließende Einführung
des parlamentarischen Systems sowie einer liberalen, außenpolitisch
an England orientierten Prinzipienpolitik äußerst wahrscheinlich.
Bismarcks Kolonialpolitik sei daher auf einen Konflikt mit England angelegt gewesen, um sowohl einem englischen Einfluß auf
den Kronprinzen vorzubeugen als auch die Linksliberalen zu
bekämpfen. Eine Stütze findet diese These nicht nur in einer diesbezüglichen Äußerung Bismarcks gegenüber dem Zaren in Skierniewice im September 1884[9], sondern ebenfalls in einer Bemerkung
Herbert von Bismarcks gegenüber dem deutschen Botschafter in
Petersburg v. Schweinitz nach dem Sturz des Kanzlers im März
1890: „Als wir in die Kolonialpolitik hineingingen, mußten wir
auf eine lange Regierungszeit des Kronprinzen gefaßt sein, während welcher der englische Einfluß dominieren würde. Um diesem
vorzubeugen, mußte die Kolonialpolitik eingeleitet werden, welche
volkstümlich ist und in jedem Augenblick Konflikte mit England
herbeiführen kann".[10] Die Bismarcksche Kolonialpolitik wäre
nach dieser Deutung also in ihrem Ursprung „antibritisch" gewesen
und hätte insgesamt dem außenpolitischen Ziel des Reichskanzlers
dienen sollen, die deutsche Politik *gegen* England festzulegen, um
auf diese Weise seine Nachfolger zu zwingen, die Verbindung zu
Rußland nicht abreißen zu lassen, die ein Grundstein seines außenpolitischen Gebäudes darstellte.
Bismarcks *innen*politisches Ziel habe in diesem Zusammenhang also
darin bestanden, den in Hofkreisen und im Reichstag an Boden
gewinnenden Linksliberalen den möglichen politischen Rückhalt zu
entziehen. Im Zusammenhang mit dieser These ist allerdings von
anderer Seite das Augenmerk eher auf die Nationalliberalen gerichtet worden: Bismarck sei es darum gegangen, diese Kolonialpartei par excellence wieder fester an sich zu binden, nachdem sich
1880 Teile nach links abgespalten hatten („Liberale Vereinigung")
und sich die Nationalliberale Partei möglicherweise zu Konzessionen bereit gefunden hätte, um diese Sezessionisten wieder an die
Partei heranzuführen (H. Herzfeld, 1938). Dieser Deutung ist
nun wiederum entgegengehalten worden, daß Bismarck nicht
die Nationalliberalen umworben habe, sondern das Zentrum.
Der Nationalliberalen sei er sicher gewesen, während er mit
der Gewinnung des Zentrums auf eine Verbreiterung der konservativen Basis seiner Politik hingearbeitet habe (H. Henning,
1978).

Diesen primär innenpolitisch motivierten Gründen, die alle ein „Körnchen Wahrheit" enthalten, ohne letztlich eine hinreichende Erklärung für Bismarcks aktive Kolonialpolitik zu liefern, ist immer wieder entgegengestellt worden, daß die entscheidenden Motive für sein politisches Handeln stets im außenpolitischen Bereich gelegen hätten. Schon früh hat man deshalb auf die außenpolitisch günstige Konstellation hingewiesen, die Bismarcks Kolonialpolitik beeinflußt habe. In der Tat liegt hier eine conditio sine qua non für seine kolonialpolitischen Aktivitäten von 1884/85. In Afghanistan spitzten sich die russisch-englischen Rivalitäten gefährlich zu, so daß man in England bereits den Ausbruch eines Krieges um Indien befürchtete. Seit dem Zerfall des bisherigen Kondominats 1882 befand sich England zudem mit Frankreich im offenen Streit um Ägypten. Jedenfalls bildete Englands prekäre Situation in Ägypten und im Sudan — im Januar 1885 sollte die Welt das in ganz Europa Bestürzung hervorrufende Schauspiel von der Niedermachung der englischen Expeditionstruppe unter Gordon Pasha vor Karthum durch die Mahdisten erleben — ein bequemes Druckmittel für die deutsche Englandpolitik. Staatssekretär Herbert v. Bismarck nannte im September 1884 den „Zankapfel Ägypten ... für unsere Politik geradezu ein Geschenk des Himmels".[11] Auch in der europäischen Politik fiel das Bismarcksche Abenteuer des Kolonialimperialismus in eine Zeit relativer Ruhe. Die Kolonien konnten daher ohne größere Rückwirkungen für die deutschen außenpolitischen Beziehungen in Besitz genommen werden.

Die in direkter Abhängigkeit von Bismarcks Modell des europäischen Gleichgewichts stehende außenpolitische Lage des Reichs hat somit den Kolonialerwerb ganz maßgeblich erleichtert. In diesem Zusammenhang ist schon früh auf Bismarcks Absicht hingewiesen worden, durch den Erwerb von Kolonien die notwendige Grundlage für eine koloniale Entente mit Frankreich zu schaffen, um die französischen Revanchegedanken von der „offenen Wunde in den Vogesen" (Elsaß-Lothringen) abzulenken (A. J. P. Taylor, 1938). Seit Beginn der achtziger Jahre war in verschiedenen Zusammenhängen bei Bismarck immer wieder der Gedanke aufgetaucht, mit Frankreich über eine Begünstigung im kolonialen Bereich zu einem Ausgleich zu kommen. „Unser Verständigungsgebiet mit Frankreich erstreckt sich von Guinea bis nach Belgien hinan und deckt alle romanischen Länder", hieß es in einem Erlaß an den Pariser Botschafter, den Fürsten Hohenlohe, von Anfang April 1880, und

zu Beginn des Jahres 1884 wünschte er in einem Privatgespräch
„den Franzosen Siege in Tongkin und Madagaskar. Das befriedige
ihre Eitelkeit und hielte sie von der Revanche ab".[12]
Lothar Gall geht sogar noch einen Schritt weiter, indem er Bismarcks außenpolitische Wendung gegen England und seine Annä-
herungspolitik an Frankreich auf dem Wege über eine deutsch-
französische Kolonialallianz in einem engen Zusammenhang sieht.
Ansatzpunkt ist ihm eine Unterredung Bismarcks mit dem Berliner
Botschafter Frankreichs, de Courcel, von Ende September 1884, in
der der Reichskanzler die Idee des „europäischen Gleichgewichts"
in die Welt des 18. Jahrhunderts verwiesen, es dagegen als nicht
antiquiert bezeichnet habe, von einem „Gleichgewicht der Meere",
einem globalen Gleichgewicht zu sprechen. Um derartiges zu erreichen, müsse man freilich dazu gelangen, daß England „sich an
die Idee gewöhne, daß eine französisch-deutsche Allianz nichts
Unmögliches sei".[13] In dieser Vorstellung wird nach Gall ein
unter Umständen von Bismarck anvisiertes Zukunftsziel deutlich:
Über den zu schwachen Zweibund hinaus zu einer „Art kontinen-
taler Blockbildung" gegen die starken Flügelmächte (England,
Rußland) zu gelangen. Sie sollte, wenn es sich irgendwie verwirklichen ließ, in letzter Konsequenz auch Frankreich mit einbeziehen,
es jedenfalls daran hindern, sich mit England zu verbinden.
Spätestens mit dem Sturz Ferrys in Frankreich Ende März 1885
und dem neu hervortretenden, mittelständisch motivierten französischen Nationalismus mußten sich diese globalen Visionen Bismarcks jedoch als illusorisch erweisen. Frühere Interpreten haben
daher gegenüber der These einer langfristig angelegten antibriti-
schen Politik Bismarcks ihren vorübergehenden Charakter betont.
Die Kolonien seien demzufolge eher Kompensationsobjekte gewesen, um England durch späteres Entgegenkommen an den Drei-
bund heranzuzwingen (P. Kluke, 1953; W. Richter, 1962). Die
Bedeutung der deutsch-britischen Beziehungen für die deutsche
Kolonialpolitik wird noch dadurch unterstrichen, daß die größere
Bewegungsfreiheit Englands nach 1885 Bismarck zu erhöhter
Nachgiebigkeit in Afrika veranlaßte. Er gab jetzt den Beziehungen
zu England eindeutig Vorrang vor seiner Kolonialpolitik. Ein
gutes Verhältnis zu England und Salisburys Verbleiben im Amt,
mit dem er bestens kooperierte, hielt er für „hundertmal mehr
wert ... als das gesamte Ostafrika" oder als „zwanzig Sumpfkolo-
nien in Afrika". Carl Peters' Aktivitäten in Uganda bezeichnete
er geradezu als „kriminell" und forderte den englischen Premier

auf, dessen Treiben in Ostafrika notfalls mit Waffengewalt ein Ende zu bereiten.[14] Diese Unterordnung der deutschen Kolonialpolitik unter die Beziehungen zu England gipfelten schließlich in dem Helgoland-Sansibar-Abkommen von 1890, das noch von Bismarck vorbereitet worden war und in dem Ansprüche auf afrikanischen Boden, der den mehrfachen Umfang des Deutschen Reichs besaß, für ein winziges Eiland in der Nordsee bzw. — wie es in der Terminologie der Kolonialenthusiasten hieß — „Königreiche" (Uganda, Witu, Sansibar) für eine „Badewanne" aufgegeben wurden.

Ohne Zweifel ist der außenpolitische Kontext, d. h. das Modell eines europäischen Gleichgewichts, wie es Bismarck in seinem berühmten Kissinger Diktat vom 15. Juni 1877 entworfen hatte, für den Reichskanzler stets der Bezugspunkt geblieben, der seine kolonialpolitischen Aktivitäten bestimmte. So gesehen begünstigte die außenpolitische Schönwetterlage eine überdies von weiten Kreisen geforderte Kolonialexpansion ganz erheblich. Allerdings vermag der Zeitpunkt relativer Ruhe in der europäischen Politik das *aktive* Moment in Bismarcks Übergang zum formellen Kolonialerwerb nicht hinreichend zu erklären. Daher wird man einen weiteren Aspekt in Betracht ziehen müssen: die Festigung der persönlichen Position des Reichskanzlers durch austauschbare Strategien. In seinem jahrzehntelangen Kampf um sein innenpolitisches Überleben hat sich Bismarck in verschiedenen Situationen unterschiedlicher Mittel bedient — warum nicht jetzt der „en vogue" befindlichen Kolonialfrage? In einem Erlaß vom 25. 1. 1885 an den deutschen Botschafter in London, Graf Münster, hat er — freilich mit Blick auf England — die Kolonialfrage „schon aus Gründen der inneren Politik" als eine „Lebensfrage" für die Reichsregierung bezeichnet: „Die öffentliche Meinung legt gegenwärtig in Deutschland ein so starkes Gewicht auf die Kolonialpolitik, daß die Stellung der Regierung im Innern von dem Gelingen derselben wesentlich abhängt".[15] Die Kolonialfrage bot sich folglich auch als ein Mittel zur Festigung der eigenen Position an. Sie war demnach ein Experiment unter vielen, zu dem das momentane „Kolonialfieber" die Voraussetzungen schuf. Ganz konkret bezog sich dieses „Experiment" auf die anstehenden Reichstagswahlen vom Herbst 1884 (28. Oktober), als Bismarck mit Kolonialparolen die „regierungsfreundlichen" Parteien gegenüber der bürgerlichen Linken und den Sozialdemokraten, die beide Kolonialgegner waren, zu stärken beabsichtigte. Offenherzig äußerte er sich im September 1884

gegenüber einem seiner engsten Mitarbeiter im Auswärtigen Amt,
Boetticher: „Die ganze Kolonialgeschichte ist ja Schwindel, aber
wir brauchen sie für die Wahlen".[16]

Die von der Kolonialpolitik beherrschten Wahlen brachten indes
keineswegs den erhofften Erfolg.[17] Das temporär zu wahltak-
tischen Zwecken benutzte Kolonialthema war daher auch kaum
geeignet, Bismarck zu einer Fortsetzung des kolonialen Experi-
ments, etwa gar unter erheblichen außenpolitischen Risiken, zu
veranlassen. Nach 1885 wollte er denn auch nichts mehr mit dem
„Kolonialschwindel" zu tun haben. Während des ostafrikanischen
Aufstandes 1888/89 und des Konfliktes um Samoa, wo infolge des
energischen Durchgreifens des vom „furor consularis" (Bismarck)
befallenen deutschen Konsuls blutige Konflikte aufgebrochen waren, verwünschte er Samoa und Ostafrika und gedachte die Kolonien der Admiralität zu übergeben.[18] Dann bot er sie dem italie-
nischen Ministerpräsidenten Crispi zum Kauf an, der aber dan-
kend ablehnte und sich sogleich mit einer entsprechenden Gegenof-
ferte revanchierte. Im Herbst 1889 trug er dem Hamburgischen
Senat die Verwaltung der Kolonien an. Dem Hamburger Bürger-
meister Versmann gegenüber bezeichnete er es als sein „Gewerbe
..., Europa den Frieden zu erhalten; wenn ich das tue, bin ich
bezahlt. Mit anderen Kleinigkeiten kann ich mich nicht mehr abge-
ben ... Kurz, das Auswärtige Amt wird die Kolonialsachen los
oder es wird mich los". Wenn der Handel kein Interesse an den
Kolonien zeige, gebe man sie am besten auf, so wie es der Große
Kurfürst auch getan habe.[19]

Diese Aussage weist noch einmal auf die ursprünglich allein maßgebliche Absicht Bismarcks in bezug auf „Kolonialerwerb" hin: Die
„Schutzgebiete" — ein eigens von Bismarck erfundenes Wort, um
die überseeischen Territorien nicht „Kolonien" nennen zu müssen
— möglichst weitgehend der Eigenverantwortlichkeit der kommerziellen Überseeinteressen zu überlassen. Bereits seit seiner Amts-
übernahme 1862 hatte er aktive Überseepolitik zur Förderung des
industriewirtschaftlichen Außenhandels betrieben und — nicht nur
in Ostasien — eine Politik der „offenen Tür" verfolgt. Als Reichskanzler setzte er eine expansive Außenhandelspolitik in Zusammenarbeit mit den Liberalen fort, wobei die Methoden der englischen und amerikanischen Handelspolitik sein leitendes Vorbild
blieben („the flag follows the trade"). Am 28. November 1885 hat
er sich erneut im Reichstag darüber ausgesprochen, wie er sich die

Verwaltung der Kolonien denke: Sein Ziel sei „der regierende Kaufmann und nicht der regierende Bureaukrat in jenen Gegenden, nicht der regierende Militär und der preußische Beamte; — unsere Geheimen Räte und versorgungsberechtigten Unteroffiziere sind ganz vortrefflich bei uns; aber dort in den kolonialen Gebieten erwarte ich von den Hanseaten, die draußen gewesen sind, mehr (...) Mein Ziel ist die Regierung kaufmännischer Gesellschaften, über denen nur die Aufsicht und der Schutz des Reiches und des Kaisers zu schweben hat".[20] An diesen Vorstellungen eines freihändlerischen kommerziellen Expansionismus und einer Laisser-faire-Überseepolitik hielt er bis zu seinem Abgang im Prinzip fest. So gesehen gab es 1884/85 keinen grundlegenden Gesinnungswandel, d. h. einen Bruch mit seinen bisherigen Vorstellungen und Zielen oder gar eine „plötzliche" Begeisterung für Kolonien. Die finanziellen Belastungen formell-staatlicher kolonialer Gebietserwerbungen blieben Bismarck stets ebenso bewußt, wie er vor allem seine europazentrische Außenpolitik vor den Zwängen und Risiken eines kolonialpolitischen Engagements in weltpolitischem Maßstab zu bewahren suchte; gehörte es doch zu seiner Strategie, innereuropäische Spannungen an der Peripherie auszubalancieren, wobei sich sein machtpolitisches Konzept um so erfolgreicher erwies, je weniger das Reich selbst in diesen Konfliktzonen engagiert oder interessiert war. Am treffendsten kommt dieser Sachverhalt in jener berühmten Bemerkung des Reichskanzlers vom 5. Dezember 1888 gegenüber dem deutschen Afrikaforscher Eugen Wolf zum Ausdruck, die zugleich vor dem Hintergrund einer gegenüber 1884/85 wieder stärkeren Gefährdung des Reiches auf dem Kontinent gesehen werden muß. Wolf hatte Bismarck die Notwendigkeit einer Expedition zur Befreiung des deutschen Afrikareisenden und Gouverneurs der ägyptischen Äquatorialprovinz, Emin Pascha, dargelegt: „Wir könnten dort eine deutsche Interessensphäre gründen; die Stanley-Expedition verfolge gewiß nicht nur philanthropische Zwecke". Darauf hatte ihm Bismarck entgegnet: „Schicke ich einen preußischen Leutnant da hinein, so muß ich u. U. ihm noch mehrere nachschicken, um ihn herauszuholen. Das führt uns zu weit. Die englische Interessensphäre geht bis zu den Quellen des Nils, und das Risiko ist mir zu groß. *Ihre* Karte von Afrika ist ja sehr schön, aber meine Karte von Afrika liegt hier in Europa. Hier liegt Rußland, und hier" — nach links deutend — „liegt Frankreich und wir sind in der Mitte; das ist *meine* Karte von Afrika".[21]

Die Kolonien mußten schließlich die Mitsprachemöglichkeiten des
Reichstags in der Außenpolitik erhöhen — eine Domäne, die Bismarck nicht nur aus außenpolitischen Gründen, sondern auch aus
innenpolitischen Motiven für sich allein beanspruchte.[22] Alle Forderungen einer Erweiterung des deutschen Kolonialbesitzes hat er
deshalb rigoros abgelehnt. Angesichts dieser außen- und innenpolitischen Motive, aber auch der Tatsache, daß Bismarck, ebenso wie
der größte Teil der deutschen Wirtschaft und Finanzwelt, die wirtschaftliche Bedeutung der Kolonien stets äußerst gering geschätzt
hat — er dachte ganz nüchtern in Begriffen von Gewinn und Verlust und reagierte schnell, wenn der Verlust den Gewinn überstieg
—, besteht wenig Anlaß, die bisherige Forschung über Bismarcks
Kolonialpolitik grundlegend zu revidieren. Abschließend wird man
daher wohl mit George Hallgartens später Feststellung konstatieren können: „Als Gesamterscheinung betrachtet, war Bismarck weit
eher ein Hemmschuh, ja ein Opfer, als ein Förderer imperialistischer Politik".[23]
Die Folgen seines vorübergehenden kolonialpolitischen Engagements konnten freilich nicht mehr rückgängig gemacht werden.
Sowohl aus nationalen und internationalen Prestigegründen als
auch aufgrund der sich in den Kolonien entfaltenden eigengesetz-
lichen Schubkraft gab es für den Reichskanzler keinen Weg mehr
zurück zu dem kolonialpolitischen Zustand vor 1884. Hatte zu
diesem Zeitpunkt vielleicht noch eine realisierbare Alternative für
Bismarck bestanden, auf das koloniale Abenteuer zu verzichten —
nach 1884/85 war ihm kaum noch die Möglichkeit gegeben, seinen
aus der Situation geborenen Schritt zu revidieren. Auch in dieser
Beziehung bewahrheitete sich seine eigene grundlegende Erkenntnis, daß der Staatsmann das Staatsschiff allenfalls „im Strom der
Zeit" lenken, aber nicht *gegen* den Strom steuern könne.

Anmerkungen

[1] Das Auswanderungsargument scheidet allerdings als direkter Antriebs-
faktor für Bismarck aus.
[2] Die Gesammelten Werke (Friedrichsruher Ausgabe), Bd. VII, Berlin
1924, 382 (24. 10. 1870).
[3] H. v. Poschinger (Hrsg.), Bismarck und die Parlamentarier, Bd. III,
Breslau 1896, 54.
[4] Zit. n. W. Richter, Bismarck, Frankfurt a. M. 1962, 432.
[5] Ein Überblick über die Meinungen der Forschung bei H. Pogge von
Strandmann — Alison Smith, The German Empire in Africa and British

Perspectives: A Historiographical Essay, in: P. Gifford — Wm. R. Louis, Britain and Germany in Africa. Imperial Rivalry and Colonial Rule, New Haven — London 1967, bes. 714—717, sowie H.-U. Wehler, Bismarck, 412—423.

[6] O. Pflanze, Bismarcks Herrschaftstechnik als Problem der gegenwärtigen Historiographie, Historische Zeitschrift 234 (1982), 592.

[7] Der Wirtschaftshistoriker Hansjoachim Henning hat anhand einer Analyse der gesamtvolkswirtschaftlichen Entwicklung aufzuzeigen versucht, daß Bismarcks Ausgreifen nach Afrika weder ein wirtschaftliches Krisenmanagement war, noch der Versuch, soziale Spannungen nach außen abzulenken (Bismarcks Kolonialpolitik — Export einer Krise?, in: K. E. Born [Hrsg.], Gegenwartsprobleme der Wirtschaft und der Wirtschaftswissenschaft, Tübingen 1978, 53—83).

[8] Mit offener Wertung zuletzt A. Hillgruber, Bismarcks Außenpolitik, Freiburg 1972, 170.

[9] W. Richter, Bismarck, 438 A. 112.

[10] Zit. n. ebd., 438.

[11] W. Bußmann (Hrsg.), Staatssekretär Graf Herbert von Bismarck. Aus seiner politischen Privatkorrespondenz, Göttingen 1964, 259.

[12] Zit. n. L. Gall, Bismarck. Der weiße Revolutionär, Berlin 1980, 620.

[13] Ebd.

[14] Zitate n. H.-U. Wehler, Bismarck, 364—366.

[15] Die Große Politik der Europäischen Kabinette 1871—1914 (GP), Bd. IV, Berlin 1927, Nr. 758.

[16] Die geheimen Papiere Friedrich von Holsteins, Bd. II: Tagebuchblätter, Göttingen 1957, 174. — Vgl. F. Engels an E. Bernstein am 13. 9. 1884: „Übrigens hat Bismarck mit dem Kolonialschwindel einen famosen Wahlcoup gemacht. Darauf fällt der Philister hinein, ohne Gnade und massenhaft" (MEW, Bd. 36, 207).

[17] Vgl. gegenüber dem von H.-U. Wehler konstatierten Erfolg (Bismarck, 474—480) die Bemerkungen zur Wahl bei W. Baumgart, Eine neue Imperialismustheorie? Bemerkungen zu dem Buche von Hans-Ulrich Wehler über Bismarcks Imperialismus, Militärgeschichtliche Mitteilungen 2/71, 200 A.8.

[18] R. Frhr. Lucius von Ballhausen, Bismarck-Erinnerungen, Stuttgart, Berlin 1920, 500 f.

[19] H. Washausen, Hamburg und die Kolonialpolitik, 127—134; H.-U. Wehler, Bismarck, 408—411.

[20] Sten. Ber. 86, 117.

[21] E. Wolf, Vom Fürsten Bismarck und seinem Haus, Berlin 1904, 15.

[22] „Kolonialerwerb wäre nur Vergrößerung des parlamentarischen Exerzierplatzes", wie er Anfang 1883 Kommerzienrat Baare erläuterte, als dieser wieder einmal einen Plan zur Erwerbung Formosas vortrug (zit. n. E. G. Jacob, Deutsche Kolonialpolitik in Dokumenten, Leipzig 1938, 14).

[23] War Bismarck ein Imperialist? Die Außenpolitik des Reichsgründers im Lichte der Gegenwart, Geschichte in Wissenschaft und Unterricht 22 (1971), 264.

IV. Die Kolonialfrage im Spektrum der politischen Parteien

Bei einem Überblick über die Haltung der Parteien im Kaiserreich zur Kolonialpolitik wird man zunächst feststellen müssen, daß keine politische Gruppierung von vornherein und einheitlich in der Begründung und hinsichtlich der Art und Weise deutscher überseeischer Expansion festgelegt gewesen ist. Selbst Parteien, die am stärksten für ein deutsches koloniales Engagement eingetreten sind wie die Freikonservativen und die Nationalliberalen, waren nicht in ihrer Gesamtheit prokolonial eingestellt. Das Spektrum reichte noch bis nach der Jahrhundertwende von direkter Ablehnung (linker Flügel der Sozialdemokratie) über einen weithin informell-freihändlerisch bestimmten Imperialismus bis zu einem radikal-rassistischen Siedlungskolonialismus. Weitgehend war die Zustimmung zur kolonialen Expansion auch taktisch bestimmt und von kompensatorischen politischen Forderungen abhängig.

Dies gilt insbesondere für die *Deutsch-Konservative Partei*, die stärkste konservative Partei des Zweiten Kaiserreichs, die sich auf preußischen Adel und Großgrundbesitz, protestantische Geistlichkeit und Beamtentum stützte und die zunächst eine zwiespältige bis ablehnende Haltung gegenüber der Kolonialpolitik einnahm. Ebenso wie die ostelbischen Gutsbesitzer, die innerparteilich die Vorherrschaft ausübten, das konservative Heer gegenüber der „gräßlichen Flotte" — als ein weiteres Zeichen für die Umwandlung Deutschlands zum Industriestaat — bevorzugten, besaß bei diesen eher kontinental geprägten Agrarkonservativen die Ostexpansion Vorrang vor überseeischen Kolonien. Allenfalls ein reichsdeutscher Nationalismus, als Überhöhung und Fortsetzung des traditionellen preußischen Machtstaatsgedankens begriffen, führte bei Teilen dieser hochkonservativen Partei zu einem aggressiv-militanten Imperialismus.

Unter dem Druck der Agrarkrise und vor die Notwendigkeit gestellt, breitere mittelständische Schichten zur Durchsetzung agrarkonservativer Interessen anzusprechen, wandelten sich jedoch das Selbstverständnis der Partei und ihre Einstellung gegenüber der Expansionspolitik. An die Stelle des traditionell unverkennbaren

Mißtrauens gegenüber kapitalistischer Überseepolitik im Zuge einer latenten Industriestaatsfeindschaft trat ein nationalistischer und rassistischer Konservativismus (1893 Gründung des radikalen „Bundes der Landwirte"). Die Agrarier versöhnten sich nunmehr mit der „Weltpolitik", freilich nicht, ohne ihren Preis zu verlangen: „sie ließen die Industrieentwicklung schließlich zu und bewilligten die Flotte, aber sie verlangten als Kompensation eine großartige Entschädigung in Gestalt der Zölle" (E. Kehr).[1] Hinzu kam, daß seit den neunziger Jahren für die ostelbischen Agrarier der Weizen- und Kartoffelmarkt (Spiritus) in Europa endgültig verlorenging, so daß sich in Übersee neue potentielle Absatzgebiete aufzutun schienen. Schließlich artikulierte die Partei mit ihrem Vorstoß in ein (klein-)bürgerliches Wählerreservoir mittelständische Siedlerinteressen, die sich in der kolonialideologischen Debatte lautstark in der Auseinandersetzung mit den hochkapitalistischen Handels- und Konzessionsgesellschaften niederschlugen.

Diese Vertretung von mittelständischen Siedlerinteressen gegen die Konzessionsgesellschaften übernahm die *Reichs- und Freikonservative Partei* erst in den späten neunziger Jahren und nach der Jahrhundertwende in ihr Programm, als sich diese vornehmliche Interessenvertretung von Großindustrie, Hochfinanz, Großgrundbesitz und Diplomatie („Botschafterpartei") aufgrund einer zunehmenden parlamentarischen Auszehrung verstärkt um eine breitere Wählerbasis bemühte. Zwar traten die hochadelig-großbürgerlichen deutschen Whigs normalerweise für einen ökonomischen Expansionismus und für privates koloniales Engagement ein. Als Partei Bismarck „sans phrase" mußte sie jedoch nach dem Erwerb der ersten deutschen Kolonien 1884/85 notwendigerweise das Bismarcksche „Experiment" unterstützen. Führende Persönlichkeiten der Kolonialbewegung und wohl die meisten der Großfinanziers der deutschen Kolonialgesellschaften hatten ihre politische Heimat in der Freikonservativen Partei. Ihre Beteiligung an kolonialen Unternehmungen lag nicht immer in persönlicher Überzeugung oder erhofftem kaufmännischen Gewinn, sondern trug „mehr den Charakter einer Gefälligkeit gegen herrschende Strömungen der öffentlichen Meinung und amtliche Einflüsse", wie es in einem für die Presse bestimmten und von Bismarck redigierten Regierungsmemorandum vom Juni 1889 hieß.[2] Das beste Beispiel für diese gleichzeitige Distanz zum Kolonialismus und politisch motivierte gelegentliche „Gefälligkeiten" gegenüber Bismarck stellt zweifelsohne Gerson von Bleichröder dar, Privatbankier des Kanzlers,

erster preußischer Jude, der ohne Beitritt zum Christentum geadelt
wurde, und vor allem vielfacher „Kronzeuge" marxistisch-materia-
listischer Geschichtsschreibung für die Führungsrolle des Finanzkapitals in der Kolonialpolitik.[3] Insgesamt verfocht die Reichs- und
Freikonservative Partei jedoch aus primär nationalen Gründen —
während bei den Deutsch-Konservativen Krisenargumente vor-
herrschten — in der Außenpolitik eine expansionistische Linie mit
Schwerpunkt in den Bereichen des Kolonialismus, der Flottenrüstung und der Ostsiedlung.

In dieser außenpolitischen Linie unterschied sie sich nur wenig von
der *Nationalliberalen Partei,* die allenfalls innenpolitisch einen
freiheitlicheren Kurs vertrat. Diese Partei des vor allem protestan-
tisch geprägten Besitz- und Bildungsbürgertums wird man als die
Kolonialpartei par excellence bezeichnen können, obgleich bis zur
Jahrhundertwende der linke, freihändlerisch eingestellte Flügel der
Partei (Schenk v. Stauffenberg, Forckenbeck) formellem Kolonialerwerb distanziert gegenüberstand. Jedenfalls hat die Partei mit
einiger Konsequenz die Kolonialpolitik der 1880er Jahre unterstützt bzw. am energischsten gegenüber der Reichsregierung gefördert und durchweg für die Kolonialvorlagen gestimmt. Der Orga-
nisationsgrad ihrer Mitglieder in den nationalen Verbänden — so
auch in der Deutschen Kolonialgesellschaft und in anderen kolonialen Vereinen und Interessengruppen — war dementsprechend über-
durchschnittlich hoch. Nicht zufällig spielten überragende Vertreter
der Nationalliberalen wie Bennigsen und Miquel eine führende
Rolle in der Deutschen Kolonialgesellschaft.

Mit abnehmender Attraktivität der Partei für bestimmte, das liberale Element stärker betonende Wählerschichten und infolge innenpolitischer Niederlagen übernahm die Kolonialpolitik für die Partei dann zunehmend die Funktion einer nationalen Integrationspa-
role und Modernisierungsideologie, nachdem sich der deutsche Liberalismus schon immer eng mit der nationalen Idee verbunden
gefühlt hatte.

„Wenn uns irgend etwas die Zugkraft ersetzen soll, die wir früher als
Partei des nationalen Gewissens hatten", formulierte Gustav Stresemann
in einer Denkschrift von 1908 die Rolle der Nationalliberalen Partei als
„Speerspitze imperialistischer Agitation", „so ist es die Betätigung in allen
denjenigen Fragen, welche jetzt im Zeitalter der Weltwirtschaft die den-
kenden Kreise des Volkes und namentlich die Kreise der Jugend und der
nachfolgenden Generation bewegen. In Fragen der Kolonien, der Flotte
und einer scharfen auswärtigen Politik müssen wir unbedingt die Führung

übernehmen, damit wir die weiten Kreise, die im Flottenverein und in Kolonialgesellschaften organisiert sind, und die besonnenen Teile des alldeutschen Verbandes für uns gewinnen. Es gibt unter den liberalen Berufen Hunderttausende, die an sich außerhalb der wirtschaftlichen Gegensätze stehen und nicht daran interessiert sind, ob der Zoll 10 Mark oder 5 Mark beträgt, die sich aber nach einer angesehenen, streng nationalen Partei sehnen... Die Erhaltung der weltwirtschaftlichen Stellung des Deutschen Reiches ist eine von Zufallsstimmungen unabhängige dauernde Parole, die uns begeisterte Anhänger sichern wird, während wir auf dem Gebiete der wirtschaftlichen Fragen als Mittelpartei auch für die Zukunft mit den größten Schwierigkeiten werden rechnen müssen".[4]

Während sich in dieser politischen Handlungsmaxime Stresemanns in erster Linie der „realpolitische" Imperialismus der Nationalliberalen manifestierte, hinter dem zum einen das Bedürfnis stand, „vor dem Winde der imperialistischen Zeitströmung zu segeln", zum anderen sich konkrete ökonomische und sozialimperialistische Interessen verbargen, kam die Forderung nach einer starken und zielbewußten deutschen Kolonial- und „Weltpolitik" auch den Hoffnungen jener sogenannten liberalen Imperialisten wie Max Weber (vgl. seine vorerwähnte Freiburger Antrittsrede) und „Jungliberalen" wie Friedrich Naumann (s. unten) entgegen, die in einer erfolgreichen Expansionspolitik in Übersee die Voraussetzungen für eine Reformpolitik im Innern sahen und deshalb für eine Verbindung von Imperialismus und Demokratie eintraten.[5] Während hinsichtlich der Notwendigkeit und Konsequenz einer aus nationalen, ökonomischen, kultur- und sozialimperialistischen Gründen betriebenen Kolonialpolitik kaum Zweifel bestanden und die Partei das koloniale und imperiale Betätigungsfeld nahezu mit Ausschließlichkeitsanspruch für sich reklamierte, standen sich innerhalb der Partei die Vertreter einer großkapitalistischen Konzessionspolitik und mittelständisch-nationalistische Siedlerinteressen, wie sie der Alldeutsche Verband vertrat, oft unversöhnlich gegenüber.

Nicht so eindeutig wie im Hinblick auf die Nationalliberalen läßt sich die Haltung des katholischen *Zentrums* zur Kolonialpolitik festlegen. Immerhin war die Samoa-Vorlage von 1880 u. a. am Zentrum gescheitert. Außerdem existierte eine äußerst zurückhaltende „antikapitalistische" Richtung im Zentrum (z. B. August Reichensperger), wie es überhaupt an einer starken Lobby mit ausgeprägt materiellen Interessen in Übersee mangelte. Andererseits haben die üblichen kolonialpropagandistischen Motive der

Zeit — Überproduktion und Überbevölkerung — ihre Wirkung im
Zentrum nicht verfehlt. Windthorst hatte bereits 1884/85 gegenüber Bismarck und im Reichstag zugestanden, daß die Kolonien
willkommene Absatzgebiete für die heimische Überproduktion
darstellen könnten, und 1894 wies Prinz Arenberg auf dem Kölner
Katholikentag unter lebhaftem „Bravo" seine Zuhörer auch auf
den „volkswirtschaftlichen" Vorteil hin, in den Kolonien „dem
Überschuß unserer nationalen Produktion neuen Absatz und dem
Überfluß an nationalen Kräften neue Verwendungsgebiete zu
eröffnen". Noch 1912, als Deutschland längst aufgehört hatte, ein
Auswandererland zu sein, propagierten Erzberger und der Adelige
Freiherr von Dalwigk die deutschen Kolonien als ideales Bauern-
land „für strenggläubige christliche Siedler" (gegenüber dem Übergewicht protestantischer Farmer).[6] Aber insgesamt hat man im
Zentrum, vor allem mit Blick auf die inzwischen erworbenen Kolonien, diese weder unter dem Aspekt der Auswanderung noch unter
dem der Lösung deutscher Exportprobleme als bedeutend angesehen. Selbst der Rückzug aus den Kolonialgebieten oder zumindest
aus Teilen ist in Zentrumskreisen gelegentlich erwogen worden.
Dennoch hat im Zentrum eine grundsätzliche Ablehnung der Kolonialpolitik niemals bestanden, trotz der mehr kontinentalen Denk-
weise und nicht unerheblicher Bedenken gegenüber einzelnen Methoden und Zielen sowie dem Ausmaß der Kolonialpolitik.[7] Bereits während der ersten Kolonialerwerbungen 1884 schlug die
Parteipresse eher positive Töne an, sei es auch nur, um gegenüber
den „Monopolisten nationaler Gesinnung" (so die „Germania")
und angesichts der als „national" deklarierten Kolonialunterneh-
mungen die eigene nationale Zuverlässigkeit unter Beweis zu stellen und Inferioritätsgefühle, die aus dem vermeintlichen oder tatsächlichen Untermieterverhältnis im „protestantischen" Kaiserreich
entsprangen, zu kompensieren. Ohne Zweifel spielten dagegen
wirtschaftliche Interessen auf Grund der „Sozialpyramide" der
Partei, die vom konservativen Adel an der Spitze über alte und
neue mittelständische Schichten bis zur breiten Basis antiklassen-
kämpferisch eingestellter Industriearbeiter und Kleinbauern
reichte, keine zentrale Rolle. Der Prozeß der Zustimmung ist im
Zentrum bis 1888/89 sicherlich nur langsam, z. T. sogar mit Rück-
schlägen verlaufen. Doch bestand zwischen den „unabweislichen"
christlichen Verpflichtungen, die die Kolonialpolitik mit sich
brachte, und einer allzu abenteuerlichen und kostspieligen Kolonialpolitik ein politisch-taktisch nutzbarer Spielraum. Wo immer

daher vom Zentrum die Zustimmung zu kolonialen Fragen erwartet wurde, verlangte es kirchen- und kulturpolitische Konzessionen („do ut des").

Entscheidend für eine aktive Unterstützung der kolonialen Regierungspolitik, die nur für die Zeit des „Bülow-Blocks" (1907—09) kurzfristig unterbrochen wurde, sollte dann der „Aspekt der Missionierung der Eingeborenenbevölkerung" (R. Morsey) werden, der wiederum in engem Zusammenhang mit dem Prozeß der fortschreitenden Integration des politischen Katholizismus in den imperialen Machtstaat nach dem Abbau des Kulturkampfes stand. Religiös-kulturelle und humanitäre Motive waren somit die primären Ansatzpunkte der Partei für eine mögliche koloniale Mitarbeit, wobei die kulturpolitischen Interessen die innen- (Abbau des Kulturkampfes) und kolonialpolitischen Ziele („christliche" Kolonialpolitik) in gleicher Weise berührten.

Jene „christliche Kolonialpolitik" bewirkte auch die Zustimmung des Zentrums zur Kolonialvorlage von 1888/89, durch die der Reichstag die Mittel zur Niederwerfung des ersten großen ostafrikanischen Aufstandes bereitstellen sollte und die in Parallele zur großangelegten Antisklavereikampagne des französischen Kardinals Lavigerie zu sehen ist, die auch im katholischen Volksteil Deutschlands eine breite Volksbewegung gegen die Sklaverei erzeugt hatte. Wenn die Zentrumsführer auch den Zusammenhang zwischen den (Regierungs-)Plänen zur Niederwerfung des ostafrikanischen Aufstandes und der Antisklavereibewegung sehr wohl durchschauten, hatten sie doch nichts dagegen, wie es Windthorst ausdrückte, wenn mit den Mitteln, die zur Bekämpfung des Sklavenhandels und der Sklaverei vorgesehen seien, zugleich die „Ehre", das „Prestige" und die „deutschen Interessen" gewahrt würden. Ein Verlust Ostafrikas entsprach zudem nicht der Auffassung der Zentrumsvertreter von der zivilisatorischen und missionarischen Aufgabe des christlichen Europa in Afrika.[8]

Mit der Antisklavereikampagne erreichte der Weg der deutschen Katholiken vom Kulturkampf in den Nationalstaat des Kaiserreiches den augenfälligen Umschlagpunkt. Denn über die Antisklavereibewegung fand der deutsche Katholizismus zur Kolonialpolitik — als „christliche Verpflichtung" —, über diese wiederum zur Identifizierung mit dem imperialistischen nationalen Machtstaat. Im Rheinland hatte sich zudem ein kolonialfreundlicher Flügel herausgebildet. Exponent dieser Gruppe war Wilhelm von und zu Hoensbroech, von seinen Zentrumsgenossen „Wilhelmus Africa-

nus" apostrophiert und mit einer Einlage von 90 000 Mark an der
„Deutsch-Ostafrikanischen Gesellschaft" beteiligt. Der rheinische
Reichsgraf und Großagrarier, der noch von 1883—1893 Mitglied
des Zentrums gewesen war, vertrat einen imperialistischen und
innenpolitisch aggressiven Nationalismus. Er sollte später an der
Spitze jener kleinen Gruppe von rheinischen, westfälischen und
schlesischen konservativ-liberalen „Nationalkatholiken" bzw.
„Dernburg-Katholiken" stehen — vornehmlich Adelige, höhere
Beamte und Vertreter des katholischen Großbürgertums —, die in
der unter kolonialen Vorzeichen stehenden Wahl von 1907 („Hottentottenwahlen") den Zentrumskandidaten nicht nur eigene „na-
tionalkatholische" Kandidaten gegenüberstellten, sondern sich
außen- und gesellschaftspolitisch nahezu völlig mit der „Weltmacht"- und Gesellschaftspolitik Bülows identifizierten.[9]
Aber auch im rechten Flügel des Zentrums hatte sich bereits eine
kolonialbegeisterte Gruppe gebildet, die in enger Bindung zur
organisierten Kolonialbewegung stand. Der Gründungsaufruf des
deutschen Kolonialvereins war u. a. von dem Freiherrn Heereman
von Zuydwyk, westfälischer Rittergutsbesitzer, Mitbegründer der
Zentrumsfraktion und 1882—1890 ihr Vorsitzender im preußischen Abgeordnetenhaus, unterschrieben worden; er saß im Vorstand sowohl des Kolonialvereins als auch der Deutschen Kolonialgesellschaft (DKG). Der konservativ-hocharistokratische Prinz
Franz von Arenberg, zwischen 1890 und 1905 Bindeglied zwischen
Zentrum und Regierung in Kolonialfragen sowie entscheidender
Vermittler bei der Zulassung katholischer Missionen, war ebenso
einer der stellvertretenden Vorsitzenden (seit 1892) der DKG wie
sein standesherrlicher Genosse Fürst Alois zu Löwenstein, lang-
jähriger Katholikentags-Präsident. Im übrigen war der „demokratische" Flügel im Zentrum keineswegs minder kolonialbegeistert.
Überdies sprach das Missionsmotiv Kreise für die Kolonialidee an,
die ansonsten kaum zu mobilisieren gewesen wären wie z. B. die
christliche Landbevölkerung. Die schließliche Zustimmung des Zentrums sowohl zur ostafrikanischen Vorlage von 1888/89 als auch
zu der außen- und innenpolitisch eine zentrale Bedeutung einneh-
menden Flottenvorlage im Frühjahr 1898, die man im Sommer
1897 noch abgelehnt hatte, ist allein vor diesem Hintergrund —
am 1. November 1897 waren zwei katholische Missionare in China
ermordet worden — zureichend erklärbar. Die Partei besaß keine
grundlegenden „weltanschaulichen" Vorbehalte gegenüber dem
kolonialen Engagement, sondern allenfalls im Einzelfall Bedenken

politischer, wirtschaftlicher oder moralischer Art. Ihren Beifall
fand daher vor allem der gemäßigte koloniale Kurs Caprivis, der
außerdem mit seiner berühmten Forderung vom Zusammengehen
von „Flinte und ... Bibel" dem Zentrum Verständnis für die hu-
manitär-christlichen Belange der Kolonialpolitik signalisierte. Insgesamt gesehen trug das Zentrum die Kolonialpolitik mit, ohne sie
— wie die Nationalliberalen — übermäßig zu forcieren.
Als ein „Hemmschuh" direkt-formeller Expansion betätigten sich
dagegen in der kolonialen Erwerbsphase und weit darüber hinaus
die *Linksliberalen*. Sie waren ursprünglich die eigentlichen Gegner
des deutschen Kolonialismus. Unter der Führung Eugen Richters
votierten sie in den achtziger und neunziger Jahren vehement gegen ein Überseeimperium, weil sie es ökonomisch für ineffektiv
hielten und in einem „Wettlauf" um den Besitz überseeischer Territorien nur die Ursache internationaler Konflikte sahen, die sich für
den Freihandel nachteilig auswirken mußten. Zwar sind mitunter
moralische Gesichtspunkte in die linksliberale Argumentation eingeflossen, aber der entscheidende Faktor für die Haltung der
Linksliberalen in der Kolonialfrage blieb der ökonomische Aspekt.
„We want trade and not dominion" — dieser wiederholt in England und in den Vereinigten Staaten formulierte Kerngedanke des
freihändlerischen Expansionismus ist von den deutschen Linksliberalen übernommen und von Ludwig Bamberger am 26. Juni 1884
im Reichstag als Programm formuliert worden.[10] Die Opposition nach anfänglicher Übereinstimmung mit Bismarcks Zielen
setzte in dem Moment ein, als die offizielle Politik vom bloßen
Schutz von Handelsinteressen zur Etablierung eines Kolonialsystems mit eigenen Beamten und ständiger Anwesenheit von
Militär überging.
Ökonomische Erwägungen spielten auch die Hauptrolle, wenn
Linksliberale zunächst gelegentlich und bedingt, dann immer stärker aus ihrer anfänglichen Ablehnung oder Reserve kolonialpolitischen Fragen gegenüber heraustraten. Das galt z. B. für Vorlagen,
die kostendeckende Kolonien wie Togo oder Projekte betrafen, die
sowohl als Basis für freihändlerischen Expansionismus galten als
auch einen kulturmissionarischen Effekt in Übersee erwarten ließen, wie man dies von dem „Pachtgebiet" Kiautschou erhoffte. Die
Freisinnigen haben daher selbst unter Eugen Richter den Kolonial-
etat für Togo und Kiautschou gutgeheißen, wobei Richter seine
manchesterlich motivierte imperialpolitische Einstellung in der
Kiautschou-Angelegenheit wie folgt begründete: „Ja, meine Her-

ren, was hätten wir überhaupt für ein Interesse daran, die Chinesen zu beherrschen? Wir wollen an ihnen bloß Geld verdienen, weiter gar nichts. Nur die wirtschaftlichen Interessen kommen ihnen gegenüber in Frage".[11] Nach 1907 hat die Majorität der Linksliberalen die deutsche Kolonialpolitik im Prinzip unterstützt („Bülow-Block"), wenngleich sich aus ihren Reihen schließlich der kleine linksbürgerliche Kern der Pazifisten und Antiimperialisten herausschälte, der die deutsche Kolonialpolitik konsequent ablehnte. Bis zu diesem Zeitpunkt hatte sich im Linksliberalismus immer deutlicher der Übergang von der anfangs ablehnenden Einstellung zur Kolonialpolitik über eine gemäßigte Opposition zum formellen Imperialismus abgezeichnet, über dessen Akzeptanz oder Nicht-Akzeptanz es nicht zuletzt zu den vielen Parteispaltungen kam.

Entsprechend ihrer lokalen Beschränkung auf Süddeutschland, ihrer antipreußisch-partikularistischen Tradition und ihrer Verwurzelung in kleinbürgerlichen bis mittelständischen Schichten hatte sich die *Deutsche Volkspartei* am längsten gegenüber dem Kolonialismus und Imperialismus als immun erwiesen.[12] Obgleich in ihren Reihen Vertreter des bürgerlich-demokratischen Pazifismus wie Ludwig Quidde standen und sie die deutsche Kolonial- und Flottenpolitik von Anfang an bekämpfte, begann die Partei doch im Zusammenhang der Fusionsbestrebungen mit dem Linksliberalismus den deutschen Imperialismus bzw. Kolonialismus zu tolerieren. Die Notwendigkeit, aus der Ghettosituation der süddeutschen bürgerlichen Demokratie herauszugelangen, sowie die Erfordernisse, die sich aus den wachsenden Exportinteressen des süddeutschen Handels- und Industriebürgertums ergaben, führten schließlich dazu, daß sich die Partei — die in ihrem Reichstagsabgeordneten Christian Storz einen überzeugten kolonialpolitischen Sprecher besaß — 1906/07 bereit fand, die erforderlichen Mittel für den Kolonialkrieg in Südwestafrika zu bewilligen. Ihre anschließende Mitarbeit im „Bülow-Block" war u. a. die Folge dieses Schrittes.

Noch früher als die süddeutschen Demokraten hatte die *Freisinnige Volkspartei*, 1893 als Zerfallsprodukt der „Deutschen Freisinnigen Partei" entstanden, ihre grundsätzliche antikoloniale Politik aufgegeben. Unter der autokratischen Führung Eugen Richters bewahrte die Partei zunächst noch ihre Oppositionshaltung gegenüber Kolonialpolitik, Flottenrüstung und Heeresvermehrung. Spätestens seit den ersten Jahren des 20. Jahrhunderts schlugen aber auch bei ihr ökonomische Interessen ihrer Anhängerschaft — kleinere und mittlere Unternehmer neben freiberuflichen Intellektuellen und Handwerkern — durch, und entschiedene Befürworter einer deutschen Teilhabe an imperialistischer Politik gewannen an Boden (R. Eickhoff, E. Müller-Meiningen). Die von ihrem prononcierten Wirtschaftsliberalismus bestimmte ablehnende Haltung der Partei gegenüber kolonialer Betätigung Deutschlands, die zusätzlich aus der Kritik an inhumanen Methoden der Kolonialherrschaft und der unrationellen kolonialen Verwaltungspraxis erwuchs, machte allmählich einer bedingten Bejahung der Kolonialpolitik Platz. Diese neue Linie wurde bereits in der Zustimmung zum Erwerb von Kiautschou (noch durch Eugen Richter) offenbar und setzte sich dann fort in der eingeschränkten Unterstützung des Kolonialkrieges in Südwestafrika. Nicht zuletzt durch die Einrichtung eines selbständigen Reichskolonialamtes, „von dem sich die Partei eine wirksame, reibungs- und geräuschlosere Ausnutzung des Kolonialbesitzes versprach", und die Übernahme dieses Amtes durch den linksliberalen Bankdirektor Dernburg fand sich die Partei zum Eintritt in den „Bülow-Block" bereit.

Früher und entschiedener noch als die Freisinnige Volkspartei hatte die *Freisinnige Vereinigung*, ebenfalls 1893 aus der Spaltung der Deutschen Freisinnigen Partei hervorgegangen, jedoch die Tradition der Liberalen Vereinigung (als Linksabspaltung von den Nationalliberalen) fortsetzend, den Schritt zu Imperialismus und Kolonialismus vollzogen. Obwohl die Partei auf dem gleichen manchesterliberalen Grund stand wie die Partei Eugen Richters, zeichnete sich von vornherein eine positivere Wertschätzung der Kolonien ab. Diese Entwicklung besaß ihre Ursache nicht allein in den in dieser linksliberalen Partei stark vertretenen Übersee-, Schifffahrts-, Werft- und Bankinteressen (Georg von Siemens, Karl Mommsen), sondern lag auch in den instrumentellen und demonstrativen, auf breitere Wählerschichten zielenden innenpolitischen Absichten von Teilen der ehemaligen Deutschfreisinnigen begründet, mit der Unterstützung des gemäßigt expansiven und militärpolitischen Caprivischen Kurses konservative großagrarisch-junkerliche Einflüsse zurückzudrängen und eine verfassungspolitische Modernisierung zu ermöglichen. Zwar scheiterte dieses Konzept mit dem Sturz Caprivis, erhielt aber durch die Quasifusion mit dem *Nationalsozialen Verein* Friedrich Naumanns (1903) eine innerparteiliche Stärkung, zugleich allerdings auch eine verschärfte imperialistische Komponente.

Diese 1896 durch den liberalprotestantischen Pfarrer in Verbindung mit Max Weber, Hellmut von Gerlach, Paul Göhre, Adolf Damaschke u. a. gegründete bildungsbürgerliche Partei, die eine Synthese von Liberalismus, Nationalismus und Sozialismus versuchte, hat am eindeutigsten im Linksliberalismus das Bekenntnis zum Imperialismus formuliert. Ihr Konzept lief auf die politische Integration der Arbeitermassen (unter einem hohenzollernschen Volkskaisertum) in den bestehenden Staat sowie auf einen demokratischen Ausbau der staatlichen Institutionen durch eine machtstaatlich-expansive Politik im Sinne deutscher „Weltgeltung" hinaus („Politik der Macht nach außen und der Reform nach innen"). Mit Naumanns zustimmend-ergänzender „Interpretation" der sogenannten Hunnenrede Wilhelms II. bei der Verabschiedung der nach Kiautschou abgehenden Truppen — deswegen von den Sozialdemokraten als „Hunnenpastor" tituliert —, die nichts weniger als einen deutschen Vernichtungskrieg in China implizierte, sowie Paul Rohrbachs Äußerungen zum Verhältnis von Weißen und Eingeborenen im allgemeinen und seinen konkreten Vorschlägen im Herero-Nama-Krieg 1904/07 erreichte das militante Vokabular der Nationalsozialen in machtpolitischen und militärischen Fragen bisweilen bereits die Grenze protofaschistischer Sprache und Vorstellungen, wie sich überhaupt die sozialdarwinistische Tönung „nationalsozialer" Argumentation nach außen vielfach nur noch wenig von der alldeutschen Agitation unterschied.

So blieb innerhalb des weiten Spektrums des Linksliberalismus, das sich 1910 in der Fortschrittlichen Volkspartei sammelte, nur noch die 1908 gegründete, aus der Freisinnigen Volkspartei nach links abgesplitterte *Demokratische Vereinigung*, die mit aller Konsequenz ein antikoloniales Programm vertrat. Unter den bürgerlichen Parteien gab es keine Gruppierung, die sich so eindeutig auf die programmatische Seite von Antiimperialismus, Antimilitarismus und Pazifismus festlegte, wie diese letzte Bastion des bürgerlichen Radikalismus. Wie isoliert und ohne Rückhalt diese linksliberale Partei unter Führung Theodor Barths, Hellmut von Gerlachs und Rudolf Breitscheids allerdings war, zeigte sich bei der Reichstagswahl von 1912, der einzigen, an der sich die Partei beteiligte: Sie erhielt 29 400 Stimmen und kein einziges Mandat.

Neben dieser kleinen Gruppe linksbürgerlicher Kolonialkritiker hat nur die *Sozialdemokratie* mit einer gewissen Konsequenz an ihrer ablehnenden Haltung gegenüber der Kolonialpolitik festgehalten, obgleich sich auch in dieser Partei im Zuge des Revisionis-

mus seit den 1890er Jahren ein Gesinnungswandel anbahnte und
nach 1907 die Bandbreite sozialdemokratischer Auffassungen von
weitgehender Ablehnung über eine bedingte Billigung bis zu
grundsätzlicher Bejahung der Kolonialpolitik reichte. Teile der
Arbeiterschaft, vornehmlich der alten lasalleanisch-„staatssoziali-
stischen" Richtung, sind aber schon 1884/85 von der Kolonialbe-
geisterung ergriffen worden. Insgesamt hat die SPD jedoch zunächst die Kolonialpolitik als Mittel zur Existenzverlängerung des
Kapitalismus betrachtet und sie im Zusammenhang mit ihrer
grundsätzlichen Ablehnung des preußisch-deutschen Staates und
der Opposition gegen das „System" des Zweiten Kaiserreichs bekämpft, wenngleich diese Angriffe gegen die „kapitalistische" Seite
der Kolonialpolitik oftmals „bei aller verbalen Heftigkeit mehr
allgemein und formelhaft — gleichsam sozialistische Pflicht-
übungen —" blieben.[13]
Da die marxistische Doktrin allerdings kein ausgesprochen antikoloniales Argumentationsschema bot, Marx und Engels sogar dem
Kolonialismus *auch* eine positive, modernisierende Wirkung zugestanden hatten[14], griffen die Sozialdemokraten weitgehend auf
Gedanken zurück, die von sozialistischen, liberalen und selbst konservativen Theoretikern in der ersten Hälfte des 19. Jahrhunderts
angestellt worden waren. Sie gingen in wirtschaftlicher Hinsicht
auf die bekannte Unterkonsumtionstheorie und die Kapitalüber-
schußtheorie zurück, wobei die in diesem Zusammenhang bereits
bei dem englischen Radikalen Gibbon Wakefield auftauchende
sozialimperialistische Komponente eine besondere Rolle spielte. Die
„sozialen" Argumente der Kolonialpropaganda zu entlarven, war
daher ein Schwerpunkt der sozialdemokratischen Agitation. So hat
Wilhelm Liebknecht am 4. März 1885 in einer berühmten Reichs-
tagsrede die zentralen kolonialpropagandistischen Argumente der
„Überbevölkerung" und „Überproduktion" als „relative Begriffe"
bezeichnet, die Kolonialpolitik als „Export der sozialen Frage"
definiert und als „Heilung" eine Ausweitung des inneren Marktes
durch eine Erhöhung der Konsumtionsfähigkeit der arbeitenden
Bevölkerung gefordert.[15] Ebenso haben die Sozialdemokraten die
linksliberalen Vorwürfe gegen Kolonialpolitik als inhumane Ausbeutung und Verschwendung von Steuergeldern für einzelne (Ka-
pital-)Interessen aufgegriffen, wie etwa Bebel — im Anschluß an
Bamberger — am 26. 1. 1889 im Reichstag in seiner Charakterisie-
rung der „kapitalistischen" DOAG und seiner grundsätzlichen
Kritik an jeder Kolonialpolitik („Im Grunde genommen ist das

Wesen aller Kolonialpolitik die Ausbeutung einer fremden Bevölkerung in der höchsten Potenz").[16] Moralische, humanitäre und
Rentabilitätsgesichtspunkte sowie der alte linksliberale Standpunkt, daß Kolonien Hindernisse einer freien ökonomischen Ent-
faltung darstellten, bestimmten daher zunächst die Kolonialkritik
der Sozialdemokratie, bevor sie eine systematische marxistische
antiimperialistische Theorie aufbaute (R. Hilferding, R. Luxem-
burg).
Pragmatische Gesichtspunkte standen indes von Anfang an zur
Debatte. Bei der Diskussion um die Dampfersubventionsvorlage,
die 1884 im Reichstag eingebracht wurde und die die Errichtung
von Postdampferlinien nach Ostasien, Australien und Afrika vorsah, plädierte eine Mehrheit in der Fraktion zunächst für die Annahme, bevor der Druck von der Basis dazu führte, daß die Af-
rika- und Samoa-Linie wegen ihres Zusammenhangs mit der Kolonialpolitik abgelehnt wurde, während die ostasiatische und australische Linie unter der Bedingung — die im Reichstag keine Zustimmung fand — unterstützt werden sollte, daß auf den Linien nur
neue, auf deutschen Werften gebaute Schiffe fahren dürften.[17]
Verringerung der Arbeitslosigkeit bzw. Gewinnung von Arbeits-
plätzen durch den Bau von Schiffen sowie eine Absatzsteigerung
auf den auswärtigen Märkten waren Gesichtspunkte, die auch fer-
nerhin nicht außer Betracht blieben. Hinzu kam schon in dieser
frühen Diskussion die Beachtung eines zivilisatorischen Moments,
indem auf die kulturfördernde Wirkung wirtschaftlicher Expansion verwiesen wurde. Und schließlich tauchte erstmals der rein
pragmatische Gesichtspunkt auf, daß die sozialdemokratische Fraktion ja nicht in ständiger Opposition verharren könne. Alle diese
„Zweckmäßigkeitserwägungen" sind dann in die Argumentation
des „Revisionismus" eingeflossen, der zudem das marxistische
Dogma vom notwendigen und bevorstehenden Zusammenbruch
der kapitalistischen Gesellschaftsordnung in Frage stellte. Kolonialbesitz wurde nunmehr nicht schlechthin abgelehnt, sondern die
Kolonialpolitik durchaus befürwortet, wenn sie unter freihändlerischen und humanen Bedingungen vor sich ging. Wie wenig prinzipiell ablehnend beachtliche Teile der Sozialdemokratie inzwischen
der Kolonialpolitik gegenüber eingestellt waren, zeigten beispielsweise die Angriffe auf die „deutsche Kolonialbürokratie" und den
„deutschen Kolonialmilitarismus", denen als positive Beispiele die
Situation in den englischen Kolonien gegenübergestellt wurden.[18]
Die Betonung solcher Kritikpunkte, die sich in erster Linie gegen

die Methoden („Hänge-" und „Prügelkultur"), nicht aber gegen
die Kolonialpolitik schlechthin richteten, nahm nach der Jahrhundertwende ständig zu.

Einzelne Sozialdemokraten, namentlich im Umkreis der „Sozialistischen Monatshefte", haben sogar die These von der ökonomischen Notwendigkeit und dem Gemeinnutz der Kolonien geteilt.
So hielt Richard Calwer im Interesse des ganzen deutschen Volkes
Kolonien als Rohstoffquelle und Absatzmärkte für geradezu unentbehrlich, während nach seiner Auffassung der sozialdemokratische Standpunkt in der Kolonialpolitik nur den anderen Staaten
Vorteile brachte. Ludwig Quessel ging vom „Interesse des weißen
Proletariats" aus, dem zufolge auch die Eingeborenen der tropischen Kolonien Steuern zu zahlen und „Gebrauchswerte für das
weiße Proletariat" zu erzeugen hätten. Gerhard Hildebrand
schließlich, der zuvor Naumanns Nationalsozialem Verein ange-
hört hatte, war von vornherein überzeugt, daß der eigene Wohl-
stand auf den Tributen fremder Völker basiere. Als er daher einen
gemeinsamen europäischen Kolonialismus propagierte und für eine
Unterordnung des Klassenkampfes unter die Kolonialfrage op-
tierte, führte diese kolonialchauvinistische Haltung allerdings 1912
(mit 4:3 Stimmen des SPD-Schiedsgerichts) zu seinem Parteiaus-
schluß.[19]

Aber nicht nur im rechten Flügel der Partei schwenkte man auf die
Linie der „bürgerlichen" Kolonialdiskussion ein. Die Topoi vom
Kolonialismus als Kampf höherer mit niederen Kulturen sowie die
weithin akzeptierte Anschauung von der Notwendigkeit von Rohstoffbasen und Absatzmärkten in Übersee gewannen in breiten
Teilen der SPD immer stärker an Boden. Auch in der Kolonialfrage vermochte sich die Partei nicht der „normativen Kraft des
Faktischen" zu entziehen. Diese Entwicklung ist sowohl im Zusammenhang des allgemeinen Nationalisierungs- und Anpassungspro-
zesses und des sich immer mehr durchsetzenden „Praktizismus"
(nicht zuletzt ein Generationsproblem) als auch vor dem Hintergrund einer veränderten, reformwilligen Kolonialpolitik nach 1907
zu sehen. Selbst die paternalistische Idee einer Erziehung der
„rückständigen" Eingeborenen und rassistische Theorien waren
innerhalb der Partei nicht mehr fremd.[20] Wie stark dieser refor-
mistisch-praktizistische Flügel inzwischen geworden war, doku-
mentiert am besten die Tatsache, daß Gustav Noske, „heimlicher
Kolonialfreund" und sogar in bürgerlichen Kreisen als „Kolonial-
minister" nicht undenkbar, seinen Konkurrenten Ledebour als

Sprecher und Spezialisten der Fraktion in Kolonialfragen in den Hintergrund drängen konnte.[21] Selbst Bebel hielt auf dem Essener Parteitag 1907 an seiner zuvor (1. 12. 1906) im Reichstag geäußerten Meinung fest, Kolonialpolitik sei „an und für sich kein Verbrechen", ja Kolonialpolitik zu treiben könne „unter Umständen eine Kulturtat sein; es kommt nur darauf an, *wie* die Kolonialpolitik getrieben wird".[22] 1903 hat er sogar im Hinblick auf das Kiautschou-Unternehmen, das die Sozialdemokratie nicht wegen des Versuchs einer kommerziellen Expansion verwarf, sondern aufgrund des gewaltsamen Vorgehens, eingeräumt: „Ich muß bekennen, ich habe im Gegensatz zu meiner sonstigen Auffassung der bisherigen deutschen Kolonialpolitik geglaubt, daß in Kiautschou vielleicht etwas zu machen sei".[23] Im Ersten Weltkrieg trat die Sozialdemokratie offen für Kolonien ein, und nachdem Noske noch kurz vor Kriegsende (24. 10. 1918) einen Anteil Deutschlands an Afrika reklamiert hatte, gehörte auch die Rückforderung der Kolonien sowie der Kampf gegen die „Kolonialschuldlüge" zunächst noch zum politischen Bekenntnis der SPD nach der Niederlage Deutschlands von 1918.

Anmerkungen

[1] Schlachtflottenbau und Parteipolitik, 1894—1901. Versuch eines Querschnitts durch die innenpolitischen, sozialen und ideologischen Voraussetzungen des deutschen Imperialismus, Berlin 1930, Nachdruck Vaduz 1965, 262.

[2] F. Stern, Gold und Eisen. Bismarck und sein Bankier Bleichröder, Frankfurt a. M. 1978, 482 f.

[3] Vgl. ebd., 482—530.

[4] Zit. n. W. Mommsen, Imperialismus. Seine geistigen, politischen und wirtschaftlichen Grundlagen, Hamburg 1977, 137 f.

[5] Vgl. W. Mommsen, Wandlungen der liberalen Idee im Zeitalter des Imperialismus, in: K. Holl — G. List (Hrsg.), Liberalismus und imperialistischer Staat. Der Imperialismus als Problem liberaler Parteien in Deutschland 1890—1914, Göttingen 1975, 109—147.

[6] Belege nach H. Gründer, Christliche Mission und deutscher Imperialismus, 83.

[7] Vgl. schon die Aussage Windthorsts vom 28. 11. 1885: „Für vernünftige Kolonisation sind wir, werden wir sein und werden wir auch Opfer bringen, aber für Aventuren nicht" (K. Bachem, Vorgeschichte, Geschichte und Politik der deutschen Zentrumspartei . . ., Bd. VI, Köln 1929, 331).

[8] Vgl. H. Gründer, „Gott will es" — Eine Kreuzzugsbewegung am Ende des 19. Jahrhunderts, Geschichte in Wissenschaft und Unterricht 28 (1977), 210—224.

[9] Vgl. H. Gründer, Rechtskatholizismus im Kaiserreich und in der Weimarer Republik, Westfälische Zeitschrift 134 (1984), 107—155.

[10] Sten. Ber. 76, 1066.

[11] Nach I. S. Lorenz, Eugen Richter. Der entschiedene Liberalismus in wilhelminischer Zeit 1871—1906, Husum 1980, 103.

[12] Vgl. hierzu und zum Folgenden K. Holl, Krieg und Frieden und die liberalen Parteien, in: K. Holl — G. List (Hrsg.), Liberalismus und imperialistischer Staat, 72—88, hier: 74—80.

[13] Chr. Schröder, Sozialismus und Imperialismus. Die Auseinandersetzung der deutschen Sozialdemokratie mit dem Imperialismusproblem und der „Weltpolitik" vor 1914, Teil I, Hannover 1968, 167.

[14] Vgl. K. Marx, Die künftigen Ergebnisse der britischen Herrschaft in Indien, in: Karl Marx - Friedrich Engels, Werke, Bd. 9, Berlin (O) 1960, 220—226; dazu D. Torr (Hg.), Marx on China 1853—1860. Articles from the Daily Tribune, London 1968; S. Avineri (Hg.), Karl Marx on Colonialism and Modernization, New York 1969; V. G. Kiernan, Marxism and Imperialism, London 1974.

[15] Sten. Ber. 81, 1539—1541.

[16] Sten. Ber. 105, 628.

[17] Chr. Schröder, Sozialismus und Imperialismus, 125—136.

[18] Vgl. Ed. Bernstein, Sozialdemokratie und Imperialismus, Sozialistische Monatshefte 4 (1900), 238—251; ders., Der Socialismus und die Kolonialfrage, ebd., 549—562.

[19] Vgl. A. Ascher, Imperialists within German Social Democracy prior to 1914, Journal of Central European Affairs 20 (1961), 397—422.

[20] Vgl. M. Nishikawa, Zivilisierung der Kolonien oder Kolonisierung durch Zivilisation? Die Sozialisten und die Kolonialfrage im Zeitalter des Imperialismus, in: J. Radkau — I. Geiss (Hrsg.), Imperialismus im 20. Jahrhundert, München 1976, 87—112.

[21] Vgl. Chr. Schröder, Gustav Noske und die Kolonialpolitik des Deutschen Kaiserreichs, Berlin, Bonn 1979.

[22] Protokoll über die Verhandlungen des Parteitags der Sozialdemokratischen Partei Deutschlands, abgehalten in Essen 1907, Berlin 1907, 132 (Hervorhebung im Original).

[23] Sten. Ber. 197, 40 (10. 12. 1903).

V. Auf dem Wege zum deutschen Kolonialreich

1. Tastende Expansion und Erwerb der Kolonien

Mit den 1870er Jahren richteten sich die Blicke der deutschen Kolonialpublizistik neben Lateinamerika, Ostasien und dem Nahen Osten, den bis dahin bevorzugten Gebieten einer deutschen Expansionspropaganda, mehr und mehr auf Afrika. Nachdem Forschungsreisende wie Gerhard Rohlfs und Afrikabesucher wie Ernst von Weber und Wilhelm Hübbe-Schleiden die Aufmerksamkeit auf Afrika gelenkt und in ihren utopisch-illusionären Hoffnungen auf einen potentiellen afrikanischen Großmarkt von einem „deutschen Indien" oder gar einem „Weltreich", „reicher und wertvoller", als Indien gesprochen hatten, festigte sich der aus der deutsch-englischen Rivalität geborene Anspruch auf ein „deutsches Indien" in Afrika zu einem zentralen Topos der deutschen Expansionspublizistik.[1] Der natürliche Ansatzpunkt für diese Bestrebungen schien W-Afrika zu sein, da die westafrikanische Küste das bevorzugte Ziel für den hanseatischen Überseehandel darstellte und dieser sich in dem Küstenbereich zwischen Sierra Leone und Gabun einen hervorragenden Platz unter den konkurrierenden Nationen geschaffen hatte.

Dennoch wurde *Südwestafrika* im April 1884 zum ersten deutschen „Schutzgebiet". Bis zu diesem Zeitpunkt waren in dieser verhältnismäßig wenig attraktiven Region neben Walfängern und Guanosammlern, die in der Walfischbai und in Angra Pequeña ihre Stationen hatten, seit zweiundvierzig Jahren Sendboten der Rheinischen Missionsgesellschaft tätig gewesen. Unruhen und Kämpfe im Nama- und Hereroland hatten die von Friedrich Fabri geleitete Mission seit 1868 zu wiederholten Schutzgesuchen an die britische und die preußisch-deutsche Regierung veranlaßt. Ging es Fabri Ende der sechziger Jahre zunächst nur um einen Stützpunkt an der Walfischbai, so festigte sich bei ihm Ende der siebziger Jahre immer mehr der Gedanke einer formell-kolonialen Expansion Preußen-Deutschlands in Südwestafrika. Seit Juni 1880 brachte er erneut seine Vorstellungen in eindringlichen Gesuchen an das Auswärtige Amt vor, ohne allerdings bei Bismarck Gehör zu finden.

Mehr Erfolg mit seinen Bitten um „Reichsschutz" sollte dagegen der Bremer Tabakwarenhändler F. A. E. Lüderitz haben, der seit einiger Zeit im Westafrikahandel tätig war und der bei seinen Waffengeschäften im südwestlichen Afrika die britischen Einfuhrzölle zu umgehen suchte.

Adolf Lüderitz (1834—1886) hatte nach dem Besuch der Handelsschule und dreijähriger Lehrzeit in einem Bremer Handelshaus in Mexiko Anstellung gefunden und sich ebendort nach dem finanziellen Zusammenbruch dieses Unternehmens als Rancher versucht. 1859 trat er in das väterliche Tabakgeschäft ein. Die Ehe mit einer reichen Bremerin machte ihn finanziell unabhängig. Nach dem Tod des Vaters (1878) übernahm er die Leitung der Firma, erwarb ein Landgut und führte ein Leben „halb als Tabakhändler und halb als Gutsherr". Schließlich wandte er sich wegen des drohenden Tabakmonopols überseeischen Unternehmungen zu und konnte bereits im Frühjahr 1882 den Hauptanteil einer Handelsniederlassung in Lagos (Goldküste) erwerben. Im Mai 1883 schloß sein Bevollmächtigter Heinrich Vogelsang mit dem Namakapitän Joseph Frederiks in Bethanien einen Vertrag, durch den die Bucht von Angra Pequeña (Lüderitz-Bucht mit dem heutigen Lüderitz) mit Umgebung für hundert Pfund Sterling und 200 Gewehre an Lüderitz abgetreten wurde. Im August 1883 folgte ein weiterer Vertrag, durch den er für 500 Pfund und sechzig englische Gewehre die Küste von der Mündung des Oranjeflusses bis zum 26° südl. Br. und 20 Meilen landeinwärts erhielt. Nachdem Lüderitz wiederholt vergeblich bei der Reichsregierung um den Schutz seiner Erwerbungen nachgesucht hatte, bedeutete die Erklärung des Reichsschutzes über seine Erwerbungen vom 24. April 1884, die im Zusammenhang mit der Westafrikamission des Reichskommissars Nachtigal stand, den definitiven Schritt zu einer deutschen Kolonialpolitik.[2]

In der Folgezeit schickte Lüderitz mehrere Expeditionen aus, die einerseits weitere Kaufverträge mit Häuptlingen abschließen und zum anderen nach nutzbaren Rohstoff-Lagerstätten forschen sollten. Insgesamt erwarb er ein Gebiet von 580 000 km² mit ca. 200 000 Einwohnern, das sich vom portugiesischen Kunene bis zum kapholländischen Oranje mit Ausschluß der englischen Walfischbai erstreckte. Da seine Unternehmungen in Süd(west)afrika inzwischen sein kleines Betriebskapital und sein Privatvermögen aufgezehrt hatten und sich seine Erwartungen rascher Gold- und Diamantenfunde nicht erfüllten, stand er bald vor dem finanziellen Ruin. Schließlich mußte er „seine Kolonie" für 300 000 Mark in bar und 200 000 Mark an Anteilscheinen an die neugegründete „Deutsche Kolonialgesellschaft für Südwestafrika" (DKGSWA) verkaufen. Schon zuvor war sein weitergehender, von Ernst v.

Weber beeinflußter Plan, seinen südwestafrikanischen Besitz quer durch Südafrika unter Einschluß der burischen Transvaal-Republik bis zur Santa-Lucia-Bai an der Ostküste zu einer großen transkontinentalen südafrikanischen Siedlungskolonie — zur Aufnahme des deutschen Auswanderer„stromes" — auszudehnen, an Bismarcks ablehnender Haltung sowie am Widerstand Englands (das Zugeständnisse in Kamerun und Neuguinea machte) gescheitert. Wahrscheinlich am 24. Oktober 1886 ertrank Lüderitz mit seinem Begleiter auf einer Forschungsfahrt in der Mündung des Oranjeflusses.

Ebenso zerschlugen sich Bismarcks Charter-Illusionen, die er im Sinne seiner freihändlerischen Expansionsauffassung an die am 30. April 1885 mit ganzen 800 000 Mark Kapitalvermögen — und dies auch nur aus politischer Gefälligkeit ihm gegenüber — gegründete DKGSWA knüpfte, angesichts des Desinteresses der Gesellschaft an der Ausübung von Hoheitsrechten mit finanziellen Risiken. Bereits im Mai 1885 traf Reichskommissar Dr. Heinrich Göring (der Vater des „Reichsmarschalls") in Südwestafrika ein, und Anfang 1887 konnte sich Bismarck nicht mehr dem Gedanken verschließen, Südwestafrika als staatliche Verwaltungskolonie zu übernehmen. Nachrichten über angebliche Goldfunde intensivierten zwar noch einmal das Interesse der Gesellschaft an der Erteilung einer Charter zusätzlich zu den bestehenden Korporationsrechten. Aber als im Herbst 1888 wegen der Unzufriedenheit der Hereros mit der Behandlung durch die Deutschen Unruhen im Damaraland ausbrachen, die sich ein englischer „merchant adventurer" überdies für seine eigenen Pläne zunutze machte, floh Reichskommissar Göring mitsamt den Vertretern der DKGSWA in die englische Walfischbai.

Obgleich Bismarck über den fehlenden Unternehmungsgeist des deutschen „Kapitals" maßlos enttäuscht war und mit dem Gedanken spielte, „das ganze Land zu abandonnieren" bzw. es in einem Kolonialausgleich mit England (der 1890 zum Helgoland-Sansibar-Abkommen führen sollte) gegen die Nordsee-Insel einzutauschen, sah er sich doch angesichts der zunehmenden Kritik der Kolonial-Chauvinisten und der Gefahr für seine innenpolitische Stellung im Zusammenhang mit dem „Kartell" von 1887 gezwungen, eine als Forschungsexpedition getarnte Schutztruppe — vorerst nur zwei Dutzend Mann unter Hauptmann Curt von François — in die „Kolonie" zu schicken. Das war nach der Entsendung des

Reichskommissars 1885 der zweite, entscheidende Schritt auf dem Weg zur Etablierung einer formell-direkten Territorialherrschaft. Da England inzwischen für sein eilig errichtetes Betschuana-Protektorat, das die Lüderitzschen Erwerbungen von den Zentralgebieten Südafrikas, vor allem von der Transvaal-Republik unter Präsident Krüger, abriegeln sollte, den 22. Längengrad als Grenze zugesagt hatte — die auch bis 1918 anerkannt blieb —, war die Grenzfrage im Osten weitgehend geklärt. Mit dem deutsch-englischen Kolonialausgleich von 1890 kam nur der sogenannte Caprivizipfel hinzu, der die Kolonie im äußersten Nordosten unmittelbar mit dem in seiner Verkehrsbedeutung überschätzten Sambesi verband.

Noch früher als in Südwestafrika sah sich das Reich gezwungen, in *Kamerun* den Reichsschutz zu institutionalisieren. Bereits in den 1870er Jahren hatten hanseatische Handelshäuser an der westafrikanischen Küste neben den englischen Firmen eine führende Position erworben. Das Handelshaus C. Woermann, seit 1880 unter seinem Geschäftsinhaber Adolph Woermann, dem Prototyp des hanseatischen Kaufmanns, besaß zwischen Liberia und Gabun unstreitig eine überragende Stellung, und diese Spitzenstellung nahmen Kolonialpropagandisten wie Hübbe-Schleiden und Rohlfs zum Anlaß, in ihrer Argumentation für eine deutsche Festsetzung in Westafrika den beliebten Indienvergleich heranzuziehen.

Bis 1884 besaß die Firma C. Woermann in Liberia 7, im Kamerungebiet 5, an der Küste südlich des Kongo 12 Faktoreien, die von eigenen Segelschiffen und Dampfern versorgt wurden. Der Reingewinn aus dem Gabunhandel belief sich z. B. 1882 auf 271 852 Mark. Im Jahr 1883 führte Woermann allein für 750 000 Mark Rohprodukte nach Deutschland ein. An seinen Warensendungen nach Kamerun waren in Deutschland 300 Lieferanten und Fabrikanten beteiligt. Neben Woermann konnte vor allem die Firma Jantzen & Thormälen (seit 1874) ihren Geschäftsumfang beträchtlich erweitern. 1884 besaß sie Faktoreien in Kamerun und acht Filialen zwischen Batanga und Ogowe. Zusammen mit Woermann, der ein Viertel des Kamerunhandels an sich gezogen hatte, beherrschten Jantzen & Thormälen, ehemalige Woermann-Handelsagenten, den Kamerunhandel. Die Gewinne der hanseatischen Firmen waren zunächst außergewöhnlich hoch, da die billigen Exportwaren (Spirituosen, Waffen, Schießpulver, Salz, Tand) gegen hochbegehrte koloniale Produkte auf den europäischen Märkten teuer abgesetzt werden konnten. Bei einzelnen Produkten wie z. B. dem Palmöl betrug die Netto-Gewinnspanne in diesen Jahren bis zu 50 Prozent.

Die Befürchtungen der hanseatischen Überseehändler und die ihrer Verbündeten im Auswärtigen Amt wegen einer Bedrohung deutscher Wirtschaftsinteressen in Westafrika, und zwar sowohl durch französische Aktivitäten unter de Brazza in Äquatorialafrika und von Dahomey aus, als auch durch englisch-französische (Grenz-) Absprachen hinsichtlich des englischen Sierra Leone und des französischen Senegambien (Sierra-Leone-Konvention) sowie eines englisch-portugiesischen Zusammenspiels im Gebiet der Kongomündung, aber wohl auch die Absicht einer Aufbrechung des Zwischenhandelsmonopols der Duala führten schließlich zu den erwähnten Vorstellungen Woermanns in Berlin. Bei diesem Schritt kamen den Westafrikahändlern einige Duala-Große, vor allem aus dem Clan der Bell und Akwa, zu Hilfe, die in Konkurrenz zu englisch orientierten Häuptlingen standen. Wenige Tage bevor der englische Konsul Hewett („the too late consul") doch noch das Gebiet um Victoria annektieren und ein das Nigerdelta und die Kamerunküste umfassendes Protektorat errichten konnte, übernahm das Reich durch seinen Sonderbeauftragten „Reichskommissar" Dr. Nachtigal die Schutzherrschaft über das Gebiet am Kamerun (14. 7. 1884).

Freilich sollte Nachtigal, der zuvor, am 5. und 6. Juli, „zur Sicherstellung des nicht unbeträchtlichen deutschen Handels" besonders der Firma Wölber & Brohm das *Togogebiet* bei Bagida und Lome ohne besondere Instruktionen unter kaiserlichen Schutz gestellt hatte, keine deutsche „Souveränität" über die erworbenen Gebiete erklären. Während ihm die Engländer zwischen Ambasbai und Rio del Rey ohnehin zuvorkamen, zog der Reichskommissar nach dem 14. Juli zwischen Bimbia und Kap St. John mehrfach die deutsche Flagge auf und bestätigte die von deutschen Kaufleuten vorgelegten Verträge. Da sich inzwischen an der westafrikanischen Küste eine verwirrende Gemengelage von englischen, französischen, deutschen, portugiesischen und spanischen Kolonien, Protektoraten, „Schutzgebieten" und Stützpunkten ergeben hatte, folgten eine Reihe kolonialer Grenzabsprachen. Sie verliefen im Schatten der Kolonialentente Bismarcks mit den Franzosen weitgehend komplikationslos, wohingegen es mit England immer wieder zu Friktionen kam.

Vor allem im Norden und Nordwesten prallten deutsche und britische Interessen direkt aufeinander. Die Rücksicht Englands auf seine bedrängte Situation in Ägypten, im Sudan und in Mittelasien sowie Bismarcks Politik des diplomatischen Ausgleichs führten je-

doch zu einer allmählichen Verständigung. So gaben die Engländer
im Mai 1885 ihre „Rechte" bis zum Rio del Rey und teilweise auch
im Kameruner Hinterland auf, Bismarck verzichtete auf eine Ausdehnung bis Calabar, das mit dem Cross River außer dem Niger
den wichtigsten Zugang zum Benuëgebiet beherrschte — ein Gebiet, das der „Deutsche Kolonialverein" durch den Afrikareisenden
Eduard Flegel unbedingt gewinnen wollte. Das gesamte Handelsgebiet am Niger und Benuë fiel durch Bismarcks Billigung einer
nordöstlich bis Yola verlaufenden Demarkationslinie Mitte 1886 in
die englische Interessensphäre, während der Kanzler schon zuvor
die „Erwerbung" des Mahinlandes zwischen Lagos und Benin
durch die Hamburger Firma G. L. Gaiser, als „Keil" in das englische Gebiet zwischen Lagos und Kamerun vorgesehen und als
direkter Weg nach dem oberen Niger gedacht, als „Kompensationsobjekt" in die Verhandlungen mit den Engländern eingebracht
hatte. Nur in der Ambasbucht verzögerte sich ein Kolonialausgleich über Jahre, weil sich englische Händler und Missionare in
Victoria und Duala weigerten, die Herrschaft der Deutschen hinzunehmen. Admiral von Knorr, der ein deutsches Kommandoun-
ternehmen gegen noch widerstrebende Duala-Häuptlinge leitete
und im Dezember 1884 die Stadt Bonaberi bombardierte, führte
den Widerstand der dortigen Eingeborenen „allein auf englische
Anstiftung" zurück. Erst als die englische Regierung die Abtretung
der von ihr auch nach der Überlassung Kameruns an Deutschland
im Dezember 1885 weiterhin beanspruchten Ambasbucht von einer
befriedigenden Geldentschädigung an die englischen Baptisten abhängig machte — sie übernahm ein von der Regierung vorgescho-
bener privater Geldgeber sowie die Basler Mission —, konnte das
Reich 1887 diese englische Enklave an ihr Territorium in Kamerun
angliedern.
Nicht nur die ersten Beispiele einer deutschen Kanonenbootdiplo-
matie gegen aufständische Duala, auch das Scheitern des von Bismarck erstrebten Schutzbriefsystems machten es von vornherein
notwendig, nach Togo und Kamerun Reichsbeamte zu senden. Da
sich das nur auf Bismarcks unnachgiebiges Drängen hin im Oktober
1884 zustande gekommene — und wegen interner Streitigkeiten
bereits im Dezember 1886 zerfallende — „Westafrika-Syndikat",
dem Hamburger Firmen unter Adolph Woermanns Vorsitz angehörten, weigerte, „hoheitliche" Verantwortung zu übernehmen —
„Von dem Syndikat wird man Gutachten und Mitteilungen erwarten können, sonst nichts"[3] —, traf als Nachfolger des kaiserlichen

Kommissars Dr. Max Buchner bereits im Juli 1885 der frühere Landrat Frhr. Julius v. Soden als erster Gouverneur von Kamerun und vorübergehender Kommissar für Togo in Kamerun ein.

Daß erst zu diesem Zeitpunkt *Ostafrika* verstärkt in den Blickpunkt einer an Kolonien interessierten Öffentlichkeit und der inzwischen staatlich aktivierten deutschen Überseepolitik geriet, hing sicherlich mit dem Umstand zusammen, daß die dortigen deutschen Interessenten, die großen Hamburger Handelshäuser O'Swald & Co. und Hansing & Co. auf Sansibar, bislang keinen Anlaß gesehen hatten, Berlin um den Schutz des Reiches zu bitten. Wenn auch bereits am 27. 9. 1884 der Afrikareisende Gerhard Rohlfs zum „Schutz des deutschen Handels" von Bismarck in den Staatsdienst übernommen und zum Generalkonsul in Sansibar ernannt worden war, hing dies doch in erster Linie mit einer grundsätzlichen Intensivierung der ostafrikanischen Handelspolitik und nicht mit konkreten „territorialen" Absichten des Kanzlers zusammen. Diese waren erst das Ziel von Carl Peters und seinen Freunden, die im Auftrag der „Gesellschaft für deutsche Kolonisation" (GfdK) in einem gewagten Konquistadorenzug parallel, aber unabhängig von der Rohlfsschen Mission die Grundlage für die spätere Kolonie „Deutsch-Ostafrika" schufen.

Der niedersächsische Pastorensohn Carl Peters (1856—1918) hatte 1879 als 24jähriger in Geschichte promoviert und sich seit seinem Studium mit Habilitationsplänen getragen. Im November 1880 legte er das Oberlehrerexamen in den Fächern Geographie und Geschichte ab. Das beneidetbewunderte Vorbild des britischen Empire sowie die Übernahme des Gedankenguts der radikaleren Strömungen der britischen Kolonialideologie während eines über zweijährigen Aufenthaltes bei einem vermögenden Onkel in London gaben dann den Anstoß zu seinen kolonialen Ambitionen und Kolonialplänen. Im neugegründeten „Konservativen-Klub" in Berlin, in dem er stets „in Kanonen(-Hosen), Sporen und mit Hetzpeitsche" auftrat, traf er Gleichgesinnte, mit denen er im März 1884 die GfdK gründete. Die Motive für sein kolonial-politisches Engagement und seine kolonialerobernden Aktivitäten lagen zum einen in der Absicht, dem neuen deutschen Nationalstaat durch koloniale Expansion ein großes Zukunftsziel vor Augen zu stellen, d. h. die deutsche Kolonialexpansion gleichsam als die überseeische Fortsetzung der deutschen Einheitsbewegung zu betrachten, zum anderen in der Befriedigung eines unbezähmbaren Ehrgeizes und fast pathologischen Geltungsbedürfnisses, während mitschwingende wirtschaftliche Motive (Auswanderung, Absatzgebiete) diesen beiden Beweggründen untergeordnet blieben. So schrieb er seiner Mutter im September 1884 über seine hochfliegenden Afrikapläne: „Ich werde durch diesen Coup nicht nur meine ganze Zukunft in großartige

Bahnen bringen (...) ich tue auch eine große vaterländische Tat und grabe meinen Namen ein für alle Mal in die deutsche Geschichte ein", und seiner Schwester teilte er wenig später mit, daß er im Begriff sei, „mir persönlich ein Reich nach meinem Geschmack zu erwerben", „ein gewaltiges deutsches Kolonialreich, welches vom Njassa (Sambesi) bis an den Nil reicht und den Kongostaat in kurzer Zeit überholen wird". In seiner aggressiven Kolonialpolitik gab es nur eine Devise: „die rücksichtslose und entschlossene Bereicherung des eigenen Volkes auf anderer schwächerer Völker Unkosten".[4] Demgemäß vertrat er einen rigiden Herrenstandpunkt sowie einen kleinbürgerlichen Nationalismus und rassistischen Sozialdarwinismus. Er gehörte zu den Gründern des „Allgemeinen Deutschen Verbandes", einer Vorläuferorganisation des „Alldeutschen Verbandes". Der „Fall Peters" — er hatte Ende 1891 als „Kais. Kommissar" für das Kilimandscharo-Gebiet aus persönlichen Motiven einen Afrikaner und eine Afrikanerin (seine Konkubine) hinrichten lassen — führte schließlich zur Entlassung aus dem Reichsdienst. 1905 erhielt er jedoch auf dem Gnadenwege von Kaiser Wilhelm II. den Titel eines Reichskommissars a. D. zurück. Die Nationalsozialisten sahen in ihm das national-heroische Vorbild eines „Herrenmenschen", und ihr Chefhistoriker W. Frank edierte seine Werke und plante eine Peters-Biographie.

Carl Peters veranlaßte auch die kleine Expedition, die aus ihm, dem Grafen Joachim v. Pfeil und Carl Jühlke, dem Sohn des Berliner Hofgartendirektors, sowie dem Kaufmann Otto bestand, das von der GfdK anvisierte Zielgebiet im Hinterland von Mossamedes in Portugiesisch-Angola heimlich zu wechseln und, beraten von E. v. Weber und angeregt durch die Livingstone-Berichte von Stanley, im September 1884 im Küstenhinterland gegenüber Sansibar Erwerbungen zu versuchen. Innerhalb weniger Wochen schloß er gegen geringfügige Geschenke und wertlose Versprechen mit den lokalen Herrschern in Usagara „Verträge" und erwarb ein Gebiet von insgesamt 140 000 km². Nach Berlin zurückgekehrt, bat er am 5. Februar 1885 in einem formellen Antrag um Reichsschutz für seine „Besitzungen", mit denen er den „Keim für ein deutsches Indien" in Ostafrika gelegt zu haben vermeinte.

Da Peters nicht nur zusagte, mit einer zukünftigen Charter-Gesellschaft „nach dem Vorbild der Ostindischen Kompanie", der kurz darauf gegründeten „Deutsch-Ostafrikanischen Gesellschaft" (DOAG), Bismarcks Vorstellungen von einem kaufmännischen Regime entgegenzukommen, sondern auch geschickt eine Verbindung dieser geplanten Gesellschaft mit den bereits bestehenden und im Auswärtigen Amt beobachteten Interessen in Sansibar andeutete, erhielt die GfdK schon am 27. Februar 1885 einen kaiserlichen

Schutzbrief. Ende Februar wurde die vorgesehene DOAG unter Führung von C. Peters zunächst als offene Handelsgesellschaft gegründet, dann jedoch in eine Kommanditgesellschaft umgewandelt. Nach dem Eintritt des Elberfelder Bankiers Carl v. d. Heydt als Kommanditist mit einer Einlage von 100 000 Mark sowie einer privaten 500 000 Mark-Beteiligung Wilhelms I. begann allerdings der Einfluß von Peters und der anderen kleinbürgerlichen „Gründer" zu schwinden.

In der Folgezeit schloß C. Peters auf mehreren Expeditionen „Schutzverträge" mit weiteren Herrschern in Ostafrika und etablierte ein Handelsstützpunktsystem, wohingegen von Bismarcks Plänen eines Ostafrika-Syndikats, einer Verbindung der DOAG mit den Firmen O'Swald und Hansing, nichts übrigblieb. Im Zuge des „Aufstands der Küstenleute" von 1888/89 („Araber-Aufstand"), verursacht durch das wirtschaftliche Vordringen der DOAG in Konkurrenz mit dem arabischen und arabisierten Zwischenhandel, aber auch durch das brutale Auftreten der Handelsagenten gegenüber der eingeborenen Bevölkerung, sah sich der Kanzler sogar gezwungen, unter dem Vorwand der Bekämpfung des Sklavenhandels eine Expeditionstruppe unter Reichskommissar Hermann v. Wissmann zur Unterwerfung der Aufständischen nach Ostafrika zu schicken. Damit setzte auch in diesem „Schutzgebiet" zwangsläufig der Wandel vom Schutzbriefsystem zur direkten Reichskolonialverwaltung ein — eine Entwicklung, die Bismarck immer zu verhindern gesucht hatte. Einem Verkauf der DOAG-Rechte an England, dessentwegen Peters ebenso wie zuvor Lüderitz hinsichtlich seiner südwestafrikanischen „Besitzungen" bereits ernsthaft verhandelt hatte, konnte die Reichsregierung aus inneren und äußeren Prestigegründen nicht zustimmen. Die bislang mit Hoheitsrechten ausgestattete Gesellschaft, die bis zu diesem Zeitpunkt und noch lange darüber hinaus keine Gewinne ausschütten konnte, wandelte sich am 1. Juli 1891 in eine reine Handelsgesellschaft.

Als am 14. Februar 1891 der bisherige Gouverneur von Kamerun, Julius v. Soden, zum ersten Gouverneur Deutsch-Ostafrikas ernannt wurde, näherten sich auch die umstrittenen Grenzfragen in Ostafrika einer weitgehenden Regelung. In Ägypten, im Sudan und an der afghanischen Grenze hart bedrängt, besaß die englische Regierung zu wenig außenpolitischen Spielraum, um den deutschen Vorstellungen nachdrücklich entgegenzutreten, während Bismarck umgekehrt nur über die „törichten Jingos" spottete, die England in

Ostafrika völlig ausschließen wollten. Bereits am 29. Oktober 1886 war es durch einen Notenaustausch zu einem deutsch-englischen Ostafrika-Abkommen gekommen, in dem beide Mächte dem Sultan seinen Inselbesitz und einen zehn Meilen tiefen, ununterbrochenen Küstenstreifen vom portugiesischen Kap Delgado bis hinauf nach Kipni nördlich des Tanaflusses garantiert hatten. Den Deutschen wurde das Gebiet zwischen dem Rovuma bis hin zum Njassa-See im Süden und im Norden entlang einer Linie bis zum Victoria-See zuerkannt, wobei das zwischen der DOAG und der „British East Africa Company" umstrittene Kilimandscharo-Gebiet Deutschland erhielt. Bis auf die offengebliebene Westgrenze umfaßte dieses Territorium genau das Schutzgebiet seit dem Helgoland-Sansibar-Vertrag vom 1. Juli 1890.
In diesem Vertrag verzichtete Deutschland auch endgültig auf alle noch möglicherweise bestehenden Ansprüche auf Witu, Somaliland und Uganda. Schon 1867 hatte der Sultan von *Witu,* das nördlich der deutschen Schutzgebietsgrenze im Küstengebiet zwischen Mombasa und Jubamündung lag, durch Vermittlung des Afrikareisenden Richard Brenner um ein preußisches Protektorat gebeten, das indessen in Berlin gar nicht ernstlich diskutiert wurde. Erst die Reisenden Clemens und Gustav Denhardt, die 1878/79 am Tanafluß Forschungen getrieben hatten und nach ihrer Rückkehr die „Tana-Gesellschaft" zur Betreibung von Handel und Gewerbe im sogenannten Suaheli-Sultanat (Witu-Tana-Gebiet) begründeten, schlossen im April 1885 mit dem Sultan einen Vertrag über ein Stück Land und baten die Reichsregierung um Schutz für ihre Erwerbung. Ihre Propaganda für die schließlich nach großen Schwierigkeiten im Dezember 1887 unter Beteiligung der üblichen Geldgeber zustande gekommene „Deutsche Witu-Gesellschaft" erwies sich jedoch als wenig erfolgreich: In den ersten anderthalb Jahren verdiente die Gesellschaft nicht mehr als ganze 4 120 Mark. Wenige Monate, nachdem die DOAG das Witu-Gebiet im Austausch gegen Anteilscheine ihrer Gesellschaft übernommen hatte, schied das Witu-Tana-Gebiet mit dem Helgoland-Sansibar-Vertrag aus der deutschen Interessensphäre aus. Das gleiche galt für die Verträge, die DOAG-Agenten seit 1886 an der *Somaliküste* geschlossen hatten, die aber ebenfalls bis 1890 ohne wirtschaftliche Bedeutung geblieben waren.
Schwierigkeiten über den Zeitpunkt des Kolonialausgleichs mit England über das Jahr 1890 hinaus ergaben sich nur hinsichtlich der im deutsch-englischen Abkommen von 1886 offengebliebenen

Westgrenze. Sie wurden durch die ehrgeizigen Expansionspläne der deutschen Kolonialinteressenten im Zusammenhang mit der Suche und Rettung des ehemaligen Gouverneurs der ägyptischen Äquatorialprovinz, Mehmed Emin Pascha, eines deutschen Staatsbürgers namens Eduard Schnitzer, zusätzlich verschärft. Parallel zu der im englischen Auftrag gestarteten Expedition des zu jener Zeit berühmtesten Afrikaforschers Henry Morton Stanley hatte sich nämlich im Juni 1888 ein deutsches „Emin-Pascha-Komitee" gebildet, hinter dem die DOAG, die Deutsche Kolonialgesellschaft, Kolonialunternehmer und Kolonialpropagandisten standen, die den mit der Rettungsaktion betrauten Carl Peters beauftragten, Möglichkeiten deutscher Ausbreitung und Einflußnahme im Hinterland von Ostafrika zu sondieren und einen deutschen „Griff nach dem Nil" vorzubereiten. Das entsprach Peters' eigenen Vorstellungen von einem „deutschen Indien" in Ostafrika, welches sich von der Somaliküste bis Mosambik, von Daressalam bis zum Kongostaat und zum oberen Nil erstrecken sollte. Mitte Februar 1890 versah sogar die deutsche Kolonialregierung Emin Pascha, der nach der „Befreiung" durch Stanley in deutsche Dienste getreten war, mit der Weisung, englischen Ambitionen gegenüber die deutschen Interessen südlich des und entlang dem Victoria-Nyanza sowie in dem noch nicht einer „Interessensphäre" zugesprochenen Gebiet zwischen dem Tanganyika-See und dem Victoria-Nyanza bis zum Muta Nzige (Edward-See) und Albert-Nyanza zu sichern.

Mit dem Helgoland-Sansibar-Abkommen erlosch zwar das offizielle Interesse des Reichs an *Uganda,* es bedeutete indes noch keineswegs das Ende des Subimperialismus der „men on the spot"; sahen Peters und Emin Pascha doch in Uganda und im südlichen Sudan ein wichtiges Teilstück ihres von Ost nach West (Kamerun) projektierten deutschen „Mittel-Afrika". Erst das machtpolitische Übergewicht der Engländer in Uganda — Carl Peters hatte am 27. 2. 1890 einen Handelsvertrag mit dem Kabaka von Buganda, Mwanga (1884—1897), geschlossen, war dann aber vor dem nachrückenden Agenten der British East Africa Company geflohen — und Bismarcks schroffe Desavouierung des „kriminellen Unternehmens" der Kolonialkonquistadoren beendeten das Uganda-Abenteuer, freilich nicht die Spekulationen der an einer Erweiterung des deutsch-ostafrikanischen Gebietes interessierten deutschen Kolonialpartei. Wegen der deutschen Konzessionen im Nordwesten räumte Salisbury den Deutschen bereitwillig die erstrebte Grenze mit dem Kongostaat ein, wenn das Reich auch Jahre später auf der

Kivu-Mfumbiro-Konferenz (1910) noch auf die begehrte Kwidschi-Insel im Kivu-See zugunsten Belgiens verzichten mußte. Die bisher gepachtete Küste wurde gegen eine Entschädigungssumme von 4 Millionen Mark an den Sultan der DOAG überlassen, Sansibar zum englischen Protektorat erklärt, Helgoland dagegen von England an das Reich abgetreten.

Neben den Gebieten in Afrika gehörte schon seit Ende der 1860er Jahre, wenn auch nicht in der gleichen publizistischen Breite, die pazifische Inselwelt zu den bevorzugten Objekten kolonialer Projektemacherei. Seit den ausgehenden 1850er Jahren hatten sich hanseatische Firmen in größerem Umfang an der Handelsoffensive in den Pazifik beteiligt und dort in den folgenden beiden Jahrzehnten eine hervorragende, sogar dominierende Stellung erobert. Das Vordringen anderer Staaten — sei es der Engländer 1874 auf den Fidschi-Inseln, sei es der Amerikaner 1875 auf Hawaii, vor allem jedoch der australische „Subimperialismus" — verstärkte in Berlin die Bereitschaft zur politischen Unterstützung dieses Handels, der beträchtliche Zuwachsraten zu verzeichnen hatte. Dieses Interesse manifestierte sich in einer Reihe von „Handelsverträgen", die deutsche Seeoffiziere zum Nutzen hanseatischer Handelsfirmen mit Eingeborenenhäuptlingen schlossen.

Das Zentrum der deutschen Handelsentwicklung lag unzweifelhaft in der polynesischen Inselwelt. 1877 befanden sich 87% des Exports von und 79% des Imports nach Samoa und Tonga in deutschen Händen.[5] Im Kerngebiet Polynesiens hatte das bedeutendste Südseeunternehmen in der vorkolonialen Phase, das Hamburger Handelshaus Johann Cesar Godeffroy & Sohn, Nachfahren französischer Hugenotten, die bereits im Handel mit Lateinamerika erfolgreich tätig gewesen waren, quasi eine Monopolstellung erlangt. Seit 1856 baute die Firma von Valparaiso aus ein regelrechtes Handelsimperium mit Schwerpunkt in Apia auf Samoa auf, das sich in einem weitmaschigen Netz von den Gesellschaftsinseln über die Fidschi-Inseln bis zu den Karolinen- und Palauinseln erstreckte und umfangreiche Kokosnuß- und Baumwollpflanzungen umfaßte (1879 beschäftigte sie 1 210 Arbeiter auf 4 337 acres Plantagenland). Über 100 größere und kleinere Segelschiffe konnte die Firma als Sammelschiffe von Tahiti bis zu den Marianen einsetzen. Einfuhrartikel waren Textilien, Eisenwaren und Waffen mit Munition, Exportwaren nach Europa Kokosöl, Kopra, Baumwolle, Perlmutt, Trepang und Schildpatt. Der Hauptvertreter der

Firma in Polynesien, Theodor Weber, fungierte in Apia zugleich als deutscher Konsul. 1876 schloß er einen Handelsvertrag mit den Tonga-Inseln, 1879 im Verbund mit Engländern und Amerikanern mit Samoa, der die gemeinsame wirtschaftliche Erschließung der Inseln sicherte.

Im selben Jahr 1879 geriet das Haus Godeffroy jedoch auf Grund unkluger Spekulationen, die es mit den hohen Gewinnen aus dem Südseehandel unternommen hatte, in Zahlungsschwierigkeiten, nachdem die private Firma bereits ein Jahr zuvor in die „Deutsche Handels- und Plantagen-Gesellschaft" (DHPG) umgewandelt worden war. Da zu einem Zeitpunkt, als sich sowohl die Handelsbeziehungen zu Samoa vertraglich gefestigt hatten als auch die Marine in den Besitz eines Stützpunktes auf Samoa gelangt war, die Anteile der Gesellschaft in die Hände englischer Gläubiger zu gelangen drohten, war Bismarck bereit, die Firma mit Reichsmitteln zu unterstützen. Nicht der — auch vorhandene — Einfluß der Godeffroys auf die Berliner Politik bestimmte daher den Entschluß des Kanzlers, sondern weitgefächerte wirtschaftspolitische Interessen, zu denen zusätzlich zu dem bereits vorhandenen bedeutenden (Über-)Gewicht des deutschen Seehandels die Argumente der „(handels-)strategischen" Lage der Samoainseln zählten, die noch durch den projektierten Panamakanal an Bedeutung in beiderlei Hinsicht zu gewinnen schienen. Für die Kolonialpropagandisten und die Kolonialenthusiasten spielte dagegen neben der Vision eines „konsumtions- und zahlungsfähigen Marktes" im Pazifik und in Australien die „politische Ehre der deutschen Nation" die erste Rolle, während die Anhänger des Wirtschaftsliberalismus in der „Samoa-Vorlage" nur den Auftakt für erste koloniale Experimente sahen. Freihändlerische Linksliberale im Verein mit dem Zentrum sowie 144 abwesende Reichstagsabgeordnete bei Zustimmung durch die Frei- und Deutschkonservativen und den rechten Flügel der Nationalliberalen (112 : 128) brachten dann auch die Vorlage am 27. April 1880 zu Fall. Diese „Niederlage" Bismarcks, der allerdings keinen „Kolonialerwerb" im Sinn gehabt hatte, sondern eine unmittelbare Unterstützung des Außenhandels mit Reichsmitteln wollte, dürfte freilich dazu beigetragen haben, daß er künftig in „kolonialen" Fragen noch vorsichtiger taktierte. Die DHPG gesundete unterdessen infolge der Stützung dieses in der Substanz gesunden Handelsunternehmens durch ein Bankenkonsortium unter der Führung Adolph v. Hansemanns sowie Gerson v. Bleichröders, Bismarcks Privatbankier.

Hansemanns erfolgreiches handelspolitisches Engagement in Polynesien veranlaßte ihn nunmehr, sein Augenmerk auch auf die
größte melanesische Insel, nämlich *Neuguinea,* zu richten, die nach
ihrer Entdeckung 1526 weitgehend in Vergessenheit geraten war
und erst in der zweiten Hälfte des 19. Jahrhunderts wieder Anzie-
hungspunkt für europäische Händler wurde. In dieser Absicht mag
ihn sein Schwager Kusserow im Auswärtigen Amt bestärkt haben;
beschäftigte sich der Kolonialreferent Bismarcks doch zu jener Zeit
so engagiert mit der Rolle Deutschlands in der Südsee, daß man
dieses Gebiet in der Wilhelmstraße bereits „Kusserowien" apostro-
phierte. Zusammen mit Bleichröder und weiteren Großfinanziers
bildete Hansemann 1882 ein „Neuguinea-Konsortium", das seine
Bestrebungen auf den Erwerb des nordöstlichen Teils der Insel
richtete, nachdem die kolonialen Ansprüche der Australier auf den
Südteil der Insel als vorrangig anerkannt wurden. Als die britische
Regierung schließlich in Anbetracht der „deutschen Kolonisationspläne" unter dem Druck des Partikularimperialismus seines weißen
Dominions die gesamte Osthälfte Neuguineas unter britisches Protektorat stellte (6. 8. 1884), beeilte sich das Konsortium, nun seinerseits in dem anvisierten Zielgebiet von Nordost-Neuguinea und
auf der neubritannischen Inselgruppe faits accomplis zu schaffen.
Mitbestimmt war diese Eile durch die Abwerbung von einheimischen „Arbeitern" durch die australischen Kolonien, die damit den
deutschen Plantagenarbeitsmarkt von den dringend benötigten
Arbeitskräften zu entblößen drohten. Im Herbst 1884 schloß der
Forschungsagent des Neuguinea-Konsortiums, Dr. Otto Finsch,
mehrere Erwerbungsverträge in diesem Bereich ab, durch die sich
die Berliner Gesellschaft ein Gebiet von mehr als 200 000 km²
sicherte. Nachdem diese Erwerbungen den gleichen kaiserlichen
Schutz wie die afrikanischen Investitionen der Hansestädte zugesichert bekommen hatten, erhielt auch der deutsche Generalkonsul in Sydney, v. Oertzen, den Befehl, an der Nordküste von Neuguinea und über dem Archipel von Neu-Britannien die deutsche
Flagge zu hissen. Kurz zuvor hatte Gladstone erklärt, der von
England gegenüber Australien versprochene Schutz beschränke sich
nur auf den Südteil der Insel. Im November und Dezember 1884
zog Finsch an verschiedenen Stellen NO-Neuguineas, auf Neu-
Britannien und auf umliegenden Inseln die deutsche Fahne auf.
Ohne Schwierigkeiten gelangten dagegen im November die „unbe-
stritten herrenlosen" mikronesischen Marshall-, Providence- und
Browninseln in die deutsche Schutzsphäre, nachdem Robertson &

Hernsheim sowie die DHPG seit Jahresbeginn um die Proklamation der deutschen Schutzherrschaft gebeten hatten. Die von beiden Firmen gebildete „*Jaluit-Gesellschaft*", die bis 1906 diese Inseln verwaltete — die einzige Charter-Gesellschaft, die über die Jahrhundertwende hinaus aushielt —, war wirtschaftlich höchst erfolgreich.[6]

Während am 23. Dezember die deutschen Auslandsmissionen erfuhren, daß Neu-Britannien und das nordöstliche Neuguinea unter den „Schutz" des Kaisers gestellt waren, weigerte sich Bismarck in seinen Verhandlungen mit England, ebenso wie er in Südwestafrika die „afrikanische Monroe-Doktrin" Englands zurückgewiesen hatte, ein „Naturrecht der Australier auf Neuguinea und die anderen unabhängigen Inselgebiete der Südsee" anzuerkennen. Anfang 1885 gerieten die Verhandlungen jedoch auf ein ruhigeres Gleis, so daß im April 1885 der Nordosten Neuguineas zusammen mit Neu-Britannien als das „pazifische" Schutzgebiet des Reichs von England anerkannt wurde. Am 6. 4. 1886 grenzten schließlich England und Deutschland ihre beiderseitigen Interessensphären endgültig ab, wobei neben dem anerkannten Besitz von NO-Neuguinea (Kaiser-Wilhelmsland) und dem Archipel von Neu-Britannien (seit dem 19. Mai 1885 offiziell Bismarck-Archipel mit den Inseln Neu-Mecklenburg, Neu-Lauenburg und Neu-Pommern) die westlichen Salomonen mit den Eilanden von Buka, Bougainville, Choiseul und Isabella im deutschen Eigentum verblieben.

Bereits im Frühjahr 1885 hatte Hansemann sein „Konsortium" in die „*Neuguinea-Kompanie*" umgewandelt. An der Spitze der Gesellschaft standen weitere namhafte Vertreter des Großkapitals und des Großhandels wie Oppenheim, Hammacher, Guido Henckel von Donnersmarck, Fürst Kraft zu Hohenlohe-Öhringen, Fürst Hatzfeldt-Trachenberg, Graf Stolberg-Wernigerode, der Herzog von Ujest, W. v. Siemens und Adolph Woermann. Nachdem sich die auf Neu-Britannien tätige Hamburger Firma Robertson & Hernsheim der „Kompanie" mehr oder weniger gezwungen angeschlossen hatte, erhielt diese mit dem „Schutzbrief" vom 17. Mai 1885 die Hoheitsrechte auf Neuguinea und dem Bismarck-Archipel sowie am 13. Dezember 1886 noch für die ihrem Schutzgebiet zugewonnenen Inseln der Salomon-Gruppe. Danach hatte das Tätigkeitsgebiet der Gesellschaft eine Ausdehnung von ca. 240 000 km² erreicht.[7]

Mit der Zuerkennung der Rechte der Landeshoheit wurde die Kompanie zu einem autonomen Selbstverwaltungskörper mit quasisouveränen Hoheitsrechten. Ihre Vorstellungen liefen darauf hinaus, das Land zu erforschen, Stationen zu errichten und eine Schiffsverbindung mit Australien herzustellen. Als ihre einzige Aufgabe sah sie die Einrichtung einer Verwaltung sowie Bodenspekulationen an, während Handel und Plantagenwirtschaft in den Händen von „Tausenden" deutscher Emigranten liegen sollten. Die Realität sah indessen völlig anders aus: Die Gesellschaft ging stetig dem Zusammenbruch entgegen. Die Gründe für ihr Scheitern waren vielfältiger Art. Neben äußeren Bedingungen wie dem unverträglichen Klima und einer Reihe von Naturkatastrophen, die aber auch andere Firmen betrafen, lagen sie vor allem in einer falschen Pflanzungsstrategie, in der überformalisierten Verwaltung, versuchte Hansemann doch, „Neuguinea von seinem Schreibtisch aus in Berlin zu verwalten, als ob es sich um ein Rittergut in der Mark Brandenburg handelte"[8], sowie in einem ausgesprochenen Mißmanagement. Entscheidend dürfte jedoch die durch das rassenideologische Kolonisationsverständnis der Gesellschaft bedingte Unfähigkeit gewesen sein, Beziehungen zu den Eingeborenen herzustellen, wenngleich die zahlreichen Idiome Neuguineas die Verständigung und das Fehlen von Häuptlingen als Mittler den Kontakt erschwerten. Das völlige Scheitern einer „Arbeiterrekrutierung" einschließlich des Versuchs, auswärtige Arbeitskräfte (Javanesen, Chinesen) zu importieren, ließen die Gesellschaft schon bald nach einer Entlastung von den Verwaltungskosten drängen. Im Mai 1889 übernahm das Reich vorübergehend bis zum September 1892 die Verwaltung des Schutzgebiets, aber die Kosten mußte die Kompanie weiterhin tragen. Als sie 1893 bereits 7 Millionen Mark investiert und nur Verluste aufzuweisen hatte, ging im April 1895 die Verwaltung des Bismarck-Archipels — der einzige gewinnbringende Ort der Gesellschaft — und am 1. April 1899 das Kaiser-Wilhelmsland endgültig an das Reich über. Für ihre „Pionierarbeit" erhielt die Gesellschaft allerdings 4 Millionen Mark und 50 000 ha Land als Ablösung ihrer hoheitlichen Rechte — was freilich nichts anderes hieß, als daß das Reich für die Unkostenseite des „unprofitablen Imperialismus" der Neuguinea-Kompanie einstehen mußte.

Im selben Jahr 1899, als das Reich die Verwaltung in den Erwerbungen der Südsee — bis auf die Besitzungen der Jaluit-Gesellschaft — übernahm, konnten auch zwei andere Interessengebiete endgültig zu seinem pazifischen Schutzgebiet hinzuerworben werden: die Karolinen und Samoa. Die *Karolinen-*, die zusammen mit

den Marianen- und Palau-Inseln von Spanien für 25 Millionen
Pesetas nach dem verlorenen Krieg gegen Amerika (das die Insel
Guam behielt) verkauft werden mußten, hatten bereits im Zusammenhang mit den übrigen Südsee-Erwerbungen 1884/85 die deutsche Kolonialpolitik beschäftigt. Nachdem das Berliner Auswärtige
Amt Mitte der 1870er Jahre im Verein mit dem Foreign Office
exklusive spanische Zollrechte auf der Inselgruppe mit Erfolg zurückgewiesen hatte, bat genau 10 Jahre später (Jan. 1885) die
Hamburger Firma Robertson & Hernsheim, die inzwischen ein
Handelsmonopol auf den Karolinen besaß, wegen der englisch-
australischen Konkurrenz um eine Ausdehnung des Reichsschutzes
auf die Karolinen. Auch in diesem Fall fand sich ein Befürworter
dieser Pläne im Auswärtigen Amt, der Legationsrat Krauel, der als
Konsul in Australien gewirkt hatte und der die Karolinen-Angele-
genheit so engagiert betrieb, daß man im Amt statt von den Karolinen nur von den „Krauelinen" sprach. Da die Karolinen in den
deutsch-britischen Verhandlungen zur deutschen Interessensphäre
geschlagen wurden und Spanien bislang kein sonderliches Interesse
an den von ihm entdeckten Inseln („Carolinas" nach Karl II. von
Spanien) gezeigt hatte, trug Bismarck keine Bedenken, die deutsche
Flagge durch das Kriegsschiff „Iltis" auf den Palau- und Karoli-
nen-Inseln hissen zu lassen. Als jedoch die Karolinenfrage von
einer nationalistischen Öffentlichkeit in Spanien hochgespielt
wurde und die politischen und vor allem für Deutschland höchst
vorteilhaften wirtschaftlichen deutsch-spanischen Beziehungen
ernstlich gefährdete, war Bismarck der Meinung, daß die Karoli-
nenangelegenheit keine „Kolonialfrage" mehr sei, sondern eine
politische: „die Karolinen sind Nebensache und die Beziehungen zu
Spanien Hauptsache"[9]. Geschickt lancierte er das von Papst Leo
XIII. ausgesprochene Karolinenurteil vom 22. 10. 1885, das den
Deutschen volle Handels- und Niederlassungsfreiheit auf den Karolinen sowie das Recht zur Errichtung einer Kohlenbunkerstation
sicherte und dessen innenpolitischer Effekt zusätzlich auf eine
Schwächung der Windthorstschen „katholischen Demokratie"
zielte.

Parallel zu dem Streit um die Karolinen 1885 steuerten die eng-
lisch-amerikanisch-deutschen Interessen um *Samoa* einer Auseinandersetzung zu, nachdem bis dahin das politische Gleichgewicht —
bei einem wirtschaftlichen Übergewicht der reorganisierten DHPG
— durch die Herrschaft der drei Konsuln ausbalanciert worden
war. Die Kämpfe rivalisierender Königsfamilien (Tupua, Malie-

toa) nutzten übereifrige deutsche Konsuln zur Parteinahme für die eine Seite (Tamasese Tupua), wohingegen englische und amerikanische Vertreter dessen Gegenspieler (Malietoa Laupepa) unterstützten.[10] Bismarck, von formellen Herrschaftsansprüchen auf die Samoainseln weit entfernt und über die „Exzesse" des „morbus consularis" aufgebracht, rief die Konsuln zwar wiederholt zu einer zurückhaltenderen Politik auf, konnte aber — nach dem gescheiterten Versuch einer Konferenz über Samoa im Sommer 1887 in Washington — nicht verhindern, daß sich der deutsche Vertreter ganz hinter Tamasese stellte, diesem einen deutschen (Militär-)Berater beigab und in einem Gewaltstreich Malietoa Laupepa kurzerhand nach Kamerun deportierte. Daraufhin sammelte sich die Oppositionspartei unter dem Tamasese-Rivalen Mataafa, der Ende 1888 zunächst Sieger blieb, dann aber nach der offenen Erklärung des Kriegsrechts durch den seine Anweisungen mißachtenden Konsul von deutschen Marineinfanteristen gefangengesetzt wurde. Als die Amerikaner jetzt daran gingen, unter der Devise der „open door" ihre pazifische Machtstellung zu behaupten und Kriegsschiffe in die Südsee auslaufen ließen, schlug Bismarck erneut eine Konferenz vor. Diese Berliner Konferenz (April-Juni 1889) sah als einzigen Ausweg aus der verfahrenen Situation eine von den drei interessierten Mächten gemeinsam ausgeübte Regierungsgewalt an. Sie wahrte die Fiktion einer autonomen samoanischen Königsherrschaft, setzte jedoch an die Stelle des diskreditierten konsularischen Regiments eine reorganisierte Munizipalverwaltung in Apia mit einem Präsidenten an der Spitze, der auf die gleiche Weise wie der Oberrichter (als Appellationsinstanz in nichtnationalen und Schiedsrichter in Thronfolgefragen) von Deutschland, Amerika und England gemeinsam bestimmt wurde. Dieses Tridominium funktionierte mehr schlecht als recht bis 1899, um dann in einer deutsch-amerikanischen Interessenteilung zu enden. Während die Engländer zum Ausgleich für die Aufgabe ihrer Rechte — unter dem Druck des Burenkrieges — den größten Teil der Salomon-Inseln (mit Ausnahme von Bougainville und Buka) und der Tonga-Inseln erhielten, teilten Amerika und Deutschland Samoa, wobei das Reich mit Upolu und Savaii den größeren Anteil in Besitz nehmen konnte.

Fast zwei Jahre, bevor der Samoa-Vertrag stipuliert wurde (14. 11. bzw. 2. 12. 1899), hatte Deutschland schließlich noch „sein Kolonialgebiet" in Ostasien — *Kiautschou* — erworben. Schon frühzeitig mit der „Öffnung" Chinas durch die Engländer im

Opiumkrieg (1840—42) formierte sich das deutsche Interesse an einer ökonomischen Expansion im Fernen Osten. So kommentierte Friedrich List die Nachricht vom Friedensschluß nach dem Opiumkrieg mit der Bemerkung: „Der Friede von Nanking ist ein großes Ereignis für den Welthandel, ein größeres vielleicht, wenigstens was die augenblicklichen Folgen betrifft, als die Entdeckung von Amerika."[11] Die Fata Morgana eines chinesischen „Marktes" von 600 Millionen Menschen beschäftigte nicht nur ihn, sondern ebenso die Vorstellungen der an deutscher wirtschaftlicher Expansion interessierten Beobachter. Noch in den vierziger Jahren ließen sich die in Hamburg ansässigen Firmen Carlowitz & Co. und Siemssen & Co. in China nieder, die bis zum Weltkrieg eine führende Stellung im Fernen Osten innehatten. Um 1848 gab es in Ostindien und China bereits 64 deutsche Firmen.

Als England und Frankreich in den Tientsiner Verträgen (1858) die Öffnung weiterer elf Häfen für ihren Handel, Schiffahrtsrecht auf dem Yangste sowie das Recht durchsetzten, diplomatische Vertreter in Peking zu akkreditieren, fürchtete Preußen nunmehr ernsthaft, den Anschluß in China zu verpassen. Die erste „Weltwirtschaftskrise" von 1857—1859 hatte zudem in mehreren Industriestaaten zu einer latenten Überproduktion geführt, wodurch auch der Zollverein in eine Außenhandelskrise geriet und neue Absatzmärkte suchte. Hinzu kam, daß Preußen im Zuge der „neuen Ära" seine Position im Kampf um die Vormachtstellung in Deutschland gegenüber Österreich auszubauen beabsichtigte. 1859 brach deshalb eine preußische Expedition unter der Führung des Grafen Friedrich Eulenburg (ein Onkel Philipp Eulenburgs, des Intimus von Wilhelm II.) in den Fernen Osten auf, in der Absicht, für Deutschland die gleichen Rechte und Privilegien zu erwerben, die zuvor von Japan und China unter starkem Druck dem britischen Reich, Frankreich, Rußland und den Vereinigten Staaten gewährt worden waren. Der Vertrag von Tientsin vom 2. September 1861, den Preußen in seinem eigenen Namen und im Namen von weiteren Zollvereinsmitgliedern sowie der Großherzogtümer Mecklenburg-Schwerin und Mecklenburg-Strelitz, der Hansestädte Lübeck, Hamburg und Bremen unterzeichnete, war infolgedessen mehr oder weniger eine Kopie der bisherigen Verträge Englands und Frankreichs mit China. Er gewährte den deutschen Staaten die Rechte der meistbegünstigten Nation, aber nur Preußen das Recht der diplomatischen Vertretung in Peking. In den 60er und 70er Jahren tauchten dann wiederholt Projekte interessierter Kreise

Deutschlands auf, einen territorialen Stützpunkt an der chinesischen Küste oder in unmittelbarer Nähe Chinas (Taiwan) in Besitz zu nehmen.

Unmittelbar nach der Rückkehr der Ostasien-Expedition nach Deutschland war auch in Marinekreisen die Forderung nach der Aufstellung eines preußischen oder deutschen Geschwaders in ostasiatischen Gewässern erhoben worden. Im Dezember 1868 verfaßte der Geograph und Geologe Ferdinand von Richthofen eine Denkschrift über die Erwerbung der Insel Schusan unweit Shanghai als „norddeutsche Marinestation und Hafenkolonie" und ließ sie durch das deutsche Generalkonsulat Bismarck übersenden. Richthofen durchquerte zwischen 1868 und 1872 nicht weniger als 13 von den damals 18 Provinzen Chinas auf insgesamt 7 Reisen. Dabei hatte er vor allem die Ausbeutung günstig gelegener Kohlefelder und die ungeheuren Möglichkeiten vor Augen, die sich für den Eisenbahnbau in China ergaben. Nach seiner Rückkehr Anfang 1873 entfaltete er eine rege publizistische Tätigkeit. Er hat zum ersten Mal in Deutschland die Aufmerksamkeit auf die Kiautschou-Bucht gelenkt, während von Seeoffizieren, Diplomaten und Geographen seit den 1860er Jahren immer wieder andere Gebiete als „Kolonien" oder Handels- und Marinestützpunkte vorgeschlagen wurden. Der Erwerb eines Marinestützpunktes wäre indessen das äußerste gewesen, was Bismarck angestrebt hätte. Er setzte auch in Ostasien in erster Linie auf die „Solidarität europäischer Interessen". Aus politischen Gründen lag ihm ebensowenig an einer Verschlechterung der deutsch-chinesischen Beziehungen, ging er doch davon aus — ähnlich wie im Orient und in Afrika —, daß in einem möglichen europäischen Konflikt eine Allianz mit den Chinesen potentielle Gegner außerhalb des europäischen Schlachtfeldes zu binden vermochte.

Die eher zurückhaltende Politik des Reiches änderte sich 1890 nach Bismarcks Abgang. Nationalistische und handelspolitisch ausgerichtete Kreise hatten bereits Ende der achtziger Jahre eine Wende der Politik in China gefordert. Im Februar 1889 gründete ein deutsches Bankenkonsortium die Deutsch-Asiatische Bank. In der Tat besaß, wenn überhaupt die Ausfuhr in die deutschen Kolonien bzw. halbkolonialen Gebiete irgendwie ins Gewicht fiel, allenfalls der deutsche Export nach China eine nennenswerte Bedeutung. Bis Anfang der neunziger Jahre stieg er auf ca. 1% des deutschen Außenhandels an. Damit übertraf er alle anderen Kolonien

Deutschlands in Afrika und im Pazifik zusammengenommen.
Mitte der neunziger Jahre gab es 361 britische, 92 deutsche, je 31
amerikanische und französische und 13 russische Firmen. Am Chi-
nahandel war England mit 64,8% beteiligt, Deutschland mit
7,2%, alle anderen Staaten lagen darunter. Hauptausfuhrprodukte
waren Indigo, Anilin und andere Teerfarbstoffe, Wolltuche, Näh-
nadeln und vor allem Waffen.[12]

Ansatz für eine nunmehr aktivere Politik auch von seiten des Auswärtigen Amtes waren die alarmierenden Berichte des deutschen
Gesandten in Peking, Max von Brandt, über eine verstärkte und
zunehmend erfolgreichere Politik Frankreichs in China. Obwohl
der französische Handel in China, verglichen mit dem Englands
und Deutschlands, nur gering war, glaubte der Referent in der
handelspolitischen Abteilung des Auswärtigen Amtes, Raschdau,
doch, daß das Bismarcksche Gebot der Zurückhaltung auf Grund
der geänderten Umstände aufgegeben werden müßte. Als Ansatzpunkt empfahl er die „Missionsfrage"; denn ebenso wie Frankreich
mit ihr als „Hauptmittel" arbeite, sei der Schutz der Missionare
ein Punkt, „wo wir mit gutem Recht und ohne viel Aufsehen an-
setzen können, um die die unsere Interessen gefährdende französisch-
chinesische Intimität zu stören". Es ging bei dieser Missionsfrage
um die Nationalisierung des Schutzes der Missionen, der bis dahin,
zumindest was die katholischen Missionare betraf, allein in den
Händen Frankreichs gelegen hatte.[13] Das sogenannte Katholiken-
protektorat war für Frankreich immer ein wichtiges und probates
Mittel gewesen, eigene politische und wirtschaftliche Interessen
unter dem Deckmantel dieses Schutzrechts gegenüber China durchzusetzen. Der Nationalismus der deutschen Missionare machte es
dann der Reichsregierung möglich, im Jahre 1890 das französische
Protektorat zu durchbrechen und ihren eigenen Interessen Geltung
zu verschaffen. Wie sehr darüber hinaus einflußreiche Kreise im
Auswärtigen Amt nach der Entlassung Bismarcks auf eine grundsätzliche Wende der deutschen Politik in ganz Ostasien abzielten,
geht aus einer Aufzeichnung des genannten Raschdau vom 13. 7.
1891 hervor, in der er betonte, daß in Zukunft die gegensätzlichen
Interessen der europäischen Mächte in Japan und China mehr zu
betonen seien als die gemeinsamen. Vor allem wollte er den fran-
zösisch-chinesischen Gegensatz zum Nutzen Deutschlands ausspie-
len. In der Ostasienpolitik zeichnete sich so als erstes der Durchbruch von der traditionellen europazentrischen Gleichgewichtspoli-
tik Bismarcks zur deutschen Weltmachtpolitik ab.

Die Missionsfrage spielte dann für die deutsche Politik in China insofern noch einmal eine entscheidende Rolle, als die Reichsregierung 1897 die Ermordung zweier deutscher Missionare zu dem langgesuchten Vorwand benutzen konnte, einen Stützpunkt in China zu erwerben. Wärend das Deutsche Reich Kiautschou mit einer 50 km tiefen deutschen Einflußzone für 99 Jahre „pachtete" und Eisenbahn- und Bergbaurechte in seinem „Interessengebiet" Shantung erwarb, erhielten im selben Jahr Rußland Port Arthur und Dairen sowie Bahnbaurechte in der Mandschurei, England erwarb Wei-hai-wei (Shantung) und Frankreich Kuang-chou-wan (Kwantung). Damit hatte der „scramble for China" seinen vorläufigen Höhepunkt erreicht. Jede der an diesem Wettlauf beteiligten Nationen suchte sich ihre „Einflußsphäre" abzustecken. In Deutschland ließen die Hoffnungen auf den chinesischen Absatz- und Rohstoffmarkt Afrika und alle anderen deutschen Kolonien in den Hintergrund treten. Kiautschou bzw. die deutsche „Interessensphäre" Shantung sollte nunmehr zum „Sprungbrett" für den gesamten deutschen Ostasienhandel werden. Und auch in der deutschen Öffentlichkeit war die Pachtung, außer bei einem Teil der Sozialdemokraten und den Agrarkonservativen, überaus populär. „Vorangetrieben, rationalisiert, am Leben erhalten und systematisiert" hatte die Stützpunktpolitik allerdings zuerst und vor allem die Reichsmarine.[14] Für die Handlungsweise der Reichsregierung war indessen weder allein dieses spezifische Marine-Engagement maßgeblich, erst recht nicht die Absicht, im Wege der sogenannten Miquelschen „Sammlungspolitik" innere Spannungen durch eine spektakuläre Aktion in Übersee nach außen „abzulenken" (V. Berghahn), sondern in erster Linie das Bestreben, einen Fuß in die Tür zum — überschätzten — China-Markt zu setzen.

2. Visionen eines größeren Kolonialreiches

An deutschen Plänen, den realen Kolonialbesitz zu erweitern, hat es in der Zukunft nicht gefehlt. Der Schwerpunkt dieser „Kolonialprojekte" lag zweifellos in Afrika. Hier betrafen die kolonialen Spekulationen in erster Linie Gebiete im mittleren Afrika, wenn auch im Norden vor allem Marokko stets ein Zielgebiet alldeutscher Kolonialpropaganda blieb.

Marokko als „Absatzmarkt" war durch deutsche Kaufleute bereits in den 1860er Jahren entdeckt worden. Seit 1877 befürwortete der Afrikareisende G. Rohlfs, daß Deutschland in Nord-Afrika, insbe-

sondere in Marokko, Kolonien erwerben solle, und 1882 forderte
er sogar eine direkte „Eroberung". Neben den systematischen Anstrengungen interessierter Kreise des deutschen Handels-, Schiff-
fahrts- und Industriekapitals seit den achtziger Jahren, in Marokko handelspolitisch Fuß zu fassen (1890 deutsch-marokkani-
scher Handelsvertrag), betrachteten die Alldeutschen seit den neunziger Jahren vor allem das südliche und westliche Marokko als ein
bevorzugtes Objekt ihrer Siedlungspropaganda. Joachim Graf
Pfeil, Peters-Begleiter in Ostafrika und Vorstandsmitglied sowohl
der Deutschen Kolonialgesellschaft als auch des Alldeutschen Verbandes, sowie der alldeutsche Theobald Fischer, der als Professor
der Geographie bald als bedeutendste deutsche Autorität in allem
galt, was Marokko betraf, bereisten zwischen 1897 und 1901
mehrfach Marokko und priesen anschließend Westmarokko als
ideales Gelände für die Ansiedlung deutscher Farmer. Auftrieb
erhielten diese Erwartungen der Alldeutschen jeweils im Zusammenhang mit den Marokko-Krisen (1905, 1911), in deren Gefolge
die alldeutschen Blätter in lärmenden Kampagnen für eine Aufteilung des Scherifischen Reiches eintraten, wobei Deutschland seinen
Anspruch auf Westmarokko richten sollte.[1] Marokko blieb indes
für die offizielle (Welt-)Politik und die an den — überschätzten
— Erzreichtümern interessierte Montanindustrie (mit Ausnahme
der Gebrüder Mannesmann) ein Gegenstand der „open door"-Poli-
tik und des Verlangens nach gleichberechtigter Behandlung, während Bismarck seinerzeit in der Marokko-Politik nur eine Komponente seiner Europapolitik gegenüber Frankreich gesehen hatte.
Sein Grundgedanke, bei der Umwandlung der „Halbkolonie"
Marokko in ein Protektorat durch Frankreich von diesem „ange-
messene" Kompensationen zu verlangen, blieb schließlich auch in
der Agadir-Krise 1911 einziges konkretes Ergebnis. Für deutsche
Zugeständnisse in Marokko trat Frankreich ein 295 000 km² großes, an Kamerun grenzendes Territorium der französischen Kongo-
Kolonie an Deutschland ab („Neukamerun"), während Frankreich
gleichzeitig den sogenannten Entenschnabel (12 000 km²) an der
Nordostspitze Kameruns erhielt. Einen erwogenen „Tausch" der
einzigen sich finanziell selbst tragenden Kolonie Togo gegen ein
größeres Gebiet im Kongo mußte die Reichsregierung nach den
Protesten des Kolonialstaatssekretärs Lindequist, der Togo-Händ-
ler und der christlichen Missionen in Togo allerdings fallen lassen.
So stellte die erhaltene „Kompensation" nur ein verhältnismäßig
geringes Zugeständnis dar gegenüber den eigentlichen Zielen des

verantwortlichen Initiators der „Panthersprung"-Aktion, des um persönliche Profilierung bemühten neuen Staatssekretärs im Auswärtigen Amt Kiderlen-Wächter: Die Erweiterung des deutschen Kolonialbesitzes durch die gesamte französische Kongo-Kolonie als ein Schritt zur Verwirklichung der seit den 1890er Jahren von den Alldeutschen erträumten großen Kolonie „Deutsch-Mittelafrika". Diese sollte nach den Vorstellungen Kiderlens nicht nur Kamerun, den französischen Kongo und Deutsch-Ostafrika zusammenschließen, sondern durch eine Vereinbarung über Belgisch-Kongo und Portugiesisch-Angola auch Deutsch-Südwestafrika mit diesem deutschen mittelafrikanischen Großreich verbinden.[2]
Vorstellungen von einem im mittleren Afrika zu schaffenden kolonialen Großreich als „ein deutsches Indien in Afrika" (W. Hübbe-Schleiden, 1882) tauchten bereits in der Propaganda für deutsche Kolonien in der ersten Hälfte der achtziger Jahre auf. Der protestantische Pfarrer und Missionsgründer M. Ittameier aus Reichenschwand träumte in Verbindung mit seiner Missionsunternehmung zwischen Kilimandscharo und Tana unter den Wakamba von einem deutschen äquatorialen „Mittelafrika", das sich von Kamerun und Adamaua im Westen bis zum Gallaland im Osten erstrecken und zugleich als ein Riegel vor die mohammedanischen Reiche im Norden schieben sollte. Ittameier, in enger Verbindung mit der DOAG, beeinflußte mit seinem „ceterum censeo" der Gewinnung des äußerst günstig gelegenen Hafenplatzes Mombasa wiederum Carl Peters in seinen Mittelafrika-Konzeptionen. Peters und seine Anhänger planten ein „deutsches Indien" in Afrika, das von den Nilquellen bis an den Sambesi reichen sollte. Emin Pascha schwebte der Gedanke vor, Kamerun und Ostafrika durch eine Landbrücke zu verbinden, um ähnlich wie in der Konzeption von C. Peters einen Sperriegel vor die britischen Kap-Kairo-Pläne zu legen.
Von den gleichen Überlegungen ging der Vorsitzende des Alldeutschen Verbandes, Hasse, im Reichstag aus, als er im Februar 1894 die Forderung nach einem afrikanischen Großreich stellte. Im Zusammenhang mit diesen, ständig von kolonialchauvinistischen Kreisen betriebenen Plänen, die vorerst auf eine Aufteilung der Kolonialbesitzungen der (finanz-)schwächeren Mächte Belgien und Portugal zielten, richtete der Alldeutsche Verband z. B. am 25. März 1895 eine Eingabe an den Reichstag, in der es hieß:

„Der vorteilhafteste Ausgang der Liquidation des Kongostaats würde unseres Erachtens darin bestehen, daß der nördliche Teil des Kongostaates an Frankreich, der südliche an Deutschland abgetreten würde. Damit wäre den großbritannischen, auf ein ‚Afrika britisch vom Kap bis zum Nil‘ gerichteten Bestrebungen endgültig ein Riegel vorgeschoben und es wäre unter weiterer Voraussetzung der Liquidation der portugiesischen Besitzungen in Afrika die Möglichkeit gegeben, in letzter Stunde die früher leider versäumte Gelegenheit wahrzunehmen, eine Verbindung zwischen den deutschen Besitzungen in Ostafrika und Westafrika bzw. Südwestafrika herzustellen und damit Deutschland die ihm gebührende Stellung in Südafrika zu sichern".[3]

Aber erst in der Hochphase der Weltpolitik unternahm das Reich mit dem deutsch-englischen Geheimvertrag über die Aufteilung der portugiesischen Kolonien (1898) wieder einen diplomatischen Vorstoß zur Verstärkung des deutschen Einflusses in Zentralafrika. Das deutsche Interesse richtete sich auf den nördlichen Teil von Mosambik mit der Sambesi-Schire-Grenze sowie den südlichen, an Deutsch-Südwest angrenzenden Teil von Angola bis Benguela, zum mindesten jedoch auf die Provinz Mossamedes.[4] Entscheidend für diesen Vertrag mit England waren indes nicht eine Erweiterung des Kolonialbesitzes in Afrika, sondern finanzpolitische Aspekte und vor allem außenpolitische Ziele standen im Vordergrund der Erwägungen. Diese außenpolitischen Ziele bezogen sich auf eine Annäherung an England, um die eigentlichen deutschen imperialistischen Interessen, die informelle Durchdringung Ostasiens und des Vorderen Orients, nicht durch einen Konflikt mit der stärksten Seemacht der Welt zu gefährden.

Politischen Interessen wurden in diesem Zusammenhang auch die deutschen „kolonialen" Absichten in *Südafrika,* vornehmlich hinsichtlich des burischen Transvaal-Staates, geopfert. Hatte Adolf Lüderitz noch die Vision eines südafrikanischen Großreiches vom Indischen Ozean bis zum Pazifik unter Einschluß der Buren-Republiken gehegt, so wurden nunmehr die bis dahin als Verbündete gesuchten burischen Nationalisten ebenso fallengelassen wie die Ambitionen auf die umstrittene Delagoa-Bai zugunsten einer deutsch-britischen Verständigung aufgegeben. Südafrika blieb nur noch ein Interessengebiet für eine deutsche ökonomische Betätigung, während Pläne einer territorial-kolonialen Abrundung in Südafrika auf die Randbereiche einer „sentimentalen Sympathie" für die „niederdeutschen Stammesbrüder" — wie es in der alldeutschen Terminologie hieß — beschränkt blieben.

Dagegen lebten Vorstellungen von einem deutschen „Mittelafrika" — einem zusammenhängenden Kolonialreich, das die deutschen

Kolonien Deutsch-Ostafrika, Kamerun und Deutsch-Südwestafrika
sowie Teile der portugiesischen Kolonien Angola und Mosambik,
Französisch-Äquatorialafrika und den belgischen Kongo umfassen
sollte, auch späterhin weiter. Ende 1911 / Anfang 1912 suchte
beispielsweise die freikonservative „Post" in einer Artikelserie
unter dem Titel „Mittelafrika deutsch!" der stagnierenden Kolonialpolitik ein neues nationales Ziel mit diesem Programm zu geben.[5] Während des Ersten Weltkrieges wurde „Mittelafrika" als
koloniale Entsprechung zu dem kontinentalen Kriegsziel „Mitteleuropa" in die deutschen Kriegszielprogramme miteinbezogen.
Allerdings waren es bis dahin entweder die unmittelbar an Afrika
interessierte Koloniallobby (einzelne Handelshäuser und Konzessionsgesellschaften) oder alldeutsche Kolonialträumer, nicht jedoch
die Industriellen, die ein afrikanisches Kolonialprogramm vertraten. Ebensowenig teilten die Verantwortlichen in der Regierung
die Hoffnung der Kolonialenthusiasten, in Afrika ein zweites „Indien" zu finden. Konkrete handels- und vor allem außenpolitische
Erwägungen spielten für sie die Hauptrolle. Primäres Ziel war,
soweit direkte Interessen betroffen waren, in Mittelafrika das
Prinzip der „offenen Tür" zu gewährleisten.
Nach dem Scheitern der deutschen Marokko-Politik diente „Mittelafrika" indes einer einflußreichen Gruppe deutscher Politiker
und Wirtschaftsinteressenten auch als Mittel der Verständigung mit
England. Anstelle einer Rivalität in der Flotten- und Wahlkampf-
politik plädierten sie unter der Devise „deutsche Weltpolitik und
kein Krieg" für eine Verständigung und einen deutsch-englischen
Kolonialinteressenausgleich in Afrika.[6] Die Hoffnungen richteten
sich auf deutscher Seite auf den belgischen Kongo und die portugiesischen Kolonien. Zu dieser Gruppe gehörten in Deutschland die
liberalen Imperialisten des Auswärtigen Amtes und des Reichskolonialamtes sowie die Kreise aus dem Wirtschaftsleben, die primär
an der Vermeidung eines Krieges mit England interessiert waren:
das international verflochtene Großkapital, die Exportindustrie,
insbesondere die Textilindustrie und die chemische Industrie, Teile
der Schwerindustrie, z. B. Haniel, der mehr nach England als nach
Deutschland lieferte, der Außenhandel und die Reedereien, so der
Direktor der Hapag, Ballin. Exponenten dieser Richtung waren
der Londoner Botschafter Metternich, der Botschaftsrat Kühlmann
in London, der Gesandte in Lissabon, Rosen, und Kolonialstaatssekretär Solf.
Immerhin gelangten diese Pläne zur Verwirklichung eines großen

geschlossenen deutschen Kolonialreiches in Mittelafrika vom Atlantischen bis zum Indischen Ozean bis zu einem vom englischen Außenminister Grey und dem deutschen Botschafter in London, Lichnowsky, im Oktober 1913 paraphierten Abkommen über die Aufteilung zunächst der portugiesischen Kolonien, das erheblich über den Angola-Vertrag von 1898 hinausging. Beinahe das gesamte Angola und nördliche Mosambik sollten in deutschen Besitz gelangen, was Deutschland gegenüber dem Umfang des bestehenden Kolonialbesitzes in Afrika von 2,66 Millionen km² einen Gebietszugewinn von 1,6 Millionen km² eingebracht hätte. Und auch hinsichtlich der Aufteilung des belgischen Kongo zeichnete sich eine zumindest informelle Einigung zwischen beiden Mächten ab, während der von den Briten verlangte Preis für die deutschen Wünsche nach Sansibar — Urundi — zu hoch erschien. Meinungsverschiedenheiten über taktische und inhaltliche Einzelfragen sowie jeweilige innen- und außenpolitische Rücksichtnahmen zögerten einen definitiven deutsch-englischen Ausgleich jedoch bis in die Julikrise hinaus. Außerdem war Wilhelm II. keineswegs bereit, für das „Wahngebilde eines afrikanischen Kolonialreiches" die Flottenrüstung einzuschränken. Für Bethmann Hollweg, der ein politisches Übereinkommen mit England zustande bringen wollte, gleichzeitig aber eine aus der Kampfstimmung geborene Flottennovelle zu verabschieden hatte, kam diese Aufgabe der „Quadratur des Kreises" gleich.[7]

Zusammenfassend zum deutschen Mittelafrikaprogramm läßt sich sagen, daß es in erster Linie nicht ökonomisch begründet war. Abgesehen von den Plänen und Träumen einiger Kolonialenthusiasten, die im Aufbau des afrikanischen Kolonialreiches einen Akt von weltpolitischer Bedeutung sahen, aber von den tatsächlichen ökonomischen und politischen Möglichkeiten eines Afrika-Imperiums oft nur vage Vorstellungen besaßen, bestimmten vor allem außenpolitische Gesichtspunkte die deutsche Mittelafrika-Politik. Ihr Ziel war es, über ein Afrika-Abkommen zu einer politischen Einigung entweder mit Frankreich oder mit England zu gelangen. Die Hoffnung, durch ein Abkommen über Afrika einen Keil in die Entente cordiale zu treiben, erwies sich jedoch als Illusion. Darüber hinaus besaß die deutsche Afrika-Politik keine sonderliche innenpolitische Fundamentierung. Die deutsche Industrie und die deutschen Banken folgten nicht dem Aufruf, sich in jenem Afrika zu engagieren, das die Reichsleitung als deutsches Expansionsgebiet betrachtete. Selbst Katanga, das „Ruhrgebiet" Afrikas, fand kein

besonderes Interesse des deutschen Kapitals. Da die Bagdadbahn
zudem fast alle Energien des deutschen Kapitalmarktes für imperiale Unternehmungen verschlang, war ohnedies an eine aktive
Afrikapolitik nach der Jahrhundertwende nicht zu denken.
Allerdings sind Kolonialvorhaben im Zusammenhang mit dem in-
formell-ökonomischen Imperialismus wie der vorerwähnten Bagdadbahn immer wieder diskutiert worden. In den achtziger Jahren
wurde die Kolonisation im *Nahen Osten*, vornehmlich in Palästina, sogar vorübergehend zu einem zentralen Projekt der Agitation des Deutschen Kolonialvereins bzw. der Deutschen Kolonialgesellschaft. Eine deutsche „kontinentale" Kolonialpolitik über die
Balkanhalbinsel hinaus in den Nahen Osten besaß insbesondere bei
deutschen Zentrumspolitikern und den Anhängern der alten groß-
deutschen Tradition eine gewisse Sympathie. Konkrete kolonisato-
rische Vorstellungen gingen jedoch über die zwangsläufig durch die
deutsch-türkische Partnerschaft gesetzten Grenzen hinaus und standen im Gegensatz zur offiziellen „Berlin-Bagdad"-Politik. Dies
galt sowohl für die vielfältigen dilettantischen Kolonisationspro-
jekte, die von alldeutscher, adelig-konservativer und christlich-
nationaler Seite im Anschluß an die Palästina-Reise Wilhelms II.
(1898) propagiert und teilweise aktiv gefördert wurden, als auch
für die von Alldeutschen gehegten Absichten, entlang der Bagdad-
bahn-Trasse „Zehntausende oder gar Hunderttausende unserer
Bauern auf osmanisches Territorium übersiedeln zu lassen".[8]
Solche Ideen, wie sie z. B. der Alldeutsche Albert Ritter in seiner
vielgelesenen Broschüre „Berlin-Bagdad" vertrat (17. Aufl. 1916),
wurden von den Vertretern einer politisch-ökonomisch orientierten
„Weltpolitik" wie Paul Rohrbach heftig bekämpft.
Die Anhänger einer wirtschaftlich bestimmten pénétration paci-
fique lehnten auch die auf *Südamerika* gerichteten Annexionspläne
alldeutscher Heißsporne ab, die in Fortsetzung der Auswande-
rungsargumentation seit den 1840er Jahren von der „staatsbilden-
den Kraft" des Deutschtums ausgingen und durch eine gelenkte
Auswanderung vor allem in den Süden Brasiliens (Rio Grande do
Sul) und in die La-Plata-Länder die Voraussetzungen für eine
„germanische Großkolonisation" schaffen wollten. Im Hinblick auf
die politischen Implikationen solcher kolonialer Begehrlichkeiten
meinte Robert Jannasch auf dem Kolonialkongreß 1902:

„Leider existieren ja bei uns in Deutschland Leute (...), welche meinen,
leichten Kaufs in Südamerika politische Annexionsgelüste befriedigen zu
können. Diese Ansichten müßten auf das Allerentschiedenste bekämpft

werden (...) Wir vermögen in Südamerika niemals politisch soviel zu
gewinnen, als wir handelspolitisch verlieren können!"[9]

Daß Annexionserwägungen in Südamerika aber Eingang in offizielle Kreise gefunden hatten, geht z. B. aus den Überlegungen
hervor, die der deutsche Gesandte in Brasilien, Le Maistre, darüber
anstellte, wie man

„aus Südbrasilien, und namentlich aus der Provinz Rio Grande do Sul
allmählich ein deutsches Territorium (machen könne), ein brasilianisches
Neudeutschland, das bei dem zu erwartenden Auseinanderfall des brasilianischen Reiches dann naturgemäß zu Deutschland heimfallen würde,
von demselben als bereits fertige Kolonie nur einfach würde eingezogen
werden können".[10]

Bismarck hat auf solche und ähnliche Spekulationen nur mit der
Bemerkung reagiert: „Was hätten wir von der? Eher Feindschaft
wie sonst was"[11], und auch die offizielle Politik nach ihm hat
solcherart kolonialer Projektemacherei ablehnend gegenübergestan-
den, schon um das aus solchen Entwürfen erwachsene Schlagwort
von der „deutschen Gefahr" („perigo almao") zu desavouieren.
Das deutsche Engagement in Südamerika ging nicht über eine wirt-
schafts- und militärpolitische Betätigung hinaus.

Anmerkungen

1. Tastende Expansion und Erwerb der Kolonien

[1] Beste Darstellung zu diesem Unterkapitel und ihr weitgehend folgend: H.-U. Wehler, Bismarck und der Imperialismus, 194—407.
[2] Vgl. H. Gründer, Artikel „Lüderitz", in: Neue Deutsche Biographie,
Bd. 14, München 1984.
[3] Zit. n. H.-U. Wehler, Bismarck, 324.
[4] Zitate n. ebd., 333, 337 f.
[5] S. G. Firth, German Firms in the Pacific Islands, 1857—1914, in:
J. A. Moses — P. M. Kennedy (Hrsg.), Germany in the Pacific and Far
East, 1870—1914, St. Lucia, Qld., 1977, 7.
[6] Vgl. W. Treue, Die Jaluit-Gesellschaft, Tradition 7 (1962), 107—123
sowie unten 179.
[7] Vgl. S. G. Firth, The New Guinea Company, 1885—1899: a case of
unprofitable imperialism, Historical Studies 15 (1972), 361—377 sowie
unten 178 f.
[8] H. Schnee, Als letzter Gouverneur in Deutsch-Ostafrika. Erinnerungen, Heidelberg 1964, 26.
[9] Zit. n. H.-U. Wehler, Bismarck, 403.

[10] Zur inneren Entwicklung Samoas und zur Verschärfung der traditionellen samoanischen Parteibildungen durch die europäische Penetration, in der die samoanischen Fraktionen jedoch keineswegs die Handlanger ihrer europäischen Protektoren waren und durchaus egoistische Ziele verfolgten, vgl. die ausgezeichnete Studie von R. P. Gilson, Samoa 1830 to 1900: The Politics of a Multi-Cultural Community, Melbourne 1970; ferner P. M. Kennedy, The Samoan Tangle: A Study in Anglo-German-American Relations 1878—1900, Dublin, New York, St. Lucia, Qld., 1974.

[11] Friedrich List, Der englische Friedensschluß mit China und die deutschen Handelsinteressen, in: Schriften — Reden — Aufsätze, hrsg. v. E. v. Beckerath u. a., 10 Bde., Berlin 1927—1936, VII, 242.

[12] W. Stingl, Der Ferne Osten in der deutschen Politik vor dem Ersten Weltkrieg (1902—1914), Frankfurt a. M. 1978, 122 A. 381, 141 ff.

[13] Zur Bedeutung der Religions- und Kultusprotektorate vgl. H. Gründer, Religionsprotektorate und europäische Mächterivalitäten im Zeitalter des Imperialismus, Geschichte in Wissenschaft und Unterricht 34 (1983), 416—433 (das vorangegangene Zitat ebd., 420).

[14] W. Stingl, Der Ferne Osten, 130.

2. Visionen eines größeren Kolonialreiches

[1] Teilweise auf Anregung des Staatssekretärs des Auswärtigen Kiderlen-Wächter verfaßte Heinrich Claß, Vorsitzender des Alldeutschen Verbandes, Anfang Juli 1911 seine bekannte Flugschrift „Westmarokko deutsch", um für eine Annexion dieses Gebietes Stimmung zu machen.

[2] E. Jäckh (Hrsg.), Kiderlen-Wächter, der Staatsmann und Mensch. Briefwechsel und Nachlaß, Stuttgart 1924, Bd. II, 224; vgl. E. Oncken, Panthersprung nach Agadir. Die deutsche Politik während der zweiten Marokkokrise, Düsseldorf 1981.

[3] Zit. n. H. Loth, Kolonialismus und „Humanitätsintervention". Kritische Untersuchungen der Politik Deutschlands gegenüber dem Kongostaat (1884—1908), Berlin 1966, 82 (mit grammatikalischer Korrektur im Text).

[4] GP 14, 1, Nr. 3818.

[5] Vgl. Mittelafrika deutsch! (E. von Liebert, Ziele deutscher Kolonialpolitik), Die Post Nr. 7 vom 5. 1. 1912.

[6] Vgl. v. a. R. v. Kühlmann an Bethmann Hollweg, 8. 1. 1912, in: GP 31, Nr. 11 345; H. Gollwitzer, Geschichte des weltpolitischen Denkens II, 246 f. — Die unter maßgeblicher Mitarbeit von R. v. Kühlmann von dem Journalisten Hans Plehn verfaßte, anonym erschienene Schrift „Deutsche Weltpolitik und kein Krieg" (1913) richtete sich schon im Titel gegen das bekannte Pronunciamento einer offensiven deutschen Weltpolitik „Deutschland und der nächste Krieg" (1912) des Generals und Militärschriftstellers Friedrich von Bernhardi.

[7] C. Müller-Burbach, Die deutschen Mittelafrikapläne bis 1914, in: ergebnisse 1, Hamburg 1978, 103 f.

[8] Zit. n. H. Gollwitzer, Geschichte des weltpolitischen Denkens II, 49; vgl. H. Gründer, Die Kaiserfahrt Wilhelms II. ins Heilige Land 1898. Aspekte deutscher Palästinapolitik im Zeitalter des Imperialismus, in: Weltpolitik — Europagedanke — Regionalismus, hg. v. H. Dollinger — H. Gründer — A. Hanschmidt, Münster 1982, 363—388.

[9] Verhandlungen des Deutschen Kolonialkongresses 1902 zu Berlin, Berlin 1903, 592.

[10] Zit. n. J. Hell, Die Politik des Deutschen Reiches zur Umwandlung Südbrasiliens in ein überseeisches Neudeutschland (1890—1914), Phil. Diss. (Masch.) Rostock 1966, 66.

[11] O. Stolberg-Wernigerode, Deutschland und die Vereinigten Staaten im Zeitalter Bismarcks, Berlin-Leipzig 1933, 209.

VI. Das deutsche Kolonialreich

1. Deutsch-Südwestafrika

Die Kolonialgeschichte Südwestafrikas beginnt mit einer für die hohen Erwartungen, die eine kolonialbegeisterte Öffentlichkeit und einzelne direkt interessierte Gruppen wie u. a. die Rheinische Mission in diese an Umfang größte deutsche Kolonie gesetzt hatten, deprimierenden Phase. Nachdem das Lüderitzsche Abenteuer schnell gescheitert war, wurde bald ersichtlich, daß das „Schutzgebiet" weder ein Vorfeld für ein weiteres Vordringen nach Innerafrika werden konnte, noch daß auf absehbare Zeit das Land selbst für einen gewinnbringenden Abbau von Mineralien in Frage kam. Kapitalkräftige Investoren sind daher auf Jahrzehnte nicht von der Lüderitzschen „Sandbüchse" angezogen worden. Auch die deutsche Kolonialregierung zeigte nach den Schutzerklärungen zunächst wenig Interesse, ihre „Herrschaft" umfassender zu stabilisieren und zu institutionalisieren.

Erst Reichskanzler v. Caprivi legte sich unter dem Drängen der Kolonialinteressierten im Reichstag auf den „Besitz" Südwestafrikas fest und erteilte allen früheren Plänen, das Gebiet als wertlos aufzugeben oder als kolonialpolitisches Kompensationsobjekt einzubringen, eine Absage. Zugleich entschied er sich für die endgültige Pazifikation der Kolonie, die bis zu diesem Zeitpunkt nur sehr bedingt als ein deutsches „Kolonialgebiet" gelten konnte. Zwar klärten die Abkommen mit Portugal und England (1886, 1890) zumindest weitgehend die Grenzfragen. Aber in dem von diesen Grenzregelungen umschlossenen Gebiet bestanden nur zum Teil „Schutzverträge"; so lehnte der überwiegende Teil der Nama-Stämme Vertragsabschlüsse ab, weil das deutsche Landfriedensgebot diesen kriegerischen Halbnomaden ihre Existenzgrundlage beschnitt, und die letzten Verträge mit den Ovambo, der größten Ethnie im Norden des Landes, konnten gar erst 1908 geschlossen werden. Die Machtverhältnisse wurden überdies durch den fortschwelenden oder neu anhebenden Widerstand der Häuptlinge bestimmt, der sich freilich aufgrund der präkolonialen Rivalitäten nicht zu einem gemeinsamen Widerstand formieren konnte. Im

Gegenteil sollten — im Sinne der Robinsonschen Kollaborations-these[1] — die internen Konflikte und Machtkämpfe zwischen rivalisierenden Stammesgruppen, vornehmlich zwischen den Nama- und Orlam-Stämmen auf der einen und den Herero-Stäm-men auf der anderen Seite, die Etablierung der Kolonialherrschaft erleichtern und später den Widerstand in der „kolonialen Situa-tion" zersplittern.

So hatten die bantusprechenden Hirtenstämme der Herero 1885 den Schutzvertrag gerade deshalb akzeptiert, weil sie in den Deut-schen wirkungsvolle Verbündete gegen die auf eine Vormachtstel-lung gerichteten Absichten der christlich beeinflußten, aus dem Kapholländischen vor dem Druck burischer Siedler und der eng-lischen Verwaltung eingewanderten Nama bzw. Orlam (2. Ein-wanderungswelle im 19. Jahrhundert) sahen. Als sich diese Erwar-tungen nicht erfüllten, kündigten sie 1888 enttäuscht die deutsche „Schutzherrschaft" auf, nahmen sie indessen 1890 wieder an, frei-lich nicht in erster Linie, weil sich die deutsche Schutztruppe ver-stärkt hatte. Der entscheidende Grund für die Aufgabe des Wider-standes lag vielmehr in der wachsenden Bedrohung der Herero durch die Großmachtpläne des Nama-Kapitäns Hendrik Witbooi von Gibeon.

Für Samuel Maharero (1854—1923), der nach dem Tode (27. 10. 1890) seines Vaters (Kamaherero) aufgrund einer Familienintrige die Herrschaft usurpiert hatte[2], ging es überdies um die Festigung seiner internen Machtstellung durch „Zusammenarbeit" mit den Deutschen, mit deren Hilfe er zugleich die absolute Oberherrschaft über die Herero erringen wollte; befand sich doch der Prozeß der Herausbildung einer Oberhäuptlingsschaft noch in Ansätzen, die durch die staatlichen Organisationsvorstellungen der Europäer weitere Anstöße erhielten. Vertreter einer noch jungen Oberhäupt-lingsherrschaft wie Samuel Maharero haben daher, als Rückhalt gegenüber ihren Rivalen, in besonderem Maße eine Bereitschaft zur Kollaboration gezeigt, was sich wiederum für die Verbünde-tensuche Hendriks als nachteilig erwies.

Der christlich getaufte Hendrik Witbooi (1838—1904) betrachtete sich seinerseits als Führer aller Nama und Orlam und rechtfertigte seine politischen Ambitionen mit einer christlich verbrämten gött-lichen Berufung. Als der kriegserfahrene Kapitän der Witbooi-Nama, der mit europäischen Schußwaffen ausgerüstet war und den Vorteil genauer Landeskenntnis besaß, schließlich unter dem Eindruck der deutschen Vorstöße die Initiative zu einer Beendigung der jahrzehntelangen Kriege zwischen Herero und Nama ergriff (später wandte er sich auch an die Engländer), wurde in Berlin nunmehr eine Herrschaftssicherung „ohne Blutvergießen" ins Auge gefaßt und zur Lösung dieser Aufgabe der Kriegsschullehrer Major Leutwein, Protégé des kolonialpolitisch einflußreichen Oberst Liebert, ausersehen.

Der neue Landeshauptmann bzw. Gouverneur (1894—1905) suchte die Rivalitäten zwischen den Stämmen und Stammesgruppen sowohl mit militärischen als auch mit diplomatischen Mitteln zu beenden, wobei er sich jenes althergebrachten strategischen „Divide et impera"-Prinzips bediente, wie er es beim Studium der englischen Kolonialgeschichte kennengelernt hatte. Als Grundzug des „Systems Leutwein" bestimmte es die erste Phase der deutschen Kolonialgeschichte in Südwestafrika bis zum Herero-Nama-Aufstand. Sein gemäßigtes, nur wenig von kolonialpolitischen Begriffen beeinflußtes Programm beruhte auf Vorstellungen, die von mittelalterlichen Vorbildern ausgingen und eine deutsche Oberherrschaft auf der Basis eines allgemeinen Landfriedens mit seiner Rechtssicherheit als Grundlage jeder modernen europäischen Privatwirtschaft anstrebte. Der Effizienzgedanke der Kolonialpolitik („Das Endziel jeder Kolonisation ist, von allem idealen und humanen Beiwerk entkleidet, schließlich doch nur ein Geschäft") sollte sich dabei nach Leutweins Vorstellungen aufs engste mit dem Organisationsprinzip des modernen Staates verbinden, wobei sich die Häuptlinge (vorerst) unter Beibehaltung, ja Stärkung ihrer internen Machtstellung an die deutsche Oberherrschaft „gewöhnen" und im Bedarfsfall „Heeresfolge" — als wichtiges Symbol der Loyalität gegenüber der deutschen Herrschaft — leisten sollten. Demgemäß wurden die Häuptlinge im „Namen" des Kaisers verpflichtet, in dessen Land (!) für „Ruhe" und „Ordnung" zu sorgen; dabei wurde ihnen als materielle Kompensation für ihre „politischen" oder gebietsmäßigen Verluste eine jährliche Rente ausgesetzt. Jedenfalls wollte Leutwein verhindern, daß Aufstände in Deutschland als „Krieg" oder gar „Rassenkampf" gedeutet und mit Vernichtung geahndet würden, wie es dann 1904/05 geschah und seine Ablösung zur Folge hatte.[3]

Das staatliche Gewaltmonopol suchte Leutwein auch konsequent in der Auseinandersetzung mit Hendrik Witbooi durchzusetzen, wobei zunächst Aktionen gegen die Khauas-Nama im Osten des Landes und die Franzmann-Nama unter dem Häuptling Simon Kopper den Nama-Kapitän isolieren sollten; gleichzeitig stellten sie eine exemplarische und außerordentlich weitreichende Demonstration des deutschen Hoheitsanspruchs und Pazifizierungsverlangens dar (Hinrichtung der Stammesführer). Die Auseinandersetzung mit Hendrik selbst war begleitet von einem Briefwechsel zwischen dem Nama-Kapitän und Leutwein, in dem es um die grundsätzliche Berechtigung der deutschen Forderung nach Unterwerfung ging. Da Hendrik durch die Missionare nicht nur Bibelkenntnisse besaß, sondern auch mit christlichen Theorien legitimer Herrschaft vertraut war, suchte er seinen Willen zur Unabhängigkeit, in bildhafter Rhetorik, mit europäisch-christlichen Staatsvorstellungen zu begründen. Dies zwang die deutsche Seite von vornherein, die „Argumente" der Machtpolitik und der territorialen Einheit Südwestafrikas dem Herrschaftsanspruch des Häuptlings gegenüberzustellen. Schließlich brach Leutwein den im wesentlichen aus militärisch-taktischen Gründen begonnenen und aufrechterhaltenen Briefwechsel mit der Bemerkung ab: „Daß Du Dich dem Deutschen Reiche nicht unterwerfen willst, ist keine Sünde und keine Schuld, aber es ist gefährlich für den Bestand des deutschen Schutzgebietes"[4]. Als Hendrik Witbooi nach seiner militärischen Niederlage im Naukluft-Gebirge seine Bereitschaft zu bedingter Unterwerfung unter die deutsche Oberherrschaft wissen ließ, entschied sich Leutwein gegen den erheblichen Widerstand von Kolonialkreisen in Deutschland und der Siedler in Südwestafrika für eine politische Lösung des Konflikts. Das entsprach durchaus seiner Politik der Diagonalen, „in dem Verhalten gegen Eingeborene den richtigen Mittelweg zwischen Nachsicht und Strenge zu finden". Hendrik Witbooi wurde nicht hingerichtet, wie es die Siedler forderten, und der Stamm wurde nicht, wie es später mit den Khauas und Swartboois geschah, aufgelöst. Selbst die Waffen wurden ihm belassen, allerdings hatte er sich außerhalb des Gebirges in Gibeon unter der Kontrolle einer Garnison auf „Kronland" niederzulassen.

Hendrik Witbooi hat schon im Januar 1895 einige seiner Leute an einer „Strafexpedition" gegen die Khauas teilnehmen lassen und sich bald darauf nicht nur zur unbedingten Heeresfolge verpflichtet, sondern die bisherige Hegemonialpolitik gleichsam unter veränderten Vorzeichen fortgesetzt: In mehreren Aufständen und sogar in den militärisch entscheidenden ersten neun Monaten des Hererokrieges 1904 haben sich die Witboois wirkungsvoll an der

Machtsicherung und -stabilisierung der deutschen Kolonialherrschaft beteiligt.

Dieser Aufgabe der Herrschaftsstabilisierung war auch ein anderer „Verbündeter" der Kolonialregierung mit Erfolg nachgekommen: die seit Jahrzehnten im Lande arbeitende Rheinische Mission. Getreu ihren europäischen Normen und Denkvorstellungen erstrebten sie „geordnete Verhältnisse", die ihnen den Aufbau von Gemeinden und eine enge Kooperation von „Staat" und Kirche ermöglichten. Die anhebende deutsche Kolonialexpansion fand daher nicht nur Zustimmung bei den Missionaren vor Ort und von seiten der Missionsleitung in der Heimat, die Festsetzung der Deutschen in Südwestafrika wurde von der Missionsgesellschaft durch ihre vielfältigen Vermittlungsdienste und Vorschläge zur Behandlung und Gewinnung der Eingeborenen auch entscheidend gefördert. Bis 1897 hat die Mission somit zu einem ganz beträchtlichen Teil dazu beigetragen, daß aus der losen Schutzherrschaft des Reichs ein weitgehend stabilisiertes Kolonialregime wurde. Die leitenden Kolonialbeamten haben später geurteilt, daß „ohne die Pionierarbeit der Missionare (...) die Besitzergreifung des Landes ein völlig illusorischer Akt auf dem Papier gewesen" wäre (von François) und daß „es im wesentlichen die Missionare (waren), die durch ihr Eingreifen die Entscheidung für Deutschland (gegen England, H. G.) herbeigeführt" und später die „nominelle Schutzherrschaft in eine tatsächliche" umgewandelt hätten (Leutwein).[5]

Die Mission ist es dann allerdings gewesen, die nach der Pazifizierung der Kolonie auf den fortschreitenden Prozeß der Stammesauflösung und die zunehmende Resignation bei den Einheimischen verwiesen hat und in — freundlich, aber ausweichend beantworteten — Eingaben an das Auswärtige Amt für die Rechte der Eingeborenen eingetreten ist. Diese Krise im sozialen und kulturellen Leben der Herero wurde besonders evident nach der großen *Rinderpest* von 1897. Durch Abwehrmaßnahmen gelang es nur auf übersichtlichen Stationsplätzen, zwischen 50 und 80% des geimpften Viehbestandes bei Ansiedlern und Herero zu retten. Vom nicht geimpften Vieh fiel nahezu 95% der Seuche zum Opfer. Begleitet war die Rinderpest von einer schweren Malaria-Epidemie im vor allem politisch wichtigen mittleren Hereroland, so daß es an manchen Plätzen nur noch 8—10% Gesunde gab. Es folgten ein Heuschreckeneinfall und eine Dürreperiode.

Die Folgen dieser Katastrophen waren sowohl in ökonomischer als auch in sozialer Beziehung verheerend. H. Bley spricht geradezu

von einer „kulturellen Krise der Herero". Denn in der präkolonialen Viehwirtschaft Südwestafrikas stellte das Vieh primär keinen
Marktwert dar, sondern signalisierte die politische Macht und das
Sozialprestige seines Besitzers, der es „auf unverkäuflichem Boden
mit unumschränkter Bewegungsfreiheit" (K. J. Bade) als lebendes
Kapital hielt. Insofern ging das rationale wirtschaftliche Denken
der Weißen, die in den großen Rinderherden der Herero einen verfügbaren Viehüberfluß sahen und nach europäischen bodenrecht-
lichen Vorstellungen die Weidefläche eingrenzen bzw. in „Kronland" verwandeln wollten, an der präkolonialen afrikanischen
Wirtschaftsordnung vorbei. Auch Leutwein, dessen kolonialpolitische Vorstellungen sich auf eine Aussöhnung der Afrikaner mit
ihren „neuen Herren" richteten, dessen kolonialwirtschaftliches
Programm aber auf eine Reduktion ihres Stammeslandes sowie
ihres Viehbesitzes zugunsten der Europäer zielte, verkannte den
engen Zusammenhang zwischen Viehreichtum, sozialem Prestige
und politischer Macht in der Herero-Gesellschaft.
Die Zerstörung der Herden war daher für die Herero mehr als ein
wirtschaftlicher Verlust, weil die Vernichtung des Viehbestandes
ihre politisch-kulturelle Selbstsicherheit in Mitleidenschaft zog.
Hatte der Rinderreichtum bisher verhindert, daß sich die Herero
„zum Arbeiten bequemten", so suchten sie nunmehr erstmals bei
Europäern um Lohnarbeit nach. Gleichzeitig war das faktische
Marktmonopol der Herero gebrochen, das diese, trotz der Abneigung, Vieh zu verkaufen, besessen hatten. Dies kam wiederum den
weißen Farmern zugute; denn durch die Verluste der Herero und
die zum Wiederaufbau der Herden selbst auferlegte Verkaufs-
sperre — erstmals wandten sich die Herero zur Überbrückung der
Notzeit wieder dem Gartenbau zu — stiegen die Rinderpreise auf
dem südafrikanischen Absatzmarkt. Jetzt erst wurde die Rinder-
zucht für die Siedler profitabel. Die Zahl der Weißen stieg von
539 im Jahre 1891 über 2 025 (unter ihnen 1 500 Deutsche) im
Jahre 1896 auf mehr als 4 500 im Jahre 1904, allerdings darunter
neben Farmern auch Regierungsbeamte, Schutztruppler, Missionare
und Händler.
Auch im Hinblick auf ihren Landbedarf kam die Existenzgefähr-
dung der Herero den Siedlern zugute. Zum ersten Mal gerieten die
Herero in wirtschaftliche Abhängigkeit und sahen sich gezwungen,
ihr Land als Geschäftsobjekt zu betrachten. Eine ruinöse Landpolitik des Oberhäuptlings erleichterte zudem den Erwerb von Grund-
besitz — vielfach mitten im Stammesgebiet. Andere gewinnsüch-

tige Häuptlinge veräußerten ebenfalls Land aus ihrem Restbesitz, der sich auf knappe zwei Fünftel des gesamten Bodens von Südwestafrika reduziert hatte; die anderen drei Fünftel waren „Kronland" oder an Land- und Bergbaugesellschaften sowie an Siedler vergeben. Darüber hinaus hatte der Stamm, zumeist in Form von Landverkauf, für die Schulden aufzukommen, die einzelne aufgrund der Überredungskünste der Händler gemacht hatten. Die Verordnung vom Jahre 1903, wonach Schulden nicht mehr durch Stammes-, sondern nur noch durch Individualbesitz abgedeckt werden konnten und die Verjährungsfrist von Krediten auf ein Jahr festgesetzt wurde, hatte, abgesehen davon, daß sie zu spät kam, zunächst den gegenteiligen Effekt: Die Händler trieben, um keine Verluste zu erleiden, die noch ausstehenden Schulden mit aller Gewalt ein.

Schließlich begünstigte die zunehmende Verarmung und die Erschütterung der traditionellen Wirtschaftsweise die Bereitschaft der Herero-Großleute, in größerem Umfang Stammesangehörige als Lohnarbeiter zu gestellen, nachdem die Farmer zuvor völlig von deren gutem Willen abhängig gewesen waren. Überhaupt herrschte bis zur Katastrophe von 1897 ein weitgehend gleichberechtigter, kaum rassisch eingefärbter Verkehr zwischen den Kolonialeroberern und den Großleuten und Kapitänen mit ihrer großen Verwandtschaft. Nunmehr geriet das bisherige soziale Gleichgewicht in den Stammesgebieten ins Wanken. Erst nach der Erschütterung von 1897 wurden Mißhandlungen, Mord und Vergewaltigungen an Häuptlingsfamilien ohne sofortige Kriegserklärung hingenommen. Eine gelegentliche, aber regelmäßige Abwanderung verschiedener Herero-Gruppen nach Britisch-Betschuanaland setzte ein.

Dieser Prozeß der zunehmenden politisch-gesellschaftlichen Zerstörung der Häuptlingsmacht und die voranschreitende „Proletarisierung" ihrer Untertanen ging einher mit einer wachsenden Rechtsunsicherheit der Schwarzen und einer im Steigen begriffenen rassistischen Ideologisierung der auch politisch sich stärker artikulierenden Siedlerschicht. Immer wieder kam es zu eklatanten Mißachtungen des Rechts und zu groben Mißhandlungen von Eingeborenen bei gleichzeitiger Einseitigkeit der Kolonialjustiz. Leutwein hat aus seiner Amtszeit eine bezeichnende Übersicht der Ahndung von Kapitalverbrechen in der Kolonie erstellt, der zufolge 7 Weiße durch die Handlungen Eingeborener zu Tode kamen, wobei insgesamt 15 Todesurteile und eine Freiheitsstrafe ausgesprochen wurden, während bei den 5 gerichtlich geahndeten Tötungen von

Schwarzen Gefängnisstrafen zwischen drei Monaten und drei Jahren ausgesprochen wurden.[6]
Die Prügelstrafe gehörte ohnehin zum selbstverständlichen und als „unverzichtbar" erklärten Straf- und Züchtigungsmittel. Am schutzlosesten waren die außerhalb des Stammesverbandes bei Weißen beschäftigten Schwarzen, während Mißhandlungen von Angehörigen der Großleute bis 1904, da als Politikum betrachtet, nur in Einzelfällen vorkamen. Auch Leutwein hat aus „pragmatischen" Gründen die Prügelstrafe verteidigt. Es wäre allerdings, wie H. Bley betont, „ein Fehlschluß, eine ungehemmte Willkür im Verhältnis zwischen Deutschen und Afrikanern anzunehmen, solange der Schutz des Stammes auch für den einzelnen wirksam blieb".[7] *Noch* waren die Siedler keine absoluten „Herren", wie es in weiten Teilen ihren Absichten entsprach und ihrem sozialdarwinistischen Axiom von der kulturellen Dominanz der „Kulturvölker" und der Vernichtung der „Naturvölker" zugrunde lag. Die Verwirklichung dieses Ziels sollte erst das Ergebnis des Herero-Nama-Aufstandes von 1904/07 sein.
Die soziale und politische Diskriminierung der Schwarzen, insbesondere die totale Rechtsunsicherheit, dürften auch den Hauptgrund für diesen größten Aufstand in der deutschen Kolonialgeschichte bilden, weniger die direkte Landfrage. Ohnedies konnte bis zu diesem Zeitpunkt von einer planmäßigen deutschen Siedlungsoffensive kaum die Rede sein. Bis 1903 waren daher auch erst 10% (36 000 km²) des für die europäische Besiedlung vorgesehenen Stammeslandes (75%, während 25% für Reservate vorbehalten bleiben sollten) verkauft. Es beschränkte sich in der Regel auf das für eine rentable Betriebsführung geeignete Land in der Umgebung Windhuks und entlang der Bahnstrecke Windhuk-Swakopmund, deren Fertigstellung 1902 mit einer großen Landwirtschaftsausstellung als Symbol des Fortschritts der Kolonie eröffnet wurde. Jedenfalls erscheint es nach den Forschungen von H. Bley zweifelhaft, ob der Umfang der wirtschaftlichen Entwicklung groß genug war, um eine davon direkt beeinflußte Explosion wie die des Herero-Aufstandes zu erklären.[8] Es gab 1905 noch keine akute Landnot der Herero. Dagegen wurden offenbar die Reservatsplanungen — es kam vorerst nur zur Bildung von zwei Reservaten, einem im Namaland und einem im Hereroland (Otjimbingwe) — als Beginn einer gewaltsamen Enteignung verstanden, wie überhaupt der symbolischen Bedeutung einzelner Fakten und Faktoren eine zentrale Bedeutung zukommt. Ausschlaggebend für

den Zeitpunkt des Ausbruchs war jedenfalls die Tatsache, daß die Schutztruppe aus dem Hereroland abgezogen war, während die Deutschen das Erlahmen des Widerstandsgeistes der Herero seit 1897 als endgültige Pazifizierung gedeutet hatten. Sowohl die zunehmende „Herrenpolitik" der weißen Siedler, ihre brutale Rücksichtslosigkeit und ihre rohen Sitten, als auch die allgemein wachsende Rechtsunsicherheit sind daher wohl die ersten Ursachen für die große Erhebung der Herero und anschließend der Nama gewesen, die das Reich zu seinem ersten und einzigen „Krieg" zwischen 1870 und 1914 zwang. Als weiterer entscheidender Grund dürfte die Ausbeutung durch die betrügerischen Geschäftspraktiken der Händler zu nennen sein, die den Schwarzen zunächst Kredite aufdrängten und danach rücksichtslos ihre Schulden eintrieben. Das Händlerunwesen bezeichnete ja auch Samuel Maharero, der seine Machtstellung als Oberhäuptling der Herero dank der Einkünfte aus Landverkäufen gefestigt hatte und nunmehr die Führung der Erhebung übernahm, neben der allgemeinen Rechtlosigkeit in seiner Antwort auf die Anfrage Leutweins nach dem Anlaß des Krieges als einen Hauptgrund.[9]

In dem Kommentar eines Herero-Christen nach Beendigung der Kämpfe, der zugleich deutlich macht, daß der Krieg gewissermaßen „in der Luft lag", sind diese und andere Gründe ungeschminkt wiedergegeben. Auf die Frage nach den Ursachen des Aufstandes antwortete er: „Der Krieg ist von ganz kleinen Dingen gekommen, und hätte nicht (zu) kommen brauchen. Einmal waren es die ‚Stuurmann' (Kaufleute) mit ihrem schrecklichen Wucher und eigenmächtig, gewaltsamen Eintreiben. Für 1 sh Schuld wollten sie nach Jahresfrist 5 sh und für 1 L (Pfund) nach 12 Monaten 5 L Zinsen haben, und wer nicht zahlen wollte oder konnte, den verfolgten und plagten sie. Dann ist es der Branntwein gewesen, der die Leute schlecht und gewissenlos gemacht hat. Wenn jemand trinkt, dann ist es ihm gleich, was er tut. Aber das schlimmste Übel ist, was viel böses Blut und Streit hervorgerufen hat, die Vergewaltigung unserer Frauen durch Weiße. Manche Männer sind totgeschossen (worden) wie Hunde, wenn sie sich weigerten, ihre Frauen und Töchter preiszugeben und drohten, sie mit der Waffe in der Hand zu verteidigen. Wären solche Dinge nicht geschehen, wäre kein Krieg gekommen, aber er ist bei solchen Vergewaltigungen ausgebrochen. Er war mit einem Male da, und da war kein Halten mehr, jeder rächte sich, und es war, als sei kein Verstand mehr unter den Massen".[10]

Unmittelbarer Anlaß des Aufstandes waren jedoch Morddrohungen eines Oberleutnants an Samuel Maharero, wie es dieser auch in seinem Brief an Leutwein angibt.[11]

Völlig überrascht standen die Deutschen der Erhebung gegenüber, die in der zweiten Januarwoche 1904 begann. 123 deutsche Männer, Ansiedler und Soldaten der Stationsbesatzungen wurden in einem Überraschungsschlag getötet, die Eisenbahnlinie Windhuk-Swakopmund an mehreren Stellen zerstört und die Telegraphenverbindungen unterbrochen. Bis zum Juni griffen die Herero die z. T. unbeweglichen und unerfahrenen deutschen Truppenkolonnen in oft erfolgreichen Vorstößen an. Da eine erste Verstärkung aus Deutschland von 800 Mann weder zahlenmäßig noch hinsichtlich der Ausrüstung und ihres taktischen Verhaltens gegen die kampfentschlossenen, landeskundigen Afrikaner etwas auszurichten vermochte, behaupteten die deutschen Truppen nur die Verbindungslinien im Hereroland, reparierten die Bahn und sicherten Ortschaften. Schließlich gelang es der Strategie Leutweins, daß sich die Hauptmasse der Herero am Waterberg festsetzte, wo sie nach dem Kommandowechsel im Oberbefehl der Schutztruppe von Generalleutnant v. Trotha in einer Kesselschlacht (11. 8. 1904) vernichtet bzw. an der Durchbruchstelle in die wasserarme Omaheke getrieben wurden. In der prosaischen Sprache des Generalstabswerks wird diese „militärische" Aktion wie folgt beschrieben:

„Diese kühne Unternehmung zeigt die rücksichtslose Energie der deutschen Führung bei der Verfolgung des geschlagenen Feindes in glänzendem Lichte. Keine Mühen, keine Entbehrungen wurden gescheut, um dem Feinde den letzten Rest seiner Widerstandskraft zu rauben; wie ein halb zu Tode gehetztes Wild war er von Wasserstelle zu Wasserstelle gescheucht, bis er schließlich willenlos ein Opfer der Natur seines eigenen Landes wurde. Die wasserlose Omaheke sollte vollenden, was die deutschen Waffen begonnen hatten: Die Vernichtung des Hererovolkes".[12]

Erst als die Herero als Machtfaktor des organisierten Aufstandes ausgeschieden waren, griffen im Oktober 1904 die Nama in die Kämpfe ein, wahrscheinlich als Folge der Kriegshysterie der Deutschen, die gedroht hatten, mit allen Schwarzen wie mit den Herero zu verfahren und alle Stämme zu entwaffnen und aufzulösen.[13] Nachdem Hendrik Witbooi am 25. 10. 1905 gefallen war, übernahm eine Reihe von Unterführern aus den Nama-Stämmen die Guerillaführung, wie z. B. Cornelius aus dem Stamm der Bethanier, Jacob Morenga und Johannes Christian aus dem Stamm der Bondelzwarts und der Häuptling der Franzmann-Nama, Simon Kopper. Obwohl die Rheinische Mission den Namaführer Morris zur Niederlegung der Waffen bewegen und Pater Malinowski von den Marienberger Oblaten Weihnachten 1906 die Bondelzwarts zur Aufgabe überreden konnte, schwelte der Aufstand fort. Erst am 31. März 1907 wurde der Kriegszustand in Südwestafrika aufgehoben, obgleich Simon Kopper noch bis in den März 1908 hinein vom englischen Gebiet aus einen Bandenkrieg führte, den er erst aufgab, als ihm über die englische Polizei eine deutsche Rente angeboten wurde. Im Nama- und Hereroland hatten sich nur die Rehobother, Teile der Bergdama, der Bethanier und Bondelzwarts sowie Leute aus Berseba und Keetmanshoop, z. T. unter dem Einfluß der Mission, nicht an den Kämpfen beteiligt.

Das Ergebnis der „Vernichtungsstrategie" Trothas sowie der anschließenden Kriegsgefangenenbehandlung — in den Lagern kamen noch einmal 7 700, gut 45%, um — war, daß von geschätzten 60—80 000 Herero nach der Volkszählung von 1911 nur noch 15 130 lebten, d. h. zwischen 75 und 80% des Stammes waren umgekommen. Nicht sehr viel günstiger sah die blutige Bilanz für die Nama aus. Von den etwa 20 000 Angehörigen der verschiedenen Stämme lebten noch knapp die Hälfte (9 781). Die von den Deutschen identifizierten Häuptlinge und Großleute wurden als Schuldige am Aufstand hingerichtet. 25% der überlebenden Nama und Herero wurden überdies in fremde Landesteile deportiert. Selbst die Mission vermochte mit ihren Bitten für eine weitgehende Amnestie bzw. Umwandlung der Todesstrafen in Zwangsarbeit nicht durchzudringen, wenn auch unter ihrer Leitung vier große Sammellager eingerichtet wurden. Es gelang ihr schließlich bis 1912, zumindest die Deportation der Witbooier rückgängig zu machen, die von der Kolonialregierung ohne Gerichtsverfahren nach Kamerun verschickt worden waren und von denen bis 1912 über ein Drittel infolge des ungewohnten Klimas und der schlechten Versorgung starben. Die Massentaufen nach 1907 waren dagegen weniger die Manifestation eines plötzlich erwachten religiösen Gefühls als vielmehr, über den Entschluß zu überleben hinaus, der Ausdruck einer „nationalen" Sammlungsbewegung. Der Aufstand von 1904/07 wurde deshalb auch von den Eingeborenen zunehmend als nationaler Freiheitskrieg interpretiert; bis heute wallfahren Nama zu dem Grab Hendrik Witboois bei Vaalgras, während Herero jährlich den „Maharerotag" in Okahandja begehen.

Auf deutscher Seite hatte der erste Krieg des wilhelminischen Deutschland den Einsatz von über 14 000 Soldaten erzwungen, von denen etwa 1500 durch Kampfhandlungen oder Krankheiten den Tod fanden. Überdies kostete die Niederwerfung des Auf-

standes rund 585 Millionen Mark an Kolonialanleihen. Fünfmal
mußte der Generalstab den Oberbefehlshaber auswechseln. Nach
der Ablösung Leutweins setzte Generalleutnant v.
Trotha, „be-
währter" Kolonialoffizier in Ostafrika bei der Niederwerfung des
Hehe-Aufstandes und während der Boxerwirren in China, seine
Militärdiktatur und radikale Vernichtungsstrategie durch, in deren
Zusammenhang er am 2. Oktober 1904 seine berühmt-berüchtigte
Proklamation an die Herero richtete, die ihnen eine gnadenlose
Ausrottung androhte.[14]
Dieser Genozid-Befehl Trothas wurde jedoch von Wilhelm II.
dahingehend geändert, daß alle sich freiwillig stellenden Herero
bis auf die Anführer und „Mörder" am Leben bleiben sollten.
Auch sein Ketten-Befehl, d. h. daß alle sich ergebenden Herero
Arbeitsdienst an der Kette leisten sollten, wurde von Reichskanzler
Bülow aufgehoben. Allerdings schieden mit der Niederschlagung der
Aufstände und der totalen Pazifizierung der Kolonie die Stammes-
verbände als politischer Machtfaktor aus, so daß sich mit Ausnahme des Ovambolandes und des Caprivizipfels sowie des Landes
der — nicht am Aufstand beteiligten — Rehobother Bastards und
Berseba-Nama ganz Südwestafrika in der Verfügungsgewalt der
Deutschen befand. Alles Stammesvermögen und das Land wurden
von der Regierung konfisziert — wobei man sich die französische
Sequestrationsverordnung für Algerien von 1845 zur Vorlage
nahm — und die Stammesorganisation bis auf wenige Reste aufgelöst. Nicht mehr als zehn Eingeborenenfamilien oder einzelne
eingeborene Arbeiter durften unter der Aufsicht des jeweiligen
Besitzers der Grundstücke auf sogenannten Privatwerften wohnen
— mit einem (empfohlenen) „hygienischen" Sicherheitsabstand von
(optimal) 1 km vom Farmhaus —, während in den von der Kolonialverwaltung bestimmten „öffentlichen Werften" in der Regel
etwa 1 000 Eingeborene lebten. Um darüber hinaus die politische
Unselbständigkeit und wirtschaftliche Abhängigkeit der Schwarzen
für alle Zukunft zu sichern, war ihnen der Besitz von (Klein-)Vieh
und Land nur noch in einem begrenzten Umfang gestattet und von
der Genehmigung der Kolonialverwaltung abhängig. Die Schwarzen wurden zum Abschluß eines Arbeitsvertrages mit den weißen
Kolonisten gezwungen und hatten über das bestehende Arbeitsver-
hältnis einen Paß zu führen. Arbeitszwang, Dienstbuch und Paß-
pflicht unterwarfen den Eingeborenen einem System gesetzlicher
Überwachungs- und Kontrollmaßnahmen und degradierten ihn
zum besitzlosen Lohnarbeiter, während die Herrschaft der Weißen

bis zu persönlicher Polizeigewalt Wirklichkeit geworden war. „Eingeborenenpolitik" wurde nach 1907 ausschließlich zur „Arbeiterpolitik".[15]

Vorwiegend der Sicherung eines Reservoirs billiger Arbeitskräfte und nicht direkter Herrschaftsausübung und wirtschaftlicher Ausbeutung galt auch das Interesse der deutschen Kolonialbehörden am Amboland und Caprivizipfel. Durch kontrollierte und indirekte Kolonisierung sollten die Ovambo und Bewohner des Caprivizipfels — nach damaligen Schätzungen etwa 100 000 Eingeborene —, die bis dahin noch kaum mit der kolonialen Präsenz der Deutschen in Berührung gekommen waren, an die deutsche Anwesenheit und Herrschaft gewöhnt werden. Zutrittsverbote und Handelsbeschränkungen, die gleichzeitig von Portugiesisch-Angola ausgingen, führten denn auch zu einem wirtschaftlichen Niedergang dieser Viehzucht und Ackerbau treibenden Bauern und zwangen sie indirekt, sich als Wanderarbeiter bei den Deutschen zu verdingen.

Im Maße der weitgehenden Erfassung und politischen und wirtschaftlichen Entmachtung der außerhalb des Nordens der Kolonie nahezu rechtlos gewordenen Afrikaner — das Verbot von Land-, Großvieh- und Feuerwaffenbesitz und im Zusammenhang damit die drastische Einschränkung des Jagdrechts sowie die Aberkennung der Rechtsfähigkeit und Erklärung der Unmündigkeit in Rechtsgeschäften verwehrte ihnen jede Chance einer selbständigen Existenz — radikalisierte sich das Sozialverhalten der europäischen und deutschen Siedler, die nunmehr auch gegenüber dem Kolonialstaat ihr „politisches" Mitspracherecht zu erweitern suchten; hatte sich die „Europäisierung" der Kolonie doch zunächst — anders als im übrigen Südafrika — in politischer und juristischer Abhängigkeit von der Kolonialverwaltung vollzogen, die vor allem im „System Leutwein" die Prärogative des Kolonialstaates betonte und auf der „Häuptlingspolitik" basierte. Die Zerstörung der althergebrachten Sozial- und Rechtsstruktur der Afrikaner und die totale politische und sozialökonomische Umschichtung in Südwestafrika hatte allerdings schon Leutwein vorausgesehen, wenn er auch vorerst keine Lösung für die „Häuptlingsfrage" sah. So gehörte eine am Weltmarkt orientierte Viehzucht zu seinem wirtschaftlichen Programm, und zwar in der Form von europäischen Großfarmen (ca. 5 000 — 10 000 ha) und unter Vermeidung eines „verkafferten" Kleinbauerntums. Demgegenüber ist von seinem Nachfolger v. Lindequist und führenden Kolonialverwaltungsbeamten wie Golinelli und später Hintrager eine konsequente Siedlungspolitik befürwortet und unterstützt worden, nachdem sich die Häuptlingsfrage mit dem Herero-Nama-Krieg nicht mehr stellte.

Lindequist förderte seit 1906 den Politisierungsprozeß der Ansiedler, indem er den Berufsständen das Präsentationsrecht für den Gouvernementsrat zuerkannte, dessen Mitglieder der Gouverneur zu ernennen hatte. Parallel hierzu verlief der Kampf der Farmer um den Vorrang vor der übrigen weißen Bevölkerung. Auch in ihrer Auseinandersetzung mit der einflußreichen Rheinischen Mission, deren „gute Dienste" Reichskanzler Bülow in der Aufstandsphase angenommen hatte und die als einzige für einen teilweisen Schutz der Schwarzen vor der Willkür der Weißen eintrat (z. B. in ihrem Protest gegen das seit 1905 erlassene Mischehenverbot), manifestierte sich ihr radikales „Pulver- und Blei"-Programm sowie ihr uneingeschränkter sozialer Herrschaftsanspruch.

Die totalitären Aspekte der Menschenbehandlung in Südwestafrika finden ihren evidenten Ausdruck in dem 1907 erschienenen Buch „Kolonialwirtschaft" von Paul Rohrbach, der zeitweilig als Ansiedlungskommissar in der Kolonie tätig war. In ihm forderte der ursprüngliche Theologe nicht nur den „grundsätzliche(n) Ausschluß jedes Schreib- und Leseunterrichts, der zum Verständnis einer europäischen Schriftsprache führen könnte", sondern bezeichnete es auch als die zentrale Aufgabe der deutschen Kolonialpolitik in Südwestafrika, den Herero „nach Möglichkeit seines Volkstums und seiner nationalen Eigentümlichkeiten zu entkleiden und ihn mit den anderen Eingeborenen allmählich zu einer einzigen farbigen Arbeiterklasse zu verschmelzen".[16] In derartigen Aussagen zu einer völligen Aufhebung der nationalen Identität der Schwarzafrikaner sowie in der praktizierten Politik der „Zivilisierung" der Eingeborenen mit der Nilpferdpeitsche durch die Siedler ist die Schwelle zu „totalitärem" Denken und Verhalten ohne Zweifel überschritten. Insofern sind die Verhältnisse in der „Siedlungskolonie" Südwestafrika noch am ehesten ein Beleg für die These Hannah Arendts, daß sich bereits in der Kolonialpolitik in Afrika „Elemente und Ursprünge totaler Herrschaft" abzeichneten.[17] Dennoch ist ein alle Eingeborenen erfassendes Kontrollsystem nicht erreicht worden. Die Paßgesetze versagten schon angesichts des riesigen Gebietes mit seinen unkontrollierbaren Regionen und Grenzen, und Siedler beschäftigten Eingeborene ohne Paßmarke, um bürokratischen Formalitäten auszuweichen und eine eventuelle

Eingeborenensteuer zu sparen. Allmählich wurde den Eingeborenen
auf Antrag auch wieder die Erlaubnis zur Großviehhaltung erteilt.
In den großen städtischen Werften fand eine teilweise Wiederherstellung der alten Stammesstrukturen statt, die sich aber erst in den
20er Jahren unter südafrikanischer Herrschaft stärker ausprägte.
Auch die Missionskirchen bildeten einen sozialen Rahmen, der den
Schwarzen gewisse Möglichkeiten gesellschaftlicher Reorganisation
bot. So gesehen besaßen die Kolonialherren weder einen unbe-
grenzten Handlungsspielraum noch konnten sie ungehindert ihre
Vorstellungen verwirklichen.

Andererseits fanden aber auch die im Reich während der „Ära
Dernburg" entwickelten Vorstellungen einer zugleich rationalen
und humaneren Eingeborenenpolitik in Südwestafrika keinen
Widerhall. Die von den Siedlern radikal und kompromißlos geforderte Politik der endgültigen Sicherung der deutschen Herrschaft,
die infolge der Erfahrungen des Herero-Nama-Aufstandes geradezu traumatische Züge annahm, behinderte selbst die Versuche
eines vorsichtigen Reformkurses von seiten des Gouvernements
nach 1910. Diese ersten Ansätze einer staatlichen Fürsorgepolitik
standen freilich in engem Zusammenhang mit der Problematik des
Arbeitermangels. Denn obgleich die männliche afrikanische Bevölkerung bereits zu 90% im Dienst der Europäer stand (gut 20 000
der registrierten 22 300 Männer bei einer von der Verwaltung
geschätzten Gesamtbevölkerung von 65 000 Afrikanern außerhalb
des Ambolandes), herrschte weiterhin ein dringender Bedarf an
Arbeitskräften, dem auch die Ovamboarbeiter (hauptsächlich in
den Kupferminen von Tsumeb und auf den Diamantfeldern bei
Lüderitzbucht beschäftigt) und die für den Eisenbahnbau geworbe-
nen südafrikanischen Arbeiter („Kapboys") nicht abzuhelfen vermochten. Überdies führte die Verwaltung die Stagnation der Ge-
burtenrate und die hohe Kindersterblichkeit auf die harte Fron-
arbeit auch der Frauen und Kinder im Dienste der Weißen zurück.

Diese Stagnation der Bevölkerungszahl, die den Arbeitermangel
verschärfte und damit den wirtschaftlichen Bestand der Kolonie
gefährdete, war mithin die primäre Ursache kolonialstaatlicher
Fürsorgemaßnahmen. Sie bestanden in einer Kontrolle der Kolonialverwaltung über das Anwerbeverfahren und in Vorschriften
zur ärztlichen und sanitären Betreuung der schwarzen Lohnarbeiter. In der Praxis resultierte aus diesen Bestimmungen des kolonialen „Fürsorgestaates", finanziert u. a. durch die seit 1910 einsetzende teilweise Eingeborenenbesteuerung, jedoch kaum ein effekti-

ver Arbeiterschutz. Das verhinderten schon die Siedler, deren Bestrebungen sich einzig auf die Ausbeutung der schwarzen Arbeitskraft richteten.

Trotz dieses „billigen" Arbeiterreservoirs entwickelten sich die
Farmbetriebe jedoch nicht immer notwendigerweise zu ertrag-
reichen Wirtschaftseinheiten. Während einzelne Farmen wegen der
Schuldenlast aufgegeben werden mußten oder den Besitzer wech-
selten, prosperierten andere, insbesondere, wenn sie in günstiger
Gegend eine rationelle extensive Viehwirtschaft aufnehmen oder
sich auf die 1907 eingeführte, später bedeutsame Zucht von Kara-
kulschafen (Persianerfelle) oder Straußen bzw. den Wein- oder
Obstbau spezialisieren konnten. Dagegen nahm der Abbau von
Erzen und Mineralien, neben der Viehzucht zu den wichtigsten
Wirtschaftszweigen des Landes gehörend, erst nach der deutschen
Kolonialzeit einen größeren Umfang an. Bis zur Erschließung
neuer Kupferlager 1907 und der Entdeckung von Diamanten 1908
war keine der acht Konzessionsgesellschaften (hinter denen hauptsächlich englisches, kaum deutsches Kapital stand) in der Lage,
Dividende auszuschütten. Danach zeichneten sich jedoch für einzelne Konzessionsgesellschaften wie die DKGSWA z. T. beträchtliche Gewinne ab (1910 64% Dividende). Von 1908—1913
wurden in Südwestafrika 4,9 Millionen Karat Diamanten im Wert
von rund 52 Millionen Mark gefördert. Die nach dem 1906 beendeten Bau der Otavibahn mögliche Förderung von Kupfer (Ota-
viminen von Tsumeb) wurde bis 1913 auf 70 000 t gesteigert, was
z. B. für 1913 einem Verkaufswert von 7 929 000 Mark entsprach.
Von der Ausfuhr Südwestafrikas — Diamanten, Kupfer, Vieh,
Häute, Felle, Wolle, Mohair, Straußenfedern —, die 1913 wertmäßig 70 302 830 Mark betrug, fiel der Hauptanteil auf Diamanten und Kupfer (66 839 000 Mark).[18] In den Jahren 1909 bis
1913 machte das Diamantengeschäft, an dem der Kolonialstaat
durch Ausfuhrzoll und Besteuerung beteiligt war, zwei Drittel
aller Schutzgebietseinnahmen aus.

Für den Handel der Metropole war Südwestafrika im Vergleich zu
den anderen Kolonien die bedeutsamste Kolonie (zwischen ²/₃
und ³/₄ des Exports bzw. Imports), obwohl sie längst nicht die
Erwartungen der Kolonialinvestoren erfüllte. Für das Reich war
und blieb die Kolonie dagegen, nicht zuletzt aufgrund der hohen
Militär- und Verwaltungskosten und der relativ früh in Angriff
genommenen Eisenbahninvestitionen — von allen Kolonien das
weitreichendste Eisenbahnnetz — ein reines Verlustgeschäft. Bei-

spielsweise standen im Kolonialhaushalt für Südwestafrika von 1910 den Ausgaben von 32 Mill. Mark nur Einnahmen aus Zöllen und Steuern von 13,6 Mill. Mark gegenüber. Die ohnedies begrenzte Aufnahmefähigkeit für weiße Siedler zeichnete sich bereits vor dem Verlust der Kolonie ab (seit 1909), wenn auch mehr als die Hälfte der Kolonialdeutschen in Südwestafrika lebte. Im 1. Weltkrieg schließlich mußte sich die kleine Schutztruppe von ca. 5 000 Aktiven und Reservisten bereits am 9. Juli 1915 „bei km 500 der Otavibahn" den überlegenen südafrikanischen Unionstruppen unter General Louis Botha (ca. 60 000 Mann) ergeben, nachdem die erträumte Vereinigung mit den Buren gegen die Engländer („Spaziergang nach Kapstadt") sich schnell als Illusion herausstellte.

2. Togo

In Togo hatten Händler und Missionare ebenfalls lange vor der deutschen Schutzerklärung den Boden für europäische Wertvorstellungen und das Vordringen einer weißen Herrschaft bereitet, wenn auch die Entwicklung in diesem „Schutzgebiet" geradezu konträr zu der Etablierung einer weißen Siedlungskolonie in Südwestafrika verlief. 1847 begann die zunächst in Hamburg, dann in Bremen beheimatete Norddeutsche Mission ihre westafrikanische Tätigkeit unter den Ewe an der Goldküste und in West-Togo, hatte indes immer wieder schwere Rückschläge durch das tropische Klima hinzunehmen. Sie bereitete dem Bremer Handel den Weg, indem sie „die scheuen Bewohner der Sklavenküste zutraulich gemacht und (...) vor allem den Kaufleuten das eingeborene Personal gestellt und ausgebildet" hatte, wie es ihr späterer Missionsinspektor Martin Schlunk 1912 formulierte.[1] Die jahrzehntelange Erfahrung der Bremer Missionare im Ewe-Gebiet war nach der Kolonialnahme eine wertvolle Hilfe für die neuen Kolonialherren. Diedrich Westermanns Vollendung des J. B. Schlegelschen „Schlüssels zur Ewesprache" (1857) und seine Grammatik von 1907, ebenso wie die Forschungen des Missionars Jakob Spieth zur Ewe-Kultur, boten nicht nur Sprach- und Orientierungshilfen für Mission und Kolonialverwaltung, sondern stellten auch den Beginn einer Schriftlichkeit der Eingeborenenkultur in diesem Gebiet dar und trugen zu den Voraussetzungen der Entwicklung eines nationalen Bewußtseins der Ewe bei. Der bedeutenden Rolle der Missionen — die Katholiken kamen 1892 hinzu — war es ebenfalls zu verdan-

ken, daß in Togo (ausschließlich der Nordbezirke) ein verhältnismäßig hoher kolonialer Bildungsstand durch die 342 Missionsschulen erreicht wurde und praktische Fertigkeiten bei den Einheimischen grundgelegt wurden. Togo lag 1914 mit einer Scholarisationsquote von 1,4% im modernen Schulwesen in Westafrika an
der Spitze. Als die deutsche Schutzherrschaft in Togo proklamiert
wurde, existierte im Missionsgebiet bereits eine nennenswerte
Gruppe von Alphabeten und Absolventen der Mittelschule.
Engste Verbindung hatte die Norddeutsche Mission zur Bremer
Kaufmannsfamilie Vietor, die 1857 den Togohandel eröffnet
hatte. Auch der bekannteste der Vietors, J. K. Vietor, entstammte
diesem Unternehmen. Er lebte von 1884—1896 selbst in Togo,
beteiligte sich niemals am lukrativen Alkoholhandel und beschäftigte als „christlicher Kaufmann" in seinen Faktoreien nur freiwil-
lige und verhältnismäßig gut bezahlte Arbeiter (daher in Westafrika als „fromme Firma" bekannt). Innerhalb der Kolonialwirt-
schaftsinteressen repräsentierte er sowohl im Kolonialrat als auch
in der Kolonialpresse und im 1902 in Hamburg gegründeten „Verein Westafrikanischer Kaufleute" gegenüber den Vertretern der
radikal-rassistischen „Plantagen- und Konzessionspolitik" den —
schwächeren — Flügel einer aufgeklärten „Eingeborenen(schutz)-
politik". Er beabsichtigte sogar, eine eigene politische Partei zu
gründen, die die humanitären Gesichtspunkte in den Kolonien zu
einem zentralen Programmpunkt machen sollte.
Togos Attraktivität für die Händler beruhte auf dem Umstand,
daß es die „Oase des Freihandels" zwischen dem monarchisch-auto-
ritär regierten Dahomey und der englischen Goldküste war. Als
Kolonie war das Gebiet von vornherein als Handelsgebiet angelegt: Rohprodukte der traditionellen afrikanischen Sammel- und
Agrarwirtschaft, vor allem Palmenprodukte, wurden von Trägern
an die Küste gebracht und gegen europäische Waren umgeschlagen.
Die Händler zogen es vor, im Küstengebiet zu bleiben, selbst
nachdem große Landstriche Mitteltogos annektiert worden waren.
Die Berliner Politik betrachtete Togo in den ersten zehn Jahren
vor allem als Durchgangsgebiet zum Niger-Becken. Auch das
Klima erlaubte keine „Besiedlung" der Kolonie; es haben sich nie
mehr als dreihundertfünfzig Weiße in diesem deutschen Schutzgebiet aufgehalten.
Daß die Togolesen, vornehmlich die im Süden vorherrschende Ethnie der Ewe, lange vor 1884 missionarischen Einflüssen und den
Kontakten mit europäischen Händlern unterlagen, mag ihre Hal-

tung mitbeeinflußt haben, dem kolonialherrschaftlichen Vordringen der Deutschen nicht in einem solchen Umfang, wie es in den anderen Kolonien geschah, mit Gewalt zu begegnen. Die Pazifikation im Küstenbereich geschah durch Verträge mit den Oberhäuptlingen, die diesen Jahresrenten sicherten und ihnen weitgehende Machtbefugnisse beließen. Zur „Erfüllung ihrer Pflichten" gehörten die Förderung des Handels, die Schlichtung von Rechtsfällen, der Wegebau und die Aufrechterhaltung der öffentlichen Ordnung. Der „Erschließung" des Hinterlandes mit dem Ziel der Erreichung des Niger dienten sogenannte Togo-Hinterland-Expeditionen, die durch Stationsgründungen den deutschen Einflußbereich weiter ausdehnten. Nach einer Vielzahl von Grenzstreitigkeiten, Verzichtserklärungen, Abkommen und Verträgen mit England (im Westen) und Frankreich (im Osten) mußten in abschließenden Kolonialgrenzverträgen mit den Franzosen (1897) und den Engländern (1899, 1901/02) freilich die Wunschträume eines deutschen Kolonialreichs am Niger ebenso aufgegeben werden wie die Hoffnungen auf das wichtige Handelszentrum Salaga und das Volta-Dreieck, d. h. die Küstenstrecke bis zur Voltamündung. So blieb ein schmaler Küstenstrich von etwa 50 km Breite mit einem 550 km langen Hinterlandstreifen. Dieses Gebiet umfaßte 87 200 km² mit einer Bevölkerung von nahezu 1 Mill. Menschen.

Brachte die Festsetzung der Deutschen an der Küste keine größeren Schwierigkeiten mit sich, so erwies sich die Pazifikation im Norden bei den muselmanischen Dagomba und Tyokossi-Häuptlingen und bei den paleonigritischen Völkern (Konkomba, Kabre) als erheblich schwieriger. Die Tyokossi unterwarfen sich schließlich und leisteten fortan unter ihrem König Adjanda den Deutschen ebenso Gefolgschaft wie der muselmanisch-cotokolische Souverän von Tschaudjo, nachdem die Dagomba bereits am 4. 12. 1896 in einem größeren Gefecht (100 Soldaten und 200 Träger gegen 7 000 Dagomba-Krieger) besiegt worden waren. 1897/98 wurden die Konkomba befriedet. Von 25 zwischen 1897 und 1900 durchgeführten Polizeiaktionen bezogen sich 8 auf die Kabre, fünf auf die Noba, Gurma und Natchaba, drei auf die Bassari, Dagomba und auf die Gemeinschaften des Dorfes Tschaudjo. Im Norden der Kolonie bevorzugte die deutsche Kolonialherrschaft daraufhin die weniger aufwendige Form der indirect rule. Bis zum Ende der deutschen Kolonialherrschaft durften diese Nordbezirke von Deutschen, die nicht der Kolonialverwaltung angehörten, nur mit besonderer Genehmigung betreten werden.

Nach diesem primären Widerstand in den ersten fünfzehn Jahren der deutschen Kolonialherrschaft erlebte Togo jedoch eine wesentlich ruhigere Entwicklung als die anderen deutschen Kolonien. Das Schutzgebiet erfuhr keine den Aufständen in SW-Afrika und Deutsch-Ostafrika vergleichbaren Erhebungen, und auch von ständigen Unruhen, wie in Kamerun, blieb es weitgehend verschont. Togos Ruf als „Musterkolonie" entstand allerdings weniger aus dieser relativen Ruhe oder gar einer milderen Eingeborenenbehandlung — obwohl nur wenige Fälle brutaler Eingeborenenmißhandlung bekannt geworden sind, wie beispielsweise jener Tod eines Unterhäuptlings, der 1902 unter Gouverneur Horn an den Folgen einer Auspeitschung starb[2] —, als vielmehr aufgrund des ausbalancierten Etats der Kolonie. Togo war als einzige Kolonie unabhängig von Reichszuschüssen, wenn auch bis 1899 Unterstützungen aus dem wissenschaftlichen Zwecken dienenden Afrikafonds hinzukamen. Haupteinnahmen waren und blieben die Zölle bei verhältnismäßig geringen Ausgaben für Verwaltung, Pensionen und Militäraktionen. Obgleich 1904 der moderate Importtarif von 4% auf 10% angehoben wurde und die Zölle auch künftig weiterstiegen, gingen die Zolleinnahmen (1902 z. B. 91%) doch bis 1914 ständig zurück (knapp über 50%). Wenn Gouverneur und Kolonialverwaltung dennoch 1913 voll Stolz auf Einnahmen von 4 057 136 Mark verweisen konnten, während auf der Ausgabenseite nur 3 593 636 Mark standen, so hing dies damit zusammen, daß man neue Einnahmequellen hatte erschließen können. Hierzu gehörten vor allem direkte Steuern: seit 1907 eine allgemeine Kopfsteuer von 12 Tagen Arbeit im Jahr respektive 6 Mark in bar sowie ein nach oben gestaffelter Einkommenstarif bei Verdiensten über 400 Mark bzw. 600 Mark ab 1914. Die Einnahmen aus diesen direkten Steuern stiegen von 57 000 Mark (1907) bis auf 853 000 Mark (1912) an. Die Steuerkarten wurden von den Häuptlingen überwacht, die dafür mit 4% an den Steuereinnahmen beteiligt waren. Aus den Gerichtsgebühren und Polizeistrafen kamen zusätzliche Einnahmen (z. B. 1913 44 450 Mark), was immerhin ein Indiz für die rigide Handhabung der Rechtsordnung und der Verwaltungsvorschriften sein dürfte.[3]
Weitere Einnahmen stammten, neben verzinsten Rücklagen aus früheren Jahren, aus den jährlichen Taxen der Export- und Importfirmen, die seit 1899 800 Mark für die Hauptniederlassung und 400 Mark für jede Zweigniederlassung betrugen (zeitweilig auf 1 000 bzw. 500 Mark angehoben). Togo besaß auch einen Ex-

porttarif, der jedoch hauptsächlich regulative Funktion hatte, um wichtige Nahrungsmittel wie Vieh und Korn im Land zu behalten. Für den Norden ersetzte ein Karawanenzoll an der Grenze zum Süden den Zolltarif.

Einen bedeutenden Posten stellten ferner die Einnahmen aus den Eisenbahnen und einer 1914 fertiggestellten Landungsbrücke in Lome dar. 1905 wurde die kurze Linie Lome-Anecho an der Küste („Kokosnuß-Linie") eröffnet, 1907 die 119 km lange Linie Lome-Palime („Kaffee- und Kakao-Linie") und 1911 die 167 km lange Linie Lome-Atakpame („Baumwoll-Linie"), die Togos Hauptbaumwollanbaugebiet mit der Küste verband. Die für 6 Monate angeworbenen Kontraktarbeiter erhielten bei einem 9 Stunden-Tag 75 Pfg. Lohn abzüglich 25 Pfg. für die Verpflegung (etwa der Stundenverdienst eines deutschen Arbeiters). Obgleich bei der Hinterlandbahn nach Atakpame ein Arbeitskommissar und ein Arzt für die nahezu 2 000 Arbeiter eingesetzt worden waren, lag die Sterblichkeitsrate enorm hoch (336 Arbeiter). Als diese Zahlen bekannt wurden, flohen viele potentielle Arbeiter zur Goldküste. Auch der Lohn von 75 Pfg. war niedriger als in Dahomey und an der Goldküste, abgesehen davon, daß die Plantagengesellschaften in der Regel noch weniger zahlten.

Daß der Import, vor allem zwischen 1901 und 1910, den Export überstieg, hing in erster Linie mit den großen Investitionen dieser kleinen Kolonie zusammen. Mit seinem sparsamen 4 Mill. Mark-Budget war Togo überdies in der Lage, 7% für Hospitäler etc. und Schulen zu investieren. (Die heutige Infrastruktur Togos, einschließlich der ausgebauten und z. T. mit Fahrradwegen versehenen Straßen — 1911 1 215 km —, stammt weitgehend aus deutscher Zeit.) Die jährlichen Schwankungen der Einnahmen resultierten dagegen hauptsächlich aus den sporadisch angehobenen Steuern für Branntwein, denen die Händler dadurch zuvorzukommen suchten, daß sie größere Mengen vor dem Inkrafttreten des höheren Tarifs importierten.

1904 erreichte die Branntweineinfuhr mit 16 229 hl ihren höchsten Wert, was über 25% des Gesamtimports in die Kolonie entsprach. Danach sank sie zwar aufgrund gestiegener Zolltarife, machte auch prozentual nur noch zwischen 6 und 8% des Gesamtimports aus, stieg jedoch mengenmäßig nach einem Rückgang 1905 auf 4 398 hl bis 1911 erneut auf 12 346 hl an. Ähnliche Verhältnisse herrschten in Kamerun (1894 mit 16 813 hl Höchstwert). „Das ganze Leben hier ist gewissermaßen von Branntwein durchtränkt", schrieb 1889 ein Basler Missionar aus Kamerun.[4] In einer Reihe von Eingaben wandten sich die beiden in den westafrikanischen Kolonien tätigen Missionsgesellschaften, die Norddeutsche und die Basler Mission, an die Reichsregierung (1885, 1896/97, 1908) und richteten Petitionen an den Reichstag. Vor allem trat der Bremer Missionsinspektor F. M. Zahn als engagierter Publizist und Agitationsredner hervor, und seine Auseinandersetzung mit Adolph Woermann, dem Hauptvertreter der Branntweinexporteure und Präsidenten des Westafrika-Syndikats, entwickelte sich zu einem hitzigen publizistischen Streit vor einer breiteren Öffentlichkeit. Mit seinem Material versorgte Zahn auch den konservativen Abgeordneten Adolf Stoecker, der am 14. Mai 1889 im Reichstag die Branntweinfrage mit dem Opiumhandel und der Sklavereifrage verglich und den — fast einstimmig angenommenen — Antrag einbrachte, dem Handel mit Spirituosen in den deutschen Kolonien durch Verbot oder Einschränkungen wirksam zu begegnen.

Einen Bundesgenossen fanden die beiden protestantischen Missionen in dem kleinen Kreis der nicht am Branntweinexport partizipierenden Afrika-Händler, an ihrer Spitze J. K. Vietor. Diese Gruppe war sowohl christlich als auch interessenpolitisch motiviert: In der Akkulturation der afrikanischen Bevölkerung an ein „bürgerliches" Leben sahen ihre Vertreter die besten Chancen für das Heranwachsen kaufkräftiger Kunden. Der Alkohol zerstörte dagegen nach ihrer Auffassung die Grundlage eines auf gegenseitigen Austausch gerichteten Handels. Die Koalition von Mission und liberalem Handel erwies sich jedoch als nicht stark genug in der Auseinandersetzung mit dem „Spirituskartell". Woermann war nicht bereit, „aus Liebe zu den Negern, die doch noch nicht so lange unsere Brüder sind, einen großen Geschäftszweig (zu) unterbinden".[5] Er verteidigte, nicht ohne die sozialimperialistische Variante zu vergessen, den Alkoholexport als ökonomischen und politischen Wegbereiter für den gesamten deutschen Handel in West-Afrika.

Immerhin erreichten die Vorstellungen der Missionare und der Togohändler, daß die übliche Austeilung von Branntwein als Teil der Löhnung an die Regierungsarbeiter eingestellt wurde (1896). 1909 verbot Gouverneur Zech die Einfuhr von Alkohol in die Nordbezirke Togos, wahrscheinlich aber wohl eher im Interesse der reibungslosen Erschließung dieser weitgehend islamisierten Gebiete. Seit dem gleichen Zeitpunkt bedurfte der gewerbsmäßige Handel und Ausschank in der gesamten Kolonie einer behördlichen Genehmigung. Als wirkungslos erwies sich dagegen die Regulation durch die Zollpolitik, auf die die Mission gesetzt hatte. Zwar anerkannte die Kolonialregierung im Hinblick auf eine wirtschaftlich gesunde Entwicklung immer mehr die Berechtigung des Missionsstandpunktes. Aber der Blick auf die Nachbarkolonien verhinderte jede wirksame Erhöhung des Zolls, und selbst die mäßigen Anhebungen der Zollsätze (1905 von 48 Pfg. auf 64 Pfg., schließlich auf 80 Pfg.) hatten jeweils nur für eine kurze Zeit eine verminderte Einfuhr zur Folge, weil die subventionistischen Exportprämien für den Spiritus sofort wieder die beabsichtigte Wirkung der Zollmaßnahmen paralysierten.

Die gleiche Zweckkoalition aus Missions- und Handelsinteressen ergab sich in der Landfrage, die das zentrale Problem der deutschen Kolonialpolitik in Togo darstellte. 1896/97 setzte die „mise en valeur" der Kolonie ein. Graf Hugo Sholto Douglas, Bergwerksbesitzer, internationaler Finanzier und Freund des Kaisers, erwarb durch seinen Vertreter in Togo, Friedrich Hupfeld, für billiges Geld 40 000 ha fruchtbares und dichtbesiedeltes Land im Bezirk Misahöhe. 1902 ging es in den Besitz der von Hupfeld gegründeten „Deutschen Togo-Gesellschaft" über, der größten Kolonial(kapital)gesellschaft in Togo, nachdem sich Douglas zuvor mit Julius Scharlach, Adolph Woermann u. a. an der Bildung der „Gesellschaft Süd-Kamerun" mit einer Gesamteinlage von 3 Mill. Mark beteiligt hatte. Obgleich Gouverneur Köhler (1895—1902) die Fragwürdigkeit der von Hupfeld vorgelegten Verträge erkannte und zehn der achtzehn als rechtsungültig zurückwies, anerkannte das Auswärtige Amt doch alle Abschlüsse.

Die Inwertsetzung der Kolonie führte notwendigerweise zu einer Verschärfung der Eingeborenenpolitik und zur Abwanderung von Teilen der Bevölkerung in die benachbarten englischen Gebiete. Im April 1901 wandten sich beispielsweise die Ho-Leute in einer längeren Petition an die Bezirksverwaltung in Misahöhe und beschwerten sich darüber, daß die Regierung ihre Versprechungen eines milden und gerechten Regiments nicht erfüllte. Anlaß war die Aufforderung der Verwaltung an die Schwarzen, Wege anzulegen und im Jahre 12 Tage Steuerarbeit zu leisten oder 6 Mark an die Regierungskasse zu zahlen. Um dieses Geld zu verdienen, mußten sich die Eingeborenen auf den Plantagen der Pflanzungsgesellschaften verdingen. Zur gleichen Zeit wurden auf Anforderung der

Pflanzer Arbeiter für die europäischen Plantagen von den Bezirksämtern „gestellt". Eingriffe der Verwaltung in die Agrarmethoden
der Eingeborenen kamen hinzu.

Mitbedingt durch konkurrierende Ansprüche auf ein Stück Land
im Dorf Nyongbo, aber auch aus der Erkenntnis, daß die Anforde-
rungen der Verwaltung und die Arbeiterrekrutierung die Subsi-
stenzwirtschaft der Eingeborenen gefährdeten und ein an religiöser
Unterweisung desinteressiertes Arbeiterproletariat schufen, be-
schloß die Bremer Mission, die Geschäftspraktiken der Kapitalgesellschaften, die den eingeborenen Bauern die Existenzgrundlage
entzogen, an die Öffentlichkeit zu bringen. Die Vertretung nach
außen übernahm der maßgebliche Gönner der Mission, J. K. Vietor, der im Namen der kleineren Togoer Handelsfirmen gegen die
monopolistischen Landansprüche der Togo-Gesellschaft protestierte
(22. 12. 1902, 11. 2. 1903). Dem Vorgehen schloß sich die „Kommission für die Bodenfrage" der Deutschen Kolonialgesellschaft an,
so daß sich eine Zweckkoalition aus liberalen Handelskreisen, einer
ihnen nahestehenden Mission und mittelständisch-konservativ-na-
tionalistischen Gruppen gegen die großkapitalistischen Gesellschaften ergab. Der Streit drehte sich letztlich um die Frage, ob Volks-
kulturen — als gesunde Basis für Handel und Mission — oder
Plantagenkulturen als Grundlage der kolonialen Entwicklung dienen sollten. Während Handel und Mission für die „Stärkung und
Hebung eines freien Bauernstandes" plädierten, um die wirtschaftliche Selbständigkeit der Eingeborenen zu gewährleisten, führte
das Hupfeldsche Konzept zu einem europäischen Plantagensystem
mit einem eingeborenen Arbeiterproletariat.

Die Folge der Offenlegung der riesigen Spekulationsgewinne der
deutschen Togo-Gesellschaft aus dem Verkauf von Land im Bereich
der geplanten Bahnlinie von Lome nach Palime, für die der Reichstag die Mittel zu bewilligen hatte, war die Einsetzung einer Landkommission. Sie deckte rechtswidrige Praktiken beim Zustande-
kommen der Verträge auf: Den Eingeborenen hatte man vorge-
täuscht, sie verhandelten mit der Regierung; man hatte sie in Un-
kenntnis über das wahre Ausmaß der Verträge gelassen; und die
Tauschartikel, zumeist Schnaps, entsprachen nicht annähernd dem
Wert des Landes. Das Ergebnis dieser Untersuchung war, daß im
September 1910 der Landbesitz der Togo-Gesellschaft auf
17 663 ha reduziert wurde. Diese Maßnahme bedeutete nicht nur
eine schwere Niederlage für die Gesellschaft, sondern trug dazu

bei, daß in Togo die einheimische Kleinproduktion nicht von der
Plantagenkultur erdrückt und die überkommene Sozialstruktur
nicht zerstört wurde.[6]
Die Landreform von 1910, die weitgehend die Erbpacht an die
Stelle des Kaufs von Boden setzte und die Besitzrechte der Togolesen sicherte — Land konnte nicht mehr ohne weiteres als „herren-
los" erklärt werden, insbesondere wenn ein Togolese, assistiert
von einem „Eingeborenenvogt", Besitzrechte nachzuweisen vermochte —, war zum größten Teil das Werk eines der fähigsten
Kolonialbeamten der deutschen Kolonialzeit, des katholischen
bayerischen Grafen Julius v. Zech (stellv. Gouverneur 1903—1905,
Gouverneur 1905—1910).[7] Er verhinderte nicht nur, daß Togo
ein Konzessionsgebiet der deutschen Togo-Gesellschaft wurde,
sondern er beharrte auch darauf, daß die togolesischen Bauern
unterschiedliche Kulturen anbauten. Mit dieser weitsichtigen Politik der Diversifikation bewahrte er die Togolesen davor, von zu-
fälligen Schwankungen des Weltmarktes abhängig zu werden.
Außerdem förderte Zech die Bildung der Eingeborenen und ihre
technischen Fähigkeiten (via Mission) und initiierte Entwicklungsprogramme im agrarischen, forst- und landwirtschaftlichen Bereich
(Kleintierfarmen). Schließlich suchte der pragmatisch-aufgeklärte
Gouverneur die indigenen Rechtsbeziehungen in der Kolonie zu
kodifizieren und ein Eingeborenenrecht vorzubereiten. Gleichzeitig
war diese Maßnahme als ein Versuch gedacht, deutsches Zivil- und
Strafrecht mit dem Gewohnheitsrecht der Eingeborenen zu verbinden. Für die Hauptstadt (seit 1897) Lome schuf er eine Stadtver-
waltung, die die Händler, Pflanzer und schwarzen Eliten (Afro-
Brasilianer v. a.) in die Verantwortung für die Stadt miteinschloß.
Diese Liberalisierung der Herrschaft setzten seine Nachfolger
Brückner und der Herzog von Mecklenburg (seit Juni 1912) jedoch
nicht fort. Als Staatssekretär Solf im Oktober 1913 die Kolonie
visitierte, suchten ihm die Führer der Schwarzen eine Beschwerde-
liste vorzulegen, die folgende sieben Punkte enthielt: Reorganisation des Rechtssystems, um im Falle von Rechtsstreitigkeiten zwischen Schwarzen und Weißen Rechtsgleichheit für die schwarzen
Kläger zu gewährleisten; ein Ende der Ankettung und der — exzessiven — Prügelstrafen; Verbesserung der Gefangenenbehand-
lung; Zugang schwarzer Vertreter zum Gouvernementsrat; ein
Gesetzeskodex für die Togolesen; Reduktion der jährlichen Kopfsteuer von 12 auf 6 Mark; freier Handel ohne Behinderung durch
Abgaben.[8]

Wenn diese Gravamina auch keine unmittelbaren Folgen nach sich
zogen — es ist ungewiß, ob Solf die Denkschrift überhaupt erhalten hat —, so blieb doch immerhin gewährleistet, daß trotz des
Vorhandenseins großer Kapitalgesellschaften in Togo diese nicht
wie in Kamerun in der Lage waren, das wirtschaftliche Leben der
Kolonie zu dominieren. Der Besitz bzw. die Pachtung von Land
durch die Konzessions- und Plantagengesellschaften machte etwa
28 500 ha aus, von denen 1910 nur 1 830 ha mit 620 ständigen
farbigen Arbeitern und 8 Europäern tatsächlich bewirtschaftet
wurden. Die von der Gesellschaft bezahlten Dividenden waren nie
übermäßig hoch (zwischen 2,5 und 7,5%) und setzten erst relativ
spät ein. Die Exportzahlen gingen vor dem Krieg sogar teilweise
zurück.
Hauptausfuhrprodukte Togos blieben Palmöl und Palmkerne
(1911 75,7%), aber auch in diesem Fall war der Zuwachs nicht
dramatisch, was z. T. mit den Verarbeitungsmethoden zusammenhing.[9] Von 1891 bis 1910 stieg beispielsweise der Palmöl-Export
von 3 500 t (Wert 1 183 000 Mark) auf 3 800 t und der Palmkern-
Export von 7 641 t (Wert 1 531 000 Mark) auf 8 200 t. Auch die
hochgespannten Erwartungen, die man, um von der marktbeherr-
schenden amerikanischen Baumwolle unabhängig zu werden, an
teure Investitionen für den Baumwoll-Anbau knüpfte (unter Ein-
schaltung von Mitarbeitern des von Booker T. Washington begründeten Tuskegee Institute), erfüllten sich nicht. Im Vergleich zur
Baumwollproduktion Deutsch-Ostafrikas blieben Togos Anstrengungen weit zurück. (1910 kamen erst insgesamt 14% des gesamten Baumwoll-Exports aus deutschen Kolonien.) Die togolesische
Baumwolle war außerdem auf dem internationalen Markt nur sehr
bedingt wettbewerbsfähig.
Ebenfalls war die Kautschuk-Produktion auf europäischen Plantagen kein wichtiger Faktor für den Export. Diesen Sektor beherrschten nicht nur die Afro-Brasilianer (d'Almeida, Ajavon, Creppy)
und die eingeborenen Sammler, auch der Preisverfall auf dem
Weltmarkt seit 1905 trug wenig zur Tätigung risikoreicher Investitionen bei. Der schon eher lukrative Kakao-Anbau, von togolesischen Wanderarbeitern aus der Goldküste nach Togo gebracht,
befand sich überwiegend (im Bezirk Misahöhe z. B. zu 86%) in
togolesischer Hand. Ebenso wie Palmprodukte, Baumwolle und
Kautschuk hauptsächlich aus indigener Produktion stammten, verhielt es sich mit Getreide, Kaffee und Kokosnüssen. Die Togolesen
nutzten etwa den Eisenbahnbau, um Getreide entlang der Strecke

anzubauen und an die Arbeiter zu verkaufen. Hinsichtlich der
Anpassung an den Weltmarkt lernten sie schnell. Als 1909 die Ge-
treidepreise unter 102 Mark pro Tonne fielen, weigerten sie sich,
zu diesem niedrigen Preis zu verkaufen; sie hielten die Produkte
zurück oder Marktfrauen und Zwischenhändler wichen nach Dahomey aus, was sich zwischen 1908 und 1911 in einem Exportverlust
von 2 Mill. Mark niederschlug. 1913 mußte Getreide sogar eingeführt werden, weil sich die Togolesen dem Anbau einträglicherer
Palm-Produkte zugewandt hatten. Auch der Niedergang des Welt-
preises für Kaffee in den 1890er Jahren schränkte einen weiteren
Ausbau der Produktion ein, während die Togolesen schon 1899
über das Doppelte an Kaffeebäumen gegenüber den deutschen
Kaffeepflanzungen besaßen. Die Kopra-Pflanzungen der Afro-
Brasilianer, vor allem die Octaviano Olympios (der Onkel des
späteren ersten Präsidenten der Republik Togo), übertrafen mit
ihrer Produktion die Deutschen um das Dreifache.
Insgesamt erwiesen sich die einheimischen Produzenten als durchaus ebenbürtig im Vergleich mit ihren weißen Konkurrenten. Ein-
sichtige europäische Händler wie J. K. Vietor, die die deutschen
Chancen für eine intensive Entwicklung der Kolonie primär in der
Förderung einheimischer Kulturen sahen, haben immer wieder
bedauert, daß die Kolonialregierung nicht mit billigen Krediten
für die Schwarzen deren Eigenproduktion und Initiative stärker
förderte. Trotz dieser Hemmnisse hat die Kolonialregierung, nicht
zuletzt aufgrund der enttäuschenden Erfahrungen mit der weißen
Plantagenkultur, doch mehr und mehr eine eingeborene cash crop-
Produktion, von der zu Beginn der deutschen Kolonialära nur
bedingt die Rede sein konnte, gefördert. Die Eingeborenenwirt-
schaft blieb (auch künftig) ein Eckpfeiler der Wirtschaftsstruktur
Togos.
Hinsichtlich ihres wirtschaftlichen Werts für das Reich blieb Togo
an zweitletzter Stelle — vor Neuguinea. Togo trug nur mit 7,8%
des gesamten Kolonialhandels und mit 8,9% des afrikanischen
Handels zum Kolonialimport des Mutterlandes bei. Dennoch war
die Kolonie — fiskalisch betrachtet — kein „Verlustgeschäft". In
gewisser Weise hat sie — als einzige — dem „merkantilistischen"
Prinzip Bismarcks Rechnung getragen. Die Konzessionsgesellschaften haben aufs ganze gesehen die Entwicklung der Kolonie nicht
hemmen können. Zechs aufgeklärt-fortschrittliche Landreformpoli-
tik verhinderte vielmehr nicht nur eine Entwicklung, wie sie sich
unter v. Puttkamer in Kamerun abzeichnete, sondern wohl auch

gewaltsame Eruptionen, wie sie in Südwestafrika und in Deutsch-
Ostafrika vorkamen. Immerhin kam die Kolonie mit einer Polizeitruppe von 560 Mann aus. Auch in der internen Verwaltung waren
relativ viele Togolesen beschäftigt. Während im Norden indirekte
Herrschaftsformen die indigenen Herrschaftsstrukturen ohnedies
nur äußerst geringfügig veränderten — und damit freilich auch
jeden sozialen Wandel ausschlossen —, verstanden es die Togolesen
im Süden, den zwangsläufigen sozialen, politischen und ökonomischen Wandel zumindest teilweise zu ihrem Vorteil zu nutzen.
Die deutsche Kolonialherrschaft in Togo, die bereits am 25. August
1914 ohne größeren Widerstand mit der Kapitulation der Polizeitruppe endete, während sich Engländer und Franzosen über die
Teilung der Kolonie in einem Geheimvertrag (1916) einigten, hat
jedenfalls keine nachwirkenden Ressentiments auf seiten der Togolesen hinterlassen — im Gegenteil.

3. Kamerun

Ebenso wie in Togo blieb in Kamerun die deutsche Schutzherrschaft im ersten Jahrzehnt überwiegend auf das Küstengebiet begrenzt. Ihren Weisungen entsprechend, beschränkten sich die Gouverneure v. Soden (1885—1891) und v. Zimmerer (1891—1895)
vornehmlich auf die Wahrung der deutschen Handelsinteressen
(C. Woermann, Jantzen & Thormälen), was indes gleichzeitig die
wachsende Durchbrechung des Zwischenhandelsmonopols der küstennahen Gesellschaften (Duala) mit militärischer Gewalt bedeutete. Von vornherein war nicht an die Gründung einer Siedlungskolonie gedacht, da Westafrika als eine der ungesundesten Regionen der Erde galt („White Man's Grove"). Von den sechzig zwischen 1886 und 1896 nach Kamerun entsandten Missionaren starben nicht weniger als 30% an Tropenkrankheiten (Malaria). Erst
nach Anwendung der Chininprophylaxe nahm die hohe Sterblich-
keit ab. Dennoch konzentrierten sich die Europäer weitgehend auf
die Küstenplätze und Wirtschaftszentren Duala, Kribi und Jaunde,
die „Beamtenstadt" Buea am Kamerunberg, wohin Gouverneur v.
Puttkamer 1901 des besseren Klimas wegen seinen im wilhelminischen Kolonialstil erbauten Amtssitz verlegte, außerdem auf die
wichtigen Inlandstationen Jaunde und Edea. Die größte Berufs-
gruppe bildeten stets die Kaufleute und Angestellten der Handelshäuser, gefolgt von dem — wachsenden — Militär- und Verwal-

tungsapparat sowie den Missionaren. Später stellten die Angestellten der Plantagengesellschaften eine weitere wichtige Gruppe der nichtafrikanischen Bevölkerung (1913: 1871 Weiße).

Trotz der Berliner Anweisungen sind vor 1895 vereinzelte „Expeditionen" in das Hinterland vorgedrungen. Namentlich der „Subimperialismus" einzelner Kolonialpioniere wie des 26jährigen Forschers Eugen Zintgraff, der in Überschreitung seiner Kompetenzen ins Gebiet der Bali vordrang und unter Ausnutzung zweier rivalisierender Zentren die Bali unter deutsches Protektorat brachte (1891), stand in direktem Widerspruch zur offiziellen Berliner Politik. Die Bitte um einen Verwaltungsposten und eine Handelsstation als Vorteil gegenüber dem gegnerischen Stadt-Staat Mankon war freilich von dem Bali-Häuptling ausgegangen. 1892/93 unterwarf der Gerichtsassessor Wehlan mit äußerster Härte die Bakoko und Mabea, wodurch den Deutschen die ersten Einbrüche in das Südwestkameruner Hinterland gelangen.

Mit diesen und weiteren Aktionen Wehlans, vor allem jedoch mit der Politik seines Vorgesetzten, des stellv. Gouverneurs (Kanzler) Leist, stand zugleich einer der aufsehenerregendsten Kolonialskandale der deutschen Kolonialgeschichte (neben dem „Fall Peters") in Verbindung. Der herrschsüchtige, wegen seiner Verfehlungen und unerlaubten Rechtsmethoden (Folterungen) berüchtigte Kanzler Leist hatte während der interimistischen Vertretung des Kameruner Gouverneurs Eugen v. Zimmerer mehrere dahomeyische Frauen entblößt vor den Augen ihrer Männer auspeitschen lassen, obgleich er damit gegen bestehende Rechtsvorschriften verstieß. Diese Frauen gehörten zu den 370 Männern und Frauen, die der Dahomey-König Behanzin im Sommer 1891 als „Sklaven" an die kamerunische Regierung verkauft hatte. Ein Teil dieser Dahomey-Leute fand in der neugebildeten Polizeitruppe der Kolonie Verwendung. Da das Gouvernement für jeden Mann 320 Mark und für jede Frau 280 Mark bezahlt hatte, kleidete und ernährte es die Leute zwar, enthielt ihnen jedoch, als „Entschädigung" für den Kaufpreis, jeden Lohn vor. Auch die Frauen erhielten keine Entlohnung und mußten auf den Regierungsplantagen hart arbeiten. Diese ungerechte Behandlung führte zu Erbitterung und passivem Widerstand auf seiten der Dahomey-Leute, worauf die Verwaltung verstärkt zu repressiven Maßnahmen griff. Die Auspeitschung der Frauen stellte den Gipfelpunkt der Eskalation dar und führte zur Revolte von 96 Dahomey-Leuten, darunter 43 Frauen (15. 12. 1893).

Eine Woche lang hielt diese kleine Gruppe das Regierungsgebäude besetzt, nachdem sie einen deutschen Regierungsrat getötet hatte. Erst nach dem Einsatz eines Kanonenbootes konnte der Aufstand, dem sich die Duala — durch den Zwischenhandel an guten Beziehungen zu den Deutschen interessiert — nicht anschließen wollten, überwunden werden. Während die Öffentlichkeit in Deutschland mit Empörung auf das brutale Vorgehen Leists reagierte und die Reichsregierung, schon wegen ihres angeschlagenen Prestiges, eine Untersuchung anordnete, brachte der Urteilsspruch der Disziplinarkammer des Potsdamer Gerichts Leist nur eine Strafversetzung unter Belassung von 80% seiner Bezüge ein. Der außerordentlich milde Schuldspruch löste weitreichende Entrüstung aus, die das Auswärtige Amt veranlaßte, Berufung gegen das Urteil einzulegen. Daraufhin wurde Leist in einem zweiten Verfahren seines Postens enthoben und aus dem Staatsdienst entlassen. Dagegen wurde der gleichfalls einer Disziplinaruntersuchung unterstellte Gerichtsassessor Wehlan, wegen seiner erwähnten rohen „Strafexpeditionen" und Verhörmethoden berüchtigt, nur mit einer Geldstrafe und Strafversetzung belegt. 1906/07 wurden schließlich im Reichstag und in den Zeitungen Anklagen gegen die Kolonialoffiziere Scheunemann und Hans Dominik laut, die jedoch ebenfalls keine energischen Schritte der Kolonialregierung gegen die namentlich in Kamerun immer wieder vorkommenden Ausschreitungen und Eigenmächtigkeiten von Schutztruppenangehörigen sowie Kolonialbeamten nach sich zogen, abgesehen von der Absetzung v. Puttkamers.
Mit Gouverneur Jesco v. Puttkamer (1895—1907), Sohn des hochkonservativen preußischen Innenministers der achtziger Jahre, begann die systematische Ausdehnung der deutschen Herrschaft. Allerdings brauchte die 1894 aus der Polizeitruppe (1891) gebildete „Schutztruppe" (1900 40 Offiziere, 53 Unteroffiziere und 900 afrikanische Söldner) Jahre, um die Bakoko, Jaunde, Bane und Bulu, letztere in fast zweijährigen Gefechten (Sept. 1899 bis Frühjahr 1901), sowie weitere Volksstämme zu befrieden und die deutsche Herrschaft in Südkamerun zu sichern. Seit 1899 (bis 1903) wurden durch die Demonstration militärischer Macht und durch Vernichtungsexpeditionen „widerspenstige" Dörfer in Südostkamerun der deutschen Herrschaft „botmäßig gemacht". Der Erschließung der umfangreichen Gebiete Nord- und Nordostkameruns waren zwar Forschungsreisen durch Barth, Vogel, Rohlfs, Nachtigal und vor allem Eduard Robert Flegel vorausgegangen, der be-

reits 1882/83 im Auftrage der Deutschen Afrikanischen Gesellschaft und 1885 für den Deutschen Kolonialverein bis zu den
Quellen des Benuë bzw. nach Adamaua vorgedrungen war; übte
doch das Emirat Adamaua in jenen Jahren wegen seines angenommenen Reichtums (Elfenbein), seiner autokratisch-feudalen Staats-
ordnung und der „Rasse" seiner Menschen auf alle europäischen
Kolonialmächte eine eigenartige Faszination aus.[1] Aber die nachfolgenden Expeditionen, auf das Gebiet zwischen Niger und Benuë
gerichtet, brachten Anfang der neunziger Jahre nur begrenzte Er-
folge. Obgleich die Deutschen 1893 mit den Engländern und 1894
mit den Franzosen ihre Grenzen absteckten, wodurch Deutschland
den „Entenschnabel" als Zugang zum Tschadsee sowie den größten
Teil von Adamaua und den kleineren Teil des Sultanats Bornu
erhielt, war die Kolonialverwaltung zur Besetzung dieser im Stile
kolonialdiplomatischer Konvenienz erhaltenen Gebiete zunächst
nicht imstande. Erst nach und nach wurden — unter dem Druck
kolonialchauvinistischer Gruppen im Zuge von Samoa-Krise und
China-Intervention — die islamisierten Fulbestaaten Adamauas
und die kleineren, von den Fulbe unabhängigen Völker unterworfen, wobei der Subimperialismus der Kolonialoffiziere im ausgesprochenen Gegensatz zum Willen des Gouverneurs stand.
1899 begann die Eroberung des bedeutenden Fulbestaates Tibati
mit Hilfe des Lamido von Ngaundere. Die wichtigste Entscheidung
in Südadamaua fiel im September/November 1901, als nachfol-
gend englische und deutsche Kolonialtruppen das aus mehreren
Tausend gepanzerter Reiter und Speerträger bestehende Heer des
Emirs von Yola besiegten. Eine neuerliche Niederlage der Fulbe
bei Marua (20. 1. 1902), diesmal durch deutsche Truppen unter
Oberleutnant Hans Dominik, entschied auch über das Schicksal
Nordadamauas, da sich nun in dieser Region die meisten der von
den Fulbe abhängigen Herrscher unterwarfen. Yola verblieb hingegen den Briten. Das Gebiet südlich des Tschadsees wurde im
selben Jahr durch eine größere Expedition unterworfen.
In den unterjochten Staaten und Gebieten wurden umgehend kollaborationsbereite Herrscher eingesetzt, die den zu „Residenten"
ernannten Schutztruppenoffizieren unmittelbar unterstanden. Der
von ihnen erhobene „Tribut" wurde in Naturalien und Geld (1914
200 000 Mark) geliefert. Wegen der überhöhten Forderungen an
einzelne Bevölkerungsteile durch die Fulbe-Machthaber wurde vom
April 1914 an eine Kopfsteuer erhoben, an der die Lamibe/Sultane
(15%), deren Würdenträger (5%) und die Dorfhäuptlinge (5%)

beteiligt wurden. Der Resident hatte jedoch keinerlei Rechte, in die innere Verwaltung des Landes und die Jurisdiktion ihrer Herrscher einzugreifen. So blieb die Einflußnahme der Kolonialverwaltung in diesen nordöstlichen und östlichen Regionen Kameruns gering und beschränkte sich auf die in mohammedanischen Gebieten wie dem benachbarten Nordnigeria erfolgreich praktizierte Herrschaftsmethode der indirect rule (vor allem auch billiger als das System direkter Verwaltung). Andererseits erwiesen sich die im Grunde nur bedingt abhängigen Sultane, die unter dem Schutzmantel der deutschen Herrschaft ihren eigenen Subimperialismus trieben wie die Fulbe-Lamidate gegenüber den bisher unabhängig gebliebenen segmentären und nichtislamisierten Gesellschaften, als feste Stütze der deutschen Kolonialherrschaft bis zum Ersten Weltkrieg. Dagegen kam es — entgegen landläufiger Meinung — während der großen Aufstände in SW-Afrika und Deutsch-Ostafrika zwischen 1904/07 auch in Kamerun, vor allem im Südosten, zu Unruhen. Wirtschaftlich brachten Adamaua und Nordkamerun dem Reich so gut wie keinen Nutzen, da es in diesen Bereichen kaum mineralische und pflanzliche Reichtümer gab, deren Ab- bzw. Anbau gelohnt hätte. Diese Entwicklung stand freilich in diametralem Gegensatz zur Meinung der Adamaua-Enthusiasten, die hier im „Herzen Afrikas" neue Konsumentenmassen und neue Märkte finden zu können glaubten. Vielmehr bedeutete die teilweise Umorientierung des Hausa-Handels — die Haus(s)a waren ein vorwiegend als Händler lebendes, von den hamitischen Fulbe unterworfenes, mohammedanisiertes negrides Mischvolk — von seinen traditionellen Gravitationszentren (Sudan, Nordafrika) nach Süden und in die von der deutschen Kolonialverwaltung kontrollierten Gebiete sogar eine gewisse Konkurrenz. Da die Hausa-Händler nicht nur die einzelnen Produkte in kleineren Mengen als die Europäer anboten und auf diese Weise den Afrikanern entgegenkamen, sondern auch infolge der geringen Handelsdistanz und des Einkaufs bei den preisgünstigeren englischen Faktoreien im benachbarten Nigeria ihre Waren billiger verkaufen konnten, sie sich außerdem nicht an die Trägerverordnung hielten und u. a. Sklaven als Träger einsetzten, vermochten sie mit ihren Niederlassungen — kleine Wirtschaftszentren, vergleichbar den ersten europäischen Faktoreien in den Küstengebieten Westafrikas — zu einem wichtigen Faktor in der Kolonialwirtschaft zu werden. Zum einen belieferten sie die europäischen Faktoreien mit dem begehrten Kautschuk und Elfenbein. Während sie den Kautschuk in der Regel von anderen Afrikanern aufkauften, waren sie selbst die besten und eifrigsten Elefantenjäger. 1907 begannen sie, Großvieh und selbst Pferde, die sie von den Viehzüchtern im nordwestlichen Grasland und in Adamaua aufgekauft hatten, in die Küstenbezirke und Kautschukgebiete Südostkameruns zu bringen, wo die Tiere gegen Kautschuk eingetauscht wurden. Dieser wiederum wurde gegen Waren, später nur gegen Geld an die europäischen Faktoreien verkauft, so daß sich für die Hausa ein lukrativer Dreieckshandel entwickelte, der von den europäischen Kaufleuten zunächst mit Argwohn und Achtung zugleich betrachtet wurde („Juden Afrikas"), dann jedoch zunehmend als direkte Konkurrenz des europäischen Handels empfunden wurde. Doch blieb es bei einer Besteuerung von 25 Mark pro Handelserlaubnis seit 1905, da die Hausa-Händler andererseits bei den begrenzten Verkehrsmitteln für die Versorgung der Hauptanbaugebiete unentbehrlich waren und — begrenzte — Bedürfnisse (Textilien) im Inland weckten.

So konzentrierte sich die deutsche kolonialwirtschaftliche Tätigkeit in erster Linie auf die vulkanischen und daher fruchtbaren Hänge des Kamerunberges und die Südbezirke, d. h. die Ressourcen des Waldlandes. In diesem Fall erwies sich der Kolonialhandel mit tropischen Produkten jedoch als vergleichsweise beachtlich. In den meisten Jahren zwischen 1896 und 1905 stand Kamerun an der Spitze der deutschen Kolonien hinsichtlich seines Exports von Kolonialwaren. 1913 wurden Landesprodukte im Wert von 29,152 Mill. Mark ausgeführt.[2] Der Großteil der Exporte wurde im Rahmen der traditionellen afrikanischen Wirtschaft getätigt, d. h. Kamerun blieb bis zum Ersten Weltkrieg eine „économie de traite". Das Handelskapital nahm daher in Kamerun eine vorrangige Bedeutung ein; erbrachte es im übrigen doch ohne größere Investitionen schnell hohe Gewinne, die „repatriiert" werden konnten, während sich Plantagenunternehmen bei hohen Anfangskosten erst nach Jahren rentierten. Der Anteil der europäischen Plantagenproduktion, die die kolonialpolitische Diskussion lebhaft bewegte, blieb demgegenüber prozentual gering.

Die führende Position unter den kolonialwirtschaftlichen Produkten Kameruns nahm der Kautschuk ein, der nach 1903 die Exportstatistik dominierte (1910 55,6%). Der steile Aufschwung des Kameruner Kautschukhandels profitierte von der steigenden Nachfrage am Weltmarkt durch den hohen Bedarf der Elektroindustrie (zu Isolierzwecken) sowie der Fahrrad- und Automobilindustrie, der die traditionellen Kautschuk-Exportländer (v. a. Brasilien) nicht mehr nachkommen konnten. Neben Elfenbein stellte Kautschuk das einzige Produkt der afrikanischen Wirtschaft dar, das trotz der teuren Trägertransporte aus den vielfach weit entlegenen Produktionsgebieten eine hohe Rendite abwarf. Da man also nicht auf eine moderne Infrastruktur angewiesen war, lagen hier u. a. langfristige Folgen für die wirtschaftliche Entwicklung Kameruns begründet. 49 Firmen mit 280 europäischen Angestellten, d. i. fast ein Viertel der nichtafrikanischen Bevölkerung Kameruns, mehrere Tausend afrikanische Händler und ca. 20 000—30 000 Träger beteiligten sich an diesem „Geschäft" mit dem „Schwarzen Gold". Bereits vor dem Ersten Weltkrieg zeichnete sich jedoch durch das Überangebot besseren Kautschuks, namentlich aus Ostasien, eine rückläufige Tendenz im Kautschukhandel ab, so daß noch vor Kriegsbeginn der Südkameruner Kautschukhandel zu stagnieren begann.

Dagegen zeigte der Kakaoanbau eine stetige Aufwärtsentwicklung. Entfielen 1891 erst 0,7% der Gesamtexporte aus Kamerun auf Kakao, so erreichte er nach der Jahrhundertwende ca. ein Fünftel der kolonialwirtschaftlichen Produkte. Der Kakaoanbau übertraf den aller anderen deutschen Kolonien bei weitem (7 673 ha gegenüber 1 937 ha in Samoa, Neuguinea, Togo und Ostafrika), wenn er auch den Bedarf der Metropole nicht annähernd decken konnte. In der Kakaoproduktion besaßen die europäischen Plantagen eindeutig (1912 mit 87,7%) die Führung. Damit sind die Kakaoexporte zugleich ein Indikator für die zumindest regionale strukturelle Veränderung der Wirtschaft unter der kolonialen Herrschaft. Vor dem Ersten Weltkrieg brachte überdies eine kleine, aber zunehmende Anzahl afrikanischer Produzenten Kakao auf den Markt — das einzige cash crop Kameruns.

Neben Kautschuk und Kakao blieben die in Westafrika klassischen Produkte wichtig wie Palmöl (für Kerzen, Reifen, Schmiermittel) und Palmkerne, neben der Seifen- und Kerzenfabrikation bedeutend bei der Herstellung pflanzlicher Margarine und, aus den Rückständen dieses Verarbeitungsprozesses, als Kraftfutter für Vieh. Während das Palmöl, das zu Beginn der 90er Jahre die Exportliste angeführt hatte, an Bedeutung verlor (1913 6,8%), versechsfachte sich der Palmkernexport zwischen 1891 und 1913 (ebenfalls um ein Fünftel des Gesamtexports). Eine wichtige, wenn auch durch das Angebot begrenzte Rolle spielte schließlich anfangs noch das Elfenbein, dessen Export aber bis 1913 auf 2,7% abfiel. Andere Exportprodukte wie Hölzer (1913 3,1%), Kolanüsse,

Vieh, Häute, Tabak, Bananen und Erzeugnisse afrikanischen Ge-
werbes machten nur geringe Prozente der Exportzahlen aus. Der
Kaffeeanbau, auf den man in den ersten Jahren große Hoffnungen gesetzt hatte, wurde ein Mißerfolg. Die Teekultur blieb unren-
tabel, und enttäuschend verliefen auch die Bemühungen um den
Aufbau einer Tabakkultur.

Insgesamt ist für die deutsche Kolonialherrschaft in Kamerun bei
steigendem Handelsvolumen eine entwicklungspolitische Stagnation zu beobachten. Denn die Nachfrage richtete sich nahezu ausschließlich auf die bereits im Rahmen der traditionellen afrikanischen Wirtschaften extensiv genutzten Ressourcen, die in der
Regel nur eingesammelt zu werden brauchten (Kautschuk, Palmkerne). Zudem wurden fast nur die natürlichen Quellen der Kü-
stengebiete und des unmittelbaren Küstenhinterlandes ausgebeutet,
während die erhofften „großen Märkte" im Innern — abgesehen
zunächst noch vom Elfenbein — so gut wie keine Bedeutung besaßen.

Vermochte diese regionale Beschränkung des Handels und der
Plantagenproduktion das rapide Ansteigen der Exportkurve im
letzten Drittel der deutschen Kolonialära kaum einzugrenzen,
blieb die Handelsbilanz doch bis zum Ersten Weltkrieg passiv. Von
Anfang an standen den Exporten tropischer Produkte wertmäßig
größere Importe europäischer Konsum- und Investitionsgüter und
Geld gegenüber. Bis Ende der 90er Jahre war — wie im Falle Togos — neben Waffen der minderwertige, auf der Grundlage von
Kartoffelsprit hergestellte Branntwein der entscheidende Import-
und Tauschartikel der deutschen Handelsfirmen, bevor Stoffe,
Textilien aller Art, Eisen- und Metallwaren, Tabak, Salz und Le-
bensmittel (Reis) an seine Stelle traten. Zwar zeichneten die
restriktiven Maßnahmen der Verwaltung (Zölle, Verkaufs-
beschränkungen) für die rückläufige Tendenz der Branntwein- und
Waffenimporte verantwortlich. Aber im Gefolge der Plantagen-
gründungen und infrastruktureller Maßnahmen (forcierter Eisenbahnbau nach 1905) erhöhten sich naturgemäß die Importe. Allerdings zeigten das wachsende Steueraufkommen — u. a. durch die
direkte Besteuerung der Eingeborenen (1908) außer im Tribute
leistenden islamischen Norden — und der sinkende Anteil der
Zölle an den Regierungseinnahmen, daß sich die Kolonie zunehmend unabhängiger von der Metropole zu machen begann. Mit
48 Mill. Mark an Reichszuschüssen erhielt sie ohnehin weit weniger
an staatlicher Subvention als Deutsch-Ostafrika und Deutsch-Süd-

westafrika. „Nationalökonomisch relevant wurde Kamerun jedoch
bis 1914 weder als Absatzmarkt noch als Rohstofflieferant und
Zielgebiet für den Kapitalexport" (K. Hausen).
Wurde die einheimische gewerbliche Produktion durch die Konkurrenz der aus Europa importierten Waren bis zu einem gewissen,
aber geringen Grade zurückgedrängt, so daß sich Eingeborene entweder zur Umsiedlung gedrängt oder zur Aufnahme einer Träger-
tätigkeit für Handelsfirmen gezwungen sahen, so erwies sich das
Vordringen des europäischen Plantagenbaus für die soziale Entwicklung und die indigenen Besitz- und Bodenverhältnisse in der
Kolonie als weitaus folgenreicher. Zwar konnte die europäische
Plantagenwirtschaft — wie erwähnt — die indigene Wirtschafts-
produktion nicht verdrängen; sie war jedoch, im Vergleich zu
Togo, von einer wesentlich größeren Bedeutung.
1895 hatte nach der anfänglichen spekulativen Phase die systematische „mise en valeur" durch die großen Kapitalgesellschaften am
Kamerunberg eingesetzt, einem Terrain, das bei Kriegsbeginn 1914
das umfangreichste zusammenhängende Pflanzungsgebiet Westafrikas bildete, in dem gleichzeitig die zahlenmäßig größte Lohn-
arbeitergruppe in dieser Region Afrikas beschäftigt war. Im Januar 1897 leitete die wichtigste der großen Pflanzungsgesellschaften in Kamerun, die „Westafrikanische Pflanzungsgesellschaft
Victoria" (WAPV), mit einem Anfangskapital von 2,5 Mill. Mark
und einer Konzession für 20 000 ha (1904) besten Bodens im
Wohngebiet der Bakwiri, die spektakuläre Entwicklung der Plantagengesellschaften ein. Diese Kapitalgesellschaft war hauptsächlich
auf Kakao spezialisiert. Sie beschäftigte 1913 20 europäische sowie
2 000 afrikanische Arbeitskräfte. Bis zu diesem Zeitpunkt hatte sie
ihr Einlagekapital auf 3 Mill. Mark erhöht und konnte eine Dividende von 20% ausschütten. Zwar lagen die anderen Gesellschaften mit ihren Gewinnbeteiligungen z. T. deutlich niedriger; dennoch dürften insgesamt die Pflanzungsgesellschaften, in deren Besitz sich im selben Jahr 115 147 ha des Bodens befanden, davon
28 225 ha (25,4%) in der Ausbeutung, für ihre Anteilseigner ein
ertragreiches Geschäft — wenn auch nicht mit „Höchstprofiten"
(A. Rüger) — dargestellt haben. Am Kamerunberg befanden sich
sogar mehr als zwei Drittel (über 90 000 ha) im Besitz von drei
„Großen" (WAPV, Westafrikanische Pflanzungsgesellschaft Bi-
bundi, Kamerun-Land- und Plantagengesellschaft).
Die Kehrseite dieses „Geschäftes" war die völlige Enteignung der
Bevölkerung in diesem Gebiet und ihre zunehmende Proletarisie-

rung (allein am Kamerunberg zählte man 1899 bereits 4 000 Arbeiter). Gouverneur v. Puttkamer, selbst Aktionär der WAPV, versuchte nicht einmal, wie Leutwein in Südwestafrika und Rechenberg in Ostafrika, einen billigen Interessenausgleich zwischen Weißen und Schwarzen zu finden, sondern ließ am 15. Juni 1896 per Verordnung alles „herrenlose Land" als „Kronland" deklarieren und beschränkte den lebensnotwendigen Besitz jeder schwarzen Familie auf weniger als 2 ha. Die kleinen Pflanzer hielt er fern und protegierte nach portugiesischem Vorbild die kapitalstarken Pflanzungsgesellschaften.

Da die Pflanzungsgesellschaften am liebsten auch die am Kamerunberg vorherrschende Basler Mission von ihren Gebieten entfernt hätten, formierte sich zunächst von dieser Seite her der Protest, dem sich der „Ausschuß der deutschen evangelischen Missionen" anschloß (1898).[3] Die Kritik an der Puttkamerschen Plantagenpolitik beruhte jedoch nicht nur auf dem direkten Interesse der Mission an der „Landfrage" wegen ihres eigenen Landbesitzes und ihrer Projekte für Außenstationen und Schulen, sondern basierte ganz wesentlich auf ihren gesellschafts-, sozial- und wirtschaftspolitischen Grundsätzen; intendierten sie letztlich doch die Entwicklung eines freien, leistungsfähigen Bauern- und Handwerkerstandes, in dem sie eine bessere Wurzel für die Entwicklung des Christentums sahen als in einer proletarisierten und radikalisierten Plantagenarbeiterschaft. Der zur Berichterstattung aufgeforderte Puttkamer bagatellisierte jedoch die Vorwürfe wegen der Eingeborenenbehandlung, rechtfertigte das Zurückdrängen der Schwarzen als „das Los der Naturvölker" und wies die Beschwerde der Mission gegen die Einschränkung ihrer Bewegungsfreiheit als „ungerechtfertigt" zurück. Immerhin vermochte diese einen Teilerfolg zu verbuchen: Auf ihr weiteres insistierendes Drängen wurde in die neue Konzession der „Gesellschaft Nordwest-Kamerun" vom 31. 7. 1899 die Bestimmung eingefügt, wonach die Gesellschaft das in ihrem Eigentum befindliche Land, soweit es zu Kirchen-, Missions- und Schulzwecken und zu sonstigen gemeinnützigen Anlagen verwendet werden sollte, unentgeltlich an den Landesfiskus von Kamerun abzutreten hatte. Außerdem hatte diese reine Konzessionsgesellschaft in ihrem über 90 000 km² großen Gebiet die Freiheit des Handels zu garantieren und innerhalb von 10 Jahren mindestens 3 Mill. Mark zu investieren. Zusätzlich wurde die Konzession auf 50 Jahre begrenzt. Die Gesellschaft war jedoch nicht nur wirtschaftlich erfolglos, sondern verlor auch ihre Konzession 1910, weil sie ihre Pflichten hinsichtlich des Baus von Straßen und Wegen nicht erfüllte. Dagegen konnte die bereits 1898 mit deutschem und belgischem Kapital begründete „Gesellschaft Südkamerun" — 1905 erhielt sie 1,5 Mill. ha Land im kautschukreichen Südosten Kameruns zu Eigentum! —, weitgehend ohne staatliche Auflagen (außer einem 10%igen Gewinnanteil), durch die steigenden Kautschukpreise auf dem Weltmarkt und die Nachrichten über den Kautschukreichtum der Wälder Südostkameruns Millionengewinne an der Börse einstreichen. Sie trieb im Südosten der Kolonie reinen Raubbau.

Ein neuer Gewaltstreich der Plantagengesellschaften gegen die Bevölkerung war dann die zwangsweise Zusammenlegung der Dörfer der Eingeborenen am Kamerungebirge im Interesse einer zusammenhängenden Anbaufläche und rationelleren Arbeiterrekrutierung. Der brutale Zwang und die Übergriffe der Werber und Plantagenbesitzer verschärften die Lage derartig, daß die Kolonialregierung im Sommer 1901 eine Verordnung zur Regelung der Arbeiterverhältnisse im Schutzgebiet Kamerun vorbereitete, an deren Konzipierung auch die Mission beteiligt wurde. Das Ergebnis war die Arbeiterverordnung vom 14. 2. 1902, die die Anwerbung von Arbeitern von der schriftlichen Genehmigung des Gouverneurs abhängig machte, sofern sie nicht in unmittelbarer Nähe der Plantagen erfolgte, strafbare Handlungen der Agenten mit dem Entzug der Werbungserlaubnis bedrohte, die Werbung auf gesunde und arbeitsfähige Schwarze beschränkte, die Übersetzung des Inhalts der Arbeitsverträge den Plantagenbesitzern zur Pflicht machte und schließlich zur Kontrolle dieser Bestimmungen die Einrichtung von Arbeiterkommissaren anordnete. Die Praxis änderte sich allerdings nur wenig, da insbesondere Puttkamer die Arbeiterkommissare von der WAPV fernhielt und das Truck-System (z. T. in Form von Alkohol) weiterhin praktiziert wurde. Zwar ist es nicht zu einer vollständigen Proletarisierung der eingeborenen Bevölkerung gekommen, aber die Ansätze zu einer Kakaoproduktion durch afrikanische Bauern, wie sie in diesem Gebiet damals bereits bestanden, sind rücksichtslos zerstört worden.[4]

Zu diesem Zeitpunkt hatte bereits der konservative Stuttgarter Abgeordnete Schrempf zum ersten Mal offen im Reichstag (11. 3. 1901) auf die „Mißstände in Kamerun" und das „System Puttkamer" hingewiesen. Seine Informationen entstammten im wesentlichen einer zwölfteiligen anonymen Artikelserie über „Mißstände in Kamerun" in der süddeutschen konservativen „Deutschen

Reichs-Post", die eine breite Resonanz in der deutschen Öffentlichkeit gefunden hatte.[5]
Die Frontbildung von Basler Mission und in Westafrika engagier-
ten ausgesprochenen Handelsfirmen unter Führung J. K. Vietors,
die dem gleichen Zusammentreffen von Missions- und Handelsinteressen wie in Togo entsprach, sowie der direkte Vorstoß
Schrempfs hatten die Präzisierung der Bestimmungen der Kron-
landverordnung durch den neuen Kolonialdirektor Stuebel zur
Folge, der den wegen seiner einseitigen Unterstützung der Konzessionsgesellschaften in Kamerun und Südwestafrika heftig attackierten, mediokren v. Buchka ablöste. Inhaltlich entsprach die
Festlegung, daß „zweifellos den Eingeborenen das Land, auf wel-
chem ihre Hütten stehen und welches sie in Bebauung haben, nicht
ohne weiteres weggenommen und zu Kronland erklärt werden"
kann, dem Standpunkt von Handel und Mission.
Anfang 1905 — nach wiederholter Abwesenheit Puttkamers —
verschärften sich die Spannungen erneut. Seine Beamten ignorier-
ten einfach die seit 1902 eingerichteten Landkommissionen und
fuhren entgegen den Verfügungen der Kolonialregierung fort, nach
dem Willen der Pflanzungsgesellschaften, insbesondere des omni-
potenten Direktors der WAPV, Max Esser, und unter völliger
Mißachtung der Fristen die Dörfer der Eingeborenen in „Reservate" im Urwald, in Sumpf- oder wasserloses Gebiet zu verlegen.
Mitunter blieben nicht einmal 2 ha pro Familie, obgleich mit der
Zusatzverordnung vom 4. 10. 1903 6 ha als Mindestmaß vorgesehen waren. Für die Missionsgesellschaft stand es nach der Ausschaltung ihres Landkommissionsmitglieds durch den Gouverneur im
Mai 1905 fest, daß nur noch die Abberufung Puttkamers die ver-
hängnisvolle Entwicklung in Kamerun beenden konnte.
Motor der Kritik gegen das „System Puttkamer" in Kamerun
(„Puttkamerun") waren Alldeutsche und mittelständische Sied-
lungspolitiker wie der Kolonialpublizist Emil Th. Förster, Begrün-
der des Deutschvölkischen Kolonialvereins, in dem sich Alldeutsche
mit ihnen an sich völlig fernstehenden, missionsverbundenen Kon-
zessionsgegnern wie J. K. Vietor zusammenfanden, und der Kolonialreferent des Alldeutschen Verbandes, Wilhelm Lattmann,
Reichstagsabgeordneter der „Wirtschaftlichen Vereinigung", einer
antisemitisch-konservativen Splitterpartei. Auf Försters und Latt-
manns Anregung fand am 24. 5. 1905 eine Konferenz von parlamentarischen Vertretern der Konservativen, der Deutsch-Sozialen,
des Zentrums, des Bundes der Landwirte, der Reformpartei, der

Christlich-Sozialen und von Missionsleitern statt, auf der man für
eine großzügige Reservatspolitik und eine Erhaltung der wirtschaftlichen Kraft der Eingeborenen eintrat. Das Material, das
Lattmann am nächsten Tag und verschiedentlich danach in den
Reichstagsdebatten über die in Kamerun praktizierten Herrschafts-
methoden und die mit dem Pflanzungswesen verbundenen Mißstände zur Verfügung stand, stammte sowohl aus Kreisen westafrikanischer Kaufleute (unter Führung der Handelskammer Bremen)
als auch aus Basel. Letztlich gaben jedoch Puttkamers private
Skandalaffären und die generellen Vorwürfe gegen seine Handhabung der Verwaltung und Rechtsprechung, vor allem von seiten
Erzbergers und der Sozialdemokratie, den Ausschlag für seinen
Sturz. Seine Rechtsbeugungen waren besonders offenkundig geworden durch eine im Juni 1905 an den Reichstag gerichtete und
am 10. 2. 1906 von der sozialdemokratischen Presse im vollen
Wortlaut abgedruckte Petition der Akwa-Duala, in der sie sich
über die Niederreißung ihrer Häuser, die ihnen auferlegten
Zwangsarbeiten ohne Vergütung, die Willkürjustiz mit ihren dra-
konischen Strafen (Anwendung von Sippenhaft) und die wieder-
holte Versetzung der ihnen 1884 garantierten Rechte beschwerten.
(„Den Herrn Gouverneur v. Puttkamer, dessen Richtern, Bezirks-
amtmännern, kurz seine ganze Regierungsbesatzung wollen wir
nicht mehr hier haben . . . Die Regierung des Gouverneurs v. Puttkamer und deren Beauftragten ist geradezu eine Schande für das
hochlöbliche Deutsche Reich").[6]

Mit Puttkamer war der Exponent der bedingungslosen Konzessionspolitik beseitigt. Die bisher weitgehend funktionslose Verwal-
tungsbürokratie begann allmählich, kolonialspezifische Aufgaben
im Sinne der „negererhaltenden" Politik Dernburgs zu verwirklichen. Gouverneur Seitz (1907—1910) unternahm Versuche, statt
der früheren Gewaltherrschaft und brutalen Ausbeutung die Eingeborenen vor den exzessiven Forderungen der europäischen Unternehmungen zu schützen. Zukünftig mußten vor der Landver-
gabe der Bevölkerung ausreichende Reservate zugewiesen werden.
Selbst Ansätze einer Mitbeteiligung der Schwarzen an der Verwaltung der Kolonie suchte er zu realisieren, scheiterte jedoch an den
europäischen Interessen in der Kolonie, repräsentiert in den Han-
delskammern vor Ort und im Kolonialrat.[7]

Die Landpolitik und die „Arbeiterfrage" blieben in Kamerun ein
akutes Problem. Die fortschreitende Erschließung der Kolonie

hatte das Arbeiterproblem enorm verschärft. Durch den Arbeits-
kräftebedarf der Pflanzungsunternehmen waren weite Zonen Kameruns entvölkert worden, und die schwere und ungewohnte Arbeit, die brutale Behandlung und die katastrophalen hygienischen
Bedingungen ließen die Sterblichkeitsziffern auf den Plantagen bis
zu 30%, vereinzelt darüber, ansteigen. Nicht nur die Pflanzer
benötigten immer mehr Arbeitskräfte (1912 im Jahresdurchschnitt
17 827), auch die Verwaltung brauchte für den Wege- und Eisenbahnbau zunehmend eingeborene Arbeiter. Das betraf vor allem
die Arbeiten an der 160 km langen Nordbahn von Duala nach den
Manengubabergen (1911 fertiggestellt) und die 1910 begonnene
Mittellandbahn von Duala über Edea an den mittleren Nyong. So
waren im Jahr 1914 an der neuen Mittellandlinie 90 000 Menschen
beschäftigt. Das gleiche Problem galt für die Trägerkolonnen; am
Vorabend des Weltkrieges waren schätzungsweise allein 80 000
Personen auf der Route Kribi — Jaunde unterwegs.
1913 brach im Reichstag unter Führung Erzbergers und des Christlich-Sozialen R. Mumm erneut die Diskussion über die Methoden
der Pflanzer auf. Zwar war es 1902, 1909 und 1913 zu Ansätzen
einer Arbeiterschutzgesetzgebung gekommen. Die Gouvernements-
verordnung von 1902 betraf (unter dem Druck der Mission) die
Einhaltung der Arbeitsruhe an Sonn- und Feiertagen, wobei ge-
nehmigte Ausnahmen statthaft blieben. Erst viel später (1909)
wurden die Arbeitszeit auf 10 Stunden begrenzt, die Löhne auf
8—10 Mark im Monat festgelegt, die Ernährung genau bestimmt
und die Arbeitsdisziplin fest umrissen. Die Anwesenheit eines Arztes bei 500 und eines Sanitäters bei 100 Beschäftigten wurde obli-
gatorisch. Die Überwachung der hygienischen Einrichtungen in den
Arbeiterquartieren durch hauptamtliche Arbeiterinspektoren (2)
erfolgte erst 1914. Obwohl diese Schutzgesetzgebung im Vergleich
zu anderen Kolonien Afrikas fortschrittlich war, änderte sie nur
wenig an der desolaten sozialen Situation der Arbeiter in Kamerun. Basler Missionare haben die rücksichtslose Arbeiterbehandlung
durch die Plantagenbesitzer und die immer mehr zu einer Angele-
genheit der Behörden gewordene Arbeiteranwerbung geradezu als
„eine neue Art der Sklaverei" oder „Staats-Sklaverei" bezeichnet.[8]
Die Berichte, die der christlich-soziale Abgeordnete Mumm in der
Budgetkommission des Reichstages zur Plantagen- und Arbeiterfrage vorlegte, stammten allerdings nicht — wie vielfach behauptet worden ist[9] — von Basler Missionaren, sondern im wesent-

lichen von Vietor, der selbst Mitglied und Förderer der Christlich-
Sozialen war und dessen Teilhaber Freese in Kamerun persönlich
recherchiert hatte. Ihm lagen Meldungen der Kaufleute vor, „daß
ganze Strecken, besonders im Rio del Rey-Gebiet, von Männern
vollständig entblößt seien, und daß im Edea-Bezirk die Leute einfach wie Sklaven weggefangen und mit Stricken zusammengekop-
pelt auf die Plantagen gebracht würden, und daß dadurch eine
vollständige Flucht der Eingeborenen in den Busch entstanden
sei".[10]
Die westafrikanischen Händler um Vietor sowie nach anfänglichem Zögern die christlichen Missionen versorgten auch die politische Gruppierung von Christlich-Sozialen (Mumm) und Zentrum
(Erzberger) mit Material zur *Enteignung der Duala* 1912/1914,
wobei sich die Sozialdemokraten von vornherein der Opposition
im Reichstag gegen diese Maßnahme anschlossen.[11] Seit 1910
bestanden konkrete Pläne, die Duala gegen eine minimale Entschädigung (zwischen 40 Pfg. anfänglich und 2,10 Mark später, während der Preis für 1 m² Boden am Flußufer zu diesem Zeitpunkt
über 20 Mark betrug) von ihren angestammten Wohnsitzen am
linken Ufer des Kamerunflusses zu entfernen und, durch eine ein
Kilometer breite freie Zone von dem alten Wohngebiet getrennt,
außerhalb des Weichbildes der Stadt wieder anzusiedeln. Auf diese
Weise sollte die Gemengelage von weißen und schwarzen Wohn-
und Geschäftsvierteln (1913: 379 Weiße, 22 000 Afrikaner) beseitigt werden. Die Rassentrennung — Vorbild war eine entspre-
chende Regelung im Kongo — wurde „hygienisch" begründet (An-
steckung der Weißen durch malariaerkrankte Duala und Undurch-
führbarkeit einer Chininprophylaxe), hatte aber neben rassistischen Motiven überwiegend wirtschaftliche Beweggründe: Die
Verwaltung und die expandierende Industrie benötigten günstig
gelegenes Bauland für eine raumintensive Infrastruktur (Hafen,
Eisenbahn), zusätzlich sollten die Duala durch den Verlust der
verkehrsgünstigen Uferlage noch stärker aus ihrer Rolle als Zwischenhändler gedrängt werden.
Gegen diese Enteignungspläne und -verfügungen wehrten sich die
keineswegs antideutsch eingestellten Duala-Häuptlinge durch zahlreiche Petitionen an das Gouvernement und den Reichstag, durch
Kontaktaufnahme mit deutschen Oppositionskräften und unter
Zuhilfenahme von juristischem Beistand in Deutschland, durch
Hilfegesuche an die Missionen, schließlich durch passiven Widerstand gegen die Enteignungsmaßnahmen.[12]

Erst als durch die an den Reichstag gerichtete Petition des Rechts-
anwalts Halpert, den der linksliberale Publizist Hellmut von Gerlach den Duala als Rechtsbeistand empfohlen hatte, ersichtlich
wurde, daß das gesamte Vorgehen der Regierung auf einem eklatanten Rechtsbruch beruhte — im Schutzvertrag (12. 7. 1884) war
den Duala ausdrücklich zugesichert worden, daß sie nie aus ihrem
Besitz vertrieben werden sollten —, veranlaßte Kolonialstaatssekretär Solf eine Überprüfung der Enteignungsmaßnahmen auf
übergroße Härten. Zwar vermochten Zentrum und Sozialdemokraten den Enteignungsplan noch einmal zu sistieren, nachdem die
Willkür der Behörde in Kamerun und die Tatsache bekannt geworden waren, daß die Kolonialregierung ein Telegramm Rudolf
Duala Mangas an den Reichstag beschlagnahmt und zurückgehal-
ten hatte. Aber als der Duala-Häuptling in den Verdacht des
„Hochverrats" geriet, weil erbitterte Äußerungen um eine mögliche
Hilfsbitte an England oder Frankreich für die Tat genommen wur-
den und eine tatsächliche Aufforderung zur Revolte an einen be-
freundeten Sultan von diesem den Deutschen angezeigt worden
war, distanzierten sich im Reichstag bis auf Sozialdemokraten und
Polen alle Fürsprecher von ihm.
Die Missionare in Kamerun hielten den gegen Rudolf Duala
Manga erhobenen Vorwurf des „Hochverrats" dagegen für äußerst
unglaubwürdig. Vertreter aller drei deutschen Missionen (Basler,
Pallottiner, Baptisten) intervenierten daher wiederholt zu seinen
Gunsten in Berlin und Duala — vergeblich. Der Duala-Häuptling
wurde in einem wegen des Kriegsausbruchs beschleunigten Verfahren zum Tode verurteilt und am 8. 8. 1914 mit seinem Sekretär
und Verwandten Ngoso Din hingerichtet, während die Eingeborenen in eiliger Flucht Duala verließen. Eine bereits in Anfängen
entstehende kleine europäisierte Elite, angestellt in der unteren
Verwaltung, als Handlungsgehilfen und bei den Missionaren und
im Gegensatz zu den traditionellen Herrschaftsstrukturen des
Duala-Häuptlingssystems stehend, hat jedoch ihren Ursprung innerhalb der „kolonialen Situation" nicht vergessen und zu der
vergleichsweise hohen Reputation der Deutschen nach dem Ersten
Weltkrieg beigetragen. Allerdings dienten etwa die bewußt von
dieser indigenen Bildungselite weiterhin verwandte deutsche
Sprache und die „Hilferufe . . . wegen Rückkehr der Deutschen",
z. B. an den Völkerbund, vor allem als ein Mittel des indirekten
Protestes gegen die französische Kolonialherrschaft. Denn ähnlich
wie Togo war auch Kamerun nach Beendigung des Ersten Welt-

krieges als sogenanntes B-Mandat des Völkerbundes zwischen England und Frankreich geteilt worden.

4. Deutsch-Ostafrika

Mit der Niederwerfung des „Araberaufstandes" von 1888/89 im küstennahen Bereich setzte in Ostafrika die effektive Besetzung des Hinterlandes und die Unterwerfung der Binnenstämme ein. Während der gemeinhin als Zeit „ruhiger" Entwicklung geltenden Jahre von 1890 bis zum Maji-Maji-Aufstand 1905 sind aber tatsächlich allein zwischen 1891 und 1897 insgesamt 61 größere „Strafexpeditionen" und Unterwerfungsfeldzüge geführt worden.[1] Größte Schwierigkeiten bereiteten den Deutschen zunächst die ihrerseits expansiven Hehe, die ihr Reich auf Kosten der Nyamwesi, dann der Ngoni erweitert hatten. Sie vernichteten am 17. 8. 1891 eine deutsche Expedition unter Leutnant v. Zelewski. Ihr kriegserfahrener Häuptling Mkawa vermochte zwischen 1891 und 1898 den deutschen Expeditionen in einem Kleinkrieg, der nur zeitweilig von Friedensverhandlungen unterbrochen wurde, hinhaltenden Widerstand zu leisten, bevor er sich im Juli 1898 das Leben nahm, um nicht den Deutschen in die Hände zu fallen.

1892 bereitete Meli von Moschi einer deutschen Expedition ein Ende (10. 6. 1892). Erst danach konnte Gouverneur v. Schele (1893 bis 1895) unter Ausnutzung ethnischer Zersplitterung und lokaler Rivalitäten das Kilimandscharo-Gebiet „befrieden". Die Landschaften am Kilimandscharo blieben jedoch in der Folgezeit ein Gebiet andauernden Widerstandes und damit ständiger militärisch-bürokratischer Repressionen von Regierungsseite. Im Dezember 1899 griffen verschiedene Dschagga-Häuptlinge zusammen mit den Aruscha-Leuten die Militärstation in Moschi an. Die Reaktion des Gouvernements war eine radikale Niederschlagung der Dschagga-Opposition. 19 Todesurteile wurden gefällt, darunter das gegen Meli, und weitere Strafexpeditionen folgten.[2]

Ursache der Aufstände waren die unentgeltlichen Fronarbeiten der Eingeborenen, die brutale Härte der afrikanischen Söldner, etwa gegen weibliche Kettenarbeiter, die Auswirkungen der seit 1900 in Bargeld zu zahlenden Hüttensteuer auf das wirtschaftliche Leben der Bergbewohner („Manche verkauften ihr Kleinvieh für einen Spottpreis vor allem an Inder und Beludschen, die aus dem englischen Gebiet kamen und große Mengen von Ziegen und Schafen fortführten")[3] und das Verfahren bei ihrer Eintreibung sowie die zwangsweise Zusammenfassung der Dschagga in geschlossenen Dörfern im Interesse der Plantagenbesitzer. Die zunehmende weiße Besiedlung (Buren und deutsche Kleinbauern aus Südrußland) und die betrügerischen Lohnpraktiken europäischer Wirtschaftsunternehmen — die „Kilimandscharo-Straußenzuchtgesellschaft", mit 1600 ha (1908) die größte Landbesitzerin am Berg, schuldete ihren schwarzen Arbeitskräften allein 9 000 Rupien an Löhnen[4] — verschärften 1904/05 noch die Beunruhigung unter den Schwarzen. Bezeichnender Ausdruck dieser allgemeinen Angst der eingeborenen Häuptlinge und der Erbitterung der Bevölkerung am Kilimandscharo waren die Verzichtleistungen und die Flucht führender Stammeshäuptlinge seit dem Aufstand von 1899. Die kurz darauf vom Ausbruch des Maji-Maji-Aufstandes im Süden der Kolonie eintreffenden Nachrichten und die Aktivitäten von „Zauberern", die die katholische Mission beobachtete, verschärften zwar die schwelende Erregung, doch blieb es während des größten Aufstandes in der ostafrikanischen Kolonie am Kilimandscharo und im Norden ruhig.

Jeweils nach der Niederwerfung des indigenen Widerstandes sind kollaborationsbereite Herrscher bestätigt oder neu eingesetzt worden. In der sich entwickelnden Verwaltung sind sie zum Ortsvorsteher (Jumbe) ernannt worden, während als Vorsteher mehrerer Orte (Akiden) aufgrund ihres gehobenen Bildungsstandes und zur Verhinderung von Fraternisierungsversuchen zumeist ortsfremde Araber oder Suaheli eingesetzt wurden. Im Hinterland bedienten sich die Bezirksämter (zunächst und auch später im Innern unter militärischer Führung, dann unter ziviler Leitung) weiterhin kollaborationsbereiter Häuptlinge, deren Autorität durch äußere Zeichen — Flaggen, Häuptlingsstäbe, Häuptlingsbücher, rote Mützen — stabilisiert wurde und die für die Erfüllung ihrer Pflichten am Steuerertrag (mit 4—10%) beteiligt wurden. Die „Ordnung" wurde durch die „Kaiserliche Schutztruppe für Deutsch-Ostafrika" aufrechterhalten, die aus einer von Wissmann aufgestellten Truppe von afrikanischen Söldnern hervorgegangen war. Diese „Askari" wurden im Vergleich zu den afrikanischen Plantagenarbeitern sehr hoch bezahlt, konnten bis zum Feldwebel aufsteigen und erhielten nach dem Ausscheiden aus dem Dienst eine Rente.

In den dichtbesiedelten, zentralregierten Hima-Staaten Ruanda und Urundi sowie im Gebiet westlich des Victoria-Sees (Bukoba) sind dagegen die eigenstaatlichen Organisationen weitgehend erhalten und sogenannte Residenturen eingerichtet worden. In diesen entlegenen und noch nicht als reif zur Ausbeutung angesehenen Gebieten bevorzugte man, nach dem Vorbild des nahegelegenen englischen Uganda-Protektorats und wie im Norden Togos und Kameruns, die konservativ-stabilisierenden Methoden der indirekten Herrschaft, um die schwache Oberherrschaft mit Hilfe kollaborationswilliger Sultane aufrechtzuerhalten. Das autokratische Sultansregiment im Seengebiet verschärfte sich für die leibeigenen Untertanen noch, als dort mit der Einführung der geregelten Steuerzahlung in bar (1904) die Sultane und ihre Vasallen nicht übergangen werden konnten. In den westlichen Hima-Monarchien Ruanda und Urundi, die überhaupt erst seit 1896 (Urundi) bzw. 1899 (Ruanda) erschlossen werden konnten, wurden Steuern erst 1913/14 eingeführt. Hier beherrschten die Deutschen mit Unterstützung der dünnen, Vieh und Land besitzenden Führungsschicht der „hamitischen" Tutsi (Batutsi, Watussi) die von diesen unterworfenen Bantu-Bauern (Hutu, Bahutu) und pygmoiden Twa.

In Burundi begnügte sich Gouverneur v. Götzen (1901—1906) zunächst nur mit der Sicherung der strittigen Zone zum unabhängigen Kongostaat und trieb den Straßenbau voran, bevor der eigenmächtig vorgehende Hauptmann von Beringe mit Hilfe der Unterhäuptlinge die Schwäche der Zentralgewalt zu einer Unterwerfung des Herrschers Mwezi Gisabo ausnutzte (1903). Nach der Abberufung des Hauptmanns wegen Ungehorsams zwang sein Nachfolger v. Grawert die nunmehr gegen die Kolonialmacht aufbegrehenden Häuptlinge zur Anerkennung des Königs (mwami), der seinerseits trotz der Kollaboration eine brüchige Unabhängigkeit aufrechtzuerhalten suchte.

In Ruanda hatte dagegen König Musinga (Yuhi III.) die Ankunft der Deutschen als eine willkommene Gelegenheit betrachtet, seine eigene usurpatorische Herrschaft weiter zu konsolidieren. Das politisch-gesellschaftliche Defensivbündnis zwischen dem mwami mit seiner zentralen und sakral gefestigten Königsgewalt und den deutschen Kolonialherren bestand noch 1902 im Hinblick auf die deutsche Seite aus 2 Offizieren und 25 Askari.

Zunächst als Bevollmächtigter, dann als Resident in Ruanda (1907 bis 1913), sah auch der jüdische Arzt und Forscher Dr. Richard Kandt die bestehenden afrikanischen politischen Systeme als die beste Basis deutscher Autorität an. Er beschrieb die politische und soziale Situation Ruandas in den Termini des Feudalismus, mit dem König als Herrscher, den Tutsi als der Aristokratie des Landes und den Hutu als den gemeinen Untertanen.[5] Nach seiner Auffassung hatte das deutsche Herrschaftssystem keine andere Wahl, als dieses „feudale" Tutsi-Regiment zu stabilisieren und zu konservieren. Schon von daher hatte die deutsche Kolonialherrschaft kaum Auswirkungen auf die sozialen Strukturen Ruandas und Urundis. Da sich unter der belgischen Kolonialherrschaft nach 1918 die Klassenschranken noch verstärkten und das Kolonialsystem mithin auch später nicht zu einem „sozialen Wandel" beitrug, führte das Entstehen einer konkurrierenden Gegenelite (aus der Hutu-Klasse) und Gegenideologie (Bantu-Nationalismus) zum eruptiven Ausbruch der Rassengefühle im November 1959 und zur „Parmehutu"-Machtübernahme im Januar 1961.

Blieben die nordwestlichen Sultanate nahezu gänzlich außerhalb der kolonialen Erschließung, so begann im Nordosten, namentlich in den zentralen Wirtschaftsräumen am Kilimandscharo und in Usaramo, bereits zu Beginn der 90er Jahre eine rapide wirtschaftliche Entwicklung. Kolonialhandel und Plantagenkulturen sowie eine weiße Farmertätigkeit gingen voran, infrastrukturelle Maßnahmen wie Straßen- und Wegebau sowie der Eisenbahnbau folgten. Mit dem Bau der ersten deutschen Kolonialbahn vom Hafen Tanga in Richtung Victoria-See wurde bereits 1893 begonnen. 1899 übernahm die Regierung die wegen des chronischen Kapitalmangels der DOAG nicht vorankommende „Usambara-Eisenbahn" oder Nordbahn und führte sie bis 1912 nach Moschi weiter. 1905 wurde von der ostafrikanischen Eisenbahn-Gesellschaft, einer Gemeinschaftsgründung Berliner Großbanken, die „Ostafrikanische Zentralbahn" oder Tanganjikabahn begonnen, die 1914 Kigoma in der Nähe von Udjiji am Tanganjika-See erreichte. Während die vor allem aus politischen Gründen erbaute Nordbahn — sie lief parallel zur britischen Uganda-Bahn — vornehmlich von konservativen, siedlungsorientierten Kolonialisten gestützt wurde, war die Zentralbahn ein Lieblingsprojekt der Verwaltung und handelsökonomisch orientierter Kreise.

Mit der Inwertsetzung der Kolonie verschärfte sich auch in Deutsch-Ostafrika die „Arbeiterfrage". Bis 1905 existierte keine rechtlich feste Grundlage für eine zwangsweise Arbeiterrekrutierung. Da die Liebertsche Hüttensteuer (1. 11. 1897) mit ihrem indirekten Zwang und der möglichen Ablösung durch Naturalien oder Arbeitsleistung nicht mehr ausreichte, bestimmte Götzen, vor die Alternative der Aufgabe der gerade eingeführten Baumwoll-

kultur (mit ihren notwendigen Arbeitskräften) oder einer Erhöhung des Arbeitszwanges gestellt, mit der Steuerverordnung vom
22. 3. 1905, daß jeder erwachsene arbeitsfähige Mann im Binnen-
lande eine Kopfsteuer von drei Rupien zu entrichten hatte, was
eine Erhöhung um das Vierfache bedeutete, da bis zum Inkrafttreten der Verordnung am 1. 4. 1905 nur jede Hütte (ca. 4 steuer-
pflichtige Personen) 3 Rupien zahlte. Auch konnte fortan die
Steuer nicht mehr in Naturalien geleistet werden. Durch eine
gleichzeitige besondere „Verordnung, betreffend die Heranziehung
der Eingeborenen zu öffentlichen Arbeiten" wurden den arbeitsfähigen Männern nicht nur Reinigung, Unterhalt und der Bau von
öffentlichen Wegen zur unentgeltlichen Pflicht gemacht, sondern
solche Personen, die ihre Kopf- und Hüttensteuer nicht bezahlen
konnten, hatten unter Aufsicht Tributarbeiten — oft weit von
ihren Familien entfernt — zu leisten. Diese Tributarbeiten wurden
teilweise an Plantagenbesitzer weiterverkauft.

In der Kopf- und Hüttensteuer und ihrer rücksichtslosen Eintreibung durch die verhaßten ortsfremden Akiden, in deren Händen
exekutive und legislative Rechte lagen, oder durch Askari haben
zeitgenössische Beobachter auch die Hauptursache für den Ausbruch des Maji-Maji-Aufstandes gesehen, der ja auch mit dem
Überfall auf das Haus eines Akiden begann.

„Die Ursache" des Aufstandes, schrieb ein Angestellter der Diskonto-
Gesellschaft aus Ostafrika am 3. 10. 1905, „ist in der Hauptsache die
sogenannte Kopf- oder Hüttensteuer. Die Neger haben so gut wie keinen
lohnenden Absatz für ihre Produkte des Feldes, ihre Rinder und Ziegen
haben dieselben bis auf geringen Bestand zur Aufbringung der Steuer
hergegeben und nur noch sehr wenige haben etwas Vieh. Wer die Steuer
nicht bezahlen kann, muß für die Station fern von den Seinigen arbeiten
und ist der Willkür der Askaris preisgegeben ... Diese sogenannte Tri-
butarbeit ... haßt der Neger bis aufs tiefste, er muß sich derselben jedoch
fügen, sonst wird ihm sein Vieh fortgenommen und seine Hütte mit allem
was darin ist, verbrannt ... Meine Ansicht geht dahin, daß wir nach dem
bestehenden System Gefahr laufen, diese schöne Kolonie durch unsere
eigene Schuld zu verlieren. Wir müssen erst lernen, den Neger richtig als
Menschen und nicht als Vieh zu behandeln."[6]

Die Situation verschlimmerte sich durch den allgemeinen administrativen Druck. Seit 1902 war mit der Errichtung von sogenannten Dorfschamben zum gemeinsamen Anbau von Baumwolle in
dafür geeigneten Dörfern begonnen worden. Frauen und Männer,
Freie und Sklaven hatten in gemeinsamer Arbeit eine bestimmte
Fläche mit Baumwolle zu bebauen, wofür sie nur geringfügig ent-

lohnt wurden. Schlimmer war jedoch, daß die Schwarzen auf ihren Verdienst so lange warten sollten, bis die Baumwolle in Hamburg verkauft und der Erlös in die Kolonie transferiert war — oft über ein Jahr. Nicht zufällig brach deshalb die Erhebung in einem Gebiet aus, das unter diesem Zwangsanbau schwer gelitten hatte und in dem die Subsistenzproduktion aufs äußerste gefährdet war; fiel doch die Erhebung mit der staatlich fixierten Ernte zusammen. Weitere Vorschriften vervollständigten das System totaler Bevormundung. Die Jagd- und Waldschutzverordnung vom Juni 1903 verbot die Elefantenjagd und die traditionelle Netzjagd. Eine Pombesteuer sollte den Konsum des „Afrikanerbiers" eindämmen. In einer Antwort auf die geheime Umfrage zu den Ursachen des Aufstandes, die der oberste Marineoffizier bei allen im Aufstandsgebiet der Kolonie eingesetzten Marineeinheiten angeordnet hatte, wurde gerade auf diese administrative Gängelei aufmerksam gemacht:

„Der Neger muß Steuern zahlen, muß bestimmte Bäume pflanzen, einige Arten seiner Ngoma (Tanz) sind ihm verboten, der Ort, wo er seine Hütte bauen soll, wird ihm zugewiesen, die Jagd ist ihm eingeschränkt, er muß produzieren, muß auf der Dorfshamba arbeiten und sieht sich um einen Teil des Lohnes, der zum Teil erst nach vielen Monaten, d. h. nach der Fassungskraft des Negers vorläufig gar nicht, gezahlt wird, von Jumben betrogen, seine Pombefeste werden ihm eingeschränkt, die Arbeitspombe wird unterdrückt."[7]

Als Ursache für den Aufstand wird man daher die allgemeine Unterdrückung der einheimischen Bevölkerung durch die Kolonialherren ansehen müssen. Er stellt sich somit — zu diesem Ergebnis kam auch die von Gouverneur Götzen eingesetzte Untersuchungskommission[8] — als „das Resultat einer Summe von Einzelerscheinungen" dar: Hüttensteuer, Pombe-Taxe, Zwangsarbeit und Arbeitsbedingungen, Lohnbetrug, Straßenbau, Trägerdienste, die zahllosen Schutzbestimmungen für Wasser, Wald und Wild, das Benehmen der landesfremden Akiden und Askaris, der Schulzwang, der von den Afrikanern als ein Mittel zur Entfremdung ihrer Kinder von den tradierten Denk- und Glaubensinhalten empfunden und als Entzug ihrer Arbeitskraft betrachtet wurde, sowie die unkorrekten Methoden der indischen Händler. Bezeichnenderweise haben die Aufständischen vielerorts oft zuerst Inder, Araber oder Suaheli angegriffen, die Läden besaßen, erst dann Europäer, denen Baumwollpflanzungen gehörten. Der Aufstand war daher nicht nur ein antikolonialistischer Befreiungsversuch, sondern ihm hafteten auch Züge eines sozialrevolutionären Protestes an. Daß er auf den Süden begrenzt blieb, hing wohl in erster Linie mit dem Umstand zusammen, daß dieses Gebiet von der deutschen Kolonisation vor der Jahrhundertwende nur marginal berührt worden war, so daß das nachgeholte zügige Vorandringen noch vielfach Reaktionen primären Widerstandes bewirkte.

Der Aufstand, von dem die Missionare genauso überrascht waren wie die offiziellen Stellen, brach Ende Juli 1905 in den Matumbibergen nördlich von Kilwa als Bauernrevolte infolge des kollektiven Baumwollanbaus aus. Als allgemeine Reaktion auf das System fremder Herrschaft weitete er sich nahezu über den gesamten Süden des Kolonialgebietes aus und bedeutete, nicht zuletzt wegen der parallelen Ereignisse in Südwestafrika, eine ernste Erschütterung der deutschen Kolonialherrschaft. Hauptbetroffen waren die Bezirke Iringa, Kilwa, Langenburg, Lindi, Mahenge, Morogoro und Songea. Im Süden erreichte er die Grenze von Mosambik und im Westen das Nordufer des Njassasees.

Die inneren Gegensätze der einzelnen Stammesgruppen, die Furcht einzelner kollaborierender Häuptlinge und arabischer Händler, durch die Unterstützung der Aufständischen ihre bisherige soziale Stellung zu gefährden, sowie schließlich die jeweils unterschiedlichen Erfahrungen mit der Kolonialmacht haben allerdings von vornherein die antikoloniale Widerstandsfront zersplittert und die Unterwerfung des Aufstandes für die Kolonialherren erleichtert. Während etwa die kriegerischen Ngoni zu den Hauptträgern des Aufstandes gehörten, blieben die kaum weniger streitbaren Hehe aufgrund vorausgegangener Erfahrungen mit den überlegenen Deutschen, aber auch infolge des geringen Zugriffs des Kolonialstaates bzw. sogar einer gewissen Zufriedenheit mit der Rechtssicherheit schaffenden deutschen Verwaltung, ruhig und schlossen sich sogar den Deutschen als Hilfstruppen an. Ebenso lag in der politisch bedingten Kollaboration von Teilen der Stammesführer im Aufstandsgebiet ein insgesamt die Einheitlichkeit und Wirksamkeit der Erhebung schwächender Faktor. So ist z. B. die Dankbarkeit des Sangu-Häuptlings Merere (IV. Ugandilwa) gegenüber den Deutschen, die seinen Todfeind Mkawa beseitigt und ihm große Teile von Usangu zurückgegeben hatten, neben dem Widerstand seiner Verwandten und Unterhäuptlinge gegen ein Bündnis mit den Führern des Aufstandes sowie dem Erscheinen einer deutschen Truppe mit ausschlaggebend für seine Zusammenarbeit mit den Deutschen gewesen. Andererseits hatte die Auflehnung des mäch-

tigen Bena-Häuptlings Mbeyela nur wenig mit dem Trank der
„maji-maji-Medizin" zu tun, sondern entsprang, im Vorfeld des
Aufstandes, seiner persönlichen Begehrlichkeit und der Bedrohung
seiner politischen Position durch die Missionare: Mit Enttäuschung
hatte er den Verlust seiner Autorität bei seinen Untertanen registriert, die christliche Namen annahmen, Anstalten zur Bildung
eines gemeinsamen Siedlungsverbandes trafen und von „Gott"
anstelle von „Mosoka" sprachen.
Hinsichtlich des Faktors der Missionierung und ihres „Erfolges" bei
den Eingeborenen wird man ein von Zeit, Ort und politischen
Umständen je verschiedenes Verhältnis von „Treue" und Abfall
bzw. „Kollaboration" und Widerstand konstatieren müssen, wobei
der Missionseinfluß sich insgesamt mäßigend und in Richtung einer
Kooperation mit dem Kolonialregime auswirkte. Die Gründe für
die Anhänglichkeit der schwarzen Christen an die Mission sind
leicht ersichtlich: ihre Befreiung aus einem autokratischen Stam-
mesregiment (obgleich die Missionare mitunter kaum weniger pa
ternalistisch als die Stammeshäuptlinge auftraten), die wirtschaftliche Besserstellung durch die Mission, die es ihnen erlaubte, leichter
ihre Steuern zu zahlen, und die Landfriedenspolitik der Mission.
In mehreren Fällen haben Aufständische gezögert, Missionsstationen anzugreifen, und in Einzelfällen sogar Missionare unbehelligt
abziehen lassen. Im allgemeinen bekämpften sie jedoch auch die
Missionare, weil sie Europäer waren und alle Weißen „gleich seien,
alle Freunde von Steuern und Baumwolle".[9]
Die Mission war daher zunächst nicht im Unrecht, wenn sie die
„Verschwörungstheorie" deutscher Kolonialbeamter, Siedler und
rechtsstehender Politiker ablehnte, die von der Prämisse einer reli-
giös-kultischen Organisation und geheimbündnerischen Tätigkeit
ausging und den Aufstand als eine explosive politische Erhebung
des schwarzen Mannes gegen den vordringenden weißen Mann, der
die alten Lebensformen zerstörte, interpretierte. Die Aufständischen vollzögen das gleiche, wie es in einem Memorandum der
Benediktinermission hieß, „was Hermann der Cherusker gegen die
Römer tat", und die Mission verglich die Erhebung sogar mit der
nationalen Auflehnung der Tiroler 1809 und derjenigen der Deutschen gegen Napoleon in den Freiheitskriegen von 1813.[10] Selbst
Gouverneur v. Götzen maß der Erhebung den Charakter eines
„nationalen Kampfes gegen die Fremdherrschaft" bei.[11] Mit dieser Interpretation als nationale Unabhängigkeitsbewegung gegen
den westlichen Kolonialismus nahmen Mission und Gouverneur

eine Deutung vorweg, die heute das nationale Selbstverständnis der Tansanier bestimmt.[12]
Wenn die Missionare allerdings davon ausgingen, daß sie nur „zufällig" in die „Empörung" gegen das weiße Herrschaftssystem verstrickt waren, so ließen sie doch ihr eigenes enges Bündnis mit den Kolonialeroberern und ihre geradezu zentrale Rolle als Zerstörer tradierter Lebens- und vor allem religiös-politischer Kult- und Denkformen außer acht. Das Christentum mußte für die Eingeborenen zwangsläufig einem Frontalangriff auf ihre Religion und ihre Sitten, ihre Lebens- und Arbeitsauffassung, ja die Sozialstruktur ihrer Gesellschaft schlechthin gleichkommen (Initiationsriten, Polygynie, Ahnenverehrung, Häuptlingsherrschaft usw.). Die Anordnungen zum Abbruch der „mahoka"-Hütte des Nkosi-Mputa, eines Ortes zur Verehrung des Ngoni-Ahnenglaubens, durch den Stationsoberen von Peramiho stand z. B. in direktem Zusammenhang mit der Zerstörung des Altars und der Niederbrennung dieser Station durch den Ngoni-Häuptling.[13]
Sicherlich war der Aufstand primär kein „religiöser" Aufruhr. Er wäre sehr wahrscheinlich auch ohne den Maji-Maji-Kult ausgebrochen, und er entzündete sich ja an konkreten Unterdrückungsmaßnahmen wie dem erzwungenen Baumwollanbau. Aber seine erhebliche Ausdehnung, mit der Überwindung der Stammesgrenzen oder vorangegangener enger Stammesbündnisse, seine Intensität und seine antikoloniale Ideologie sind undenkbar ohne die — allerdings erst *während* des Aufstandes politisierte — stammesübergreifende Adaption und Verwandlung von älteren gemeinsamen oder ähnlichen Glaubens- und Kulttraditionen sowie von durch das drückende Kolonialsystem verstärkten millenaren Prophetien wie dem Koleo-Kult.[14] Das „maji", Wasser aus dem Rufiji-Fluß, vermischt mit Mais und Hirse, das in Amalgamierung vorherrschender Bantu-Rituale über den Kopf gegossen und als „Medizin" eingenommen wurde und das gegen die Kugeln der Weißen unverletzbar machen sollte, diente als politisches Kommunikationsmittel und wurde zugleich zum Symbol der gegenseitigen Bindung und Einheit. Diese religiös-chiliastische Ideologie hatte politisch zunächst noch eine Restauration der tradierten religiösen Herrschaftsstruktur zum Inhalt — daher die Gefährdung der Missionare, weil sie durch den von ihnen initiierten, tiefreichenden Kulturwandel die ideologische Spaltung des Volksganzen bewirkt und damit das Prestige und den sozialen Status der alten Führungsschichten und der mit ihnen aufs engste verbundenen, einfluß-

reichen religiösen „Berater" untergraben hatten. Doch dann schreckte die neue, „göttlich" inspirierte Führerschaft (Propheten), die als „Heilsbringer" „viel stärker charismatisch und revolutionär" und damit ideologisch fanatischer war, selbst nicht davor zurück, unentschlossene, konservative legalistisch-bürokratische Autoritäten zu beseitigen.[15]
Die Folgen des Aufstandes in Deutsch-Ostafrika waren ähnlich verheerend wie diejenigen nach dem Herero-Nama-Aufstand. Man schätzt weit über 75 000 Tote, wobei z. B. einem Missionsbericht zufolge die Zahl der Pangwa von etwa 30 000 auf 1 000 — 1 500 dezimiert und in Ungoni, im Zentralgebiet der Aufstandsbewegung, die Bevölkerung auf die Hälfte reduziert wurde. Die nach dem Aufstand teilweise konsequent fortgesetzte Domestizierungspolitik — durch Aushungerung und eine Politik der verbrannten Erde — hat die Folgen des Aufstandes noch vergrößert.[16] Sie hat etwa im Gebiet der Ngoni, als Antwort auf die fortgesetzte Guerillataktik dieses selbstbewußten und kriegerischen Stammes, zur Vernichtung aller Nahrungsmittel und Vorräte geführt. Der Hunger verursachte unter ihnen wahrscheinlich mehr Tote als der Krieg selbst (über 5 000 Ngoni). Über 25% der Eingeborenenfrauen sollen aufgrund der Entbehrungen unfruchtbar geworden sein.[17]
Auf deutscher Seite schienen die dicht aufeinander folgenden Aufstände in Südwestafrika und Ostafrika einen kolonialpolitischen Lernprozeß in Gang gesetzt zu haben. Das reformistisch-utilitaristische Programm des neuen Kolonialstaatssekretärs Dernburg und die „Rekonstruktionspolitik" Frhr. v. Rechenbergs, Diplomat, Katholik und erster Zivilgouverneur Deutsch-Ostafrikas (1906 bis 1912), kündigten einen radikalen Kurswechsel und eine Aussöhnung mit den Afrikanern an. Rechenbergs Beobachtung, daß eine Plantagenwirtschaft Arbeiter benötigte, was notwendigerweise zu Zwangsmethoden und damit zu Konflikten wie in Kamerun führen mußte, während Handelskolonien nach dem Vorbild Togos verhältnismäßig ruhig blieben, bestimmte sein Vorhaben, Ostafrika zu einem entwickelten „Negerland unter deutscher Flagge" zu machen und die eingeborene cash crop-Produktion zu fördern. Er wollte keine Siedlungs- oder Plantagenkolonie, sondern ein „Land für Kaufleute, indische Händler und eingeborene Kulturen".
Zunächst hob Rechenberg daher das von der Kolonialverwaltung dekretierte System des Anbaus von Exportkulturen (Baumwolle) auf, in dem er eine Hauptursache des Aufstandes gesehen hatte.

Die nahezu unbezahlte Zwangsarbeit auf den Dorfschamben
wurde abgeschafft, und die Schamben gingen in die alleinige Regie
der einheimischen Oberschicht über. Auch das generelle Aufbringen
der Kopf- und Hüttensteuer durch Zwangsarbeit wurde aufgehoben. Ein Landgesetz von 1907 verbot den weiteren Verkauf von
Grund und Boden, der bereits von Schwarzen besetzt war, an
weiße Siedler. Im Gefolge der Dernburgschen Reformpolitik suchte
Rechenberg die diskriminierende Prügelstrafe einzugrenzen, zumindest ihre Anwendung gesetzlich festzulegen. Tatsächlich gingen
die Prügel- und Rutenstrafen von 6 322 im Jahre 1905/06 auf
3 746 im Jahre 1908/09 zurück, bevor sie allerdings wieder stiegen
und 1912/13 die Zahl 8 057 erreichten.[18]
Wie Dernburg lehnte es Rechenberg ab, die Zuwanderung von
Indern in die Kolonie zu begrenzen (1900 3500, 1914 9000), weil
sie den innerafrikanischen Handel förderten, was wiederum den
Steuereinnahmen zugute kam. Da die Träger des Handels im Lan-
desinnern fast ausschließlich Inder waren — sie hatten die Araber
schon vor der deutschen Herrschaft weitgehend aus deren wirtschaftlicher Führungsstellung verdrängt und dominierten im Klein-
und Zwischenhandel —, richteten sich seine Bestrebungen auf den
Abbau der Handelsschwierigkeiten für diese Schicht, die gleichzeitig Arbeitskräfte und Motivationen innerhalb der afrikanischen
Bevölkerung mobilisierte und als Bindeglied zwischen europäischem Handel und afrikanischen Produzenten und Konsumenten
unentbehrlich war. Während der Gouverneur sie bei der Neustruk-
turierung der Verwaltung 1909/10 ins aktive und passive Wahl-
recht für die Bezirksräte mit einbeziehen wollte, sahen die deutschen Siedler und Kaufleute in den genügsamen und agilen Indern
eine ernsthafte Bedrohung („Juden Ostafrikas"). Erbittert reagierte das Organ der Siedler und Pflanzer in Ostafrika, die
„Usambara-Post", mit der Bemerkung, daß der „neuere Kurs"
darauf hinauslaufe, „Deutsch-Ostafrika zu einer Beamten-, Neger-
und Inderkolonie zu machen, wo selbst der deutsche Ansiedler
nichts zu suchen" habe.[19] Im Reichstag attackierten die Sprecher
der afrikanischen Siedler wie Eduard v. Liebert, Johannes Sem-
ler, Hermann Paasche und Otto Arendt die „negerfreundliche"
und „siedlerfeindliche" Politik Dernburgs und Rechenbergs; dieser
Kritik schloß sich die DKG in Versammlungen und durch Bro-
schüren an.
Rechenberg war sich bewußt, daß seine Konzeption einer neutralen Verwaltung in einer multi-nationalen kolonialen Gesell-

schaft nur durch eine rigorose Verwaltungsreform durchgesetzt
werden konnte. 1909 hob er daher die lokalen Selbstver-
waltungsorgane, die 1901 gegründeten Kommunalverbände (mit
Ausnahme der Stadträte von Tanga und Daressalam) auf, in denen
die Europäer bislang auf Bezirksebene über die Verwendung von
50% der Hütten- und 20% der Gewerbesteuer verfügen und auf
diese Weise auf Kosten der afrikanischen Bevölkerung fiskalische
Mittel zu ihrem alleinigen Nutzen verbrauchen konnten. Die seinerzeit bestimmte Beteiligung der farbigen Bevölkerungsgruppe an
diesen Kommunalverbänden, die der rassistisch-radikalkonserva-
tive Gouverneur v. Liebert unter dem Druck der Kolonialregierung zugelassen hatte, war schon von seinem „progressiveren"
Nachfolger Götzen beseitigt worden. Rechenbergs weitgehende
Vorstellungen von einem Repräsentationsorgan der schwarzen
Bevölkerung oder eines Frauenwahlrechts scheiterten jedoch am
Einspruch der Reichsbürokratie.[20]
Auf halbem Wege blieb auch die Förderung der afrikanischen Produktion stecken, obgleich ihr Aufschwung einen durchaus beacht-
lichen Anteil an der agrarischen Exportproduktion ausmachte
(46% der Gesamtausfuhr).[21] Besonders hoch war ihr Anteil bei
Baumwolle und Erdnüssen. Einheimische Farmer waren im Küstengebiet für den größten Teil des Kopra-Exports der Kolonie
verantwortlich. Beim Kaffee, der von der Mission eingeführt worden war und der bis 1906 vorwiegend von deutschen Pflanzern
angebaut wurde, holten die Afrikaner auf und erreichten einen
40—50%igen Anteil. Beim Kautschuk wurden sie allerdings, wenn
auch erst 1913, von den europäischen Plantagen überflügelt. Allein
bei der 1893 aus Florida eingeführten Sisalagave, die bald ein
Drittel des Exports der Kolonie ausmachte, waren die Afrikaner
nur zu einem geringen Maße beteiligt. Die Sisal-Agaven-Gesell-
schaft zahlte 1912 und 1913 25% Dividende. Heute gehört Sisal
allerdings neben anderen, von den Deutschen eingeführten bzw.
angebauten Pflanzen zu den wichtigsten Ausfuhrgütern Tansanias.
Mit der wachsenden einheimischen Exportproduktion entwickelte
sich neben den arabischen und indischen Händlern gleichzeitig eine
afrikanische Händlerschicht, die die Produkte aus dem Inland zur
Küste transportierte. Schließlich hat Rechenberg durch eine Reihe
landwirtschaftlicher Versuchsstationen (Amani-Institut) und wissenschaftlicher Einrichtungen zum ökonomischen Fortschritt und
zur Entwicklung der Kolonie beigetragen. Diese „Entwicklung"
ging weitgehend zu Lasten des Kolonialstaates; denn auch in

Deutsch-Ostafrika blieb die Handelsbilanz passiv: einer Ausfuhr
von 35 Mill. Mark im Jahre 1913 stand eine Einfuhr von 53 Mill.
Mark im selben Jahr gegenüber. Von den afrikanischen Kolonien
Deutschlands erhielt Deutsch-Ostafrika nach Südwestafrika die
höchsten Reichszuschüsse (122 Mill. Mark).
Rechenberg vermochte auch den wachsenden Zustrom weißer Siedler nicht zu verhindern. Hatte die Zahl der europäischen Pflanzer
und Ansiedler 1905 erst 180 betragen, so stieg sie bis 1913 auf 882
(bei einer weißen Bevölkerung von 5 336). Namentlich am Kilimandscharo, wo fast ein Viertel der europäischen Bevölkerung
lebte und das wirtschaftliche Hauptzentrum der Kolonie lag,
waren die wirtschaftlichen und sozialen Verhältnisse zunehmend
einem Wandlungsprozeß unterworfen. Nach 1906 hatte überdies
ein umfangreicher deutscher Plantagenbau eingesetzt, zu dem 1913
ein Gesamtareal von 542 124 ha gehörte, von dem allerdings nur
106 292 ha bebaut waren. Da Rechenberg diese Entwicklung nicht
aufhalten konnte und auch die Unterstützung Dernburgs verlor —
gegen seinen Willen bestimmte der Kolonialstaatssekretär, daß die
Mehrheit der Gouvernementsratsmitglieder aus Nicht-Beamten
gebildet werden sollte —, ganz zu schweigen von dessen siedler-
freundlichem Nachfolger v. Lindequist (1910—1911), wurde aus
der Kolonie zunehmend „ein Land des weißen Mannes". Die 1914
im Aruscha-Gebiet fertiggestellte Vermessung ergab z. B., daß ein
Europäer durchschnittlich 74,5 ha Land bewirtschaften konnte, ein
Afrikaner 0,85 ha; das war ein Verhältnis von 90 : 1.[22] Jedoch
wurden die Dschagga durch die Landabgaben nicht proletarisiert
(J. Iliffe). 1914 war in Deutsch-Ostafrika weniger als 1 Prozent
des Bodens in europäischem Besitz.[23]
Allerdings zielte das rassenideologisch untermauerte Programm der
Siedler darauf ab, durch Enteignung und Verhinderung von Bo-
denerwerb sowohl die „Arbeiterfrage" zu lösen als auch gleichzeitig die seit 1906 im Wachsen begriffene Marktproduktion der Eingeborenen (Kaffee, Sisal, Kautschuk, Baumwolle, Erdnüsse, Sesam,
Reis und Produkte der Viehhaltung) zurückzudrängen und die
schwarzen Plantagenarbeiter, wie es ihnen vorschwebte, als billiges
Produktionsmittel dem Status der Hörigen des frühen 19. Jahrhunderts in Deutschland anzugleichen.[24] Zumindest für weite
Regionen des Kilimandscharo-Gebietes haben sie eine Umwandlung der ackerbauenden und viehtreibenden Schwarzen in Lohnarbeiter erreicht. 1913 waren beispielsweise am Kilimandscharo von
96 834 Dschagga 18 609 arbeitsfähige Männer; davon arbeiteten

10 589 auf europäischen Plantagen, 3 176 auf Missionsstationen, 400 als Beschäftigte des Bezirksamtes Moschi, 1282 als Gefolgsleute der Häuptlinge und 3 020 als Handwerker, Händler und Beschäftigte bei Indern sowie als nicht bei Fremden Tätige.[25] Die unmittelbaren Folgen dieser Entwicklung waren auch in Deutsch-Ostafrika Enteignung, Arbeitszwang[26] und Mißhandlung der Eingeborenen auf den Plantagen. Die Mortalitätsrate auf privaten Plantagen lag bei mindestens 7—10%, auf einzelnen Pflanzungen wie der Prinz-Albrecht-Plantage erreichte sie 26% und betrug nach den Angaben eines in Deutsch-Ostafrika tätigen Arztes sogar „oft über 50 v. H.".[27] Da der indirekte Zwang durch die Steuern (3—6 Rupien) längst nicht die „Arbeiterfrage" löste, wurden Arbeiter im „Zwangswege" gestellt, während im Innern der Kolonie sogenannte Arbeiteranwerber geradezu offen Menschenraub betrieben und ihre „Ware" gegen ein vorher festgelegtes Kopfgeld an der Küste ablieferten.

1913 beschrieb der Weiße Vater van der Burgt mit handfestem Material, das Erzberger im Reichstag aufgreifen konnte, in einem aufsehenerregenden Bericht in der liberalen „Kolonialen Rundschau" die durch die Rekrutierung von Zehntausenden von Saison- und Wanderarbeitern („Kontraktarbeiter") entvölkerten Dörfer und verwüsteten Felder in Unyamwesi und Ussukuma.[28] Er wies auf die verheerenden Folgen für die Familien- und Gesundheitsverhältnisse in den verlassenen Gegenden hin und geißelte die betrügerischen und brutalen Methoden konzessionierter Arbeiteranwerber und die rigorosen Praktiken gewinnsüchtiger Häuptlinge — „ein moderner Sklavenhandel", wie es selbst in dem unveröffentlichten Manuskript zum regierungsoffiziellen Jahresbericht von Deutsch-Ostafrika für 1910/11 hieß.[29] So wie früher das Trägerwesen diese Landschaften entvölkert hatte, sorgten jetzt Plantagenarbeit, Eisenbahnbau und Kautschukgewinnung für den freiwilligen oder erzwungenen Abzug der männlichen Bevölkerung, mit der Folge, daß z. B. in der Landschaft Ussumbwa die Einwohnerzahl in zwanzig Jahren von 12 000 auf 5 000 dezimiert wurde.

Mit der administrativen Erschließung der Kolonie und ihrer kommerziellen Inwertsetzung nach dem Aufstand trat indessen auch eine politisch-soziale Wende ein, die nicht nur auf einzelne Regionen des Landes beschränkt blieb. Denn nunmehr standen im gesamten Kolonialgebiet einer durch die radikale Veränderung der traditionellen sozialen und wirtschaftlichen Verhältnisse desorientierten,

vor allem jugendlichen Bevölkerung zunehmend „positiv sanktio-
nierte Rollen" im Bereich der Verwaltung, der Wirtschaft, in Einrichtungen der Infrastruktur und Landmelioration und nicht zuletzt im Bereich der Mission zur Verfügung. Die Erkenntnis, daß
eine Realbildung zu den materiellen Voraussetzungen des Vor-
wärtskommens gehörte, bot einer nach einem Ausweg suchenden,
nicht von der traditionellen Machtteilhabe profitierenden Elite
(„new men") die Chance der „Anpassung" und des „Aufstiegs" in
der sich formierenden kolonialen Gesellschaft: Bildung stellte den
Schlüssel zum wirtschaftlichen und sozialen Erfolg in der „kolonialen Situation" dar. Dieser geistige Umbruch umfaßte vor allem die
jüngere Generation, die aus den alten Stammesbindungen ausbrach
und sich europäischen Wertmustern und Verhaltensnormen anzupassen suchte. Die Übernahme von Bildung sowie die Annahme des
Christentums schien so „beinahe als die Revolte einer ganzen Generation gegen die Alten" (J. Iliffe).[30]
Indikator dieses politisch-sozialen Wandlungsprozesses war in
Ostafrika wie in allen anderen Kolonien das Schulwesen, das fast
ausschließlich in den Händen der Mission lag. Es trug nicht nur
erheblich dazu bei, daß das Kultur- und Wirtschaftsgefälle zwischen der seit Jahrhunderten von Arabern, Indern und Europäern
erschlossenen Küste und dem unberührten Hinterland sich nicht zu
sehr vergrößerte, sondern war auch Teil jener nach 1906 einsetzenden „Bildungsrevolution", die wesentliche Voraussetzungen des
modernen Tansania schuf (u. a. das Suaheli als intertribales Idiom
und afrikanische Amtssprache). Kurz vor Ausbruch des Ersten
Weltkrieges besuchten in Deutsch-Ostafrika insgesamt 61 815 Schüler die katholischen, 46 730 Schüler die protestantischen Missionsschulen, gegenüber 6 200 Schülern in den Regierungsschulen. D. h.,
daß bei einer Bevölkerungszahl von 7 642 200 im Jahre 1913 ca.
1,5% der Bevölkerung eine Schule besuchte. Diese absolut gesehen
bescheidenen, im relativen Vergleich zu den Jahren vor 1905 und
im direkten Vergleich etwa zu den Nachbargebieten jedoch bemer-
kenswerten Zahlen — dem deutschen Schulwesen stand zum damaligen Zeitpunkt nichts Vergleichbares in Kenia, Uganda oder
Nyasaland gegenüber — symbolisieren einen Prozeß, der unmittelbar nach dem Maji-Maji-Aufstand einsetzte und dessen Entwicklung über die deutsche Kolonialzeit hinausreichte. Die Anfänge des
modernen Tansania liegen daher wenigstens ebenso in der Herausforderung der Prinzipien der Häuptlingsautorität durch die vom
Christentum mobilisierten „Untertanen" wie in der Aufstands-

bewegung von 1905/06, die eher den Bruch mit der Vergangenheit besiegelte. Einzig in Deutsch-Ostafrika haben schließlich die deutschen Kolonialtruppen mit ihren Askari den Engländern einen langanhaltenden Widerstand leisten können, der sich mit dem Namen ihres Kommandeurs Paul v. Lettow-Vorbeck verbindet.[31] Bei Kriegsausbruch war es Lettow-Vorbecks Ziel, größere Teile der gegnerischen Truppen in Ostafrika zu binden, um deren Einsatz auf dem europäischen Kontinent zu verhindern. Aus militärisch bedingter Notwendigkeit schuf er gleichzeitig die erste rassisch integrierte Armee moderner Kolonialkriege. In den beiden größten Gefechten des Krieges in Ostafrika (Tanga 1914, Mahiwa 1917) brachte er den Gegnern schwere Niederlagen bei, und trotz zunehmender feindlicher Übermacht vermochte er sich mit seiner fast völlig von der Außenwelt abgeschnittenen Schutztruppe (Stärke im März 1916: 15 107 Mann) bis zum Kriegsende zu halten. Nach Beginn der englischen Gegenoffensive unter General Jan Smuts im Frühjahr 1916 war er indes gezwungen, sich aus dem Norden der Kolonie zurückzuziehen und schließlich im November 1917 nach Portugiesisch-Ostafrika auszuweichen. Von dort marschierte er nach Norden, durch den Süden Deutsch-Ostafrikas nach Rhodesien. Am 25. 11. 1918 ergab er sich mit dem Rest seiner Truppe den Engländern in der Nähe des Städtchens Abercorn, südlich des Tanganjikasees. England erhielt auch den größten Teil des ehemaligen Deutsch-Ostafrika als B-Mandat des Völkerbundes. Ruanda und Urundi wurden Belgien zugesprochen, während das Kionga-Dreieck im Süden des Rovuma unter portugiesische Mandatsverwaltung kam.

5. Die pazifischen Kolonien

Die deutschen Schutzgebiete im pazifischen Raum wurden seinerzeit nach der landläufigen topographischen Einteilung in die westlich gelegenen mikronesischen und melanesischen Inseln „Deutsch-Neuguineas" und das zur östlichen polynesischen Inselwelt gehörende „Deutsch-Samoa" eingeteilt. Im einzelnen umfaßte *„Deutsch-Neuguinea"* dabei das melanesische Festlandsgebiet Kaiser-Wilhelmsland auf Neuguinea und den vorgelagerten Bismarck-Archipel, die Inseln Bougainville und Buka der Salomonen sowie die mikronesischen Eilande der Karolinen-, Marianen- (außer

Guam) und Palau-Inseln, und schließlich die Marshall-Inseln mit der Hauptinsel Nauru. Alle diese Landfragmente machten insgesamt ein Gebiet von knapp 240 000 km² aus, von dem Kaiser-Wilhelmsland allein 185 650 km² umfaßte. Die Zahl der eingeborenen Bewohner all dieser Inseln wurde 1911 auf ca. 600 000 geschätzt.[1]

Bei der Übernahme der Verwaltung Deutsch-Neuguineas durch das Deutsche Reich 1899 war die administrative Einteilung in zwei Hauptgebiete — das Festland und den Archipel — beibehalten worden. Die bei weitem größere wirtschaftliche Bedeutung des letzteren dokumentierte auch die Verlegung der Verwaltungszentrale nach Herbertshöhe (Kokopo), während ein Bezirksamt in Madang (Friedrich-Wilhelmshafen) für die Verwaltungsbelange auf dem Festland zuständig blieb. Seit März 1899 unterstand Deutsch-Neuguinea einem Gouverneur, dem 1903 ein Gouvernementsrat, sich zusammensetzend aus Beamten, Vertretern der Wirtschaftsunternehmen und Missionaren, zur Seite trat. Die zunächst selbständig gebliebenen Marshall-Inseln wurden 1906 in die Verwaltung Deutsch-Neuguineas integriert und von einem Bezirkshauptmann verwaltet. Ein Netz von Bezirksämtern und Regierungsstationen überzog bis 1914 die weiträumige Inselwelt.

Der Aufbau einer effizienten Verwaltung wie die Entwicklung Deutsch-Neuguineas überhaupt sind eng mit dem Namen seines langjährigen Gouverneurs Dr. Albert Hahl verbunden. Von November 1902 bis Juni 1914 stand er an der Spitze der Kolonie.

Der in Gern (Niederbayern) geborene Jurist Dr. Albert Hahl (1868 bis 1945) hatte bereits von 1896—1898 als kaiserlicher Richter im Bismarck-Archipel amtiert und von 1899—1901 als Vize-Gouverneur mit Sitz auf Ponape (Karolinen) den drei Bezirksämtern der Karolinen-, Marianen- und Palau-Inseln vorgestanden, bevor er am 20. 11. 1902 seine Ernennung zum Gouverneur von Deutsch-Neuguinea erhielt. Als er 1914 zurücktrat, gehörte er zu den Gouverneuren mit der längsten kolonialen Erfahrung. Nach seiner Pensionierung 1918 übernahm er die nach dem Verlust der Kolonien eher formale Position eines Direktors der Neuguinea-Kompanie. Er gehörte zu den aktiven Vertretern des Kolonialrevisionismus in der Weimarer Republik und im Dritten Reich, ohne sich jedoch der NSDAP anzuschließen.

Die Karriere dieses fähigen Kolonialbeamten begann mit seiner Tätigkeit als Kaiserlicher Richter auf der Gazelle-Halbinsel, gleichzeitig als Verwaltungsbeamter dem Landeshauptmann in Stephansort formal verantwortlich. In diesen Jahren schuf Hahl die

Grundlagen eines Verwaltungssystems, das bis 1914 auf die gesamte Kolonie übertragen werden sollte. Ausgangspunkt seiner Maßnahmen war die verfahrene Situation, in die die Neuguinea-Kompanie mit ihrem Desinteresse an einer administrativen Erschließung der Kolonie, der rücksichtslosen Landpolitik und ihren rüden Arbeiterrekrutierungsmaßnahmen das gesamte Kolonialgebiet gebracht hatte und die zu den ständigen Erhebungen der eingeborenen Bevölkerung erheblich beitrug. Hahls Eintreten für die Belange der eingeborenen Bevölkerung entsprang sicherlich auch einem wohlwollenden Interesse für die Ureinwohner, resultierte jedoch vor allem aus der ökonomisch motivierten Erkenntnis, daß, sollte das koloniale Engagement Deutschlands in diesem entlegenen Gebiet nicht ein nutzloses Unterfangen bleiben, der Eingeborene als Produzent und Arbeiter von Anfang an für den materiellen Fortschritt der Kolonie unabdingbar war. Primär aus dieser Einsicht entschloß sich Hahl zu einer konstruktiven Eingeborenenpolitik. Sie bestand erstens aus einer Einbeziehung der neuen Untertanen in die Verwaltung; zweitens aus Vorkehrungen zum Schutz der indigenen Landbesitzrechte; und drittens aus Maßnahmen, die die Eingeborenen enger in das wachsende Wirtschaftssystem der Kolonie integrieren sollten. Alle drei Komplexe, bei deren Durchsetzung Hahl der Verwaltung die Initiative zumaß, waren eng miteinander verbunden und zielten darauf ab, das Vertrauen der Einheimischen zu gewinnen. So hatte er sich bei seiner Ankunft zu der auf der Gazelle-Halbinsel vorherrschenden Ethnie der Tolai begeben, um ihre Sprache und Sitten kennenzulernen, wie er überhaupt durch ständige Reisen und Visitationen den Kontakt zu den verschiedenen Volksgruppen seines weiten Amtsbereiches zu verbessern suchte.[2]

Die erste und bekannteste seiner Maßregeln im Zusammenhang mit den Verwaltungsmaßnahmen war die Ernennung von „farbigen Ortsvorstehern", sogenannten Luluais, die für „Ruhe und Ordnung" in ihren Dörfern zu sorgen hatten und die ein verbindendes und damit zugleich stabilisierendes Glied zwischen deutscher Verwaltung und einheimischer Gemeinschaft darstellten.[3] Sie waren für die wichtigsten Verwaltungsaufgaben und kleinere Rechtsstreitigkeiten verantwortlich, die in Übereinstimmung mit den traditionellen Gebräuchen zu regeln waren, während Landfragen und Ehesachen den „Gerichtstagen" Hahls vorbehalten blieben. Trotz der einmütigen Kritik der Europäer an dieser Form von eingeborener „Mitverwaltung" erwies sich das System direkter Herrschaft

durch die Luluais — bedingt vergleichbar den Jumben afrikanischer Kolonien — als gleicherweise effektiv für die innere Stabilisierung der Kolonie und die Erschließung des Inlandes. So verlangte Hahl den Bau von Straßen, wozu die Luluais bestimmte
Quoten unbezahlter Arbeit abzustellen hatten. Sie erhielten andererseits gewisse Privilegien wie eine 10%ige Beteiligung an der
1906/07 eingeführten und von ihnen einzusammelnden Kopfsteuer. Als direkte Mandatsträger der Regierung dienten sie gleichzeitig der Paralysierung des Einflusses der traditionellen Sippen-
oberhäupter (agalas) und der Integration der eingeborenen Bevölkerung in das koloniale Wirtschaftssystem. Sie wurden daher zunehmend zu unteren Verwaltungsfunktionären, die dem nächsten
Stationsbeamten in jeder Beziehung verantwortlich waren. Um
ihren möglichen Unzulänglichkeiten zu begegnen, gab ihnen Hahl
später Assistenten bei, gewöhnlich aus dem Polizeidienst in ihre
Dörfer zurückkehrende Söldner, die unter dem Namen „Tultuls"
bekannt wurden. Da mit der Ausbreitung des Luluai-Systems die
Ernennung in zunehmendem Maße zwangsmäßig geschah, blieben
Konflikte zwischen den lokalen Dorfgemeinschaften und ihren
„Regierungsortsvorstehern" allerdings nicht aus. Bis 1900 hatte
Hahl 44 dieser neuen „Beamten" auf der Gazelle-Halbinsel (Neu-
Pommern) und auf Neu-Lauenburg ernannt, den einzigen Gebieten, in denen man bis zur Jahrhundertwende von Ansätzen einer
administrativen Erschließung sprechen konnte.
Eine wertvolle Hilfe bei der Durchsetzung eines Verwaltungssystems leisteten Hahl ferner die seit Jahrzehnten etablierten Missionen. Im gesamten Südsee-Raum sind sie noch vor den Händlern zu
den wichtigsten und mächtigsten Vorläufern und Trägern der europäischen Penetration geworden. Sie haben nicht nur das Vertrauen
in die weißen Kolonialherren gefördert und ihrer Landnahme
vorgearbeitet, sondern die sicherlich größte Revolution in den Le-
bensgewohnheiten und Wertvorstellungen der Südseebewohner
verursacht. Im Hinblick etwa auf die Pazifikation Deutsch-Neuguineas dürfte ihre Rolle entscheidender gewesen sein als die der
Neuguinea-Kompanie. Auf der Gazelle-Halbinsel waren es wes-
leyanische Methodisten und französische Herz-Jesu-Missionare, die
durch religiöse Unterweisung und Schulen erheblichen Einfluß
gewonnen hatten, so daß sich die Kolonialregierung 1890 sogar
gezwungen sah, den heftig konkurrierenden Missionen getrennte
Missionsgebiete zuzuweisen. Das vehemente Vordringen der seit
1896 in Deutschland zugelassenen katholischen Herz-Jesu-Mission

(Hiltruper Missionare) brachte jedoch schon 1899 die Aufhebung dieser nicht realisierbaren Eingrenzung des Missionsgebietes. Die katholische Mission baute auch die erste Straße auf der Gazelle-Halbinsel, und sie stand hinter den von Hahl Ende der 1890er Jahre unternommenen Antisklavereizügen gegen einzelne Dorfschaften an der Nordküste, deren Opfer die rückständigeren und wehrlosen Baining im Landesinneren waren. Das „Baining-Massaker" von 1904, die Ermordung von 10 Missionaren und Missionsschwestern der gleichen Mission durch eine Gruppe von Baining, geht andererseits auf ihre z. T. rigide koloniale, auf planmäßige Lebens- und Arbeitsweise gerichtete Missions- und Zivilisationsstrategie zurück.

Später als Gouverneur hat Hahl die Ausdehnung wirksamer Verwaltungskontrolle darüber hinaus durch ein System von Regierungsstationen an strategisch wichtigen Punkten der Kolonie ergänzt, die im Zusammenhang mit dem Luluai-System die brutalen Strafexpeditionen seines Vorgängers Rudolf v. Bennigsen (1899 bis 1902), Sohn des nationalliberalen Politikers und Oberpräsidenten, unnötig machen sollten. Daß sich dagegen die Polizeiaktionen in Deutsch-Neuguinea unter dem Hahlschen Regiment vermindert hätten, wird man allerdings nicht behaupten können. Auch war es für Hahl selbstverständlich, daß „Gewalt mit Gewalt" begegnet werden mußte. Aber seine Pazifikationspolitik war doch in der Regel von der Aufnahme friedlicher Kontakte und von dem Bemühen um eine „politische" Lösung und eine Begrenzung von kriegerischen Konflikten begleitet. Sicher ist es in Einzelfällen zu gewalttätigen, selten jedoch wirklich kriegerisch zu nennenden Protesten gekommen, wobei Land„verkauf", Steuererhebung und der zwangsweise Einzug zum Straßenbau, seit 1903 für alle arbeitsfähigen Männer vier Wochen im Jahr Pflicht, die Hauptursachen waren. Im allgemeinen hat die Bevölkerung der deutschen pazifischen Kolonien die Gegenwart der Weißen aber akzeptiert und sich auf deren Forderungen flexibel eingestellt.[4]

In der Landpolitik war es Hahls Absicht schon als Kaiserlicher Richter gewesen, in Zukunft jegliche Veräußerung von Eingeborenenland ohne Einverständnis der Verwaltung unmöglich zu machen. Diese Intention erwies sich jedoch infolge Berliner Vorstellungen und der Pflanzeropposition als undurchführbar. Er forderte daher zunächst die Pflanzer auf, das zur Bebauung vorgesehene Land exakter zu bestimmen, um die Besitztitel in Grundbüchern festzuhalten. Als einen persönlichen Erfolg für ihn wird man es immerhin werten müssen, daß er vereinzelt Pflanzer zur Aufgabe dubioser Landtitel oder zur Annahme eines Ersatzes an anderer Stelle zu bewegen vermochte. Auf diese Weise konnten eine Reihe von „Reservaten" aus dem bereits an Europäer verkauften Land wieder herausgelöst werden.

Nach 1899 lag das Recht, unbewohntes Gebiet in Besitz zu nehmen oder Land von den Einheimischen zu kaufen, ausschließlich in den Händen des Gouvernements. Beim Weiterverkauf achtete die Verwaltung sorgfältig darauf, daß keine Eingeborenenrechte verletzt und die geltenden Bestimmungen für den Kauf von Land, das von Eingeborenen bewohnt oder genutzt wurde, eingehalten wurden. Das Verfahren, die Besitztitel prüfen zu lassen und reservierte Bezirke für die Eingeborenen zu schaffen, für das Hahl vor 1899 von einer freiwilligen Zustimmung der Pflanzer abhängig war, erhielt 1903 Gesetzeskraft. Das reservierte Eingeborenenland bemaß sich dabei auf 1 ha pro Dorfbewohner. Zwischen 1903 und 1914 sind über 5 740 ha aus der an Europäer verkauften Landmasse wieder zur Siedlung und Bebauung an die Neuguineer zurückgegeben worden. Außerdem existierten 1914 70 Reservate im Umfang von 13 115 ha in Deutsch-Neuguinea.[5] Das Problem der Landfrage in Neuguinea lag allerdings in den alten Besitztiteln der Neuguinea-Kompanie oder den unter ihrer Verwaltung ausgegebenen Besitzrechten. Obwohl dieses Land, hauptsächlich auf der Gazelle-Halbinsel und bei Madang gelegen, später z. T. in die Grundbücher eingetragen wurde, unterblieb eine exakte Vermessung und Überprüfung, inwiefern die Besitztitel Eingeborenenrechten entgegenstanden. Hier wurden wegen des unrechtmäßigen Vorgehens oder ungeklärter Rechtsverhältnisse spätere (Land-)Konflikte grundgelegt.[6]

Zwischen 1900 und 1909 bestand indessen keine sonderliche Nachfrage nach Land, und selbst mit dem Zustrom neuer Siedler nach 1909 vergrößerte sich der Bedarf nicht übermäßig. Im Archipel, wo die meisten Plantagen lagen, wuchs das Pflanzungsland von 67 672 ha im Jahre 1905 auf 108 000 ha im Jahre 1913. Zu diesem Zeitpunkt umfaßte das gesamte (registrierte) Plantagenland der Kolonie 180 000 ha, von denen nur 29 290 in Nutzung waren.

Auch im Hinblick auf die Plantagenarbeit der Eingeborenen suchte Hahl die größten Härten und Mißbräuche abzustellen. Die 1901 und 1909 ergänzten Arbeiterverordnungen enthielten genaue Bestimmungen hinsichtlich der Rekrutierung von Arbeitern, der Höhe des Lohnes, der Dauer der Arbeit und der medizinischen Fürsorge.

Die Realität sah allerdings, schon infolge des riesigen Rekrutierungsgebietes im Archipel, zumeist anders aus. Während der Gouverneur bereit war, eine Rekrutierungsquote von 10% der jungen Männer eines Dorfes zu akzeptieren, lag der Anteil bei ihrer „Werbung" in den hauptsächlichen Rekrutierungsgebieten wie Neu-Mecklenburg, der Gazelle-Halbinsel und an der Küste von Bougainville weit darüber. In dem Hauptrekrutierungsgebiet Neu-Mecklenburg haben z. B. 1914 ca. 70% der erwachsenen männlichen Bevölkerung gelegentlich auf europäischen Plantagen gearbeitet. Der ständige Arbeitermangel und der Einfluß der großen Plantagengesellschaften in Berlin verhinderten es, daß Hahl das Rekrutierungsmonopol der Neuguinea-Kompanie auf dem Festland und das Recht der DHPG, im Archipel Arbeiter für Samoa zu rekrutieren, eingrenzen konnte. Den Versuch, die weibliche Zwangsarbeit für das gesamte Schutzgebiet zu verbieten, mußte er auf den nördlichen Teil Neu-Mecklenburgs und auf Neu-Hannover beschränken. Zwar gelang es, die Mortalitätsrate zu senken, aber die Prügelstrafe führte unvermeidlich zu Auswüchsen, wenngleich formal die Disziplinarerlaubnis auf Beamte und einige Laienbrüder der Mission beschränkt wurde (1900, 1907). Die Wiederaufnahme der Anwerbung von Arbeitern in China und Südostasien, die die Neuguinea-Kompanie Anfang der 1890er Jahre versucht hatte und die Hahl bevorzugt hätte, stand 1914 vor einem erneuten Anlauf. Die seit 1906 eingeführte Kopfsteuer von 5 Mark bzw. 10 Mark (1910), die u. a. mehr Eingeborene in die europäischen Plantagen zwingen sollte, hat dagegen im Endeffekt mehr dazu beigetragen, daß die Eingeborenen ihre Kokosnuß-Plantagen vermehrten, als daß sie das Arbeiterproblem löste.

Zu Hahls direkten Maßnahmen, die die Eingeborenen verstärkt in das koloniale Wirtschaftssystem integrieren sollten, gehörte ihre Ermunterung zum Anbau von cash crops. Zwar hatten z. B. die Tolai bei Hahls Ankunft schon von sich aus Kokosnüsse für den Markt angepflanzt. Aber erst unter seiner Anleitung legten sie die erste „Eingeborenenplantage" an. Später gingen sie dann nach seinen Aufforderungen zur Anlage von Pflanzungen nach europäischem Muster über. Die Existenz eines aufnahmebereiten Marktes für ihre Erzeugnisse, in erster Linie Kokosnüsse, kam allerdings seinen Plänen entgegen. Ohnedies erwiesen sich die Tolai als die großen Profiteure der „kolonialen Situation". Eine Auseinandersetzung der Kolonialmacht mit ihnen hatte 1893 mehr oder weniger mit einem Kompromiß geendet: die Tolai hatten erkannt, daß

sie die Weißen nicht mehr vertreiben konnten, daß sie im Gegenteil
bei einer Fortsetzung ihrer Opposition ihre dominierende Stellung
als Zwischenhändler europäischer Handelsgüter und Waffen und
als Lieferanten für die Versorgung der importierten Plantagenarbeiter verlieren würden, während auf der anderen Seite den
Deutschen die Demonstration dieser Erkenntnis bei den Tolai nütz-
licher erschien als ein totaler Sieg. Die Tolai produzierten schließlich 1914 80% der eingeborenen Kopra-Produktion im Archipel
und über 15% der Kopra-Exporte der Kolonie (1914 stammte fast
die Hälfte des Kopra-Exports der Kolonie aus der Eingeborenenproduktion).[7] Über sie liefen mehr als ein Drittel der gesamten
Konsumgüterimporte. Allein 1913 kauften sie für 240 000 Mark
Kleider und Textilien. Einige Häuptlinge verdienten bis zu 300
Mark im Monat, und die Sparguthaben einzelner sollen weit über
10 000 Mark betragen haben.[8]
Demgegenüber gehörten z. B. die Madang auf dem Festland zu
den Verlierern des kolonialen Prozesses. Zwar hatte auch ihnen
1904 die Niederschlagung einer Revolte die Aussichtslosigkeit aktiven Widerstandes offenkundig gemacht. Aber als eines der Haupt-
opfer der hemmungslosen Landpolitik der Neuguinea-Kompanie,
an die sie den größten Teil ihres Landes verkauft hatten, war ihnen die Möglichkeit genommen, wie die Tolai auf der Gazelle-
Halbinsel an dem wirtschaftlichen Aufschwung in der kolonialen
Situation zu partizipieren. Sie verharrten jahrelang in passiver
Renitenz und entzogen sich der Integration in die europäische
Wirtschaft. Daß sie dennoch auf die materiellen Güter der Europäer und deren Fähigkeiten nicht verzichten wollten, demonstriert
der bei ihnen mit der Revolte entstandene „Cargo"-Kult, in dem
zwar die Hoffnung von einer Rückkehr der eigenen Götter und
der Vertreibung der Weißen durch sie lebte, die Götter ihnen aber
die Annehmlichkeiten des europäischen „way of life" und die
Fähigkeiten der Weißen belassen bzw. übertragen sollten.
Schließlich hat Hahl noch zwei Bereichen seine besondere Aufmerksamkeit gewidmet, dem Ausbau des medizinischen und des
erzieherischen Systems. 1913 waren über ein Fünftel der in der
Kolonie beschäftigten Beamten Ärzte oder qualifizierte medizinische Assistenten, so daß jede Station mit einem Doktor versorgt
werden konnte. Auch die großen Firmen und vor allem die Missionen beschäftigten Ärzte und Krankenhelfer. Weiter entfernte Dörfer wurden durch regelmäßige medizinische Patrouillen versorgt
und Maßnahmen zur Hygieneverbesserung ergriffen. 1909 exi-

stierten drei Regierungs- und zwei Missionshospitäler. In den Hospitälern in Rabaul und Namatanai erhielten junge Eingeborene rudimentäre medizinische Kenntnisse. Nach wenigen Monaten Ausbildung wurden sie als quasi medizinische Luluais („Heiltultuls") in ihre Dörfer zurückgeschickt.

Gleicherweise wandte Hahl seine Aufmerksamkeit der schulischen Erziehung zu, die wie üblich fast gänzlich in den Händen der Mission lag. Er suchte die Missionen durch Vergabe von Subsidien zu einem sechsjährigen Grundschulsystem zu veranlassen, in dem mindestens 12 Wochenstunden der Unterweisung außerhalb des Religionsunterrichtes vorbehalten sein sollten. Als Unterrichtssprache diente die Muttersprache und später das Deutsche, das jedoch nie das gebräuchliche Pidgin-Englisch zu verdrängen vermochte. 1914 gab es etwa 600 Grundschulen (einschließlich der 192 methodistischen Sonntagsschulen), sechs Handwerker- und eine Dolmetscherschule, zu denen 21 602 Schüler gingen. Nur 484 von ihnen besuchten die zwei Regierungsschulen, deren erste 1907 in Rabaul eingerichtet wurde. Die Scholarisationsquote lag mit 3,2% sogar noch über den meisten afrikanischen Kolonien mit Ausnahme von Deutsch-Südwest.

Die Politik Hahls, die zunehmend günstige Wirkungen zeitigte, vor allem jedoch wirtschaftliche Faktoren wie das Reifwerden der Palmen bei gleichzeitig steigenden Koprapreisen auf dem Weltmarkt sowie verbesserte Verbindungen nach Europa haben dann seit 1907/08 das Schutzgebiet Deutsch-Neuguinea allmählich aus dem Schatten der anderen Kolonien Deutschlands heraustreten lassen. Zwischen 1908 und 1914 zeichnete sich ein stetiger Aufschwung ab, der Wert der Exporte stieg von 1,7 Mill. Mark (1908) auf über 8 Mill. Mark an.[9] Dabei blieb Kopra der Hauptexportartikel der Kolonie, in weitem Abstand gefolgt von Kautschuk und Guttapercha, während die Inseln Nauru und Angaur (Palau-Gruppe) ansehnliche Mengen von Phosphaten (1913 300 000 t) produzierten. Bis auf 3 000 ha war die Anbaufläche von 29 290 ha den Kokospalmen vorbehalten. Alle Versuche des Gouvernements und der Neuguinea-Kompanie, eine Diversifikation der Kolonialprodukte zu erreichen, scheiterten schon an den guten Preisen für diesen Artikel auf dem Weltmarkt. Auch deshalb wandte man sich wohl erst in den letzten Jahren der deutschen Kolonialzeit der Entdeckung und dem Abbau von Bodenschätzen zu. Die Hauptgoldlager wurden allerdings nach der deutschen Kolonialzeit aufgefunden, während die Entdeckung von Ölquellen an der Grenze zu den holländischen Kolonien, die mehr Interesse an Deutsch-Neuguinea in Berlin erweckte als alle Meldungen zuvor, für eine Erschließung zu spät kam.

Das wirtschaftlich dominante Unternehmen im Schutzgebiet blieb die Neuguinea-Kompanie. Aufgrund der Einsicht, daß eine Verbindung von Verwaltung und ökonomischer Ausbeutung die Kräfte einer Kolonialgesellschaft überstieg, und nach Übernahme der administrativen Verantwortlichkeit für Deutsch-Neuguinea durch das Reich 1899 konnte sich die Gesellschaft ausschließlich der wirtschaftlichen Seite ihrer pazifischen Unternehmungen zuwenden. Trotz der ständigen Hiobsbotschaften aus der Kolonie wegen des teilweise unwirtschaftlichen Landes, des unverträglichen Klimas sowie wegen des Arbeiterproblems und des Verlustes von Schiffen durch Taifune, hatte v. Hansemann seinen Traum eines „zweiten Java", in dem sich Tabak, Baumwolle, Kaffee und Kakao anbauen ließen, nicht aufgegeben. Um neue Plantagen anzulegen, begründete er sogar 1891 eine weitere Gesellschaft, die Astrolabe-Kompanie, die sich auf den Tabakanbau in der Nähe der Astrolabe-Bai spezialisierte. Sie wurde jedoch zu einem Mißerfolg und mußte sich 1896 mit der Muttergesellschaft zusammenschließen. Vor allem hatte sich die Rekrutierung von Chinesen aus Singapur und Javanesen aus Holländisch-Ostindien als ein Fehlschlag erwiesen. „In their haste to exploit the cheap labour of the East ... the Germans themselves were being exploited by labour recruiters in Surabaya and Singapore, who supplied them with regular contingents of sickly unemployables instead of strong, skilled labourers" (S. G. Firth).[10] Die Arbeiterfrage blieb das Hauptproblem der Gesellschaft wie der gesamten kolonialwirtschaftlichen Tätigkeit in der Kolonie.

Obgleich der Tabakanbau bis zu Hansemanns Tod 1903 nicht gänzlich aufgegeben wurde, begann die Neuguinea-Kompanie seit Ende der neunziger Jahre mit der Anpflanzung von Kokosnuß-Plantagen bei Berlinhafen und auf der Gazelle-Halbinsel sowie dem Tauschhandel mit Kokosnüssen aus der Eingeborenenproduktion. Ihr Plantagengebiet erweiterte sie nach 1900 um das Neunfache. Die Erschließung von neuen Arbeiterrekrutierungsgebieten (sie bezahlte 6 Mark monatlich bei einer Laufzeit der Arbeitsverträge von drei Jahren) und der indirekte Zwang für die Eingeborenen, zur Aufbringung der Kopfsteuer Arbeit zu suchen, trugen neben einem besseren Management zu einer zunehmend erfolgreicheren Tätigkeit der Gesellschaft bei. Bei Kriegsausbruch gehörte ihr beinahe die Hälfte des von den Europäern erworbenen Bodens, und über ein Drittel der deutschen Pflanzer und Händler stand in ihren Diensten. 1913 konnte sie erstmals eine Dividende (5%) auswerfen, und die weiteren Aussichten (mit dem Reifwerden der Palmen) ließen sie 1914 ihr Kapital auf 11 Mill. Mark erhöhen. Sie war damit die größte Plantagengesellschaft in den deutschen Kolonien. Einen Weg, die Interessen der Eingeborenen mit ihren wirtschaftlichen Unternehmungen zu verbinden, hat die Gesellschaft dagegen nie gefunden. Die Einheimischen blieben für sie Teil der natürlichen Ressourcen des Landes, die es mit einem möglichst geringen Kostenaufwand auszubeuten galt.

Nach der Neuguinea-Kompanie gehörten die Hamburger Firmen Hernsheim & Co., die vornehmlich im Handel tätig war (1912/13 10,6% Dividende), sowie die Hamburgische Südsee-Aktiengesellschaft (Hasag), die aus den ausgedehnten Besitzungen der ersten Pflanzungsunternehmen in der Blanche-Bai der Emma Kolbe („Queen Emma") hervorging, zu den größeren Unternehmen. Die Jaluit-Gesellschaft machte ihre besten Geschäfte auf den mikronesischen Atollen (Marshall-Inseln, Nauru). Durch den Aufkauf anderer, ausländischer Firmen besaß sie in diesem Bereich ein Preis- und Marktmonopol. Kollaborationswillige Häuptlinge — in der mikronesischen Gesellschaft war im Gegensatz zur melanesischen Inselwelt das Häuptlingswort Gesetz — partizipierten an ihren Geschäften durch ein Drittel der Kopra-Taxe und gelegentliche Fahrten auf deutschen Kreuzern. Die Jaluit-Gesellschaft, die vor allem Phosphat abbaute (Nauru!) und mit 10% Gewinn an der mit deutschem und englischem Kapital ausgestatteten Pacific Phosphate Company beteiligt war, zahlte die reichsten Dividenden, die je an deutsche Investoren im Pazifik ausgegeben wurden (1913 84%). Eine Reihe kleiner Firmen einschließlich der Außenposten der DHPG, unter ihnen britische und französische, sowie die Unternehmungen der Mission vervollständigten die Zahl der Plantagen- und Handelsunternehmen. Gerade die etablierten kleineren Unternehmen und die Missionen haben große Gewinne in der Südsee erzielt.

Die Missionen gehörten zum Teil auch zu den größten Landbesitzern der Kolonie. Die Steyler Mission, die auf dem Festland ihre Tätigkeit ausübte, hatte durch ausgedehnte Landkäufe entlang der Küste mehr Plantagen unter Kokospalmen stehen als die Neuguinea-Kompanie in diesem Gebiet. Die Herz-Jesu-Mission bewirt-

schaftete 32 000 acres auf der Gazelle-Halbinsel und im übrigen
Archipel, zumeist Kokospalmen. Auch für die übrigen Missionsgesellschaften gehörte eine intensive Plantagenbautätigkeit zu den
willkommenen Möglichkeiten einer Selbstfinanzierung.
Durch die Einführung eines allgemeinen 10%igen Wertzolls auf
eingeführte Waren 1908 und den Ausfuhrzoll von 10 Mark pro t
Kopra profitierte schließlich auch das Gouvernement von der
wachsenden Prosperität der Kolonie. Die eigenen Einnahmen klet-
terten von 381 900 Mark (1908) auf veranschlagte 2 095 810 Mark
im Budget für 1914. Die Einnahme aus der Kopfsteuer machte in
diesem Rahmen 301 550 Mark aus. Hinzu kam nun ein steigendes
Interesse des Reichs an der Kolonie. Hatte der Reichstag zwischen
1900 und 1909 insgesamt 9 452 928 Mark an Subsidien für
Deutsch-Neuguinea bewilligt, von denen die 4 Mill. Mark Entschädigung für die Neuguinea-Kompanie abgezogen wurden, so hat die
Kolonialregierung mit den 5 738 421 Mark für die fünf Jahre von
1910—1914 mehr an Unterstützung gewährt, als für die gesamten
zehn vorangegangenen Jahre.
Dagegen konnte von einer wirklichen administrativen Kontrolle
des Schutzgebietes nur im Hinblick auf die Gazelle-Halbinsel und
den nördlichen Teil von Neu-Mecklenburg die Rede sein. Trotz
einer Serie von geographischen, anthropologischen und ethnologi-
schen Expeditionen nach 1907, ausgerüstet von deutschen Museen
und kolonialen und wissenschaftlichen Gesellschaften, die das steigende Interesse des Mutterlandes an der bis dahin stiefmütterlich
behandelten Kolonie ebenfalls dokumentierten, standen das übrige
Neu-Mecklenburg sowie weite Teile Neu-Pommerns, Bougainvilles
und des Festlandes allenfalls unter nomineller Verwaltung. Bei
Kriegsbeginn waren die Bezirke am Huon-Golf das einzige Gebiet
auf dem Festland, in dem die Kontrolle stellenweise weiter als
50 km landeinwärts reichte. Die Admiralitätsinseln mit Manus, wo
erst 1909 Luluais eingesetzt wurden, waren bis 1911 das Ziel jährlicher Strafexpeditionen. Auch das Festland blieb ein Gebiet ständiger kleinerer Konflikte. An der Aitapeküste im Norden des Festlandes übte die Verwaltung seit 1911 zwar eine formelle Kontrolle
aus, war jedoch nicht in der Lage, in diesem Gebiet wie in großen
Teilen Deutsch-Neuguineas die Kopfsteuer einzuführen.
Kleinere Siedler, die namentlich von Gouverneur Hahl zur Ausbalancierung des Einflusses der größeren Gesellschaften und zur
Stärkung des Deutschtums in der Kolonie favorisiert wurden, kamen nur in geringer Zahl nach Deutsch-Neuguinea. Erst der Ko-

pra-Boom und die Ermunterung durch die offizielle Politik zogen nach 1908 eine kleine Zahl an. Neben der Entfernung der Kolonie und dem Klima erwiesen sich insbesondere das von den Landgesetzen geforderte Anfangskapital von 20 000 Mark pro 100 ha (Land kostete bis 1914 5 Mark/ha bei Übernahme der Verwaltungskosten und des Preises an die eingeborenen Besitzer) sowie die Bestimmungen, innerhalb eines Jahres mit der Rodung des Bodens zu beginnen und nach 15 Jahren dreiviertel des Landes bebaut zu haben, als Hindernis für die kleinen Siedler. Hahl bot daher Landstücke um 100 ha für 1 Mark pro ha ohne weitere Kosten solchen Siedlern an, die sich bereits zwei Jahre in der Kolonie aufhielten oder Erfahrungen in tropischer Landwirtschaft andernorts gesammelt hatten. Auf diese Weise hatte er bis 1914 über hundert Siedler hauptsächlich in Neu-Mecklenburg, an der Baining-Küste von Neu-Pommern und an der Festlandsküste westlich von Madang ansässig machen können. Zu diesem Zeitpunkt war die weiße Bevölkerung von 301 (1901) auf 1 137 angestiegen, die meisten Missionare, gefolgt von Pflanzern, Händlern und Regierungsbeamten. Hinzu kamen 1 377 Chinesen und 163 Malayen. Einige der Chinesen hatte Hahl an der spärlich bevölkerten Südküste Neu-Mecklenburgs angesiedelt. Überwiegend waren sie jedoch als Händler und Handwerker tätig.

Nicht nur, was den völligen Ausfall Deutsch-Neuguineas als erhofftes Siedlerland für deutsche Auswanderer anbetraf, auch hinsichtlich anderer Bereiche wie etwa der Arbeiterfrage gestalteten sich die Probleme der Kolonisierung in dem östlichen Schwerpunkt des pazifischen Kolonialbesitzes Deutschlands, in „Deutsch-Samoa", durchaus ähnlich. Vor allem jedoch hing in diesem politisch und kulturell höher entwickelten Annex des deutschen Kolonialreiches die Entwicklung noch stärker als in Neuguinea von der Persönlichkeit des obersten Verwaltungsbeamten in der Kolonie ab. Es sollte sich als ein ausgesprochener Glücksgriff erweisen, daß die Wahl der Reichsregierung auf die Person des vorherigen Präsidenten der Munizipalität, Wilhelm Solf, fiel. Denn unter den Bedingungen der Zeit und den Möglichkeiten eines deutschen Kolonialbeamten konnte man sich — wie es der australische Historiker John A. Moses formuliert hat — kaum einen besseren Gouverneur für West-Samoa vorstellen.[11] Daß diese Sicht auch von den Betroffenen selbst geteilt wurde, belegt eine Botschaft des samoanischen Volkes aus dem Jahre 1923, als Solf knapp einem Erdbeben-Unglück in Yokohama entgangen war. Sie enthielt den Satz:

„Doktor Solf möge bald wieder als Gouverneur nach Apia kommen."[12]

Als Sohn eines Berliner Großindustriellen hatte Wilhelm Solf (1862 bis 1936) Philologie und Sanskrit studiert und nach dem Examen (Dr. phil.) und einer vorübergehenden Tätigkeit im Auswärtigen Amt noch ein Jura-Studium aufgenommen. Seine Karriere begann in der Kolonial-Abteilung des Auswärtigen Amtes. 1898 Bezirksrichter in Deutsch-Ostafrika und 1899 Munizipalitätspräsident in Apia, gehörten Solfs Gouverneurjahre in Samoa (1900—1911) neben denen Hahls (und Jesco von Puttkamers) zu den längsten in den deutschen Kolonien. 1911 wurde er Staatssekretär des Reichskolonialamtes, 1918 des Auswärtigen Amtes. Von 1920—1928 amtierte er als Botschafter in Tokio. Um ihn und seine Frau Johanna bildete sich der Solf-Kreis, eine Widerstandsgruppe gegen Hitler.

Wenn Solf auch von der kulturellen „Mission" der fortgeschritteneren Staaten Europas überzeugt war, hatten seine eher an die spätere Idee des „native trusteeship" gemahnenden paternalistischen Zivilisations- und Entwicklungsvorstellungen doch nur wenig mit dem Rassen-Superioritätsgefühl der Alldeutschen zu tun. Nach seinen Vorstellungen sollten die Einheimischen in ihrer kulturellen Identität weitgehend geschützt werden. Er hat diese Ansicht am 6. März 1913 im Reichstag eindrücklich formuliert: „Kolonisieren ist Missionieren, und zwar Missionieren in dem hohen Sinne der Erziehung zur Kultur. Aber nicht zur europäischen Kultur, sondern zu einer Kultur, die in dem Boden und in der Heimat der Eingeborenen Wurzel fassen kann und ihrem geistigen und seelischen Zuschnitt angepaßt ist."[13] Solf hat deswegen das ökonomische Motiv der Kolonisation nicht gerade geringgeschätzt. Sein Bemühen galt gleichfalls dem Ziel, die Samoaner zu deutschen Untertanen zu „erziehen", so daß sie mit ihrer Betätigung zur wirtschaftlichen Entwicklung des Mutterlandes beitrugen. In diesem kolonialen Prozeß sollten die Eingeborenen aber nicht durch das koloniale Regiment vernichtet werden, sondern unter ihm prosperieren. Die deutsche Herrschaft suchte er möglichst gewaltlos durchzusetzen — die Errichtung einer deutschen Militärstation in Samoa hat er stets abgelehnt —, wobei das hervorstechendste Merkmal seiner Gouverneurstätigkeit die Geduld und Flexibilität war, mit der er vorging („Alle Radikalmittel sind von Übel, Zeit und Güte und Gerechtigkeit sind die besten Mittel in Samoa").[14] Als seine Hauptaufgabe hat Solf selbst die Versöhnung der Parteien, die Abschaffung des Königtums und die Brechung der Macht von Tumua und Pule, der gleichsam als samoanisches Parlament

aufzufassenden Verbände der Häuptlingssprecher auf den Inseln
Upolu und Savaii, angesehen. Zunächst einmal dekretierte er daher
die Abgabe sämtlicher Feuerwaffen, die sich in den über zwanzig
Jahren des Konfliktes untereinander und mit den europäischen
Kolonialmächten in gewaltiger Zahl in den Händen der Samoaner
angesammelt hatten. Bis Anfang 1901 sind daraufhin gegen eine
Prämie über 1 500 Gewehre und eine beachtliche Munitionsmenge
freiwillig abgeliefert worden. Dann ordnete er zur Verbesserung
der in den voraufgegangenen Jahren gesunkenen Produktion an,
daß jeder samoanische Landbesitzer künftig jährlich 50 Kokospalmen auf ungenutztem Grund anzupflanzen habe. Der Erfolg dieser
Maßnahme sollte sich später zeigen. Schließlich führte er vom Januar 1901 an eine Kopfsteuer von 4 Mark jährlich für männliche
Erwachsene ein, die später auf 12 bzw. 24 Mark für Landbesitzer
angehoben wurde. Solf war dem Widerstand der Samoaner gegen
diese Taxe dadurch begegnet, daß er ihnen die Verwendung der
Gelder ausschließlich für die Eingeborenenverwaltung zusagte und
die Einkommen der samoanischen Verwaltungsbeamten an die
Steuer koppelte.
Diese Eingeborenen-Selbstverwaltung stellte indes nur noch ein
Rudiment der bisherigen politischen Selbstverantwortlichkeit der
Samoaner dar. Solf war keineswegs gewillt, die traditionellen
Herrschaftsinstrumente Samoas, die gleichfalls für die Konflikte in
der samoanischen Gesellschaft verantwortlich zeichneten, wieder zu
restaurieren. Der deutsche Kaiser wurde gleichsam zum neuen
Oberhaupt Samoas (Tupu Sili), der Gouverneur sein Vertreter,
und Mataafa, seit Ende der neunziger Jahre der Führer der „deut-
schen" Partei, der den Titel eines Alii Sili („hoher Herr") erhielt,
fungierte als verlängerter Arm der Verwaltung in samoanischen
Angelegenheiten. Ihm stand eine Honoratiorenversammlung (fai-
pule) zur Seite, in der die Vertreter der beiden Königslinien zusammen mit den Distrikthäuptlingen vertreten waren und die die
Ambitionen des samoanischen Fraktionalismus im Interesse der
Kolonialverwaltung kanalisierte. Die Einteilung der traditionellen
Distrikte in unabhängige administrative Einheiten sollte dabei
gleichzeitig der Versöhnung der enttäuschten Eliten dienen wie den
Königskandidaten die Unterstützung entziehen. Als „Beamter" der
Kolonialregierung erhielt Mataafa ein Gehalt von 3 000 Mark
jährlich, während der Gouverneur ihm als Zeichen seiner Würde
einen vom deutschen Kaiser verliehenen und in Deutschland ange-
fertigten Fliegenwedel überreichte. Mit seinem Tode 1912 ist sein

allenfalls dekoratives Amt ohne Aufhebens verschwunden, an seine
Stelle traten zwei Ratgeber. Auch die schließliche Abschaffung von
Tumua und Pule per Dekret vom 14. 8. 1905, ein in der Tat revo-
lutionärer Akt in der Geschichte Samoas, geschah ohne Protest. Der
alte gesetzgebende Munizipalitätsrat, die politische Vertretung der
Weißen in der Kolonie, ging quasi in dem nur beratenden Gouvernementsrat auf, in dem zum Ausgleich der nationalen Gegensätze
auch zwei Engländer (von 7 Mitgliedern) vertreten waren.
Neben dem kolonialen Verwaltungsaufbau richtete sich das
Hauptaugenmerk des Gouverneurs auf die Landfrage. Solfs Absicht ging langfristig dahin, die Eingeborenen in ihren Landrechten
zu schützen und so wenig Land wie möglich an die eingewanderten
Pflanzer abzutreten. Auch sollten die Samoaner zunehmend selbst
für den Markt produzieren. 1903 setzte er eine Landkommission
ein, die aus dem Kaiserlichen Richter und teils weißen, teils eingeborenen Beisitzern bestand. Sie sollte die Landtitel überprüfen.
1907 schließlich ordnete er an, daß allein im sogenannten Pflanzungsgebiet um Apia Land verkauft oder verpachtet werden
konnte. Außerhalb dieses Bereichs war nur eine Landverpachtung
durch das Gouvernement möglich, wenn für die Bevölkerung kulti-
vierbares Land von mindestens 1,39 ha pro Kopf übrigblieb. Kre-
ditschulden wurden verboten.
Diese handelspolitisch motivierte koloniale Wirtschaftsauffassung
sowie die von der Prärogative des Kolonialstaats bestimmten Verwaltungsmaßnahmen des Gouverneurs provozierten allerdings die
Opposition der siedlungspolitisch orientierten Kolonialpolitiker in
Deutschland und entsprechender Gegner des Gouverneurs in Samoa. Sie formierten sich 1903 mit dem alldeutschen „Pflanzerver-
ein" unter dem katholischen Reserveleutnant und Kakao-Pflanzer
Richard Deeken, der aufgrund persönlicher Beziehungen Rücken-
deckung beim Zentrum in Deutschland besaß. Deeken, dessen Geg-
nerschaft zu Solf bis in das Jahr 1901 zurückging, als der Gouverneur seine abstrusen Pläne zur Ausgestaltung des Südseeparadieses
Deutsch-Samoa in eine deutsche Siedlungskolonie zurückgewiesen
hatte, repräsentierte jene alldeutsche Gesinnung, die in den Kolonien allein den Nutzen für das eigene Volk sah und in der die
Eingeborenen nur als billige Arbeitskräfte und Konsumenten deutscher Waren betrachtet wurden.[15] Ausdruck dieser Mentalität
war eine auf Deekens Initiative hin verfaßte Resolution des
„Pflanzervereins", in der die Kolonialverwaltung aufgefordert
wurde, einen achtmonatigen Arbeitszwang für die Eingeborenen

einzuführen. Solf dachte jedoch gar nicht daran, die Samoaner zur Plantagenarbeit zu zwingen, da er zum einen deren Möglichkeiten eines wirksamen Widerstandes durchaus richtig einschätzte, zum anderen sich der Abhängigkeit der europäischen Wirtschaft von der einheimischen Produktion und Konsumtion voll bewußt war. Für ihn waren die Deekenschen Aktivitäten nichts anderes als eine „ungeschickte und lärmende Deutschhuberei".[16]

Mit seinen illusionären Vorstellungen von der Besiedlung Samoas mit deutschen Auswanderern, die bald reiche Pflanzer sein würden, verursachte Deeken vorübergehend ein wahres „Kakao-Fieber". Er lancierte außerdem die Gründung einer Kapitalgesellschaft, der „Deutschen Samoa-Gesellschaft", die 450 ha Land auf Upolu zum Kakao-, Kautschuk- und Kopra-Anbau erwarb. Dividende zahlte sie nie. Durch ein von fachkundiger Seite eingeholtes Gutachten hatte Solf inzwischen auch die Möglichkeiten und Grenzen von Pflanzungsvorhaben und Siedlungen auf Samoa prüfen lassen.[17]

Dank seiner Verbindungen vermochte Deeken auch entsprechenden Druck auf Solf auszuüben, seinen Widerstand gegen den Import von chinesischen Kulis zu lockern. Die Arbeiterfrage war auch in Deutsch-Samoa das zentrale Problem, da die Samoaner nicht einsahen, über ihre Bedürfnisse und eigenen Unternehmungen hinaus zu arbeiten. Solf wiederum lehnte eine unbegrenzte Einwanderung von chinesischen Fremdarbeitern ab, weil er im Interesse der Samoaner die Entstehung einer Mischrasse verhindern wollte, aber auch befürchtete, daß die fleißigen und nüchternen Chinesen bald den Handel der Kolonie dominieren würden. Daher sorgte er für eine Begrenzung der Arbeitsverträge für Chinesen auf maximal 3 Jahre. Doch vermochten selbst die bis 1914 nach Samoa importierten 2 184 Chinesen das Arbeiterproblem nicht zu lösen.[18]

Deeken ging in seiner Opposition gegen Solfs „staatsinterventionistischen" Kurs schließlich sogar so weit, den Wunsch der Samoaner nach einer eigenen Kopra-Kooperative für seine Absichten auszubeuten und sie zur Gründung einer Art Genossenschaft („Cumpani" oder „Oloa") zu ermuntern. Der tiefe Stand des Weltmarktpreises für Kopra 1904 war ihnen zu niedrig erschienen, so daß sie glaubten, zur Selbsthilfe greifen zu müssen. Dahinter stand gleichzeitig die Erwartung, daß sie mit ihrer finanziellen Selbständigkeit ihre politische Unabhängigkeit zurückgewinnen könnten.[19]

Wenn Solf auch die Unerfahrenheit der Samoaner in diesem Geschäft als Grund für seine restriktiven Maßnahmen gegen die

„Cumpani" vorschob, war es doch entscheidender, daß die Gründung eine Kampfansage an das europäische Handelsmonopol darstellte, das jedoch eine der Grundvoraussetzungen des Kolonialismus war. Zugleich bedeutete für ihn die „Cumpani" eine machtpolitische Herausforderung und damit eine Gefährdung seiner
paternalistischen Eingeborenenpolitik. Dort, wo die politische
Suprematie des Kolonialstaates und die Festigung der deutschen
Herrschaft gefährdet waren oder schienen, lagen naturgemäß auch
die Grenzen der Solfschen Eingeborenenpolitik. Die erwähnte endgültige Abschaffung von Tumua und Pule, den beiden Zentralver-
tretungen der Samoaner, und ihre Ersetzung durch einen zweimal
im Jahr tagenden bezahlten Deputiertenrat sowie die Verlegung
des Schwerpunktes der Lokalverwaltung von den Distrikten in die
Ortschaften, waren seine Reaktion auf den Vorfall. Mit dem Steigen der Koprapreise und der vorübergehenden Verbannung einiger
Häuptlinge war indes das Ende der Unruhen schnell erreicht.
In ihrer politischen Tendenz lebten die Ziele der „Cumpani"-Be-
wegung allerdings noch einmal in der traditionalistischen Lauaki-
Rebellion 1908/09 kurzfristig auf.[20] Sie war der Versuch einer
kleinen Minderheit der alten Pule-Partei mit ihrer Gefolgschaft
auf Savaii unter Führung des „silberzüngigen" Häuptlings-
sprechers Lauaki, an die „glorreiche Zeit" der samoanischen Selbst-
regierung und die teilweise erfolgreiche Ausbalancierung der rivalisierenden europäischen Ansprüche anzuknüpfen, wobei wegen der
zunehmenden Senilität Mataafas die Frage der Nachfolge den
Auslöser für die Bewegung abgegeben haben mochte. Die „Rebellion" machte zwar schließlich sogar eine Flottendemonstration und
die Verbannung der Anführer nötig, verlief aber ansonsten ohne
Einsatz von Gewalt. Der größere Teil der Samoaner stand auf
Solfs Seite oder konnte durch sein geschicktes Verhandeln überzeugt werden. Zugute kam ihm überdies der samoanische Fraktionalismus; denn die auf Restaurierung der alten gesetzgebenden
Körperschaften gerichteten Bestrebungen des Lauaki-Anhangs, der
ein samoanisches Königtum der vormaligen Tanu-Partei als politisch gleichberechtigten Partner der Deutschen erstrebte, verschärfte
gleichzeitig den innersamoanischen Konflikt zwischen den ehemaligen Einrichtungen von Tumua und Pule. Innere Zwistigkeiten und
vor allem divergierende Führungsansprüche, aber auch eine ultra-
konservative Ideologie, die nicht mehr die Mehrheit des Volkes
erfaßte, haben in diesem Fall ebenfalls die Durchsetzung kolonialer Herrschaft erleichtert.

Daß diese rückwärts gerichtete Revolution nicht mehr Boden fassen konnte, war bis zu einem gewissen Grad die Folge der „christlichen Revolution", die mit der zumindest nominellen Bekehrung der meisten Samoaner etwa um 1905 einen Höhepunkt erreicht hatte. Zwar haben es gerade die Samoaner verstanden, die christlich geprägte Kultur des Westens mit ihrem eigenen Lebensstil (fa'a Samoa) zu verbinden („samoanisiertes Christentum"), aber besonders die materiellen Aspekte der westlichen Zivilisation schufen doch zunehmend veränderte Voraussetzungen und neue Formen der Elitenbildung.[21] Die jüngere, gebildete und europäisierte Generation — mit einer Scholarisationsquote von 29,4% lag Samoa weit an der Spitze aller deutschen Kolonien —, die sich nicht mehr den Autoritätsstrukturen der traditionellen Gesellschaft unterordnen wollte und deshalb für die politischen Ziele Lauakis kein Interesse zeigte, wäre aber auch, hätte die deutsche Kolonialherrschaft fortgedauert, der Herausforderer des deutschen Kolonialregimes geworden. Konkret hatten überdies methodistische Missionare, wie ihre katholischen Konkurrenten schon immer aufs engste in das politische Schicksal Samoas verwoben, etliche Parteigänger Lauakis von dessen persönlich ehrgeizigen Zielen überzeugen und schließlich ihn selbst (der Diakon der methodistischen Gemeinde war) zur Aufgabe seiner Pläne bewegen können.

Mit dem Ende der Lauaki-Rebellion erfuhren die schon seit 1905 andauernde, verhältnismäßig friedliche Zeit sowie die steigende wirtschaftliche Entwicklung ihre Fortsetzung. Erstmals 1906 zeigte Deutsch-Samoa eine ausgeglichene Handelsbilanz. Von 1908 an konnte die Kolonie ihr Budget selbst finanzieren und war nicht mehr von Subsidien des Reiches abhängig. Die Samoaner partizipierten gleichfalls an diesem wirtschaftlichen Aufschwung. Zwischen 1905 und 1908 stammten durchschnittlich zwei Drittel der Kopra-Exporte aus ihrer Produktion, danach betrug dieser Anteil etwa drei Fünftel. Die Anbauflächen ihrer Plantagen überstiegen diejenigen der europäischen Pflanzungen um das Dreifache. Ermuntert durch einige europäische Pflanzungsgesellschaften, die mit dem Kakaoanbau begonnen hatten, gingen sie ebenfalls zur Anpflanzung dieser neuen cash crop über. Solf hatte nur mit indirekten Mitteln ihre Initiative gefördert. Durch Gesetze gegen falsche Gewichte und Maße schützte er sie überdies vor skrupellosen Kopra-Händlern. Bei gelegentlicher Arbeit auf den europäischen Plantagen verdienten die Samoaner aufgrund des Arbeitskräftemangels Löhne von drei Mark täglich zusätzlich Verpflegung.

Die deutschen Unternehmen zeigten gleichfalls einen — wenn auch
nicht einheitlichen — Aufwärtstrend. Kleine Pflanzungsunternehmen wie die deutsche Samoa-Gesellschaft (1902), die Safata-Sa-
moa-Gesellschaft (1903) und die Samoa-Kautschuk-Kompanie
(1905) waren wenig erfolgreich. Dagegen vermochte die DHPG
mit ihrem Land- und Arbeiterrekrutierungsmonopol in Neuguinea
ihre vorherrschende Stellung zu behaupten. 1909 schüttete sie eine
Dividende in Höhe von 28% aus. Ihr jährlicher Umsatz allein an
Kopra überstieg nach der Jahrhundertwende zwei Mill. Mark und
der Gewinn aus dem Anbau von Kakao und Kautschuk nahm
ständig zu.
Der Anteil der Produktion aus Deutsch-Samoa und Deutsch-Neuguinea an der Bedarfsdeckung des Heimatlandes war dennoch verschwindend gering. Die deutschen Kopra-Importe aus den pazifischen Kolonien — ihr Hauptprodukt — machten 1910 und 1911
weniger als $8^{1}/_{2}\%$ aus ($48^{1}/_{2}\%$ kamen aus den englischen Kolonien, 40% aus Holländisch-Ostindien). Die Phosphat-Minen deckten nur 5% des deutschen Bedarfs. Der gesamte Handel mit
den pazifischen Kolonien belief sich auf weniger als $^{1}/_{7}\%$ des
deutschen Gesamthandels (1909), die Kapitalinvestitionen (bis
1912) auf weniger als 400 Mill. Mark.[22] Insgesamt brachten die
deutschen Kolonien im Pazifik so wenig wie die afrikanischen ein
Plus-Geschäft für das Deutsche Reich, wohingegen allerdings einige
Firmen wie die DHPG und die Jaluit-Gesellschaft enorme Gewinne erzielten.

6. Kiautschou

Seit der Okkupation der Kiautschou-Bucht am 14. November 1897
betrachtete die Marineleitung diesen Stützpunkt (560 km²) und
das angrenzende „Interessengebiet" Shantung als ihr „Reich" und
als Experimentierfeld für eine verbesserte Kolonialpolitik. Im
Gegensatz zu den afrikanischen Kolonien, deren wirtschaftliche
Ausnutzung sich bis dahin als wenig ertragreich erwiesen hatte und
in denen es immer wieder zu aufsehenerregenden Kolonialskandalen kam, sollte aus Kiautschou eine „Musterkolonie" werden, in
der die Marine — so Großadmiral Alfred von Tirpitz noch in
seinen „Erinnerungen" — „mit großem Zug in kleinem Rahmen"
beweisen konnte, „wozu Deutschland imstande wäre"[1].

Der seit 1897 im Amt befindliche, höchst einflußreiche Staatssekretär des Reichsmarineamtes nahm daher an Kiautschou nicht nur als
Flottenbasis ein spezielles Interesse, sondern zugleich als wirtschaftliches und kulturelles Unternehmen im Rahmen der deutschen
Beteiligung am „Wettlauf" um den vorherrschenden macht- und
kulturpolitischen Einfluß im Fernen Osten. Sein primäres Ziel war
nicht der Erwerb von formellem Kolonialgebiet — deshalb wahrte
er auch stets Zurückhaltung gegenüber einer Erweiterung des
„Pachtgebietes" —, sondern der Ausbau informeller Herrschaft im
Wege navaler, kommerzieller und kultureller Vorherrschaft. In
ähnlicher Weise wie Hongkong sollte Kiautschou, das „deutsche
Hongkong", als Typus einer reinen Handelskolonie zum Ausgangspunkt der ökonomischen Durchdringung Chinas werden. An
der weltpolitischen Peripherie beabsichtigte er somit die neue Rolle
der deutschen Flotte und die erstarkte Wirtschaftsposition und
höhere Leistungsfähigkeit des Deutschen Reiches, namentlich gegenüber England, dem mächtigsten Rivalen zur See, erstmals zu
demonstrieren. Nebenbei sollte Tsingtao als besseres, „deutsches"
Hongkong ein Stück Emanzipation und Selbstbestätigung der jungen deutschen Marine darstellen.
Die Verwaltung Kiautschous oblag daher von Anfang an nicht
einer Handels- oder Kolonialgesellschaft und unterstand — im
Gegensatz zu den anderen deutschen Kolonien — auch nicht dem
Auswärtigen Amt bzw. dem Reichskolonialamt, sondern dem
Reichsmarineamt. Ein Marineoffizier stand als „Gouverneur" an
der Spitze der zivilen und militärischen Verwaltung. Die Zivilver-
waltung gliederte sich in die eigentliche Landesverwaltung mit
einem Zivilkommissar an der Spitze und einem „besonderen Kommissar" für chinesische Angelegenheiten. Ansonsten war die Landesverwaltung für Europäer und Chinesen getrennt. Die Chinesen
behielten weitgehend ihre Rechte und Institutionen, aber weder die
chinesische Zentral- oder Bezirksregierung noch die Einwohner des
Pachtgebietes waren in irgendeiner Form an Verwaltung und
Rechtsprechung beteiligt. Während die Leiter der Verwaltungs-
zweige den Gouvernementsrat bildeten, wurde ein aus „ansässigen
angesehenen Chinesen" bestehendes Komitee gebildet, das ebenfalls
dem Gouverneur beratend zur Seite stand.
Ausgehend von der verfahrenen Entwicklung in anderen großen
Hafenstädten wie Hongkong und Shanghai und der Praxis einiger
Firmen und auch der Mission, allenthalben den verfügbaren Grund
und Boden aufzukaufen und zu Mietshäusern „auszuschlachten",

entwickelte die Marineverwaltung von Anfang an ein fortschritt-
liches und die Vorstellungen Henry Georges und der Bodenrefor-
mer berücksichtigendes Bodenrecht. Es sollte allen Landspekulatio-
nen den Boden entziehen und die Ansammlung von Eigentum in
toter Hand, dessen Verzinsung der Kolonie selbst nicht zu Nutzen
kam, verhindern. Das wesentliche Element dieses Steuersystems
war das Monopol des Gouvernements über den Kauf von Land
von den chinesischen Eigentümern, die zuvor in toto enteignet worden waren, aber vertraglich auf dem Boden bleiben konnten, solange das Land nicht gebraucht wurde. Genaue Bestimmungen und
Steuererhöhungen sorgten dafür, daß die Bauvorhaben auch ausgeführt wurden und daß das Land tatsächlich zu dem Zweck verwendet wurde, zu dem es gekauft worden war. So bestimmte die
Steuerverordnung vom 2. 9. 1898 (§ 3), daß der Grundsteuerwert,
der sich zunächst nach dem an das Gouvernement gezahlten Kaufpreis richtete, nach dem 1. 1. 1902 in gewissen, später noch zu be-
stimmenden Zwischenräumen von einer Kommission stets neu ab-
geschätzt und festgesetzt werden sollte. Jedenfalls hatte der Käu-
fer 6% des aktuellen Wertes des Landstückes an Steuern zu zahlen,
und bei einem Weiterverkauf, bei dem die Verwaltung das Vor-
kaufsrecht besaß, war ein Drittel des Nettogewinns an das Gouvernement zu entrichten. Nach 25 Jahren kontinuierlichen Besitzes
hätte der Besitzer ebenfalls 33% des Zeitwerts als Abgabe leisten
müssen, wobei allerdings bei der Wertermittlung die Bebauung
abgezogen wurde, so daß kein Investitionshemmnis entstand.
Grundsteuer und Landverkäufe wurden denn auch neben dem Zoll
die Haupteinnahmequellen des Schutzgebietes. Von Zeitgenossen
ist die Landverordnung oft „als ein Stück praktischer Sozialpolitik" bezeichnet worden, wobei sich die Einschätzung vor allem auf
die Rolle der Wertzuwachssteuer stützte.[2] Durch sie wurden in
der Tat infolge der Unattraktivität des Immobiliengeschäftes die
Bodenspekulationen eingedämmt, Investitionen vor allem in Form
von Bebauungen gefördert und durch die Wertsteigerung mittelbar
über die öffentliche Hand alle beteiligt — bis auf die Chinesen.
Zum Entwicklungsprogramm der Marine gehörte des weiteren ein
aufwendiges und teures, im China dieser Zeit einmaliges Auffor-
stungs- und Landkultivierungsprogramm des von starker Erosion
bedrohten Gebietes. Gleicherweise fortschrittlich waren die hygienischen und medizinischen Maßnahmen. Strenge hygienische Vorschriften vom Warenverkauf bis zur Straßenreinigung und Abwäs-
serbeseitigung wurden erlassen und ein modernes Kanalisations-

und Trinkwasserversorgungssystem errichtet. Straßen wurden ge-
pflastert und ein Netz von Verbindungen in die ländliche Zone des
Pachtgebietes geschaffen. Ein Telegraphensystem und eine Funk-
station wurden errichtet und der Hafen zu einem der modernsten
in Ostasien ausgebaut. Zwar ist er gleichzeitig zu einer Marinebase
ausgestaltet worden, die eine Besatzung von 2 300 Mann besaß.
Aber seit 1906 wurden keine weiteren Truppen stationiert und die
Armierung nicht vermehrt, um auch nach außen zu dokumentieren,
daß Deutschland keine militärischen Ambitionen in Shantung besaß. Das einstige Fischerdorf Tsingtao rangierte schließlich an
sechster Stelle der chinesischen Häfen und sollte 1931 nach Shanghai, Tientsin und Dairen zum viertwichtigsten Hafen in China
werden. Es genoß den Ruf der gesündesten und saubersten Stadt in
Ostasien.
Zwangsläufige Folge dieser enormen Investitionen und infrastruk-
turellen Maßnahmen war, daß Kiautschou zum teuersten Kolonialunternehmen Deutschlands wurde. Bis 1907 ging, einmal abgesehen
von den Kosten der großen Aufstände in Afrika 1904/06, mehr
Geld in dieses „Pachtgebiet" (102 337 442 Mark) als in jede andere
Kolonie des Reiches. Bis 1913 hatte die Verwaltung über 200 Mill.
Mark in Kiautschou investiert, von denen nur 36. Mill. Mark aus
den lokalen Einnahmen stammten. Kiautschou entwickelte sich
beachtlich, blieb aber Zuschußkolonie (1913/14 10,3 Mill. Mark).
Die Einwohnerzahl von Tsingtao wuchs kontinuierlich von einigen
Tausend zu Beginn der deutschen Herrschaft auf 55 700 im Jahre
1913; von diesen waren etwa 53 000 Chinesen.
Tirpitz' Bestrebungen richteten sich seit der Übernahme Kiautschous, schon wegen der geringen physischen Machtmittel Deutschlands im Fernen Osten, auf eine möglichst friedliche Durchdringung des angrenzenden „Interessengebietes", an deren Anfang der
Bau der Eisenbahnlinie von Tsingtao nach der Provinzhauptstadt
Tsinanfu stand und dessen geheimes Endziel das — allerdings bereits außerhalb dieses Gebietes liegende — Yangtsetal war. Ein
deutsches Kommando-Unternehmen in Süd-Shantung (Ichowfu) im
Frühjahr 1899, von den „men on the spot", dem deutschen Gesandten in Peking und dem Gouverneur in Kiautschou, für notwendig erachtet, entsprach keineswegs seinen Vorstellungen von
der wirtschaftlichen Erschließung der deutschen „Interessensphäre".
Das gleiche galt für die andauernden Konflikte zwischen Missionaren und chinesischem Staat bzw. chinesischer Bevölkerung, die der
von der Marine intendierten ruhigen Entwicklung des „deutschen

Hongkongs" entgegenstanden. Der Grund für die zunehmende
Zurückhaltung von Reichsregierung und Marineleitung namentlich
gegenüber der in Shantung vorherrschenden katholischen Mission
lag in der Abneigung der Chinesen gegenüber den christlichen Missionen, die mit ihrem Anhang infolge der „Kapitulationen" Chinas
seit den Opiumkriegen (1840 ff.) Missionsfreiheit, Konsular-
gerichtsbarkeit und Exterritorialität genossen und auf diese Weise
einen „Staat im Staate" bildeten. Daß sich aus dieser bevorrechtig-
ten Stellung ständige Reibungen zwischen den Missionaren und
den einheimischen Behörden sowie der Bevölkerung ergaben —
Anfang 1901 sah sich das Auswärtige Amt sogar gezwungen, dem
Gesandten in Peking einen eigenen Sachbearbeiter nur für Entschä-
digungsansprüche beizugeben —, war eine fast zwangsläufige
Folge. „Nehmt euer Opium und eure Missionare fort, und ihr wer-
det willkommen sein", soll schon 1869 der Prinz Kung dem englischen Gesandten in Peking gesagt haben.[3]
Im Programm des Staatssekretärs und seines Amtes spielten die
christlichen (katholischen) Missionare, „bei den Chinesen die best-
gehaßten von allen Ausländern", wie es Prinz Heinrich, der kaiserliche Flottenchef, Anfang 1899 während einer Ostasien-Reise an
seinen Bruder schrieb[4], aus diesem Grunde auch nur eine Rolle in
der Schulpolitik. Nachdem die Steyler Mission ihre Schuldigkeit als
probates Instrument bei der Ausschaltung des französischen Mis-
sionsprotektorates durch das Reich (1890) und bei der Annexion
von Kiautschou (indem die China-Expedition als Sühneaktion für
den Mord an den Missionaren hingestellt werden konnte) getan
hatte, drohte sie durch ihr ständiges konfliktverursachendes Wirken und infolge ihrer politischen Anmaßungen zu einem Hemmschuh der beabsichtigten „friedlichen" wirtschaftlichen Durchdringung „Deutsch-Chinas" zu werden. Das galt insbesondere für die
Gebiete um die Shantung-Städte Ichowfu und Yenchowfu, die zum
einen wichtige Einflußgebiete der Missionare waren, zum anderen
1899 zu bedeutenden Zentren der Boxerbewegung wurden. In dem
Konflikt zwischen Missionaren und den „Boxern" (chin. k'üan-fei,
„Faust-Rebellen") lag überdies ein wesentliches Element der 1900
ausbrechenden Boxer-Unruhen.
Die Boxerbewegung, die im Kontext der jahrhundertealten Tradition der unzähligen Sekten und Geheimbünde Chinas zu sehen ist,
nahm ihren Ursprung in den Dorfmilizen, die in der Mitte des
19. Jahrhunderts vornehmlich zum Schutz gegen Räuberbanden
entstanden waren.[5] Erst später entwickelte sie sich zu einer sozial-

revolutionären Bewegung. Naturkatastrophen, soziale Verschlechterungen und Unzufriedenheit mit der fremden Regierung (der
Mandschu), mit der sie sich schließlich verbündete, ließen ihre Reihen anschwellen. Allerdings bestand zwischen der Annexion von
Kiautschou und der sich gleichzeitig im deutschen „Interessengebiet" vehement ausbreitenden Boxerbewegung und ihrer Kon-
zentration im Raum Kaomi (wo die Bahnarbeiten begannen) kein
alleiniger Kausalzusammenhang. Entscheidender für das Anwachsen der Unruhen als der bloße Umstand der deutschen Etablierung
in Shantung war, daß diese Aktion den europäischen Großmächten
das Startzeichen gab, sich gleichfalls in China einzurichten. In
europäischen und ostasiatischen Zeitungen begann eine mit scho-
nungsloser Offenheit geführte Diskussion über die weitere Einteilung von Interessensphären und die spätere Aufteilung des chinesischen Reiches. Auf chinesischer Seite führten diese Erörterungen
und der „Wettlauf um die Konzessionen" zu einer allseitigen
Reaktion (Hof, Regierung, öffentliche Meinung), wobei die
deutsche Initiative zum „scramble for China" besonders herausge-
strichen wurde.
Ein insgesamt höherer Stellenwert kommt allerdings den internen
Schwierigkeiten Chinas infolge der Niederschlagung der Reformen
von 1898 zu. Die Reformer hatten beabsichtigt, nach dem Vorbild
Japans auch China durch eine Neuauslegung der konfuzianischen
Klassiker und die Übernahme westlicher Bildung und Methoden
schrittweise zu verändern. Die Reform-Edikte des Kaisers Kuang-
hsü (1875—1908) offenbarten ihren progressiv-westlichen Charakter. Gegen diese „Überfremdung" mit westlichen Einflüssen richtete sich die Reaktion der militanten Ultrakonservativen unter
Führung der alten Kaiserin-Witwe Tz'u-hsi, die in der Lockerung
und Aufgabe des alten Glaubens- und Traditionsgutes eine Unter-
grabung ihrer zugleich politischen und sozialen Monopolstellung
sahen. Namentlich die „fremde" Religion wirkte als sozialrevolu-
tionäres Ferment und gefährdete die althergebrachte bürokratisch-
feudale Ordnung; denn die erstarkenden Christengemeinden bedrohten die tradierte Sozial- und Dorfstruktur und damit sowohl
die kulturelle Hegemonie als auch das soziale Prestige der altkon-
servativ-feudalen Gentry. Sie (zer)störten nicht nur den religiös
eingebetteten Familien- und Dorfverband durch ihre Abkehr von
den überkommenen religiös-sozialen Wert- und Ordnungsvorstel-
lungen, sondern wurden durch ihren Rückhalt bei den ausländischen Missionen auch im Rechts- und Staatsgefüge zu „Enklaven

fremder Loyalität" (T. Grimm). Auch die „Boxer", als eine organi-
satorisch und ideologisch eminent religiöse und streng hierarchisch
aufgebaute Bewegung, richteten sich mit ihrer zunehmenden Mili-
tanz gegen das Christentum als Hauptgegner, „antiimperialistisch"
und „antichristlich" wurden seit der Boxererhebung zu zwei syn-
onymen Begriffen. Mit der Entmachtung der Reformer — die von
Anfang an unter dem Einfluß amerikanischer und englischer Missionare gestanden hatten — brach eine neue Welle der Missions-
feindlichkeit durch, wobei schon die Selbsterhaltung des ultrakonservativen Regimes eine Freigabe des Fremdenhasses bedingte.
Dieser richtete sich nunmehr gegen alle Ausländer, wie es auch in
der Kampfparole „Unterstützt die Ch'ing (Mandschu), vernichtet
die Fremden" zum Ausdruck kam.
Neben den genannten außen- und innenpolitischen Gründen waren
sozioökonomische und soziokulturelle Veränderungen von nicht zu
unterschätzender Bedeutung. Zu ihnen gehörten in Shantung neben
dem für alle Provinzen zutreffenden Bevölkerungszuwachs eine
Folge von verheerenden Dürre- und Hungerkatastrophen (u. a.
durch Deichbrüche des Gelben Flusses) sowie Arbeitslosigkeit der
Schiffer, Schleusenwärter, Speicherarbeiter und Schutzwächter an
der Verkehrshauptschlagader der Provinz, dem Kaiserkanal, der
infolge Versandung und Verlegung der Reistransporte über See an
Bedeutung einbüßte. Wirtschaftliche Verschlechterungen brachten
auch die zunehmenden auswärtigen Baumwollgarn- und Baum-
wolltuch- sowie Kerosinimporte. Die neuen Eisenbahnplanungen
und -bauten, die nach 1897 gerade in der „deutschen" Provinz
Shantung mit Vehemenz und Gewalt gegen örtliche Widerstands-
akte (z. B. Kaomi) einsetzten, schufen zwar neue Arbeitsplätze und
Verdienstmöglichkeiten, aber sie begannen auch die überwiegend
bäuerlich-konservative Besitz- und Agrarstruktur nachteilig zu
verändern. Sie verletzten vor allem die religiösen Gefühle der nicht
von einer wachstumsgläubigen Wirtschaftsmentalität beeinflußten
Bevölkerung. Die Öffnung einer Bergbaumine etwa störte nach
ihrer Vorstellung die Götter und Geister, das „feng-shui" — wört-
lich „Wind (und) Wasser", gemeint ist die geomantisch zu verstehende Harmonie von Landschaft und ihrer Erschließung und Bebauung —, und rief Dürrekatastrophen oder Überschwemmungen
hervor. Das gleiche galt für die (Sühne-)Kirchen, die mit ihren
hochragenden neogotischen Türmen den „Himmel" herausforder-
ten („Es regnet nur deshalb nicht, und die Erde verdorrt nur deshalb, weil die christlichen Kirchen den Himmel verdunkeln").[6]

Für alle Veränderungen sowie soziale und wirtschaftliche Not
wurden die Fremden verantwortlich gemacht, die die prästabilierte
Harmonie von religiös-kulturell aufgefaßter Sozialordnung und
magisch gesehener Natur zerstört hätten.

In der Boxerbewegung verbanden sich somit eine anfangs „primi-
tive" Rebellion aufgrund rein wirtschaftlicher Not oder sozialen
Abstiegs sowie wirtschaftlich-sozialkonservative Protestbewegungen der Basis mit der reaktionären Hofkamarilla zu einer primär
aus Fremden- und Christentumsfeindlichkeit genährten *Abwehrbe-*
wegung (die erst als „abgebrochene Revolution" kryptonationali-
stische Emanzipationsgedanken freisetzte). Erst als die Gentry die
Führung in den Kampfverbänden der „Boxer" — vielfach nur
reine Räuberbanden — übernahm und den Kontakt zur reaktionären Führungsclique (Yü-hsien, Yü-lu, dem Generalgouverneur von
Chihli, und schließlich zur Kaiserin-Witwe) herstellte, wurden die
Missionsstationen und Christengemeinden, als physisch schwächstes
Glied der Kette des westlichen Imperialismus, zum Hauptziel der
Angriffe. Die „Boxerwirren" und der „Boxerkrieg" waren daher
weder ein genuin religiöser Krieg, noch setzte sich in ihnen lediglich
eine ausgesprochen antimodernistische „Maschinenstürmerei" im
Gefolge der westlichen wirtschaftlich-industriellen „Aufbrechung"
des Landes durch, sondern in ihnen manifestierte sich eine aus einer
Reihe von Quellen — vornehmlich rückwärtsgerichteter Art —
gespeiste Abwehr-Ideologie gegen *jeden* westlichen Einfluß.

Insgesamt ist es während der Boxerwirren in Shantung weitgehend
ruhig geblieben, da der Gouverneur Yüan Shih-k'ai, nicht zuletzt
auf die Drohung der Deutschen hin, ihn zur Rechenschaft zu ziehen, den Schutz der Fremden zu garantieren vermochte, und da
zum anderen das deutsche Gouvernement mit seinen, wenn auch
geringen Truppen ein stabilisierendes Element darstellte. Der intri-
gante, nationalistisch-fortschrittliche und als deutschfreundlich
geltende Yüan Shih-k'ai war im Dezember 1899 zum neuen Generalgouverneur von Shantung ernannt worden. Infolge seines energischen Durchgreifens — seine Elitetruppen waren von deutschen
Instrukteuren ausgebildet worden — verlagerte sich der Schwerpunkt der fremdenfeindlichen Aktivitäten in die Provinz Chihli
(heute Hopei). Hier sympathisierte der Gouverneur ebenso mit der
Bewegung wie schließlich die Zentralregierung, die mit dem Frem-
denhaß ein Ventil für den Überdruck gefunden hatte, der aus ihren
politischen Schwierigkeiten resultierte. Am 19. Juni 1900 erklärte
sie unter dem Eindruck des teilweisen Erfolges der Boxer den euro-

päischen Mächten den Krieg. Nach der Ermordung des deutschen
Gesandten Freiherr von Ketteler fanden sich die betroffenen europäischen Staaten — nach anfänglichem Mißtrauen — zu einer
gemeinsamen Aktion zusammen. Aber erst am 25. September traf
der von den Verbündeten akzeptierte militärische Oberbefehlshaber, Generalfeldmarschall von Waldersee, in Tientsin ein, über
einen Monat nach der Einnahme Pekings durch ad hoc gebildete
alliierte Truppen. Der „Weltmarschall" suchte daher durch brutale
Nachhutgefechte und die Mitnahme erbeuteter chinesischer Kunst-
gegenstände einen Rest an Ruhm zu erwerben.[7]
Die „nachträgliche Genehmigung" bzw. die Frage der Indemnität
für die eigenmächtig von der Reichsregierung unternommene Strafexpedition unter Graf Waldersee bildete auch für den Reichstag
den Anlaß, sich eingehender mit dem „China-Abenteuer" zu befassen. Im Zuge der z. T. heftigen Kritik an den militärischen Opera-
tionen und dem brutalen Vorgehen erhoben Sozialdemokraten und
Freisinnige die Forderung, die staatliche Souveränität und Integri-
tät Chinas durch den Rückzug der Truppen und die Aufgabe des
Pachtgebietes wiederherzustellen. August Bebel brandmarkte, von
Eugen Richter unterstützt, das Vorgehen der Regierung als „einen
klipp und klaren Verfassungsbruch" — über den ja auch Hohenlohe stolperte — und schloß in seine Angriffe gegen die deutsche
Chinapolitik die katholische Mission und vor allem ihren extrem
nationalistischen Bischof Anzer mit ein, während auf die protestantische Mission nur einzelne Seitenhiebe fielen.[8] Die Mehrheit
des Reichstags billigte jedoch das China-Unternehmen durch die
Annahme des Zusatzetats. Namentlich das Zentrum erwies sich als
die starke Stütze der Reichsregierung in der China-Debatte. Es sah
in dem ganzen Kommando-Unternehmen auch keinen „Rache-
krieg", sondern faßte es als „Sühne der begangenen Freveltat" und
Unternehmen für die „europäische Zivilisation" und „christliche
Religion" auf (Lieber).[9]
Die Entschädigung, die das Reich für die eigenen Kosten in China
forderte (bis zum 1. 5. 1901 waren es 240 Mill. Mark), war erheblich. China wurde im sogenannten Boxer-Protokoll vom September
1901 neben der Entsendung einer Bußgesandtschaft unter dem
Prinzen Chun, dem sogenannten Sühneprinzen[10], zur Zahlung
von 90 Mill. Taels (etwa 280 Mill. Mark) Kriegsentschädigung
verpflichtet; das waren 20% der gesamten Reparationen, wobei der
deutsche Anteil nur von dem russischen übertroffen wurde. Diese
Bestimmungen des Protokolls und die Tatsache, daß sich das Reich

im Boxeraufstand beträchtlich exponiert hatte, haben Deutschland einen lange nachwirkenden Prestigeverlust in China eingebracht, da die Sühneforderungen einen für das Reich der Mitte unvergeßlichen Gesichtsverlust bedeuteten.

Abgesehen von diesen Sühneleistungen hat jedoch auf deutscher Seite keine ernsthafte Absicht zur Besetzung etwa ganz Shantungs bestanden. Auch an einer Aufteilung Chinas waren Auswärtiges Amt und Marineleitung letztlich nicht interessiert. Die Marineleitung (Berlin und Tsingtao) verhinderte überdies einen Rachefeldzug von Shantung aus gegen die Boxerbewegung. Das Primärziel wirtschaftlicher Expansion legte der deutschen Politik künftig größere politische Zurückhaltung auf. Jedenfalls wollte das Reich nicht noch einmal eine antichinesische Führungsrolle übernehmen und als bestgehaßte fremde Macht in China dastehen. Aber auch die machtpolitische Schwäche Deutschlands nach 1900 ließ das Prinzip der offenen Tür als die einzig sinnvolle Leitidee für eine wirtschaftlich orientierte deutsche Chinapolitik erscheinen. In einem Schreiben an Wilhelm II. vom 20. 8. 1900 hat Tirpitz diese langfristigen Absichten zu einem Plädoyer für die Open Door-Politik zusammengefaßt:

„Es empfiehlt sich auch vom größerpolitischen Standpunkte aus nicht, uns den Anschein zu geben, als ob wir in der Provinz Schantung weiter um uns greifen wollten. Andere Theile Chinas, vor allem das Yangtsegebiet, sind für den deutschen Handel viel wichtiger; die Politik der offenen Thür ist für seine Förderung das einzig Richtige. England würde uns Schantung gern überlassen, wenn wir dafür auf den Yangtse verzichten wollten. Wir müssen unseren politischen Einfluß in ganz China ausbreiten und dürften uns nicht auf diese kleine Ecke beschränken lassen. Schantung wird uns später sowieso als reife Frucht in den Schoß fallen, deshalb brauchen wir jetzt nicht die Hände danach auszustrecken".[11]

Seit der Boxer-Rebellion geriet nicht nur die deutsche Fernostpolitik in die Defensive, sondern auch der deutsche Einfluß im „Interessengebiet" Shantung verlor an Bedeutung, schon weil Berlin für diese Provinz nicht andere Interessenbereiche in China und ganz Ostasien aufgeben wollte wie namentlich das Yangtsetal. Das englisch-japanische Abkommen von 1902 markierte dann ebenso eine Schwächung der politischen Position des Reiches wie die Niederlage Rußlands im russisch-japanischen Krieg 1904/05; denn der Sieg Japans bedeutete nicht nur eine ernstzunehmende Konkurrenz von dieser Seite auf wirtschaftlichem Gebiet in Shantung, die Niederlage Rußlands schmälerte auch Deutschlands Stellung als vermit-

telnden Faktor zwischen den beiden rivalisierenden Nationen und
minderte seinen möglichen Rückhalt bei Rußland gegenüber englischen Pressionen im Fernen Osten. Schließlich trug das wachsende
Selbstbewußtsein der Chinesen nach der ersten Niederlage einer
„weißen" Nation und der neue chinesische Nationalismus im Zuge
der späten Ch'ing Reformen, die an den prowestlich-modernisie-
renden Reformversuch von 1898 anknüpften, zu einer Blockierung
der deutschen Aktivitäten in der „Interessensphäre" bei.

So stellte die chinesische Provinzverwaltung schon aus Prinzip
keine deutschen Berater ein, noch vergab sie lukrative Aufträge an
die Deutschen. Auf diese Weise spielten sie, vor allem in militärischen Angelegenheiten, eine weitaus geringere Rolle, als sie möglicherweise ohne ihren Anspruch auf das „Interessengebiet" ausgeübt hätten. 1905 zogen sich die letzten deutschen Truppen aus dem
Innern der Provinz zurück und überquerten nie wieder die Grenzen des „Pachtgebietes". Von den drei im Pachtvertrag projektierten Eisenbahnlinien konnte nur die erste von Tsingtao nach Tsinan
gebaut werden. Die Chinesen verstanden es zunehmend, die Bestrebungen der Deutschen zur Ausbreitung ihres Einflusses via Eisenbahn erfolgreich zu konterkarieren. So gelang es ihnen z. B. bis
1907, das von der Shantung-Eisenbahngesellschaft entlang der
Bahnlinie in Angriff genommene Post- und Telegraphensystem zu
sabotieren. Bereits seit 1906 war Kiautschou, das bis dahin vergleichsweise unabhängig vom chinesischen Zollsystem gewesen war,
in dieses integriert worden; 80% der Zolleinnahmen gingen seitdem an die chinesischen Behörden nach Peking, nur 20% an das
Gouvernement.

Geschäftlich entwickelte sich die Shantung-Eisenbahngesellschaft,
1899 mit einem Grundkapital von 54 Mill. Mark gegründet, dagegen durchaus günstig. 1904 konnte die Shantung-Bahn von Tsingtao in die Provinzhauptstadt Tsinan mit Anschluß an das Kohlere-
vier bei Poschan in Normalspurweite eingleisig fertiggestellt werden (435 km), womit der Anschluß an die projektierte Tientsin-
Pukow-Bahn, die Verbindung zwischen den Hauptstädten Peking
und Nanking, gegeben war. Insbesondere der Personenverkehr —
es gab Personenwagen 1. und 2. Klasse sowie Wagen der 3. Klasse
für Chinesen, die der deutschen 2., 3. und 4. Klasse entsprachen —
zeigte eine stetige Aufwärtsentwicklung. Der Frachtverkehr entwickelte sich anfangs nicht so schnell und günstig wie erhofft, was
mit den Mißerfolgen der Shantung-Bergbaugesellschaft im Kohle-
revier von Weihsien zusammenhing. Dennoch stellten Kohle, Koks

und Briketts das wichtigste Frachtgut der Bahn dar. Die stetige
Aufwärtsentwicklung zeigt sich auch in der Dividendenzahlung für
die Aktionäre der Shantung-Eisenbahn-Gesellschaft. Nachdem für
das Jahr 1904 bereits 2% gezahlt worden waren, obgleich die
Bahn noch kein volles Jahr in Betrieb war, stieg die Dividende von
3,25% im Jahr 1905 über 5% plus 1,5% Superdividende (1910)
auf 5% plus 2,5% Superdividende im Jahr 1913.[12]
Dagegen sind aus deutscher Sicht die deutschen Bergbauunternehmungen in Shantung als ein völliger Fehlschlag zu bezeichnen. Das
Vorkommen reicher Bodenschätze in Shantung, vor allem Stein-
kohle und Eisenerze, deren Abbau nach europäischen Methoden
Ferdinand von Richthofen als lohnend angesehen hatte, war ja
einer der maßgeblichen Gesichtspunkte bei der Entscheidung für
Kiautschou als deutschen Stützpunkt in China gewesen. Das Reich
hatte sich daher im Pachtvertrag ein Monopol für die Ausbeutung
der bedeutendsten Steinkohlefelder gesichert, und gleichzeitig mit
der Shantung Eisenbahngesellschaft war 1899 von derselben deutschen Finanzgruppe die Shantung-Bergbaugesellschaft (Kapitalein-
lage 12 Mill. Mark) als Kolonialgesellschaft mit Sitz in Tsingtao
gegründet worden. Sie erschloß zunächst das 170 km von Tsingtao
entfernt gelegene Weihsien-Kohlefeld, doch entsprach die seit 1903
mit modernsten Anlagen geförderte Kohle bei weitem nicht den
Erwartungen. Als Kriegsschiffe mit der neuen Kohle Versuche
machten, beklagte sich der Ingenieur, „daß die Kohle zu unökono-
misch brenne, die Heizer beklagten sich, daß sie trotz des ange-
strengten Arbeitens kaum Dampf halten könnten, und der Kom-
mandant beklagte sich, daß die Kohle sein weißes Schiff noch rußi-
ger mache, als selbst japanische Kohle".[13] Die Absatzmöglichkei-
ten besserten sich erst nach der Errichtung einer Kohlewaschanlage
und einer Brikettfabrik im Jahre 1906. Günstigere Bedingungen,
d. h. reine Fettkohle in ungestörter Lagerung, bestanden dagegen
in dem zweiten, seit 1906 bei Poschan in Betrieb genommenen Revier.
Dennoch erreichte die gesamte Kohleförderung im „Interessengebiet" Shantung 1908 nur etwa ein Fünftel der Jahresförderung
eines größeren schlesischen Bergwerkes. Die insgesamt schlechte
Qualität der Kohle (mit Ausnahme der in Poschan geförderten)
verhinderte einen Verkauf in größeren Mengen an die Shantung-
Eisenbahngesellschaft und an die Marine. Ein Export auf den ostasiatischen Markt fand so gut wie nie statt. Auch die Grabungen
nach Gold, Silber, Kupfer, Zinn und Glimmer ergaben keinen loh-

nenden Abbau. Die Shantung-Bergbaugesellschaft blieb ein Ver-
lustunternehmen, das nie Dividende zahlte. Als sie 1913 in der
Shantung-Eisenbahngesellschaft aufging, betrug der Verlust
1 237 111 Mark. Nicht anders erging es der Deutsch-Chinesischen
Seiden-Industrie-Gesellschaft, die 1902 eine moderne Seidenfabri-
kationsanlage in Kiautschou aufbaute. Sie schloß 1909 ihre Pfor-
ten. Allein kleinere deutsche Industrieunternehmen wie eine Bier-
brauerei und die Shantung-Eisenbahn-Gesellschaft arbeiteten mit
Gewinn.
Eine stimulierende Wirkung hatten die deutschen Bergbauunter-
nehmen und die Errichtung der Bahnlinie dagegen auf die chinesischen Betriebe, abgesehen davon, daß die kleineren chinesischen
Gruben aufgrund des geringeren Kapitalaufwandes weitaus renta-
bler arbeiteten als die hochmodernen Anlagen der Shantung-Bergbau-Gesellschaft. Die Ausbeutung der einheimischen Bodenschätze
durch die Ausländer provozierte die Anstrengungen der Chinesen
und gab den Anstoß für einen moderneren, staatlich geförderten
Bergbau in Shantung, wie er anderswo in China schon länger betrieben wurde, in Shantung aber ohne die Herausforderung durch
den deutschen Imperialismus wahrscheinlich erst sehr viel später in
Gang gesetzt worden wäre. Auf diese Weise wurde der chinesische
Bergbau nicht nur zu einer der Ursachen des Mißerfolgs der deutschen Bergbauunternehmungen, er übte zugleich einen „dekoloni-
sierenden Effekt" aus. Dieser Effekt läßt sich beispielsweise an der
zunehmenden Eingrenzung der deutschen Bergbau-Privilegien ablesen. 1911 mußte die Shantung-Bergbau-Gesellschaft nach ständigen Auseinandersetzungen mit den Provinzbehörden und der
deutschfeindlichen Gentry auf alle ihr aus dem Pachtvertrag zuste-
henden Berggerechtsame außerhalb der Bergbaudistrikte verzichten. Ihr Monopol beiderseits der Tsingtao-Tsinan-Linie innerhalb
der neutralen Zone hatte sie aufzugeben. Der Verlust dieser Monopolstellung bedeutete in der Tat ein evidentes Zeichen der
Schwäche des Reichs in Shantung, wenn er auch den finanziellen
Möglichkeiten der Bergbaugesellschaft entsprach.
Die Konzessionen der 1900 unter Führung des Hamburger Han-
delshauses Arnold, Karberg & Co gegründeten „Deutschen Gesellschaft für Bergbau und Industrie im Auslande" wurden, nach Jahren der Verhandlung, ebenfalls von 120 000 li^2 auf ganze 210 li^2
reduziert. Außerdem erhielt die Gesellschaft nicht einmal ein Monopol für diese Gebiete; sie sollte ganz unter chinesischer Verwaltung stehen und die chinesischen Bergbaugesetze anerkennen. Bevor

sie ihre Unternehmungen überhaupt richtig in Gang setzen konnte, gab sie auf. Als schließlich der Vertrag für die Bahnlinie Tientsin-Pukow nach beinahe zehnjährigen Verhandlungen unterzeichnet wurde, konnten seine Bedingungen als die großzügigsten angesehen werden, die China je zuvor für eine Eisenbahn-Anleihe gewährt wurden. Die Kontrolle und der Betrieb der Linie befanden sich nicht in den Händen der Konzessionäre, sondern unterstanden der chinesischen Verwaltung. Selbst bei einem Defizit war es den ausländischen Geldgebern nicht erlaubt, die Bahn zu übernehmen. An der Geschichte der Tientsin-Pukow-Konzession mit den umfangreichen Einbußen an den vor 1900 erzwungenen Rechten und Optionen läßt sich das erstarkte Selbstwertgefühl der Chinesen und die schwindende Kraft des deutschen und europäischen (Eisenbahn-)Imperialismus in China am deutlichsten ablesen.

Auch im Handel über Kiautschou vermochte Deutschland seine Position anteilmäßig nicht zu verbessern. Bei den Einfuhren über Tsingtao lagen die Deutschen 1907 hinter den Japanern (50 bis 55%), den Engländern (20—25%) und den Amerikanern (15%) erst auf dem vierten Platz. Bis 1913 sank der deutsche Anteil am Handel über Tsingtao auf 8%.[14] Wenn die Exporte von und die Importe nach Kiautschou auch ständig gestiegen waren, so war dies doch nicht zu Deutschlands Gunsten geschehen. Wie Erzberger am 21. 3. 1908 im Reichstag bekundete, wollte er nicht leugnen, „daß die Aus- und Einfuhr in den Häfen sehr gestiegen (war), aber nicht zu unserem Vorteil, da wir alle Ausgaben, die wir für Kiautschou machten, im großen und ganzen den Japanern und Chinesen zu gute kommen lassen".[15] Tatsächlich erhielt Deutschland nur einen äußerst geringen Prozentsatz seiner Investitionen in der Provinz und seiner Kosten für den Ausbau Kiautschous zurück.

Aus deutscher Perspektive erwies sich das Abenteuer in Shantung somit als ein Fehlschlag. Zum einen wurde das Pachtgebiet nie zu dem lukrativen Investitionsgebiet, zu dem es die Kolonialbegeisterten gemacht und das sich Wirtschaft und Marine erhofft hatten. Tirpitz' Traum von einem ganz Ostasien beherrschenden Schwerindustriezentrum ging nie in Erfüllung. Der politische Gewinn und der wirtschaftliche Nutzen entsprachen bei weitem nicht den hohen Erwartungen bzw. den immensen Kosten. Aus der Einsicht, daß weder die machtpolitischen Pressionen noch die wirtschaftlichen Investitionen den erstrebten Zugang zum weiterhin verklärten China-Markt ermöglicht hatten, aber auch aus der offensichtlichen macht- und wirtschaftspolitischen Schwäche des Reiches in China, setzte die deutsche Politik deshalb zunehmend auf eine geänderte Form deutscher Weltpolitik, nämlich eine „deutsche Kulturmission" in China[16], wobei auch in dieser Beziehung der in Wirklichkeit defensive Zug hinter gesteigerter Dynamik und z. T. aggressiver Propaganda auffällt.

Erstmals 1902 hatte der deutsche Gesandte Frhr. Mumm von Schwarzenstein in einem grundsätzlichen Statement gegenüber Reichskanzler Bülow die Notwendigkeit einer deutschen „Kulturmission" in China begründet. Nach der Auffassung des Gesandten waren sämtliche vorangegangenen Versuche, „den kranken Mann des fernen Ostens durch äußere Mittel zu kurieren und zu einem brauchbaren Mitglied der großen Völkerfamilie umzuformen", fehlgeschlagen: „Weder die Eröffnung zahlreicher Häfen für den Handelsverkehr noch die Einführung von Dampfschiffen, Eisenbahnen und Telegraphen hatten sich bisher als wirksam erwiesen. Ebensowenig hatten die auf eine Reihe von unglücklichen Kriegen folgenden Amputationen von Gebietsteilen vermocht, den ungefügen Koloß aus dem Schlafe zu rütteln". Erst durch die Demütigungen im Gefolge der Boxerbewegung sah der Gesandte den „Hochmut der leitenden Kreise" so hinreichend gebrochen, daß sie die proklamierte Überlegenheit der westlichen Bildung anerkannten.[17] Auf der gleichen Linie setzte 1907 sein Nachfolger, Graf Rex, die Argumentation fort, indem er eine großzügige deutsche Politik in China forderte, die Tsingtao zu einer Bildungsstätte für Chinesen auf allen Gebieten ausgestalten sollte. „Ich würde es für einen schweren Fehler halten", begründete er seine geplanten Maßnahmen für ein breitgefächertes Bildungsangebot, das die Chinesen zugleich mit der Annexion des Pachtgebietes versöhnen und die Schranken zur Bevölkerung niederreißen sollte, „wenn wir den Besitz von Kiautschou nicht in großem Maßstabe ausnützten. Lehren wir den (sic) Chinesen nicht die westliche Kultur, nun so werden es andere Länder tun. Heute würden wir noch die ersten auf dem Platze sein und einer wesentlichen Konkurrenz nicht ausgesetzt sein".[18] Mit diesem allerdings verfehlten Optimismus beantragte der Gesandte eine Million Mark und einen jährlichen Zuschuß des Reichstages.

Der Reichstag war jedoch keineswegs einhellig der Überzeugung, daß ein stärkeres — finanzielles — Engagement in China notwendig wäre. Der SPD-Abgeordnete Ledebour verlangte in der Budgetkommission sogar eine Rückgabe des Pachtgebietes an China, und selbst Erzberger beurteilte die Bedeutung Kiautschous für

Deutschland äußerst skeptisch. Nach seinen — an Bebel anschließenden — Bemerkungen im Reichstag hätte man mit den 110 Millionen Mark an bisherigen Subsidien für Kiautschou selbst „aus der
Mark Brandenburg den schönsten Garten der Erde" machen können.[19] Während der Reichstag nur 50 000 Mark zusätzlich bewil-
ligte, stellte die Reichsregierung dem Gesandten aufgrund seines
eindringlichen Berichtes eine vorerst einmalige Summe von 300 000
Mark zur Errichtung und Ausstattung von deutschen Lehranstalten
für chinesische Schüler zur Verfügung. Nach dem Vorbild der
Amerikaner die chinesischen Zahlungen aus der Boxer-Entschädi-
gung (jährlich ca. 10 Mill. Mark) für kulturpolitische Zwecke zu
verwenden, dazu konnte man sich allerdings nicht entschließen.

Als zentrales Projekt der deutschen „Kulturmission im großen
Stil", wie der „Ostasiatische Lloyd", die Zeitung der nationalen
Interessenlobby in China, schrieb[20], galt die Errichtung einer
deutschen Universität in Tsingtao. Erklärtes Ziel ihrer Propagandisten in Kiautschou war es, den „politischen" Plänen der vereinigten „American Presbyterian Mission" und der „English Baptist
Mission" in Shantung (Shantung Christian University) entgegen-
zuwirken. Andererseits stellte die am 25. 10. 1909 eröffnete
Deutsch-Chinesische Hochschule[21] das Ergebnis einer engen
deutsch-chinesischen Kooperation dar. In ihrer Verwaltung trug sie
der kulturellen Souveränität Chinas Rechnung und war schon von
daher Ausdruck einer geänderten Kulturpolitik des Deutschen
Reiches.

Der Einfügung deutscher Kulturelemente in die chinesische Re-
formbewegung sollte auch die unter maßgeblicher Beteiligung des
liberalen „Allgemeinen evangelisch-protestantischen Missionsver-
eins" und persönlichem Einsatz von Paul Rohrbach während der
Revolution 1911 begründete Schu-Fan-Mädchenoberschule dienen
(Schu-Fan: Vorbild edler Weiblichkeit). Auch hier waren es die
Vorbilder amerikanischer und englischer Missionen und damit die
Befürchtungen eines angelsächsischen Vorsprungs an Einfluß auf
Familie und Schule, die die national-liberalen „Stifter" und Geld-
geber, vor allem in Tsingtao ansässige Hamburger Firmen wie
Arnold, Karberg & Co., Deutsch-Asiatische Bank, Carlowitz &
Co., Hamburg-Amerika-Linie, Melchers & Co., Norddeutscher
Lloyd und Siemssen & Co., zu dem Vorhaben bestimmten. Die
deutsche Mädchenoberschule war hauptsächlich als Lehrerinnen-
seminar (mit seinem Multiplikatoreffekt) gedacht, um junge Mäd-
chen „vorzugsweise der höheren Klassen Chinas" unter Ausschluß

des Religionsunterrichts vom Lehrplan „im Geiste wahrer deutscher Kultur zu erziehen".[22]

Paul Rohrbach, Mitglied und Propagandaredner des „Allgemeinen
evangelisch-protestantischen Missionsvereins" war es auch, der mit
seinem Werk „Deutschland in China voran!" (1912) den propa-
gandistischen Durchbruch für eine deutsche Kulturmission in
China, die dem englischen, amerikanischen und japanischen Einfluß
Widerpart bieten und neben dem wirtschaftlichen Einfluß dem
deutsch-chinesischen Schulwesen die zentrale Rolle zuweisen wollte,
erzielte. Für den betriebsamen Publizisten und Propagandisten des
„Deutschen Gedankens in der Welt" und den Verfechter und Anhänger eines „Größeren Deutschlands" hatten Politik, Mission,
Presse und privater Unternehmungsgeist rastlos und einmütig zu-
sammenzuarbeiten, um Deutschland den „seiner Bedeutung entsprechenden Anteil" auf dem „zukunftsreichsten Boden" der Erde
zu sichern. Denn ob die Deutschen ein „Weltvolk" würden, das
hing nach Rohrbach allein von der Einsicht in die Notwendigkeit
einer deutsch-christlichen Kulturmission in China ab. Die Mission
konnte und sollte bei dieser Aufgabe als „Schrittmacher für die
Interessen unserer nationalen Kultur unter fremden Völkern" dienen.[23]

Missionsschulen waren schon nach 1900 zum Schwerpunkt der sogenannten kulturellen Invasion des Westens geworden. Nahezu die
gesamte Schultätigkeit im „Pacht"- und Interessengebiet lag in den
Händen der drei deutschen Missionen (Steyler Mission, Berliner
Missionsgesellschaft, Allgemeiner evangelisch-protestantischer Mis-
sionsverein). In bescheidenem Umfang bildeten auch die Gouverne-
mentsschule und die deutsch-chinesische Hochschule chinesische
Schüler aus. Die intensive Schulpolitik wurde durch medizinische
und literarische Bemühungen unterstützt. Wenn Graf Rex allerdings 1907 gemeint hatte, Deutschland befände sich noch in der
Vorhand bei seinem „kulturellen" Engagement, so zeigte die nahezu panische Reaktion auf die zunehmenden Aktivitäten der Engländer und Amerikaner, daß davon in keiner Weise die Rede sein
konnte. Ohnehin nahmen sich die deutschen Schulen im Vergleich
mit den englischen und amerikanischen in ganz China eher beschei-
den aus. Gegenüber den über 100 000 Schülern in amerikanischen
und englischen Lehranstalten fielen die etwa 5 400 Schüler der
deutschen (Missions-)Schulen kaum ins Gewicht.[24] Die Scholarisationsquote im „Pachtgebiet" lag bei mageren 0,8%, der niedrigsten
in allen deutschen Schutzgebieten. Als sich die Reichsregierung im

Sommer 1914 schließlich entschloß, die Missionsschulen im Sinne
ihrer Deutschtumspolitik durch finanzielle Zuwendungen stärker
zu unterstützen, kamen diese Maßnahmen infolge des Kriegsausbruchs nicht mehr zum Tragen. Bereits am 27. August 1914 lande-
ten japanische Truppen in Shantung, und am 7. November kapitu-
lierte die kleine Besatzung des Stützpunktes vor einer gewaltigen
Übermacht.

Anmerkungen

1. Deutsch-Südwestafrika

[1] Vgl. R. Robinson, Non-European foundations of European imperialism: sketch for a theory of collaboration, in: Studies in the theory of
imperialism, ed. by R. Owen & B. Sutcliffe, London 1972, 117—142.

[2] Zur Korrektur der bis heute immer wieder vertretenen These (u. a.
H. Drechsler), die Deutschen bzw. die Missionare hätten anstelle des
eigentlich erbberechtigten Nachfolgers ihren Kandidaten Samuel Maharero durchgebracht, vgl. Th. Sundermeier, Die Mbanderu. Studien zu
ihrer Geschichte und Kultur, St. Augustin 1977, 41 ff., 104 ff.

[3] Zum „System Leutwein" sowie insgesamt zur Kolonialgeschichte Südwestafrikas am besten: H. Bley, Kolonialherrschaft und Sozialstruktur in
Deutsch-Südwestafrika 1894—1914, Hamburg 1968. — Das Leutwein-
Zitat aus ders., Elf Jahre Gouverneur in Deutsch-Südwestafrika, Berlin
1906, 541.

[4] Hendrik Witbooi, Afrika den Afrikanern! Aufzeichnungen eines
Nama-Häuptlings aus der Zeit der deutschen Eroberung Südwestafrikas
1884—1894, hrsg. v. W. Reinhard, Berlin 1982, 197.

[5] Zur Rolle der Mission in Südwestafrika vgl. H. Gründer, Christliche
Mission und deutscher Imperialismus, 115—135, hier: 118.

[6] Elf Jahre Gouverneur, 431.

[7] Kolonialherrschaft und Sozialstruktur, 128.

[8] Ebd., 173 ff.

[9] Der komplette Text der Antwort S. Mahareros vom 6. 3. 1904 bei
I. Goldblatt, History of South West Africa from the beginning of the
nineteenth century, Cape Town 1971, 133 ff.

[10] Nach H. Gründer, Christliche Mission und deutscher Imperialismus,
125 f.

[11] Dazu Th. Sundermeier, Die Mbanderu, 92 ff.

[12] Nach H. Bley, Kolonialherrschaft und Sozialstruktur, 203.

[13] Der Einfluß des äthiopistischen „Propheten" Stuurmann aus der
Kap-Provinz war sekundär.

[14] Vollständiger Text: C. Rust, Krieg und Frieden im Hereroland.
Aufzeichnungen aus dem Kriegsjahr 1904, hrsg. v. E. Th. Förster, Leipzig
1905, 385 (meist ohne den Zusatz wiedergegeben); dazu G. Sudholt, Die

deutsche Eingeborenenpolitik in Südwestafrika. Von den Anfängen bis
1904, Hildesheim-New York 1975, 185 f.
[15] Hierzu und zum Folgenden vgl. jetzt die vorerst als Mag.-Arbeit
vorliegende Studie von J. G. Müller, Die deutsche Eingeborenenpolitik in
Südwestafrika, 1905—1915, Augsburg 1984.
[16] Kolonialwirtschaft, VIII, 285 f.
[17] Wiesbaden 1962, bes. 304 ff., 335 ff.
[18] Alle Angaben nach O. Hintrager, Südwestafrika in der Deutschen
Zeit, München 1955, 115, 177 f.

2. Togo

[1] Die Norddeutsche Mission in Togo, 2 Bde., Bremen 1910/12, II, 159.
[2] Sten. Ber. 216, 2148.
[3] Hierzu und zum Folgenden v. a. A. J. Knoll, Togo under Imperial
Germany 1884—1914. A Case Study in Colonial Rule, Stanford, Cal.,
1978, 71—86, 124 ff.
[4] Nach H. Gründer, Christliche Mission und deutscher Imperialismus,
353; vgl. A. J. Knoll, Togo, 117—122.
[5] Sten. Ber. 86, 647.
[6] A. J. Knoll, Togo, 134—137.
[7] Vgl. W. D. Smith, Julius Graf Zech auf Neuhofen (1868—1914), in:
L. H. Gann — P. Duignan (Hrsg.), African Proconsuls. European Governors in Africa, Stanford, Cal., 1978, 473—491.
[8] A. J. Knoll, Togo, 63.
[9] Zur wirtschaftlichen Entwicklung vgl. M. B. K. Darkoh, Togoland
under the Germans: Thirty Years of Economic Development (1884 to
1914), Part I, Nigerian Geographical Journal 10 (1967), 107—122; A. J.
Knoll, Togo, 137—159.

3. Kamerun

[1] Zur Eroberung und Verwaltung Adamauas sowie zum Hausa-Handel
vgl. A. Wirz, Vom Sklavenhandel zum Kolonialhandel. Wirtschaftsräume
und Wirtschaftsformen in Kamerun vor 1914, Zürich, Freiburg i. Br.
1972, 148—201.
[2] Zu den Grundzügen der deutschen Kolonialwirtschaft in Kamerun
ebd., 20—35, hier: 27.
[3] Vgl., auch für das Folgende H. Gründer, Christliche Mission und
deutscher Imperialismus, 142 ff., hier: 143.
[4] Vgl. A. Wirz, Vom Sklavenhandel, 203—207.
[5] „Mißstände in Kamerun", Deutsche Reichs-Post Nr. 187 vom 13. 8.
1900 (ff.); Sten. Ber. 180, 1795 f. — Verfasser der Artikelreihe war mit
ziemlicher Sicherheit der in Kamerun tätige Geometer Scholze.
[6] Sten. Ber. 204, 6154 ff., bes. 6161—6166 (Lattmann); ebd. 216,
2137 ff. (zur Entlassung Puttkamers); ebd. 218, 4065 f. (dto); ebd. 222,
3387—3393 (zur Akwa Denkschrift, die Denkschrift: 3393—3399). — 23

der 27 Petenten wurden von Puttkamer wegen „Beleidigung" zu Zwangs-arbeit sowie Haftstrafen zwischen 3 Monaten und 9 Jahren verurteilt, die Urteile jedoch später revidiert (nicht aufgehoben).
[7] Vgl. K. Hausen, Deutsche Kolonialherrschaft in Afrika. Wirtschaftsin-teressen und Kolonialverwaltung in Kamerun vor 1914, Zürich, Freiburg i. Br. 1970, 239 ff., bes. 252—255.
[8] Nach H. Gründer, Christliche Mission und deutscher Imperialismus, 160; vgl. P. Mandeng, Auswirkungen der deutschen Kolonialherrschaft in Kamerun. Die Arbeitskräftebeschaffung in den Südbezirken Kameruns während der deutschen Kolonialherrschaft 1884—1914, Hamburg 1973; die Arbeiterschutzgesetze für Kamerun bei J. Ruppel, Die Landesgesetz-gebung für das Schutzgebiet Kamerun . . ., Berlin 1912, bes. 972—987.
[9] Noch K. Hausen, Deutsche Kolonialherrschaft, 288.
[10] Nach H. Gründer, Christliche Mission und deutscher Imperialismus, 161.
[11] Zur Enteignung der Duala: A. Wirz, Malaria-Prophylaxe und kolo-nialer Städtebau: Fortschritt als Rückschritt? Gesnerus 37 (1980), 215—234; H. Gründer, Christliche Mission und deutscher Imperialismus, 159—169.
[12] Der Kameruner Historiker Engelbert Mveng sieht in der Wider-standsbewegung der Duala unter Rudolf Duala Manga den ersten Ver-such einer nationalen Widerstandsbewegung zur Befreiung vom Kolonia-lismus (Histoire du Cameroun, Paris 1963, 344).

4. Deutsch-Ostafrika

[1] H. Loth, Deutsch-Ostafrika 1885—1906, in: H. Stoecker (Hrsg.), Drang nach Afrika . . ., Berlin (O) 1977, 91.
[2] Die Erhebung des Dezember-Aufstandes 1899 als bloße „Steuerre-volte" gegen die Haus- und Hüttensteuer zu sehen (R. Tetzlaff, Kolo-niale Entwicklung und Ausbeutung. Wirtschafts- und Sozialgeschichte Deutsch-Ostafrikas 1885—1914, Berlin 1970, 50), dürfte eine zu enge Auffassung sein. Auch die Meinung, daß die deutsche Herrschaft bei den Dschagga „im ganzen klug und vorteilhaft" gewesen sei (ebd., 43 A. 26), hat wenig für sich. Während die Missionen beider Konfessionen die Hauptschuld für die Unruhe der deutschen Militärverwaltung anlasteten, sieht K. M. Stahl in einem grandiosen Intrigenspiel Mareales von Ma-rangu — er hatte die Deutschen gegen Sina von Kiboscho und bei der Unterwerfung der Rombostämme des östlichen Kilimandscharo unter-stützt und profitierte aus der Niederwerfung des Dezemberaufstandes gegenüber seinen mächtigsten politischen Gegnern (Sina, Meli) — die Hauptursache (History of the Chagga People of Kilimanjaro, London 1964, 195, 261 ff.).
[3] G. Althaus, Mamba-Anfang in Afrika, bearb. v. H. L. Althaus, Erlan-gen 1968, 77.
[4] So Gouverneur v. Götzen in einem Schreiben vom 4. 1. 1906 an den Leipziger Missionsleiter v. Schwartz (H. Gründer, Christliche Mission und

deutscher Imperialismus, 223 A. 149). Außerdem sparte die Gesellschaft durch die Arbeitsverträge nur mit den Häuptlingen bis zu einem Viertel des normalen Lohnes.

[5] Vgl. R. Kandt, Caput Nili. Eine empfindsame Reise zu den Quellen des Nils, Berlin ²1905.

[6] Wiedergegeben in R. Tetzlaff, Koloniale Entwicklung, 211 f.

[7] Nach D. Bald, Afrikanischer Kampf gegen koloniale Herrschaft. Der Maji-Maji-Aufstand in Ostafrika, Militärgeschichtliche Mitteilungen 19 (1976), 27.

[8] Graf von Götzen, Denkschrift über die Ursachen des Aufstandes in Deutsch-Ostafrika 1905, in: Sten. Ber. 222, Nr. 194. — Vgl. insbesondere auch die Berichte der Afrikaner aus den betroffenen Gebieten in Maji-Maji Research Project. Collected Papers, Dar es Salaam 1968.

[9] J. Iliffe, The Organisation of the Maji Maji Rebellion, Journal of African History 8 (1967), 499.

[10] Siehe H. Gründer, Christliche Mission und deutscher Imperialismus, 228.

[11] Graf von Götzen, Deutsch-Ostafrika im Aufstand, Berlin 1909, 63.

[12] Vgl. u. a. J. K. Nyerere, Freedom and Unity. (Uhuru na Umoja): A Selection from Writings and Speeches, 1952—1965, Oxford 1966, 2 f., 40 f.; I. N. Kimambo — A. J. Temu (Hrsg.), A History of Tanzania, Nairobi 1969, 116 ff., 189 ff.

[13] H. Gründer, Christliche Mission und deutscher Imperialismus, 229.

[14] Vgl. J. F. Safari, Grundlagen und Auswirkungen des Aufstandes von 1905. Kulturgeschichtliche Betrachtungen zu einer Heilserwartungsbewegung in Tansania, Phil. Diss. Köln 1972. — Daß das Christentum den geistigen Nährboden für den Aufstand bereitgestellt hätte (so J. F. Safari, 106), scheint allerdings eine wenig gerechtfertigte Behauptung.

[15] Dazu T. O. Ranger, Connexions between Primary Resistance Movements and Modern Mass Nationalism in East & Central Africa, Journal of African History 9 (1968), 437—453, 631—641, bes. 447.

[16] G. C. K. Gwassa und J. Iliffe setzen die Zahl der Toten insgesamt bei ca. 250 000 bis 300 000 an, was nach ihnen einem Drittel der Gesamtbevölkerung Deutsch-Ostafrikas vor dem Aufstand entsprechen würde (A Modern History of Tanganyika, Cambridge 1979, 199 f.).

[17] Ebd.

[18] F. F. Müller, Kolonien unter der Peitsche. Eine Dokumentation, Berlin(O) 1962, Dok. Nr. 49.

[19] Zitiert von E. v. Liebert am 18. 3. 1908 im Reichstag (Sten. Ber. 231, 4068).

[20] Vgl. D. Bald, Deutsch-Ostafrika 1900—1914. Eine Studie über Verwaltung, Interessengruppen und wirtschaftliche Erschließung, München 1970, bes. 35—115.

[21] Zur europäischen und afrikanischen Produktion vgl. R. Tetzlaff, Koloniale Entwicklung, 117—192, hier: 177; D. Bald, Deutsch-Ostafrika, 144—160.

[22] R. Tetzlaff, Koloniale Entwicklung, 108.
[23] J. Iliffe, A Modern History of Tanganyika, 144 f.
[24] Zur Rassenideologie der Siedler vgl. v. a. D. Bald, Deutsch-Ost-afrika, 128—130 u. passim; R. Tetzlaff, Koloniale Entwicklung, 197 ff. u. passim.
[25] R. Tetzlaff, Koloniale Entwicklung, 250.
[26] Eine besonders wirkungsvolle Form des Arbeitszwanges stellte das — später formal von Gouverneur Schnee verbotene — sogenannte Wilhelms-tal-System dar. Diesem Arbeitskartensystem („cheti") zufolge hatte jeder Schwarze nachweislich 90 Tage im Jahr in einem privaten Betrieb oder für die Verwaltung abzuarbeiten.
[27] R. Tetzlaff, Koloniale Entwicklung, 253.
[28] Zur Entvölkerungsfrage Unjamwesis und Usumbwas, Koloniale Rundschau 5 (1913), 705—728, 6 (1914), 24—27; Sten. Ber. 294, bes. 7911 ff. (Erzberger).
[29] H. Gründer, Christliche Mission und deutscher Imperialismus, 238.
[30] J. Iliffe, The Age of Improvement and Differentiation (1907—1945), in: I. N. Kimambo — A. J. Temu (Hrsg.), A History of Tanganyika, 128.
[31] Bio- und bibliographische Angaben bei H. Gründer, P. v. Lettow-Vorbeck, in: Neue Deutsche Biographie, Bd. 14, München 1984.

5. Die pazifischen Kolonien

[1] Vgl. J. A. Moses, The German Empire in Melanesia 1884—1914. A German Self-Analysis, in: The History of Melanesia, Canberra-Port Moresby 1969, 45—75, hier: 45; M. Jacobs, German New Guinea, in: Encyclopaedia of Papua and New Guinea, Melbourne University Press 1972, 485—498 (beide Aufsätze auch für das Folgende).
[2] Vgl. P. Biskup, Dr. Albert Hahl — Sketch of a German Colonial Official, Australian Journal of Politics and History 14 (1968), 342—357.
[3] E. Wolff-Posen, Der „farbige Ortsvorsteher" im Schutzgebiet Deutsch-Neuguinea, Zeitschrift für Kolonialpolitik, Kolonialrecht und Kolonial-wirtschaft 6 (1904), 850—858.
[4] Beste Darstellung dazu P. J. Hempenstall, Pacific Islanders under German Rule: a study in the meaning of colonial resistance, Canberra-Norwalk, Conn., 1978. — Dort auch (73—118) eine vorzügliche Analyse des Ponape-Konflikts (1910/11), der wohl größten Auseinandersetzung des deutschen Kolonialstaates mit den Eingeborenen im pazifischen Raum, die zum Einsatz von Marinetruppen zwang und mit mehreren Todesurteilen und der Deportation von 426 Ponapesen endete.
[5] Ebd., 144.
[6] Vgl. im einzelnen P. Sack, Land Between Two Laws: Early European Land Acquisitions in New Guinea, Canberra 1973.
[7] P. J. Hempenstall, Pacific Islanders, 134.
[8] Ebd., 143.

[9] Die Export-Import-Zahlen bei A. Hahl, Deutsch-Neuguinea, Berlin 1942, 88 f.

[10] The New Guinea Company, 373.

[11] The Solf Regime in Western Samoa — Ideal and Reality, The New Zealand Journal of History 6 (1972), 42—56, hier: 56. — P. M. Kennedy nennt Solf „the best colonial administrator produced by Germany" (Samoan Tangle, 272).

[12] Ebd., 42.

[13] Sten. Ber. 288, 4335.

[14] E. v. Vietsch, Wilhelm Solf. Botschafter zwischen den Zeiten, Tübingen 1961, 65.

[15] Vgl. R. Deeken, Manuia Samoa: Samoanische Skizzen und Beobachtungen, Oldenburg 1901; ders., Die Auswanderung nach den deutschen Kolonien . . ., Berlin 1908.

[16] E. v. Vietsch, Wilhelm Solf, 70.

[17] F. Wohltmann, Pflanzung und Siedlung auf Samoa — Erkundungsbericht an das Kolonial-Wirtschaftliche Komitee zu Berlin, Berlin 1904.

[18] Vgl. J. A. Moses, The Coolie Labour Question and German Colonial Policy in Samoa, 1900—14, in: ders. — P. M. Kennedy, Germany in the Pacific and Far East, 1870—1914, St. Lucia, Qld. 1977, 234—261.

[19] Vgl. J. W. Davidson, Samoa mo Samoa: The Emergence of the Independent State of Western Samoa, Oxford 1967, 81 f.

[20] Vgl. J. W. Davidson, Lauaki Namulau'ulu Mamoe: a traditionalist in Samoan Politics, in: ders. — D. Scarr (Hrsg.), Pacific Island Portraits, Canberra 1970, 267—299; P. J. Hempenstall, Pacific Islanders, 51 ff.

[21] Vgl. P. F. Watters, The Transition to Christianity in Samoa, Historical Studies, Australia and New Zealand, 8 (1959), 392—399.

[22] S. G. Firth, German Firms in the Pacific Islands, 1857—1914, in: J. A. Moses — P. M. Kennedy, Germany in the Pacific and Far East, 3.

6. *Kiautschou*

[1] Leipzig 1919, 66.

[2] H. Weicker, Kiautschou, das deutsche Schutzgebiet in Ostasien, Berlin ²1908, 106. — Zur deutschen Kolonialpolitik in Kiautschou bzw. Shantung am besten J. E. Schrecker, Imperialism and Chinese Nationalism. Germany in Shantung, Cambridge, Mass., 1971.

[3] Nach W. Franke, China und das Abendland, Göttingen 1962, 69; zur Rolle der Mission vgl. H. Gründer, Christliche Mission und deutscher Imperialismus, 276 ff.

[4] H. Gründer, Christliche Mission, 293.

[5] Vgl. u. a. G. H. Dunstheimer, Le Mouvement des Boxers, Revue historique 231 (1964), 387—416; T. Grimm, Die Boxerbewegung in China 1898—1901, Historische Zeitschrift 224 (1977), 615—634.

[6] Kuo Heng-Yü, „Boxerbewegung", in: China-Handbuch, hrsg. v. W. Franke, Düsseldorf 1974, 176.

[7] Er nahm u. a. die von Adam Schall von Bell um die Mitte des 17. Jahrhunderts erbauten astronomischen Instrumente aus dem Kaiserlichen Observatorium mit nach Deutschland. Sie wurden zeitweilig im Park von Sanssouci aufgestellt. Die Sozialdemokraten verlangten ihre Rückgabe, aber erst in Erfüllung des Art. 131 des Versailler Vertrags gab Deutschland sie an China zurück.

[8] Sten. Ber. 179, 20—36 (19. 11. 1900); Sten. Ber. 180, 1347, vgl. 1359—1363.

[9] Sten. Ber. 179, 19 (19. 11. 1900).

[10] Die Szene ist dargestellt in Prinz Heinrich zu Schönburg-Waldenburg, Erinnerungen aus kaiserlicher Zeit, Leipzig ²1929, 182 f.

[11] Nach W. Stingl, Der Ferne Osten, 334 f.

[12] V. Schmidt, Die deutsche Eisenbahnpolitik in Shantung 1898—1914. Ein Beitrag zur Geschichte des deutschen Imperialismus in China, Wiesbaden 1976, 92. Zur Entwicklung des Personenverkehrs, des Frachtgeschäftes, der Art der beförderten Güter sowie der Einnahmen ebd., 90—94.

[13] H. Weicker, Kiautschou, 145.

[14] J. E. Schrecker, Imperialism and Chinese Nationalism, 234 f.

[15] Sten. Ber. 231, 4175.

[16] Vgl. R. vom Bruch, Weltpolitik als Kulturmission. Auswärtige Kulturpolitik und Bildungsbürgertum in Deutschland am Vorabend des Ersten Weltkrieges, Paderborn 1982.

[17] Mumm an Bülow, 10. 4. 1902, zit. n. H. Gründer, Christliche Mission und deutscher Imperialismus, 315.

[18] Rex an Bülow, 5. 5. 1907, ebd.

[19] Sten. Ber. 231, 4175 (21. 3. 1908).

[20] Hochschulen in Shantung und Tsingtau, Ostasiatischer Lloyd Nr. 29 v. 17. 7. 1908.

[21] Sie bestand aus zwei Stufen, der Mittelschule, in etwa einem Gymnasium entsprechend, und der eigentlichen Hochschule, zu deren Besuch man die Mittelschule abgeschlossen haben mußte. Studiert werden konnte an vier Fakultäten Jura und Politik, Natur- und Ingenieurwissenschaft, Land- und Forstwissenschaft und Medizin. Angeschlossen waren Bibliotheken, Laboratorien und eine Modellfarm.

[22] Vgl. H. Gründer, Liberale Missionstätigkeit im ehemaligen „Pachtgebiet" Kiautschou (China), liberal 22 (1980), 522—529.

[23] W. Mogk, Paul Rohrbach als Organisator der „Hamburg-Bremer-Spende" (1908—1912). Ein Beitrag zur Geschichte des Allgemeinen Evangelisch-Protestantischen Missionsvereins, in: Christ aus Weltverantwortung in der Herausforderung der Gegenwart, hrsg. v. W. Kersten-Thiele, Düsseldorf 1966, 118; vgl. ders., Paul Rohrbach und das „Größere Deutschland". Ethischer Imperialismus im Wilhelminischen Zeitalter. Ein Beitrag zur Geschichte des Kulturprotestantismus, München 1972, bes. 160—163.

[24] Chen Chi, Die Beziehungen zwischen Deutschland und China bis 1933, Hamburg 1973, 146—149.

VII. Koloniale Kriegszieldiskussion und Kolonialrevisionismus nach 1918

Der deutsche „Kolonialismus ohne Kolonien" setzte im Grunde bereits im Ersten Weltkrieg ein, da das Reich seine Kolonien schon bald nach Kriegsausbruch verlor. Der Verlust der deutschen Schutzgebiete bedeutete jedoch keineswegs, daß die Kolonien aus dem Blickfeld der deutschen Politik zurückgetreten wären. Vielmehr gingen die aus der Kolonialdiskussion der Vorkriegszeit stammenden Vorstellungen eines „größeren Deutschland" nunmehr als koloniale Kriegsziele in die allgemeine deutsche Kriegszielpolitik ein.[1] Bereits im August 1914 fanden innerhalb der Reichsleitung Besprechungen über die Abrundung und Erweiterung des deutschen Kolonialbesitzes in Afrika statt, wobei allerdings Kolonialstaatssekretär Solf bei seinem Vorschlag einer Aufteilung der afrikanischen Kolonien Frankreichs, Belgiens und Portugals nicht gleichzeitig eine größere territoriale Expansion Deutschlands in Europa im Auge hatte, sondern — wie im „Mittelafrika"-Konzept der Diplomaten vor 1914 — auf ein „weltpolitisches" Arrangement mit England hoffte. In seinem Mittelafrika-Programm sollte Deutschland vom neutralen Portugal Angola und die Nordhälfte von Mosambik erhalten, dazu den belgischen Kongo mit dem Minengebiet von Katanga und Französisch-Äquatorialafrika bis auf die Höhe des Tschadsees. Togo sollte um Dahomey und im Norden um einen Teil Senegambiens bis Timbuktu erweitert werden, so daß der Lauf des Niger die Nordgrenze dieses überdimensionierten mittelafrikanischen Kolonialreiches gebildet hätte. Im Falle eines Sieges über England dachte Solf allerdings, wie er — freilich erst im September 1916 — gegenüber dem Staatssekretär des Auswärtigen, von Jagow, äußerte, an eine Erweiterung dieses mittelafrikanischen Kolonialbesitzes um das wirtschaftlich bedeutende Nigeria als gleichzeitigem Verbindungsglied zwischen den vorgesehenen deutschen Westbesitzungen Togo — Timbuktu und den östlich gelegenen Gebieten am Tschadsee.[2]
Diese Abrundung im Norden durch eine Annexion Nigerias hatte Erzberger schon Anfang September 1914 angestrebt, als er Reichs-

kanzler Bethmann Hollweg seine Pläne für ein „großes deutsches
Zentralafrika" entwickelte, das sich von Daressalam über Duala
bis nach Senegambien erstrecken sollte.[3] Auch einige führende
Sozialdemokraten wie Eduard David vertraten ähnliche Konzep-
tionen. Einflußreiche Repräsentanten der deutschen Kolonialbewegung, so der Präsident der Deutschen Kolonialgesellschaft, Herzog
Johann Albrecht zu Mecklenburg, gingen indessen noch weit über
die Vorstellungen Erzbergers oder Davids hinaus, wenn sie in ihrem Plädoyer für ein geschlossenes Kolonialreich in Afrika die
Übernahme des gesamten französischen und belgischen Kolonialbesitzes im subsaharischen Afrika sowie des portugiesischen mit Ausnahme des südlichen Mosambik und des britischen mit Ausnahme
Südafrikas verlangten.[4]
Der Plan der „Schaffung eines zusammenhängenden mittelafrikanischen Kolonialreiches" ist denn auch von Reichskanzler Bethmann Hollweg in sein „Septemberprogramm" aufgenommen worden. Gegenüber dieser im Sinne einer „Politik der Diagonalen"
verstandenen Denkschrift, die auf der Linie der wirtschaftlich motivierten liberalen Imperialisten lag, ging die Kriegszieldenkschrift
des Vorsitzenden des annexionistischen und siedlungskolonialisti-
schen Alldeutschen Verbandes, Claß, von vornherein von der An-
eignung nahezu aller Kolonien der besiegten Länder aus. An die
Spitze seiner Wünsche auf kolonialem Gebiet stellte er die alte
alldeutsche Lieblingsidee der Annexion der marokkanischen West-
küste („Westmarokko deutsch"), die auch zu den Kriegszielprogrammen deutscher Handels- und Schiffahrtsinteressenten und
Schwerindustrieller wie z. B. Thyssen gehörte. Auf den islamischen
nordafrikanischen Raum zielten überdies wie auf Indien — wenig
erfolgreiche — Insurgierungsbestrebungen des Deutschen Reiches.
Kolonialpolitiker, Kolonialpublizisten und kolonialinteressierte
Wirtschaftskreise sahen das „deutsche Mittelafrika" in direkter
Verbindung zu dem im Mittelpunkt der Kriegszieldiskussion stehenden, primär wirtschaftlich motivierten „Mitteleuropa"-Pro-
gramm. „Mittelafrika" sollte als Ergänzungsraum für das politisch-ökonomisch vom Reich dominierte Groß-Deutschland bzw.
Mitteleuropa dienen (Rohstoffquellen, Absatzmärkte, Arbeitskräfte). Aber auch militärische — günstigere Verteidigung eines
einheitlichen Kolonialbesitzes — und weltpolitische Gesichtspunkte
spielten eine Rolle. Die im Hinblick auf eine „Abrundung" des
deutschen Kolonialbesitzes wiederholt auftauchende Frage, ob die
Wiederherstellung oder gar Ausdehnung der deutschen Positionen

in Ostasien und im Pazifik gegenüber dem Mittelafrika-Projekt
zurückzutreten habe, stieß allerdings auf den heftigen Widerstand
direkt an diesen Gebieten interessierter Gruppen und Interessenverbände. So forderte beispielsweise eine Denkschrift des Hamburger Ostasiatischen Vereins vom Januar 1915 als „Kriegsziele" nicht
nur die Rückgabe Kiautschous (oder eine Kompensation für seinen
Verlust), sondern darüber hinaus die Abtretung Tongkings, die
Internationalisierung der englischen und französischen Konzessionen in den Vertragshäfen, die Abtretung der französischen Konzession in Shanghai an Deutschland und die Übertragung möglichst
vieler englischer, französischer und belgischer Eisenbahn- und Berg-
werksrechte an Deutschland.[5] Die alte Vorstellung von den 600
Millionen Konsumenten lebte ungebrochen weiter.

Im Laufe des Krieges sollten die kolonialen Kriegszielprogramme
sowie die Kriegszieldiskussion insgesamt ein Spiegelbild der poli-
tisch-militärischen Hoffnungen und Erwartungen bleiben. So „re-
duzierte" die Reichsleitung im Zuge der Friedensinitiativen des
Herbstes 1916 ihre kolonialen Ziele auf die „Bildung eines kom-
pakten Kolonialreiches in Afrika", wobei immerhin an die Aufgabe Kiautschous und der Südseeinseln gedacht war. Einem noch
weiteren Entgegenkommen des Reichskanzlers mit der bloßen Forderung nach Rückgabe der deutschen Kolonien, bei einer Aufgabe
von Kiautschou, der Karolinen und der Marianen, bzw. „eine(r)
allgemeine(n) koloniale(n) Verständigung" stellte allerdings die
OHL — neben der Forderung nach Rückgabe aller ehemaligen
Kolonien — den Anspruch auf den Kongostaat entgegen. Das
Reichskolonialamt präzisierte sein „Mittelafrika-Programm" zu
diesem Zeitpunkt auf „Tropisch-Afrika" hin, wobei vornehmlich
an die wirtschaftlich ertragreicheren Gebiete gedacht war, „da der
Kongo und die portugiesischen Kolonien zunächst nichts einbringen
werden".[6] Demgegenüber sah der Admiralstab maritime Stützpunkte zur Sicherung des noch zu erwerbenden Mittelafrika als
unabdingbar an.[7]

Allerdings hat Solf im Juni 1917 in einer Rede vor der Deutschen
Kolonialgesellschaft in Leipzig noch einmal — als Friedensfühler
gegenüber England unter Aufgabe der Annexionsziele vor allem in
Frankreich und Belgien — ein koloniales „Alternativprogramm"
zu den maximalen Kriegszielprogrammen namentlich der OHL,
der Kriegszielmehrheit des Reichstages sowie der Alldeutschen
entworfen. Er ging nur mehr, wie im Juni 1914 in dem zwischen
Deutschland und England paraphierten Abkommen vorgesehen,

von dem Erwerb der portugiesischen Kolonien sowie eines Teils des Kongo (Katanga) aus, der ja von Belgien schon einmal zum Verkauf angeboten worden war. Im Falle des Gelingens dieses Projektes eines starken zentralafrikanischen Kolonialreiches erklärte sich Solf bereit, Deutsch-Südwestafrika an die Südafrikanische Union abzutreten und die Kolonien in der Südsee gegebenenfalls aufzugeben.[8]

Das gemäßigte Programm des Kolonialstaatssekretärs besaß jedoch in der Reichsleitung und der nationalistischen Öffentlichkeit keine Realisierungschancen, und Solf selbst ist bald wieder von möglichen Verzichtleistungen abgerückt, namentlich was die Südseebesitzungen anbetraf. Das koloniale Kriegszielprogramm blieb bis nach 1918 im wesentlichen das alte: „Ein großes afrikanisches Kolonialreich quer durch Afrika mit Marinestützpunkten an den Küsten des Indischen und Atlantischen Ozeans".[9] In diesem Rahmen kannten die staatlichen Zielsetzungen und alldeutschen Forderungen kaum Grenzen, insbesondere, nachdem mit der Militärdiktatur der dritten OHL der auf „Lebensraum im Osten" gerichtete Annexionismus und der alldeutsche Siedlungskolonialismus offizielle Politik geworden waren und radikal-konservative Konzepte den eher gemäßigten ökonomischen Imperialismus verdrängten. Alldeutsche Plädoyers für Siedlungskolonien in Osteuropa und im Nahen Osten standen nunmehr gleichberechtigt neben Forderungen nach Kolonialland in Afrika und China. Bezeichnenderweise beauftragte Ludendorff für den Aufbau seiner projektierten deutschen Siedlungskolonie „Krim-Taurien" den ehemaligen Gouverneur von Deutsch-Südwestafrika und Staatssekretär des Reichskolonialamtes, Friedrich von Lindequist. Innerhalb der Kriegszielpolitik Deutschlands spielten die kolonialen Ziele insgesamt freilich nur eine untergeordnete Rolle, schon weil man bei einem künftigen Sieg ohnehin die Kolonien der Gegner als Verfügungsmasse ansah.

Die militärische Niederlage und Kapitulation des Reiches beendeten schließlich die koloniale Kriegszieldiskussion. Nun waren es die Alliierten, die die deutschen Kolonien aufteilten. Nachträglich wurden diese Gebiete den neuen Herren vom Völkerbund formell als „Mandatsgebiete" übertragen.

Gegen diese in Wirklichkeit verschleierte Annexion der deutschen Kolonien legte die deutsche Nationalversammlung bereits am 1. März 1919 scharfen Protest ein. Sie verwahrte sich gegen die einseitige Änderung der mit den 14 Punkten Wilsons angenommenen gemeinsamen Grundlagen für den Friedensvertrag und forderte „die Wiedereinsetzung Deutschlands in seine kolonialen Rechte".[10] Deutete schon der Umstand, daß der Entschließung ein gemeinsamer Antrag je eines Abgeordneten von SPD, Zentrum, DDP, DVP und DNVP zugrunde lag, auf eine breite Interessenharmonie in dieser Frage hin, so stellte seine Annahme mit 414 gegen 7 Stimmen in der Tat ein eindrucksvolles und nahezu einstimmiges Votum für den Kolonialrevisionismus dar; stimmten doch jetzt sogar mehrere Vertreter der USPD für die Vorlage. Auch in Zukunft sollte die koloniale Revisionsforderung — wenn auch weitgehend nur noch verbal — von einem einmütigen politischen Konsensus der politischen Parteien der Weimarer Republik, mit Ausnahme der KPD und der USPD, getragen werden, der in dieser Breite vor 1914 nie erreicht worden ist.

Die Versailler Friedensverhandlungen zerstörten indes die letzten — auch kolonialen — Illusionen der Deutschen. Nicht zuletzt unter Berufung auf die Anschuldigungen Erzbergers und Noskes im Reichstag gegen die Verfehlungen der deutschen Kolonialpolitik und die Unzulänglichkeiten der deutschen kolonialen Verwaltungsmethoden konstatierten die alliierten und assoziierten Mächte, daß „Deutschlands Versagen auf dem Gebiete der kolonialen Zivilisation (...) zu deutlich klargestellt worden" sei, als daß man die „dreizehn bis vierzehn Millionen Eingeborenen von neuem einem Schicksal überlassen" könne, „von dem sie durch den Krieg befreit worden" seien.[11] Dieser moralische Vorwurf der kolonialen Mißwirtschaft und der verfehlten Eingeborenenpolitik war der Kern dessen, was hinfort in Deutschland als „koloniale Schuldlüge" bezeichnet werden sollte, die wiederum ein Eckpfeiler des gesamten Revisionssyndroms der Weimarer Republik war. Am 28. Juni 1919 mußten die deutschen Minister Hermann Müller und Johannes Bell den Friedensvertrag unterzeichnen, der zugleich die Abtretung der ehemaligen deutschen Schutzgebiete beinhaltete.

Als Folge wurde 1920 das Reichskolonialamt aufgelöst und seine bisherigen Angelegenheiten einer Kolonial-Zentralverwaltung im Reichsministerium für Wiederaufbau übertragen. Der Nachfolgeinstitution des Reichskolonialamtes wurde allerdings die Aufgabe gestellt, wie es in einer ministeriellen Mitteilung hieß: „die Weiterentwicklung der abgetretenen Schutzgebiete, die Entwicklung der kolonialen Frage überhaupt und die Möglichkeit der Wiedererlangung von Kolonialbesitz zu verfolgen".[12] Darüber hinaus unterstützte sie die propagandistisch tätigen Kolonialverbände sowie die

Kolonialgesellschaften mit finanziellen Mitteln. Im Ergebnis erhielten vor allem die großen kommerziellen Kolonialunternehmen
beträchtliche Zuwendungen in Form von Beihilfen und Teil-, Zwi-
schen- und Endentschädigungen bzw. — nachdem sie nach und
nach ihre Tätigkeit wiederaufnehmen konnten oder neue Handelsfirmen in die Kolonialgebiete drängten — sogenannte Wiederauf-
baudarlehen. Insgesamt sollen den Kolonialunternehmen rund
34 Mill. Mark an staatlichen Geldern zur Verfügung gestellt worden sein.[13]

Auch auf sonstige Weise suchte man den kolonialen Gedanken in
der Bevölkerung wachzuhalten. „Nicht vergessen, sondern stets
daran denken" und „was deutsch war, muß wieder deutsch werden", waren offizielle Parolen, mit denen an die koloniale Vergangenheit erinnert wurde und unter denen der koloniale Anspruch
Deutschlands weiterlebte.[14] Erlasse zur „Pflege des kolonialen
Gedankens" an Schulen — z. B. am 25. 10. 1919 durch den sozialdemokratischen preußischen Kultusminister Haenisch — erfolgten
ebenso wie am 20. 10. 1927 der Chef der Heeresleitung, von Ham-
merstein, die „Kolonialaufklärung des Heeres" verfügte. Die
Hauptschaffensperiode in der deutschen Kolonialismus-Literatur
lag eindeutig in dieser nachkolonialen Phase (Höhepunkt 1938/
1939). Keine sich national orientierende Persönlichkeit, Partei oder
Organisation und keine sich national verstehende Regierung unter-
ließ es, sich zur kolonialen Revision als Teil des „Kampfes gegen
Versailles" zu bekennen. Noch ein am 30. Mai 1941 von dem ehemaligen deutschnationalen Oberbürgermeister von Leipzig, Carl
Friedrich Goerdeler, entworfener, zur Übermittlung an die britische Regierung bestimmter Friedensplan sah hinsichtlich der als
Grundlage für Verhandlungen verfolgten Ziele u. a. vor: „Rückgabe der deutschen Kolonien oder gleichwertiger Kolonialgebiete
unter gleichzeitiger Einrichtung eines internationalen Mandatar-
systems für alle Kolonien".[15]

Für die breitere Öffentlichkeit geriet die Kolonialfrage indessen
immer mehr in den Hintergrund. Nach 1925 mehrten sich überdies
Stimmen, die — auch angesichts der Zunahme des nationalistischen
Emanzipationsprozesses in den Kolonien und im Hinblick auf den
Erwerb von politischen Sympathien bei diesen Völkern für
Deutschland als nichtkolonisierende Macht — Zweifel am kolonia-
len Auftrag des weißen Mannes anmeldeten oder zumindest vom
traditionellen „formellen" Imperialismus der europäischen Mächte

zu einem Programm wirtschaftlicher Durchdringung ohne politische Herrschaft gelangen wollten.[16] So blieb die engagierte und kompromißlose Vertretung der kolonialen Revisionsforderungen weitgehend auf die kolonialen Interessenverbände, allen voran die „Deutsche Kolonialgesellschaft" (DKG), beschränkt. Sie rekrutierte sich fast ausschließlich aus den administrativen, wirtschaftlichen und militärischen Führungsschichten sowie aus akademisch gebildeten Kreisen des Bürgertums, wobei die hohe Zahl ehemaliger Kolonialbeamter und schon vor dem Krieg kolonialinteressierter Kreise ebenso auffällig wie charakteristisch ist; zeigte sich an diesem Übergewicht der Erben des wilhelminischen kolonialen Establishments doch, daß in der Kolonialbewegung vornehmlich Personen vertreten waren, die persönliche Interessen — materieller wie ideeller Art — an der Rückgabe der Kolonien hatten. Unter Führung der DKG, die in der zweiten Hälfte der zwanziger Jahre durchschnittlich 25 000 Mitglieder in ca. 250 Sektionen umfaßte (1919 noch 34 000 Mitglieder), stand auch die 1922 gegründete „Koloniale Reichsarbeitsgemeinschaft" (KORAG), die als Dachverband sämtliche kolonialrevisionistischen Aktivitäten koordinierte.[17] Vertreter dieser kleinen, jedoch gut organisierten Gruppen kolonialinteressierter Aktivisten waren auch in fast allen Parteien des Reichstags vertreten. Sie stießen in der Regel auf größte Bereitschaft, wenn es darum ging, etwa vor Wahlen ein Bekenntnis zum Kolonialgedanken abzulegen, wenn nicht ohnehin das Eintreten für eine koloniale Revision im Parteiprogramm fixiert war. Noch im Mai 1925 wurde auf Initiative Heinrich Schnees (DVP) eine „Interfraktionelle Koloniale Vereinigung" gegründet, an der alle Parteien mit Ausnahme der Kommunisten beteiligt waren. Selbst in der SPD gab es eine kolonialfreundliche Gruppe innerhalb des sogenannten revisionistischen Flügels (u. a. Max Cohen-Reuß, Noske, Quessel, Winnig, K.-V. Müller), die ganz offen für das Recht Deutschlands auf Kolonien eintrat. Aber die große Mehrheit der Partei stand der Kolonialfrage doch eher ablehnend gegenüber, und die Parteiprogramme verwarfen prinzipiell die „Ausbeutung der Kolonialvölker". Parteivorstand und Reichstags-Fraktion plädierten allerdings für die Zuteilung von Völkerbundmandaten. Auf der Konferenz der Sozialistischen Internationale im August 1919 (Luzern) setzten die deutschen Vertreter immerhin eine Resolution durch, in der es hieß, daß die Internationale, da nun einmal „das Koloniesystem aufrecht erhalten" bleibe, die Fortnahme der

deutschen Kolonien als „eine Ungerechtigkeit und ein(en) Fehler"
ansehe.[18] Gleichzeitig verlangte sie, daß Deutschland die Möglichkeit gegeben werde, ein Mandatar des Völkerbundes zu werden. Dem schloß sich das Programm des Görlitzer Parteitages
(1921) an. Auch auf dem Internationalen Sozialistenkongreß in
Brüssel (1928) traten die deutschen Sozialdemokraten für die
deutsche Kolonialforderung ein.

Am ehesten fand der Kolonialrevisionismus noch in der rechtslibe-
ralen Deutschen Volkspartei eine parteipolitische Vertretung. Diese
Partei des nationalen mittleren und Großbürgertums mit einer
engen Verbindung zur Schwerindustrie besaß in ihrem kolonialpolitischen Sprecher Dr. Heinrich Schnee (1871—1949), dem ehemaligen Kolonialbeamten und letzten Gouverneur von Deutsch-
Ostafrika, zugleich den rührigsten Vertreter des Weimarer Kolonialrevisionismus. In Reden, Referaten, Eingaben an die Reichsregierung und in seinem breiten Schrifttum pochte der auch im
Ausland angesehene deutsche Kolonialfachmann (Herausgeber des
„Koloniallexikons") immer wieder darauf, daß der Anspruch auf
Rückgabe der Kolonien „eine Forderung der deutschen Ehre",
„eine Forderung des Rechts" und gleichzeitig „eine Lebensnotwen-
digkeit für das deutsche Volk" sei.[19] Schnees „Koloniale Schuldlüge", das 1924 erschienene Standardwerk des Kolonialrevisionismus, ins Englische, Französische, Spanische und Italienische über-
setzt, brachte es mit seiner 12. Auflage von 1940 immerhin auf
50 000 Exemplare. Keine der anderen kolonialrevisionistischen
Schriften erreichte eine auch nur annähernd vergleichbare Auf-
lagenstärke.

Im Vergleich zur DVP schien sich dagegen der anfängliche koloniale Enthusiasmus der linksliberalen Deutschen Demokratischen
Partei gegen Ende der zwanziger Jahre abzuschwächen. Die ohnedies durch ein Spannungsfeld von demokratischem Nationalismus
und internationalem Friedensdenken geprägte Partei hatte sich
zunächst eindeutig zum kolonialen Revisionismus bekannt; die
Wiedergewinnung des deutschen Kolonialbesitzes bildete einen
Hauptpunkt des außenpolitischen Parteiprogramms von 1920. Sah
man einerseits den Besitz von Kolonien als „eine Frage des Rechts,
der nationalen Ehre und der politischen, wirtschaftlichen und kulturellen Gleichberechtigung und Selbstbestimmung" Deutschlands
an (W. Külz)[20], also primär als eine nationale Frage, so kam
nach und nach in der Partei eine stärkere Diskussion um die politische und moralische Rechtfertigung des Kolonialismus auf. Eben-

so wie die Frage nach dem tatsächlichen Nutzen von Kolonien vermochte auch sie jedoch nicht, die Partei zu einer generellen Abkehr
vom kolonialen Gedanken zu führen. Auch die katholischen Volksparteien Zentrum und BVP engagier-
ten sich nur mäßig in der Kolonialfrage (das Zentrum vor allem in
der Person seines Kolonialfachmannes Johannes Bell); zumindest
war die Begeisterung in diesen beiden Parteien für eine Rückgewinnung der Kolonien weniger groß als in den anderen bürgerlichen Parteien. Für die bürgerlich-antidemokratische Deutsch-
nationale Volkspartei spielten hingegen mehr allgemeine macht-
politisch-nationalistische als sachliche Motive die entscheidende
Rolle für ihr koloniales Engagement. Dagegen zeigten die „Völkischen" zumeist nur geringes Interesse für koloniale Rückgabefor-
derungen, und zwar sowohl aus ideologischen Gründen — viele
von ihnen hielten den klassischen Kolonialismus für überholt — als
auch aus der Erkenntnis heraus, daß er nur eine „stumpfe Waffe"
gegen die Republik bot.
Im Reichstag kam es nur selten zu großen Kolonialdebatten. Anlaß, gelegentlich die deutschen Kolonialansprüche vorzutragen und
auf die deutsche Gleichberechtigung und Gleichbehandlung zu
pochen, boten allenfalls die großen Debatten um die Locarno-Ver-
träge und um den Beitritt Deutschlands zum Völkerbund, aber
auch alliierte Maßnahmen hinsichtlich der ehemaligen deutschen
Kolonien, etwa die britischen Absichten Ende der zwanziger Jahre,
das Mandatsgebiet Tanganyika, das vormalige Deutsch-Ostafrika,
mit den anderen englischen Kolonien enger zusammenzuschließen
(closer union). Zu grundsätzlichen Kontroversen wie vor 1914 kam
es bei diesen Gelegenheiten kaum, da der kolonialpolitische Konsensus unter den Parteien alles in allem anhielt. Dieser Konsensus,
der hauptsächlich von liberalen und konservativen Gruppen getragen wurde, erstreckte sich mithin auf Parteien, Wirtschaftsver-
bände und die Regierung gleicherweise, wobei letztere mit der
kolonialen Bewegung arbeitsteilig Hand in Hand arbeitete. Denn
während das Auswärtige Amt es als seine Pflicht auffaßte, bei
allen sich bietenden internationalen Gelegenheiten in vorsichtiger
Weise auf den deutschen kolonialen Anspruch hinzuweisen, vertrat
die Kolonialbewegung — mit finanzieller Unterstützung der Regierung — die kolonialen Forderungen propagandistisch in der
Öffentlichkeit.
Dabei hatten sich die Argumente gegenüber der Propaganda im
Kaiserreich nur geringfügig verschoben, sieht man einmal davon

ab, daß — vornehmlich in der ersten Hälfte der zwanziger Jahre
— die Hauptenergien auf die Widerlegung der „kolonialen
Schuldlüge" gerichtet waren. Der kolonialen Betätigung wurde
weiter eine ökonomische, soziale (kaum sozialimperialistische),
nationale und kulturelle Bedeutung zugeschrieben. Die „Lebensnot-
wendigkeit" von Rohstoff- und Absatzmärkten und Siedlungsgebieten für eine wachsende Bevölkerung sowie die Ausbreitung des
Deutschtums gehörten weiterhin zum Arsenal der kolonialpolitischen Ideologie und kolonialagitatorischen Argumentation. Der
Unterschied zu den Gründen der alten Kolonialpropagandisten lag
vielleicht noch am ehesten darin, daß den frühen Kolonialver-
fechtern die Frage des Exports, den Weimarer Revisionisten die des
Imports wichtiger war und daß das demographische Argument
wesentlich aggressiver vorgetragen wurde („Volk ohne Raum").
Übersehen wurde weiterhin geflissentlich, daß der Anteil der deutschen Kolonien am deutschen Außenhandel vor 1914 verschwindend gering gewesen war und daß es die für Deutschland nach
eigenen Angaben wichtigsten Rohstoffe (z. B. Mineralöl, Kohle,
Baumwolle, Gummi, Eisenerz, andere mineralische Rohstoffe) in
den nunmehrigen Mandatsgebieten entweder überhaupt nicht oder
allenfalls in ganz geringen Mengen gab. Deutschlands Wirtschafts-
probleme konnten daher nur durch eine Wiederbelebung des Welt-
handels, nicht durch Kolonialwirtschaft und/oder Auswanderung
gelöst werden.[21]
Die Sichtweise der Kolonialpropagandisten artikulierte sich auch
im Standpunkt Stresemanns, der noch am ehesten als politischer
Vertreter eines regierungsamtlichen kolonialen Revisionismus gelten könnte.[22] Die Forderung nach Rückgabe der Kolonien war
jedenfalls fester Bestandteil seiner Außenpolitik. Bereits am
1. April 1924 war im Auswärtigen Amt wieder eine Kolonialabteilung eingerichtet worden, und der Außenminister versicherte zwei
Monate später dem Reichstagspräsidenten: „Die kolonialen Ansprüche Deutschlands werden stets aufrecht erhalten und bei pas-
sender Gelegenheit geltend gemacht werden."[23] Im November
desselben Jahres bestätigte Stresemann die von seiner Kolonial-
abteilung in Abstimmung mit kolonialinteressierten Kreisen er-
arbeiteten „Richtlinien unserer Kolonialpolitik", in denen eine
Mandatsübertragung für Tanganyika, Kamerun und Togo an-
visiert und die „Aufrechterhaltung des kolonialen Willens im deutschen Volke durch jede Art geeigneter Propaganda" als politisches
Ziel betrachtet wurden. Allerdings sollte „in dieser delikaten Frage

außerordentlich vorsichtig" vorgegangen werden, um die Reparationsverhandlungen mit den Westmächten nicht zu erschweren.[24] Nach dem Inkrafttreten des Dawes-Plans am 1. 9. 1924 hielt die Reichsregierung den Zeitpunkt zur Geltendmachung „kolonialer Ansprüche" für gekommen. Während der Gespräche um den Sicherheitspakt warf Stresemann deshalb ganz bewußt die Frage der Rückerstattung der Kolonien auf. Taktische innenpolitische Rücksichten spielten hierbei ohne Zweifel eine gewichtige Rolle mit; dominierten doch konservative und nationalistische Führungskräfte in der deutschen Kolonialbewegung. Wenngleich das Kolonialthema dem Außenminister so zugleich als ein propagandistischer Schachzug in seinen Auseinandersetzungen mit den Deutschnationalen diente, spricht jedoch vieles dafür, daß der ehemalige Nationalliberale Stresemann selbst der ehrlichen Überzeugung war, daß Deutschland nicht nur ein moralisches Recht zu kolonialer Betätigung habe, sondern daß kolonialer Besitz für die weitere Zukunft Deutschlands sowohl im Hinblick auf das wirtschaftliche Wohlergehen als auch für die Rolle des Deutschtums in der Welt unabdingbar sei. In internen Stellungnahmen fand diese Überzeugung wiederholt ihren Ausdruck.[25] Auch in dem geheimen Memorandum, das Deutschland am 20. 9. 1924 an die im Völkerbundsrat vertretenen Regierungen richtete und in dem es seine Bereitschaft zum Beitritt in den Völkerbund erklärte, hieß es u. a., daß Deutschland erwarte, „zu gegebener Zeit aktiv an dem Mandatssystem des Völkerbundes beteiligt zu werden"[26].

Der Vorstoß der Reichsregierung in der kolonialen Frage wurde zugleich von einer breiten kolonialpropagandistischen Aktivität begleitet. Schon im April hatte man den vierzigsten Jahrestag der Gründung der deutschen Kolonien durch Bismarck gefeiert. Kurz vor dem Schritt der Regierung tagte der Deutsche Kolonialkongreß in Berlin (17./18. 9. 1924), der damit an die großen Kolonialkongresse von 1902, 1905 und 1910 anknüpfte. Vom 30. 3. bis 8. 4. 1925 fanden die Berliner Kolonialwoche und Kolonialausstellung statt, zu denen Reichskanzler Dr. Luther und Stresemann Beiträge lieferten. Mehrere Großkundgebungen von kolonialen Verbänden folgten.

Obwohl Stresemann darüber hinaus in einem anonymen Artikel im „Hamburger Fremdenblatt" vom 14. 9. 1925 die koloniale Revision ausdrücklich als einen Teil der allgemeinen Außenpolitik der Regierung definierte, die darauf abziele, „Deutschlands Anspruch auf koloniale Betätigung durchzusetzen und wieder Kolonialbesitz

zu erhalten"[27], besaß die Kolonialfrage für ihn doch zu keinem
Zeitpunkt den Stellenwert einer politischen conditio sine qua non.
Es verwundert daher auch nicht, daß die auf Ausgleich bedachte
und kaum als kolonialrevisionistisch im strengsten Sinne zu bezeichnende Politik Stresemanns in kolonialen Kreisen auf wenig
Gegenliebe stieß, z. T. aufs schärfste verurteilt wurde. So hatte sich
der Außenminister im Vorfeld der Konferenz von Locarno z. B. in
einem Brief an Schnee gegen den Vorwurf zur Wehr zu setzen,
„daß innerhalb des Auswärtigen Amtes nur ein geringes Interesse
für die koloniale Sache vorhanden sei".[28] Geradezu vernichtend
fiel das Urteil des Kolonialrevisionisten Ludwig Scholz über die
kolonialpolitischen Ergebnisse von Locarno aus. Scholz vertrat die
Auffassung, man habe dort „offiziell nur ‚um die Übertragung
eines Mandats' und ‚um eine Mitbeteiligung an der Mandatsverwaltung' gebeten. Damit aber hat man m. E. von offizieller Seite
ein zweites Mal auf die Rückgabe unserer Kolonien verzichtet und
das nur zu unserem Schaden erfundene Mandatssystem anerkannt".[29]
In der Tat hatte die Reichsregierung in der Schlußphase der Verhandlungen, die zur Locarno-Konferenz führten, nicht zuletzt
unter dem Eindruck der gänzlich ablehnenden englischen Haltung,
darauf verzichtet, die Kolonialfrage zu einem ausdrücklichen Ver-
handlungsgegenstand zu machen. Auch bei den dezidiert-kolonial-
revisionistischen Initiativen im Zusammenhang mit der Erfüllung
des Young-Planes (v. a. durch H. Schacht)[30] war Stresemann das
Klima bei den Reparationsverhandlungen wichtiger als die Kolonialforderungen, so daß es merklich zu einer Abkühlung in den
arbeitsteiligen Beziehungen zwischen Auswärtigem Amt und Kolonialgesellschaft kam. Von einer aktiven und konsequenten Politik
hinsichtlich der Rückgewinnung der deutschen Kolonien konnte
demnach kaum die Rede sein.
Dennoch lotete die Reichsregierung auch zukünftig immer wieder
aus, ob Großbritannien etwa zur Abtretung seines Mandats „für
irgendeine ehemalige deutsche Kolonie, z. B. Kamerun" bereit
wäre. Am 9. September 1927 gelang es ihr zumindest — freilich
nicht mehr als ein Prestigegewinn —, einen deutschen Vertreter in
die Ständige Mandatskommission des Völkerbundes zu bringen,
und im Laufe der zweiten Hälfte der zwanziger Jahre erreichte
die deutsche Diplomatie nach und nach die Aufhebung aller besonderen Verbote und Einschränkungen für die Betätigung und Niederlassung deutscher Staatsangehöriger und Unternehmen in den

Mandaten und Kolonien der Alliierten. Der Fortfall dieser Beschränkungen erwies sich in der Tat als ein beträchtlicher wirtschaftlicher Fortschritt; denn nach der Öffnung der Kolonien und Mandate überstieg das Volumen des Kolonialhandels rasch das Vorkriegsniveau, wenn auch die Werte infolge der fallenden Preise abnahmen.[31]

Als Folge des im Schwinden begriffenen Konsenses zwischen Reichsregierung und den Parteien einerseits und der Kolonialbewegung andererseits orientierte sich letztere nunmehr noch stärker zur nationalistischen Rechten hin. Mit dem Eintritt des alten Kolonialkämpfers und ehemaligen Freikorpsführers Franz Ritter v. Epp (1868—1946) sowie des vormaligen Gouverneurs von Deutsch-Ostafrika und radikalkonservativen Siedlungspolitikers Eduard von Liebert in die NSDAP (1928 bzw. 1929) war die personale Verbindung von kolonialer und nationalsozialistischer Bewegung hergestellt.

Nach der „Machtübernahme" Hitlers stießen weitere Kolonialenthusiasten wie Hjalmar Schacht, Heinrich Schnee und der Direktor der Deutschen Bank, Kurt Weigelt, zu den Nationalsozialisten. In der Weimarer Zeit hatten diese sogenannten wilhelminischen Imperialisten noch auf die Realisierung ihrer kolonialrevisionistischen Ziele im Wege einer konservativ-gemäßigten, wirtschaftlich akzentuierten Variante deutscher Großmachtpolitik gehofft und dabei auf die republikanischen Parteien gesetzt. Im Grunde erstrebten sie eine außenpolitische Restauration Deutschlands in den Grenzen des einst machtvollen Hohenzollernreiches, um als Folge einer starken und hegemonialen Stellung auf dem Kontinent die Voraussetzungen für ein erneutes Ausgreifen nach Übersee und natürlich für den Rückerwerb der deutschen Kolonien zu schaffen.

Diese konservativen „wilhelminischen Imperialisten" waren aber weder radikale Rassisten noch lehnten sie, wie die Nationalsozialisten, jegliche Form von deutscher Kulturmission ab. Eine politische Meinung wie die Schnees, durchaus ein Gegner der „Rassenvermischung", man müsse „die Anschauungen und Sitten der (indigenen) Völker erforschen und berücksichtigen", da man „auf die Dauer erfolgreich nur mit ihnen und durch sie regieren" könne, war in der nationalsozialistischen Kolonialideologie ebenso undenkbar, wie umgekehrt das Verbot der Eheschließung zwischen Europäern und Polynesierinnen durch Kolonialstaatssekretär Solf (1912) nicht zu dem Schluß führen kann, „im deutschen Kolonialreich (habe es) also ‚Nürnberger Gesetze' bereits vor dem Ersten

Weltkrieg" gegeben.[32] Eher schon gab es eine Verbindungslinie von den alldeutsch-imperialistischen, ebenfalls rassistischen kolonialen Siedlungsideologen des Kaiserreichs zu den neuen kontinentalen, extrem rassistischen Expansionisten („Ritt gen Osten").[33] Die These vom mangelnden Lebensraum des deutschen Volkes, wie sie Hans Grimm in seinem als völkisch-politischen Erziehungsroman geschriebenen „Volk ohne Raum" (1926) mit bewußter Tendenz darlegte, bot allerdings einen Anknüpfungspunkt für beide koloniale Richtungen. Doch hofften die gemäßigten „wilhelminischen Imperialisten" noch, die Nationalsozialisten von ihrer Ablehnung von Siedlungskolonien in Übersee abbringen und deren Ostexpansion für eine überseeische Kolonialpolitik „umpolen" zu können („Fahrt über See"). Die Fehleinschätzung ihrer Möglichkeiten hat bei ihnen später oft zu einer inneren Distanzierung vom Nationalsozialismus geführt. Die Unterstützung des Nationalsozialismus von seiten konservativer und liberaler bürgerlicher Kreise und die Annäherung der kolonialen Bewegung an die ostexpansionistischen Vorstellungen der Hitler-Bewegung sind freilich keineswegs nur taktisch bestimmt gewesen.

Wenn schließlich der bürgerliche Kolonialrevisionismus auf die Nationalsozialisten setzte, so war deren Haltung zur Kolonialfrage doch nicht von vornherein eindeutig und sollte auch in Zukunft für die national-konservativen Kolonialanhänger durchaus widersprüchlich bleiben. Zwar hatte schon der dritte Punkt des Parteiprogramms der NSDAP vom 25. 2. 1920 gelautet: „Wir fordern Land und Boden (Kolonien) zur Ernährung unseres Volkes und zur Ansiedlung unseres Bevölkerungsüberschusses", wobei jedoch dieser Anspruch auf „Kolonien" räumlich nicht präzisiert war. 1922 deutete Alfred Rosenberg in einem Aufsatz über „Wesen, Grundsätze und Ziele der NSDAP" an, daß mit diesem Programmpunkt — vermutlich von Anton Drexler, dem „Gründer der NSDAP", in das Konzept des Parteiprogramms eingefügt — „sowohl die Forderung nach europäisch-kontinentaler als auch nach überseeisch-kolonialer Expansion" gemeint sei; eine nähere Fixierung der erstrebten Gebiete hielt er „unter den gegenwärtigen Umständen" für nicht möglich (oder sinnvoll).[34] Während der bereits Anfang der dreißiger Jahre eliminierte Flügel der revolutionären „Sozialisten" um die Gebrüder Strasser in ihrem antikapitalistischen Ressentiment gegen die „Plutokratien" des Westens und damit gegen das Versailler System schließlich jede Form kolonialer und imperialistischer Unterdrückung verwarf und die „Ra-

dikalagrarier" um den Reichsbauernführer Richard Walther
Darré kolonialimperialistische Pläne als „rassegefährdende Aller-
weltspolitik" bekämpften[35], setzte auch Hitler in „Mein Kampf"
der als halbherzig betrachteten „Kolonial- und Handelspolitik der
Vorkriegszeit" das Postulat einer deutschen „Bodenpolitik der
Zukunft" in Europa gegenüber.[36]
Nach dem Machtantritt verschwanden jedoch die radikalen Töne
von einst, in denen der „Führer" der Bewegung die Kolonialforderung als Relikt der wilhelminischen Epoche verworfen hatte; denn
nunmehr war er in der Kolonialfrage zunächst noch stärker zu
innenpolitischer Rücksichtnahme auf die Revisionswünsche weiter
Kreise der Bevölkerung gezwungen. Um einerseits diesen politischen Rückhalt im bürgerlich-nationalen Lager nicht zu gefährden, andererseits aber nicht seinen außenpolitischen Kurs des mo-
mentanen Ausgleichs mit England aufs Spiel zu setzen, erfolgte
eine gewisse „Arbeitsteilung", indem den Kolonialverbänden die
koloniale Propaganda überlassen, ihnen eine „unmittelbare amtliche Propaganda" jedoch untersagt wurde. Die Ostexpansion und
die Siedlung im Osten erhielten eindeutig den Vorrang (27. 11.
1933).[37] Zugleich wurde aber am 5. Mai 1934 das 1932 eingerich-
tete Kolonialreferat der NSDAP zu einem selbständigen „Kolonialpolitischen Amt" der Reichsleitung der Partei erhoben, dessen
Leitung Epp übernahm.
Hitler hat seine Expansionspläne im Grunde zu keinem Zeitpunkt
auf den Kontinent eingeschränkt. Zwar sah er im Osten Europas
das vorrangige Ziel der deutschen Expansion, aber keineswegs
ihren Endpunkt. Zunächst war er allerdings zur Erreichung seiner
kontinentalen Vorhaben bereit, aus taktischen Gründen — vor
allem um eines (vorübergehenden) Bündnisses mit England willen
— kolonialen und maritimen „Verzicht" zu leisten. Die koloniale
Expansion sollte nach seinen Vorstellungen erst in einer späteren
Etappe der stufenweisen Machtausdehnung Deutschlands verwirk-
licht werden.[38] In der Außenpolitik des Dritten Reiches nahm die
Kolonialfrage gemäß dem Hitlerschen „Programm" somit eine
Doppelrolle ein: sie war zugleich Mittel und Ziel. Bis in das Jahr
1935 hinein betrieb der „Führer" eine Politik der kolonialen und
maritimen Enthaltung, um auf diese Weise zu dem gewünschten
Übereinkommen mit Großbritannien, d. h. „freie Hand" in Europa, zu gelangen. Ab März 1935 trat aber „neben die Politik der
kolonialen Konzessionen eine Taktik der kolonialen Sanktionsdro-
hungen".[39] Hitler stellte nun koloniale Forderungen, ohne sie

jedoch zu präzisieren, um diese taktisch eingesetzte „Waffe" nicht
zu entschärfen („kolonial drohen, um kontinentale Ziele zu erreichen").
In dieser Phase erfolgte auch der Prozeß der endgültigen „Gleich-
schaltung" der Kolonialverbände (November 1935 — November
1936). Die Deutsche Kolonialgesellschaft und der bereits im Sommer 1933 als Rechtsnachfolger der KORAG gegründete Reichs-
kolonialbund, beide bis dahin unter dem Vorsitz von Gouverneur
a. D. Heinrich Schnee, wurden nun mit dem Kolonialpolitischen
Amt der Reichsleitung der NSDAP gleichgeschaltet, nachdem sich
die konservativ-bürgerliche Deutsche Kolonialgesellschaft am 13. 6.
1936 — ebenso wie zuvor die übrigen Kolonialverbände — selbst
aufgelöst hatte. Die Leitung des Reichskolonialbundes (1941 2,1
Mill. Mitglieder) wurde Epp übertragen, der gleichzeitig seine
Stellung als Leiter des Kolonialpolitischen Amtes beibehielt. Dadurch befanden sich die Organisation der Kolonialbewegung und
die koloniale Propaganda nunmehr völlig in den Händen Hitlers, der in ihnen ein gefügiges und zugleich wirkungsvolles Mas-
seninstrument seiner ab 1936 immer wieder vorgetragenen Kolonialforderungen besaß.
Ende 1937 begann Hitler dann seine Politik gegenüber London zu
variieren. Zwar versuchte er einerseits, weiterhin zu einer Überein-
kunft mit den Briten zu gelangen, jedenfalls (vorerst) nicht in offenen Gegensatz zu ihnen zu geraten, ordnete die britische Seemacht andererseits aber in die Reihe der Gegner ein. Nach den
Blitzfeldzügen im Osten, Norden und Westen Europas hoffte Hitler erneut auf einen Ausgleich mit England auf der Basis der „Teilung der Welt". Einer deutschen Hegemonie auf dem Kontinent
einschließlich einiger Kolonien in Afrika sollte die englische Supre-
matie zur See entsprechen. Von einem völligen kolonialen Verzicht
war also keine Rede mehr. Im September und Oktober 1940 schien
die Verwirklichung eines deutschen Kolonialreiches in Mittelafrika
— der Traum der deutschen Kolonialenthusiasten seit den 1880er
Jahren — endlich bevorzustehen.
Schon im Frühsommer 1940 waren im Auswärtigen Amt in Verbindung mit dem Kolonialpolitischen Amt der NSDAP sowie vom
Oberkommando der Wehrmacht und von der Marine die ersten
konkreten Pläne für ein in sich geschlossenes großes deutsches Kolonialreich in Zentralafrika entwickelt worden, nachdem die „kolonialen Vorbereitungen" bereits Ende 1937 eingesetzt hatten und
Anfang 1939 auch offiziell von Hitler gebilligt worden waren. Die

kolonialpolitische Schulung und die verwaltungspolitische Planung für die Kolonien befanden sich bereits in einem fortgeschrittenen Stadium. Im März 1940 gab der „Führer" die Anweisung, „die Arbeiten für die künftige Kolonialverwaltung mit Nachdruck zu fördern und die Vorbereitungen für die Einrichtung eines Reichs-kolonialamtes zu treffen". Daneben stellten auch interessierte Kreise der Wirtschaft wie die Deutsche Bank und die IG-Farben Überlegungen hinsichtlich des künftigen afrikanischen Kolonial-besitzes an, wobei ihre überdimensionierten Vorstellungen von einem deutschen Kolonialreich in vielfacher Beziehung an die im Ersten Weltkrieg entstandenen kolonialen Kriegszieldenkschriften erinnerten, an die sie im Einzelfall auch direkt anknüpften.[40] Selbst die Missionen reklamierten unter Hinweis auf ihre einstige kulturelle Arbeit eine Rückkehr in ihre alten Tätigkeitsfelder.

Das geplante „Mittelafrikanische Reich" sollte sich vom Atlantischen bis zum Indischen Ozean erstrecken und soweit wie möglich nach Süden reichen. Im Falle einer friedlichen Teilung mit einem nicht besiegten England sollten an Deutschland gelangen: die früheren deutschen Kolonien, Belgisch- und Französisch-Kongo, Französisch-Äquatorialafrika mit dem Tschadsee-Gebiet. Im Falle eines Sieges über England dachte man ferner an Uganda, Sansibar, den südlichen Teil von Kenia (Nairobi), Nigeria, die Goldküste, Dahomey sowie die Stützpunkte Dakar und Bathurst im Senegal. Die Marine forderte darüber hinaus u. a. noch die Besetzung der Inseln Ascension, Tristan da Cunha, St. Helena sowie der Komoren, Seychellen, Amiranten, Maskarenen sowie Madagaskars „zwecks Ansiedlung der Juden". Mit der Verwirklichung dieser — ständig erweiterten oder geänderten — Pläne wäre der afrikanische Kontinent, wie es K. Hildebrand formuliert hat, „eine deutsche Kolonie, und — vielleicht noch entscheidender — der Atlantik, durch das geplante Stützpunktsystem der Marine gesichert, ein mare germanicum" geworden.[41]

Obgleich die Nationalsozialisten die Forderung der Kolonialrevisionisten nach Rückgabe der ehemaligen deutschen Kolonien nunmehr expressis verbis aufnahmen und auch im Hinblick auf das anvisierte mittelafrikanische Großreich eine weitgehende inhaltliche Übereinstimmung mit den territorialen Kriegszielprogrammen des Ersten Weltkriegs nicht zu übersehen ist, sollte sich nach ihren Vorstellungen die künftige Kolonialpolitik doch inhaltlich von der vor 1914 betriebenen unterscheiden.[42] Ausgehend von dem Herrschaftsanspruch des weißen „Herrenvolkes" beabsichtigte

man in dem neuen Kolonialimperium eine Politik der strikten
„Segregation und Rassenhygiene" zu betreiben, der zufolge der
Kontakt zwischen Europäern und Schwarzen auf ein Minimum
reduziert werden sollte. Es war vorgesehen, die schwarze Bevölkerung „arteigen", d. h. auf einer primitiven Stufe, zu erhalten. Das
Kolonialpolitische Amt entwarf von diesen Voraussetzungen her
1940 in Zusammenarbeit mit dem Reichsjustizministerium und
anderen Stellen in Anlehnung an die Nürnberger Gesetze von 1935
ein „Kolonialblutschutzgesetz", und für Weiße und Eingeborene
wurde eine getrennte, rassisch orientierte Gerichtsbarkeit vorgesehen. Zwischen Deutschen und Afrikanern bestand, wie der
Entwurf eines „Reichskolonialgesetzes" vorsah, keine Volksgemeinschaft, sondern lediglich eine „Schutzgemeinschaft". Zur
Durchsetzung der NS-Rassepolitik forderte das Rassenpolitische
Amt die Einsetzung von „Rassenpolitikern" in den Verwaltungen
der Kolonie.
Da das künftige koloniale Imperium einzig als wirtschaftlicher
Ergänzungsraum des unter deutscher Herrschaft stehenden „neuen
Europa" gedacht war — als Rohstofflieferant und als ein riesiger
Absatzmarkt —, hätte die Funktion der Schwarzen allein darin
bestanden, die Herrschaft der Weißen anzuerkennen und ihnen als
Arbeiter zur Verfügung zu stehen. Gesetzliche Arbeitspflicht und
Arbeitsbuch waren daher ebenso vorgesehen wie die Zusammendrängung in Eingeborenenreservaten (als „Arbeiterreservoir").
Daneben wurde allerdings — zur Verhinderung einer vollen Proletarisierung der Afrikaner — immer wieder ausdrücklich die Erhaltung einer kleinbäuerlichen Grundlage der Eingeborenen in ihrem
Stammesgebiet und auf der Basis einer „artgemäßen Kultur" gefordert. Jegliche Schulbildung hatte auf die Vermittlung europäischen Lehrstoffes zu verzichten und an der Grenze zur Höheren
Schule zu enden. Rassegesetzgebung und eine staatlich gelenkte
„koloniale Wirtschaft" bildeten mithin die Basis der nationalsozialistischen Kolonialideologie und der geplanten Kolonialherrschaft.
Eine deutsche Massenansiedlung in Afrika lag wegen der Gefahr
eines „weißen Proletariats" nicht im Interesse des NS-Staates.
Spätestens Ende Oktober 1940 war das Projekt eines deutschen
Kolonialreiches in Mittelafrika jedoch bereits wieder „aus dem
Bereich der ‚realen' Politik Hitlers zu Reißbrettkonstruktionen
und politischen Sandkastenspielen der Ministerialbürokratie des
Auswärtigen Amtes abgesunken" (A. Hillgruber)[43]; denn mit
dem Beginn des Rußlandfeldzuges interessierten ihn die Kolonial-

probleme nur noch am Rande. Zwar blieb, besonders im Hinblick auf die Vereinigten Staaten, ein gewisses strategisches Interesse an Nordwestafrika bestehen; aber dieses hatte nur noch wenig mit den weltmachtpolitischen Mittelafrika-Projekten der Kolonialdiskussion zu tun. Für Hitler bedeuteten Kolonien — im Gegensatz zum Auswärtigen Amt — zu keinem Zeitpunkt eine Alternative zum „Lebensraum im Osten". Afrika sollte nach seinen eigenen Worten vom 22. Februar 1942 erst wieder an dem Tag interessant werden, wenn er „Europa fest organisiert" habe.[44] Anfang 1943 mußte Hitler schließlich dem für ihn ungünstigen Kriegsverlauf Rechnung tragen. In seinem Auftrag teilte Reichsleiter Bormann dem Leiter des Kolonialpolitischen Amtes am 26. 1. 1943 mit, daß „die Tätigkeit des Kolonialpolitischen Amtes und die des Reichskolonialbundes bis zum 15. 2. 1943 völlig stillzulegen" seien.[45]. Der Traum von einem deutschen Reich in Afrika, seit den 1880er Jahren eine Hoffnung deutscher Kolonialschwärmer, war endgültig ausgeträumt.

Anmerkungen

[1] Zum Folgenden insbesondere F. Fischer, Griff nach der Weltmacht. Die Kriegszielpolitik des kaiserlichen Deutschland 1914/1918, Sonderausgabe Düsseldorf 1967, 87 ff., 258 ff., 299 ff., 516 ff.; H. Stoecker, Der erste Weltkrieg, in: ders., Drang nach Afrika. Die koloniale Expansionspolitik und Herrschaft des deutschen Imperialismus in Afrika von den Anfängen bis zum Ende des zweiten Weltkrieges, Berlin (O) 1977, 229—242.
[2] F. Fischer, Griff nach der Weltmacht, 92.
[3] Ebd., 97.
[4] H. Stoecker, Der erste Weltkrieg, 230—232.
[5] W. Stingl, Der Ferne Osten, 776 f.
[6] F. Fischer, Griff nach der Weltmacht, 263.
[7] Ebd., 264, 300 f.
[8] Ebd., 301.
[9] Ebd., 516—520, hier: 517 (Ludendorff).
[10] H. Poeschel, Die Kolonialfrage im Frieden von Versailles. Dokumente zu ihrer Behandlung, Berlin 1920, 87.
[11] Ebd., 22.
[12] A. Rüger, Der Kolonialrevisionismus der Weimarer Republik, in: H. Stoecker (Hrsg.), Drang nach Afrika, 255.
[13] Ebd., 264.
[14] Zitate nach K. Hildebrand, Vom Reich zum Weltreich. Hitler, NSDAP und koloniale Frage 1919—1945, München 1969, 53.

232   Kolonialrevisionismus nach 1918

[15] W. Hofer (Hrsg.), Der Nationalsozialismus. Dokumente 1933—1945, überarb. Nachdr. Frankfurt a. M. 1983, 340.
[16] Vgl. u. a. Braucht Deutschland Kolonien? Europäische Gespräche. Hamburger Monatshefte für Auswärtige Politik, 5. Jg. (1927), 609—676; Für oder gegen Kolonien. Eine Diskussion in 10 Aufsätzen von Freunden und Gegnern des kolonialen Gedankens mit einem Vorwort von Gouverneur a. D. Th. Seitz und Schlußwort von Dr. P. Rohrbach, Berlin 1928.
[17] Ein Überblick über die wichtigsten kolonialen Verbände bei W. W. Schmokel, Der Traum vom Reich. Der deutsche Kolonialismus zwischen 1919 und 1945, Gütersloh 1967, 15—19.
[18] Zit. n. H. Poeschel, Die Kolonialfrage, 236 f.
[19] Die deutschen Kolonien vor, im und nach dem Weltkrieg, Leipzig 1939, 161 f.
[20] J. C. Heß, „Das ganze Deutschland soll es sein". Demokratischer Nationalismus in der Weimarer Republik am Beispiel der Deutschen Demokratischen Partei, Stuttgart 1978, 113, vgl. 241—251.
[21] Vgl. W. W. Schmokel, Der Traum vom Reich, 63, 68 f.
[22] Vgl. A. J. Crozier, Die Kolonialfrage während der Locarno-Verhandlungen und danach. Ein Essay über die Beziehungen zwischen Großbritannien und Deutschland 1924—1927, in: W. Michalka — M. M. Lee (Hrsg.), Gustav Stresemann, Darmstadt 1982, 324—349.
[23] Nach A. Rüger, Der Kolonialrevisionismus, 259.
[24] Ebd., 259—261.
[25] A. J. Crozier, Die Kolonialfrage, 330 ff.
[26] Das Memorandum ist abgedruckt in Ursachen und Folgen ..., Bd. VI, Berlin o. J., 476—478.
[27] G. Stresemann, Vermächtnis. Der Nachlaß in drei Bänden, hrsg. v. H. Bernhard, Berlin 1932, II, 172.
[28] Vermächtnis II, 296, vgl. auch 213.
[29] Nach E. G. Jacob, Deutsche Kolonialpolitik in Dokumenten, Leipzig 1938, 522 f.
[30] Vgl. hierzu W. W. Schmokel, Der Traum vom Reich, 91 f.; H. Pogge von Strandmann, Deutscher Imperialismus nach 1918, in: D. Stegmann — B.-J. Wendt — P.-Chr. Witt (Hrsg.), Deutscher Konservativismus im 19. und 20. Jahrhundert, 288 f.
[31] A. Rüger, Der Kolonialrevisionismus, 264; H. Pogge von Strandmann, Deutscher Imperialismus nach 1918, 288.
[32] H. Schnee, Braucht Deutschland Kolonien? Leipzig 1921, 39; H. Stoecker, Die deutsche Kolonialherrschaft in Afrika vor 1914, in: ders. (Hrsg.), Drang nach Afrika, 169.
[33] Bezeichnenderweise war für Heinrich Claß, den Vorsitzenden des Alldeutschen Verbandes, die Kolonisation in Übersee „die am wenigsten erwünschte Form der deutschen Kolonisation" (Daniel Frymann [d. i. H. Claß], Wenn ich der Kaiser wär', Leipzig [3]1912, 143).
[34] Vgl. K. Hildebrand, Vom Reich zum Weltreich, 55, s. auch 49.

[35] Vgl. ebd., 237—247, 314—329; ders., Deutsche Außenpolitik 1933—1945. Kalkül oder Dogma? Stuttgart [4]1980, 19—29.

[36] Mein Kampf, 469.—473. Aufl. München 1939, 152, 689 f., 730, 732, 741 f. (Zitatauszüge), 754.

[37] K. Hildebrand, Vom Reich zum Weltreich, 279 f.

[38] Beurteilt man Hitlers Absichten als rein kontinentale Expansionsbestrebungen („Kontinentalisten"), so wird man der kolonialen Frage einen ausschließlich instrumentalen Charakter beimessen müssen, d. h. die Kolonialforderungen Hitlers wären einzig als Instrument seiner England- bzw. Bündnispolitik überhaupt zu werten. Sieht man indessen die Erringung der Weltherrschaft als letztliches Ziel seiner (Außen-)Politik an („Globalisten") und geht man in diesem Zusammenhang von einem „Programm" oder „Stufenplan" des Diktators aus, ohne darin gleich einen „Fahrplan zur Weltherrschaft" zu sehen bzw. die „Improvisationen" Hitlers zu übersehen, so gewinnt die Kolonialfrage in Hitlers Programm einen wesentlich bedeutenderen Stellenwert. Sie besäße dann nur auf der ersten „Stufe", d. h. dem kontinentalen Ausgriff („Lebensraum im Osten"), eine instrumentelle Bedeutung. Als politisches Fernziel, das während der zweiten „Stufe" der deutschen Expansion nach Übersee zu verwirklichen war, hätten deutsche Kolonien dann einen eigenständigen Wert in Hitlers außen- und weltpolitischer Konzeption erhalten (vgl. K. Hildebrand, Das Dritte Reich, München — Wien [2]1980, 171).

[39] Vgl. K. Hildebrand, Vom Reich zum Weltreich, 741—744, hier: 742.

[40] Vgl. R. Lakowski, Der zweite Weltkrieg, in: H. Stoecker, (Hrsg.), Drang nach Afrika, 315—319.

[41] Vom Reich zum Weltreich, 674 f.; A. Hillgruber, Hitlers Strategie. Politik und Kriegführung 1940—1941, München [2]1982, 246 f.

[42] Vgl. A. Kum'a N'Dumbé III, Pläne zu einer nationalsozialistischen Kolonialherrschaft in Afrika, in: Aspekte deutscher Außenpolitik im 20. Jahrhundert. Aufsätze Hans Rothfels zum Gedächtnis, hrsg. v. W. Benz — H. Graml, Stuttgart 1976, 165—192.

[43] Hitlers Strategie, 248 f.

[44] Nach K. Hildebrand, Vom Reich zum Weltreich, 720.

[45] Ebd., Dok. 83.

VIII. Die deutsche Kolonialzeit — Bilanz einer Ära

Blickt man zurück auf die erwartungsvollen Argumente der frühen Kolonialdiskussion, so wird man nicht umhinkönnen zu konstatieren, daß nahezu sämtliche Vorstellungen von einer „Krisentherapie" durch koloniale Expansion, waren sie nun sozialökonomischer, nationalpsychologischer oder sozialideologischer Art gewesen, unerfüllt blieben. Bereits Anfang der 1890er Jahre erwies sich die Hoffnung, den Bevölkerungsdruck durch gelenkte Massenauswanderung aufzufangen und in die eigenen Kolonien zu leiten — dem gegenüber dem Export- und Absatzgedanken vergleichsweise stärksten Argument der Kolonialpropagandisten —, als Fehlspekulation. Das hing vorab mit dem für den Übergang zur industriellen „Bevölkerungsweise" charakteristischen Absinken der Geburtenziffern noch vor dem Ersten Weltkrieg zusammen.[1] Gleichzeitig lief Mitte der 1890er Jahre (1893) die letzte der großen überseeischen Massenauswanderungswellen aus, was wiederum mit den sinkenden Chancen in dem überseeischen Hauptauswanderungsland USA seit Anfang der 1890er Jahre und der wachsenden Attraktivität der expandierenden industriellen Arbeitsmärkte in Mittel- und Westdeutschland zusammenhing.[2] Aus dem einstigen Auswanderungsland Deutschland, in dem gerade die bevölkerungspolitischen und nationalideologischen Faktoren des Wanderungsgeschehens eine so zentrale Rolle gespielt hatten, schien sich zu Beginn des 20. Jahrhunderts ein Einwanderungsland zu entwickeln, dessen Bedarf an zusätzlichen Arbeitskräften so rapide anstieg, daß vereinzelt nunmehr sogar der Import von chinesischen Kulis oder Arbeitskräften aus den afrikanischen Kolonialgebieten empfohlen wurde. Da die Trendperiode wirtschaftlicher Wachstumsstörungen sowie die strukturelle Agrarkrise, beide seit Mitte der 1870er Jahre zur Verunsicherung einer auf gleichmäßiges Wachstum ausgerichteten Wirtschaftsmentalität beitragend, ebenfalls Mitte der neunziger Jahre durch eine bis zum Vorabend des Ersten Weltkrieges anhaltende industrielle Hochkonjunkturphase und stetigere Agrarkonjunktur abgelöst wurden, verloren auch die primär sozialpsychologisch deutbaren wirtschaftsideologischen Argumente der Kolonialpropaganda an Werbekraft, die von einer unmittelbaren stabilisierenden Wirkung des Außenhandels durch die Erschließung von nationalen Kolonialmärkten ausgegangen waren. Mitte der 1890er Jahre waren somit schon von den objektiven Gegebenheiten her sowohl die Klagen über den Menschen- und Kapitalverlust durch überseeische Auswanderung als auch die Hoffnung auf konjunkturstabilisierende Wirkungen durch eigene Kolonien gegenstandslos geworden — was ihre hartnäckigsten Verfechter freilich nicht daran hinderte, sich ihrer — bewußt oder unbewußt — weiterhin zu bedienen.

Zu den dominanten endogenen Faktoren traten Hemmnisse der Peripherie hinzu, als sich zeigte, daß fast sämtliche deutschen Schutzgebiete aus klimatischen Gründen zur „Massenansiedlung" ungeeignet waren. Die Auswanderung in die Kolonialgebiete erforderte überdies ein nicht unbeträchtliches Startkapital. Schließlich kann die Ansicht des Vaters von Heinrich Schnee, „daß die Kolonien als Betätigungsfeld für verkrachte Existenzen oder für solche seien, die irgendetwas in der Heimat gesündigt hätten", durchaus als repräsentativ für die öffentliche Meinung des Kaiserreichs gelten.[3] So gewannen die „Schutzgebiete" nie eine sonderliche Anziehungskraft für auswanderungswillige Deutsche. Selbst in der dritten und stärksten Auswanderungswelle des 19. Jahrhunderts (1880 bis 1893), die mit dem Beginn der deutschen Kolonialära parallel lief, wanderten über 90% der Deutschen (fast 1,8 Mill.) weiterhin in die USA aus. Demgegenüber gingen bis 1914 weniger als 24 000 Deutsche in die Kolonien — eine im Vergleich verschwindend geringe Zahl, die der damaligen Einwohnerzahl einer Mittelstadt entsprach.[4] Keine Kolonie, nicht einmal Deutsch-Südwestafrika, das die Hälfte aller in den deutschen Kolonien lebenden Weißen beheimatete, nahm somit eine ins Gewicht fallende Auswanderung auf.

Auch hinsichtlich der nationalen und sozialen Integrationswirkungen, die die Kolonialexpansion ausüben sollte, blieben die Erwartungen unerfüllt. Abgesehen vielleicht von jenem kurzzeitigen „Kolonialrausch" 1884, den Bismarck geschickt für seine Wahlpropaganda einzusetzen wußte, erreichte die Kolonialbewegung nie das Ausmaß einer großen nationalen Massenbewegung. Vielmehr traten Desillusionierung und Desinteresse an die Stelle des vorübergehenden Kolonialenthusiasmus. Die von Hübbe-Schleiden mit großem Aufwand betriebene Gründung einer Partei, in der sich die

koloniale Bewegung sammeln und formieren konnte, scheiterte geradezu kläglich, während L. Bamberger am 4. Februar 1891 im Reichstag überrascht feststellen mußte, „daß eigentlich niemand mehr ein Kolonialenthusiast hier noch sein will".[5] Auch die Mitgliederzahlen der kolonialen Vereine deuten auf keine große nationale Begeisterung für die Kolonien hin. In der Deutschen Kolonialgesellschaft stiegen sie nur allmählich, begleitet von zeitweiliger Stagnation oder gar Rückschritt, und die hohe Fluktuationsrate weist auf den raschen Wechsel von im Augenblick durch organisierte Propaganda gewecktem Interesse und nachfolgender enttäuschter Abwendung hin.[6] Mit ihren schließlich ca. 42 000 Mitgliedern (1914) rangierte sie weit hinter dem über 1 Mill. Mitglieder zählenden „Flottenverein". Selbst die aufwendigen Kolonialkongresse von 1902, 1905 und 1910 in Berlin, als große Demonstrationen für den Kolonialgedanken gedacht, kamen weniger im Zeichen nationaler Sammlung zustande als aus der Furcht bei den kolonialen Protagonisten, infolge von „Kolonialverdrossenheit" und „Kolonialmüdigkeit" im eigenen Volk beim kolonialen Verteilungskampf der Nationen zu kurz zu kommen. Eine nationalideologische Integrationsfunktion bewirkten demgegenüber schon eher die alldeutsche Bewegung und der Flottenenthusiasmus, wohingegen die Kolonialfrage, die einen ständigen innenpolitischen Konfliktstoff bot, mehr dem Import von peripheren Kolonialproblemen in das Reich als dem Export von deutschen Problemen an die koloniale Peripherie diente.
Erst recht ließ sich der „revolutionäre Zündstoff" nicht in die Kolonien ableiten. Der „Export der sozialen Frage" in die Kolonien gelang nicht einmal in Ansätzen. Nicht nur, daß sich die als gesellschaftliche Bedrohung empfundene „soziale Frage" durch die fortschreitende Einbindung der Arbeiterschaft in den Industrialisierungsprozeß und damit in die industrielle Massengesellschaft allmählich entspannte; die Sozialdemokratie fügte sich auch selbst über den Revisionismus — auch und gerade in der Kolonialfrage — in die bürgerliche Gesellschaft ein.[7] Mithin blieben die Vorstellungen einer sozialdefensiven Integrationsfunktion der Kolonialexpansion gleichfalls ein Trugbild. Die sozialideologischen kolonialen Argumente spielten daher auch in der Weimarer Republik so gut wie keine Rolle mehr. Dagegen verloren die rein ökonomischen Begründungen — Kolonien als Rohstoffbasen und Absatzmärkte für eine expandierende Industriegesellschaft — selbst nach dem Verlust der Kolonien nur bedingt an Zugkraft, obgleich die „Er-

gebnisse" im Kaiserreich alles andere als überzeugend gewesen
waren.

Denn angesichts der hohen Erwartungen, die die frühe Expansionsagitation in den Handel mit den Kolonien gesetzt hatte, sah
die Bilanz der deutschen Kolonialwirtschaft geradezu mager aus.
Standen bei einem Gesamtvolumen von 8,7 Mrd. Mark in den
Jahren 1910/13 die Exporte in die anderen europäischen Länder
mit 6,3 Mrd. Mark bei weitem an der Spitze, gefolgt von den Exporten nach Amerika (USA, Argentinien, Brasilien, Chile) mit
1,4 Mrd. Mark, so gingen im gleichen Zeitraum, in dem Deutschland über ein Kolonialgebiet von fast 3 Mill. km² mit einer Bevölkerung von rund 12 Mill. Einwohnern verfügte, nur Exporte
für 51,9 Mill. Mark in die Kolonien. Auf den Europa-Export entfielen folglich 72,4%, auf den Amerika-Export 17,3%, während
der deutsche Kolonialexport nur 0,6% des gesamten Außenhan-
delsvolumens ausmachte. Selbst der deutsche Afrika-Export unter
Ausschluß der deutschen Kolonien und Marokkos, der insgesamt
136,3 Mill. Mark betrug, übertraf mit 1,6% Anteil am deutschen
Gesamtexport den Handelsverkehr mit den eigenen Kolonien um
das Dreifache.

Im Hinblick auf den Anteil der Kolonialgebiete am deutschen
Gesamtimport verhielt es sich nicht anders: bei einem Gesamtvolumen von 10 Mrd. Mark kamen 1910/13 5,5 Mrd. Mark aus den
anderen europäischen Ländern, 2,6 Mrd. Mark aus Amerika und
nur 49,8 Mill. Mark aus den deutschen Kolonien. Der Europa-Im-
port machte mithin 54,8%, der Amerika-Import 26,3%, der Gesamtimport aus den deutschen Kolonien aber nur 0,5% aus. In
diesem Fall übertraf der Afrika-Import ohne deutsche Kolonien
und Marokko bei einem Gesamtvolumen von 339 Mill. Mark, d. h.
einem Anteil von 4% am deutschen Gesamtimport, den gesamten
deutschen Kolonialimport sogar um das Achtfache.[8] Angesichts
dieser Vergleichszahlen kann die deutsche Kolonialpolitik nur
einen minimalen Effekt auf den Außenhandel des Deutschen Reiches ausgeübt haben. Diese Feststellung dürfte sich auch dann kaum
ändern, wenn man die Bedeutung der Kolonialländer für die Lie-
ferung bestimmter Produkte mit in Rechnung stellt. Die importierten Mengen deckten in der Regel nur einen sehr geringen Teil
des Inlandsbedarfs an diesen Gütern. Abgesehen vom Kupfer und
den Diamanten Deutsch-Südwestafrikas gab es unter den Produkten der deutschen Kolonien keinen Artikel, der Deutschlands Stellung auf dem Weltmarkt stärkte oder zukünftig gravierend ver-

bessert hätte. Die Kolonien bildeten daher zu keinem Zeitpunkt ein wirksames „Ventil" für die deutsche Wirtschaft, d. h. eine langfristige Konjunkturstütze, schon gar nicht in der konjunkturellen Abschwungphase.

Diese Aussage gilt ebenso uneingeschränkt für den deutschen Kapitalexport. Schon die Tatsache, daß der deutsche Nettokapitalexport zwischen 1880 und 1913, abgesehen vom Jahr 1905 mit dem einmalig hohen Wert von 1,1 Mrd. Mark, ziemlich gleichförmig um ein Niveau von etwa 400 Mill. Mark pendelte, widerspricht der (Monopolkapitalismus-)These Lenins, daß der Kapitalexport der imperialistischen Länder seit der Jahrhundertwende „besonders wichtige Bedeutung" gewann. Welcher Anteil an den gesamten Auslandsanlagen Deutschlands, die sich am Vorabend des Ersten Weltkriegs auf ca. 24 Mrd. Mark beliefen, auf die deutschen Kolonien entfiel, ist im einzelnen schwierig zu ermitteln. Jedenfalls scheint nur China eine gewisse Bedeutung als Anlagegebiet gehabt zu haben (1904 waren dort ca. 350 Mill. Mark angelegt). In den gesamten deutschen Kolonien „arbeiteten" vor Kriegsausbruch mit ca. 500 Mill. Mark lediglich etwa 2% des deutschen Auslandskapitals.[9] Innerhalb der deutschen Kapitalausfuhr spielten die Kolonien mithin ebenfalls eine äußerst bescheidene Rolle, abgesehen davon, daß die Kapitalanleger eher gedrängt als freiwillig in den Schutzgebieten investierten.

Betrachtet man darüber hinaus die Aufwendungen der deutschen Kolonialverwaltung und fügt ihnen gar die — teilweise über Anleihen gedeckten — enormen Kosten für die Niederschlagung der Erhebungen vornehmlich in Deutsch-Südwest (585 Mill. Mark), in Deutsch-Ostafrika sowie in China (240 Mill. Mark) hinzu und vergleicht dieses Resultat mit den Einnahmen des Reiches aus Steuern und Zöllen, so wird man nicht umhinkönnen, die deutschen Kolonien als nationales Verlustgeschäft anzusehen (Reichszuschüsse 1884—1914: 646 Mill. Mark).[10] Auch die Tatsache, daß sich hinsichtlich der deutschen Kolonialwirtschaft nach den schwierigen Anfangsjahren eine Besserung gerade in den Jahren vor dem Krieg anzubahnen schien, ablesbar an der Entwicklung hin zu ausgeglicheneren Zahlungsbilanzen, ändert an diesem Ergebnis nur wenig; denn die hohen Anfangskosten und die im Zuge eines eher treuhänderischen kolonialen Denkens nach dem Ersten Weltkrieg als gleichbleibend hoch anzusehenden Folgekosten hätten sich — rein rechnerisch — kaum bis zur Emanzipation der Kolonien „amortisiert".

Es wäre allerdings verfehlt, das deutsche koloniale Abenteuer wirtschaftlich als reines Verlustgeschäft abzubuchen. Denn der öffentlichen Kosten-Nutzen-Rechnung steht im Hinblick auf eine kolonialwirtschaftliche Bilanz die private Seite des kolonialen Geschäftes gegenüber. Wenn es selbst in diesem Bereich nicht an Verlusten gefehlt hat, abgesehen von den hohen Anfangsinvestitionskosten, so dürfte doch eine vergleichsweise kleine Zahl von Kolonialunternehmern und Kolonialfinanciers ganz beträchtliche Gewinne aus den Kolonien gezogen haben. Für einzelne Interessenten wie Großreeder, Großhandelsfirmen, Plantagenunternehmer und Kolonialspekulanten ist der Kolonialismus unzweifelhaft ein einträgliches Geschäft gewesen. „So betrachtet erschiene", wie es Klaus J. Bade resümierend formuliert hat, „die wirtschaftliche Bilanz der deutschen Kolonialherrschaft (...) im Lichte einer Privatisierung der Gewinne bei einer Sozialisierung der Verluste, die diese Gewinne ermöglichten".[11]

Außenpolitisch hat die deutsche Kolonialpolitik, vor allem das Streben nach einem größeren Kolonialbesitz, mehrmals Anlaß zu politischen Auseinandersetzungen gegeben. Sie sind jedoch im Stile kolonialdiplomatischer Konvenienz immer wieder — auf Kosten der Kolonialvölker — gelöst worden. Die Kolonialfrage hat, selbst in den brisanten Marokkokrisen, nur wenig zu einer Verschärfung der weltpolitischen Gegensätze vor dem Ersten Weltkrieg beigetragen. Nachdem die überseeischen Machtbezirke weitgehend abgesteckt waren und der Spielraum Deutschlands hinsichtlich kolonialer Erwerbungen schrumpfte, stellten die Pläne einer wirtschaftlichen Durchdringung Europas („Mitteleuropa") einen politisch wesentlich explosiveren Zündstoff dar als die Frage der Kolonien. Die Kolonialpolitik hat weder primär die Verflechtung Deutschlands in die Weltpolitik bewirkt noch war sie nach der Jahrhundertwende ein vorrangiger Aspekt der deutschen Weltpolitik.

Was nun die „inhaltliche" Seite der deutschen Kolonialzeit anbetrifft, so wird es noch schwieriger, generalisierende Aussagen über den spezifisch *deutschen* kolonialen Zugriff, die Funktionsweise der deutschen Kolonialherrschaft und vor allem deren Nachwirkungen auf die kolonisierten Völker zu machen, letzteres nicht nur wegen der kurzlebigen deutschen Kolonialepoche. Ganz ohne Zweifel blieb die zeitliche „Verspätung" des deutschen Kolonialismus und die Unerfahrenheit der Deutschen als Kolonialmacht — die eben kein „Indien" besaßen, das ihnen Erfahrungen in der Behandlung unterworfener Völker vermittelt hätte — nicht ohne

Folge für den deutschen „way of colonialism". Der im Zeichen der verspäteten Reichsgründung als nationale Verpflichtung empfundene Zwang zum „Aufholen" oder gar zum „Bessermachen" — vornehmlich gegenüber dem zugleich bewunderten und geschmähten englischen Vorbild — führte ganz unbestreitbar zu einer gewissen „Hektik", deren Schattenseite eine vor allem in den Anfangsjahren rigide Eingeborenenpolitik war. Dieser Hang zum „Perfektionismus" — in seiner Zeit und selbst noch nach 1918 vielfach auch von außerdeutschen Beobachtern mit gewisser Bewunderung bedacht — manifestierte sich u. a. in einer Tendenz zur Überbürokratisierung („Assessorismus"), die sich erst mit den Dernburgschen Verwaltungsreformen milderte. Ansonsten zeigte die lokale Kolonialverwaltung keine grundlegenden Unterschiede zu den Verwaltungssystemen anderer Mächte — sie war nicht autoritärer als die französische oder belgische Regierungsweise (Gann-Duignan) —, mit der Ausnahme, daß sich, im Vergleich zu Frankreich und Portugal, die Deutschen wie die Engländer nie um eine politische Assimilation ihrer Kolonialuntertanen bemühten.[12]
Namentlich in der ersten Phase der deutschen Kolonialherrschaft, die etwa mit dem Sturz Bismarcks endete, war das deutsche Vordringen eher durch mehr oder weniger planloses Konquistadoren- und Abenteurertum und eine unruhig experimentierende, auf das eingeborene „Kapital" wenig Rücksicht nehmende Wirtschaft gekennzeichnet. Erst nach dieser „Experimentierphase", die mit der Brechung des primären Widerstandes oft zusammenfiel, setzte eine sowohl systematischere verwaltungsmäßige Erschließung als auch wirtschaftliche „mise en valeur" der Kolonien, letztere verstärkt um die Jahre 1896/97, ein.[13] Diese zweite, in der Sprache der Zeit „heroische" Phase, in der es um die Stabilisierung der Machtverhältnisse in der „kolonialen Situation" ging („Eroberungsphase"), endete indes in dem Fiasko der postprimären Erhebungen in Afrika, des Herero-Nama- und des Maji-Maji-Aufstandes sowie der schweren Unruhen in Südostkamerun (1904—06). Zugleich schlug die Krise in Afrika, die zur Reichstagsauflösung und in den sogenannten Hottentottenwahlen (25. 1. 1907) zu einer Verschiebung der Machtkonstellation im Reichstag führte, erstmals auch auf die inneren Verhältnisse in Deutschland durch, wobei mit der Politisierung der Kolonialkrise erstmalig die Afrikaner als „mithandelnde Subjekte" in die innere deutsche Geschichte traten.[14]
Die Krise, die sich gleichzeitig in der Aufdeckung einer ganzen Reihe von Kolonialskandalen offenbarte, nötigte wiederum zu

einer Korrektur der bisherigen deutschen Kolonialpolitik und Kolonialwirtschaft. Diese „Reformphase" ist eng verbunden mit dem
Namen des linksliberalen Bankiers Bernhard Dernburg (1865 bis
1937), der zugleich an die Spitze des neugeschaffenen Kolonial-
staatssekretariats (17. 5. 1907) trat. Dernburgs Programm einer
kolonialpolitischen und kolonialwirtschaftlichen Neuorientierung
zielte nunmehr auf eine „wissenschaftlichere", d. h. rationalere
Kolonialpolitik ab. Reformen in der kolonialen Verwaltung in
Richtung einer autonomeren und selbstbewußteren Administration,
staatliche Entwicklungsprogramme für die Kolonialwirtschaft und
Anreize für den überseeischen Kapitalexport sollten zum Gedeihen
der Kolonien beitragen. Zu den „Erhaltungsmitteln" künftiger
Kolonisation — gegenüber den bis dahin angewandten „Zerstö-
rungsmitteln" — gehörten für Dernburg „ebenso der Missionar
wie der Arzt, die Eisenbahn wie die Maschine, also die fort-
geschrittene theoretische und angewandte Wissenschaft auf allen
Gebieten". Aber auch dem Schutz der einheimischen Bevölkerung
als des „wichtigsten Aktivums" der deutschen Kolonialwirtschaft
kam in seinem Reformprogramm eine zentrale Bedeutung zu. Daher trat er zugleich, freilich unter dem Primat wirtschaftlicher
Prosperität der Kolonien und damit politisch-ökonomischer Überlegungen der Metropole, für eine „negererhaltende" Politik ein.[15]
Wenngleich sich in der kolonialen Wirklichkeit, zumindest für die
eingeborenen Völker, zunächst nur verhältnismäßig wenig änderte,
so setzte mit Dernburgs kolonialpolitischem und kolonialwirt-
schaftlichem Reformkurs doch eine konsequentere Gesetzgebung
ein (Ansätze zu einem wirksamen Arbeiterschutz), die vielen Auswüchsen des Kolonialsystems die Spitze nahm. Insofern leitete die
„Ära Dernburg" tatsächlich eine Wende in der deutschen Kolonialgeschichte und damit eine dritte und letzte Phase ein, die nunmehr
durch eine stetigere, rationalere und effektivere Entwicklung gekennzeichnet war. Das Programm von Kolonialregierung und Kolonialverwaltung, das darauf abzielte, die Eingeborenen so zu
„heben" — wie der zeitgemäße Ausdruck lautete —, daß die Metropole aus ihrer Überproduktion Gewinn zog, deckte sich fortan
noch stärker mit den langfristigen politisch-sozialökonomischen
Zielen von Handel und Mission, die für die Schaffung eines freien,
marktfähigen Bauernstandes eintraten. Da eine versklavte, um ihre
bloße Existenz besorgte „Arbeiterschaft" keinen Boden für eine
auf Bedarf (Handel) und religiöse Erziehung (Mission) gerichtete
Gesellschaft bildete, sollte eine indigene cash crop-Produktion die

Kolonisierten sozial und wirtschaftlich auf eigene Füße stellen und ihre „Proletarisierung" unterbinden.

Eine solche Entwicklung entsprach aber nicht dem sozialdarwinistischen Kolonialprogramm der Plantagenunternehmer vom Schlage eines Julius Scharlach („Kolonisation [...] bedeutet nicht, die Eingeborenen zivilisieren, sondern sie zurückdrängen und schließlich vernichten")[16] und dem radikalen „Pulver und Blei"-Programm der Farmer, die von ihrem Herrenstandpunkt aus die „Zivilisierung" der Eingeborenen mit der Nilpferdpeitsche verlangten. Gegenüber dem „aufgeklärten" Kolonialismus des Staates strebten Pflanzer und Siedler, in Abwehr (kolonial-)staatsinterventionistischer Reglementierungen und des kolonialstaatlichen „Fürsorge"-Konzepts, danach, durch Enteignungen und die Verhinderung jeglichen Bodenerwerbs sowohl die „Arbeiterfrage" zu lösen als auch die unter der neuen kolonialen Wirtschaftspolitik im Anwachsen begriffene Marktproduktion der Eingeborenen zurückzudrängen. Mit der Zunahme der europäischen Besiedlung in einzelnen Kolonien (Deutsch-Südwestafrika) wuchs ihr Einfluß, so daß sich die Art und Weise des kolonialen Zugriffs aus dem Parallelogramm der divergierenden Kräfte von kurzfristigen wirtschaftlichen Ausbeutungsinteressen und den Zielen einer auf langfristige Landesverwaltung eingestellten Kolonialherrschaft ergab. Mit dem Sieg der kolonialen Reformpartei im Reichstag im Frühjahr 1914 und der Übernahme ihrer Vorstellungen durch Kolonialstaatssekretär Solf zeichnete sich diese Kraftprobe noch kurz vor Ausbruch des Ersten Weltkriegs ab.[17]

Die Entwicklung in ausgesprochenen Siedlungskolonien wie Deutsch-Südwestafrika ist daher kaum oder nur bedingt mit derjenigen in Handelskolonien wie Togo oder gar Samoa zu vergleichen, wobei es dahingestellt sein mag, ob die Ursache dafür bei so fähigen Gouverneuren wie Graf Zech und Solf lag — die keinen Vergleich mit der besten Tradition britischer Kolonialbeamten zu scheuen brauchen — oder ob ihre Struktur von vornherein ein pragmatisch-aufgeklärtes Regiment bedingte. Selbst innerhalb derselben Kolonie konnten die Erfahrungen der Einheimischen mit dem deutschen Kolonialismus höchst unterschiedlich sein. Ohnedies reichten die Wirtschaftsstrukturen im deutschen Kolonialimperium von Handels- über Plantagen- zu Siedlungskolonien, die Herrschaftsstrukturen von der formell-direkten Territorialherrschaft hin bis zur indirekten Herrschaft nach dem Residenturprinzip wie in Ruanda und Urundi — das zugleich die indigenen Strukturen am wenigsten tangierte, aber ebensowenig einen sozialen Wandel involvierte —, während das Reich in weiten Teilen Deutsch-Neu-guineas zu keiner Zeit über die von ihm beanspruchten Gebiete eine administrativ und politisch wirksame Kontrolle auszuüben vermochte.[18]

Die Folge war, daß auch die Kolonialisierten deutsche koloniale Herrschaft jeweils unterschiedlich erfahren haben (und bis heute eine unterschiedliche Erinnerung an diese Zeit überliefern). Das gilt erst recht für jene indigenen Herrschaftseliten oder Stämme, die mit der Kolonialmacht „kollaborierten", sei es, um ihre eigene Herrschaft gegenüber bedrohenden Mächten von außen oder kon-kurrierenden Kräften im Innern zu sichern, zu stabilisieren oder auszubauen, sei es, um sich in der „kolonialen Situation" neue wirtschaftliche Einkünfte oder politische Herrschaftsbereiche zu sichern. Als Beispiele können die Tolai in Deutsch-Neuguinea eben-so wie die islamischen Fulbe in Kamerun gelten, die ein System etablierten, das man als kolonialen „Subimperialismus" bezeichnen kann. Auch die Tyrannei dominierender Ethnien oder die Supre-matie bestimmter Kasten, die bis zur Versklavung der beherrschten Völker reichen konnten, schufen Voraussetzungen und den Nähr-boden für eine Kollaboration. Die „neuen Herren" wurden daher nicht nur als Unterdrücker empfangen oder betrachtet. Nach der politischen Entmachtung der traditionellen Herrschaftsgruppen kam ihre koloniale Landfriedenspolitik zudem breiteren Schichten zugute, so daß sich das festgefügte präkoloniale Sozialsystem einer „offeneren" Gesellschaft nähern konnte: Nicht an der traditionel-len Machtteilhabe partizipierende Gruppen erhielten Chancen des sozialen Aufstiegs und der politischen Emanzipation.

Gleichzeitig wußten die Kolonisierten den zwangsläufigen poli-tischen, sozialen und ökonomischen Wandel teilweise zu ihrem Vorteil zu nutzen, so daß sich — nach Überwindung des sogenann-ten Kulturschocks — europäische Kultur mit traditionellen Wert-und Glaubensvorstellungen vermischte, wodurch sich neue kultu-relle Identitäten bildeten.

Daher erscheint es nicht angemessen, von einer *totalen* Zerstörung der soziokulturellen Identität der kolonisierten Völker zu reden und den Kolonialismus einseitig als „Faschismus an der Peri-pherie" (P. Schmitt-Egner) zu charakterisieren. Unzweifelhaft ent-hielt er, wo er in einer rassenideologischen Axiomatik fußte oder auf einer „völkischen" Siedlungsagitation („Volk ohne Raum") beruhte oder in eine anonyme Kolonialbürokratie degenerierte, „Elemente totaler Herrschaft" (H. Arendt). Hier liegen sicherlich sowohl Parallelen als auch Verbindungslinien zum Nationalsozialismus vor. Andererseits entwickelte auch die deutsche Kolonialherrschaft nach der machtpolitischen „Klärung" der Herrschaftsbeziehungen, nach der es für die kolonialisierten Völker kein Zurück mehr gab, bereits Ansätze einer von außen aufgezwungenen „Entwicklungspolitik".[19] Diese koloniale „Entwicklungsdiktatur" ging naturgemäß von den Interessen der Metropole aus und orientierte sich zweifelsohne einseitig am westlichen „Modernisierungsmodell". Die besondere „Dialektik der kolonialen Situation" (K. J. Bade) lag freilich darin begründet, daß das koloniale Entwicklungs- und Schulungsprogramm zwar den präkolonialen Entwicklungsprozeß radikal unterbrach, zugleich aber die Voraussetzungen und Instrumente für den späteren Emanzipationskampf sowie für die kulturelle und politische Reintegration in eine größere Gemeinschaft schuf und somit das formell direkte koloniale System selbst wieder aufhob. An diesem dialektischen Prozeß war die deutsche Kolonialherrschaft ebenso beteiligt wie an den bis heute nachwirkenden Folgen.

Anmerkungen

[1] Eine vorzügliche „Bilanz" der deutschen Kolonialherrschaft — der dieses Kapitel weitgehend verpflichtet ist — zieht K. J. Bade, Die deutsche Kolonialexpansion in Afrika, bes. 35 ff.

[2] K. J. Bade hat erstmals eigene Ergebnisse zur historischen Arbeitsmarkt- und sozialhistorischen Migrationsforschung fruchtbringend in die Kolonialgeschichtsschreibung eingebracht, vgl. u. a. Massenwanderung und Arbeitsmarkt im deutschen Nordosten von 1880 bis zum Ersten Weltkrieg: überseeische Auswanderung, interne Abwanderung und kontinentale Zuwanderung, Archiv für Sozialgeschichte 20 (1980), 265—323; ders., German Emigration to the United States and Continental Immigration to Germany in the Late Nineteenth and Early Twentieth Centuries, Central European History 13 (1980), 348—377, sowie der bereits S. 48 Anm. 3 genannte Aufsatz.

[3] Erinnerungen, 9 f., s. auch 23. — Daß diese Auffassung eine reale Grundlage besaß, belegt W. Petter für die Kolonialoffiziere an zahlreichen Beispielen (Militärische Einwirkungen auf die deutsche Kolonialverwaltung in Afrika, 1884—1918. Ziele und Ergebnisse, in: Actes du 4ᵉ

Colloque International d'Histoire Militaire, hrsg. v. d. Commission Internationale d'Histoire Militaire, Ottawa 1979, 231).

[4] Die weiße Bevölkerung in den deutschen Schutzgebieten verteilte sich 1913 wie folgt: Deutsch-Südwestafrika 14 830, Deutsch-Ostafrika 5 336, Kamerun 1 871, Togo 368, also Afrika insgesamt 22 405; ferner Deutsch-Neuguinea 1 427 (davon Kaiser-Wilhelmsland und Bismarck-Archipel 968, Karolinen und Marianen 459), Samoa 557, also in der Südsee insgesamt 1 984; dazu in Kiautschou 4 470. D. h. in den deutschen Kolonien lebten 28 859 Weiße, davon waren 23 952 Deutsche.

[5] Sten. Ber. 115, 1298.

[6] Vgl. K. J. Bade, Friedrich Fabri, 305 ff., bes. 308 f.

[7] K. J. Bade, Die deutsche Kolonialexpansion in Afrika, 37.

[8] P. Hampe, Die ökonomische Imperialismustheorie, 179; vgl. W. O. Henderson, Studies in German Colonial History, London 1962, 33—57; L. H. Gann — P. Duignan, The Rulers of German Africa, 162—193 („But in metropolitan terms the empire remained of marginal importance both for the nation's economy and for German society").

[9] P. Hampe, Die ökonomische Imperialismustheorie, 180—182; H.-U. Wehler, Bismarck und der Imperialismus, 411.

[10] Im einzelnen: Togo 3,5 Mill., Kamerun 48 Mill., Deutsch-Südwest 278 Mill., Ostafrika 122 Mill., Neuguinea 19 Mill., Samoa 1,5 Mill., Kiautschou 174 Mill. Mark.

[11] Die deutsche Kolonialexpansion in Afrika, 38.

[12] Zur Verwaltung der Kolonien: E. R. Huber, Deutsche Verfassungsgeschichte seit 1789, Bd. IV: Struktur und Krisen des Kaiserreiches, Stuttgart 1969, 604—634; vgl. auch K. Hausen, Deutsche Kolonialpolitik in Afrika, 23—140, sowie für den sozialgeschichtlichen Hintergrund L. H. Gann — P. Duignan, The Rulers of German Africa, 45—149.

[13] Es ist üblich geworden, die deutsche Kolonialzeit in drei Entwicklungsphasen einzuteilen (vgl. u. a. W. Baumgart, Die deutsche Kolonialherrschaft in Afrika. Neue Wege der Forschung, Vierteljahrsschrift für Sozial- und Wirtschaftsgeschichte 58, 1971, 469 f.). Diese Dreiteilung ist von K. J. Bade mit den Begriffen „Experimentierphase", „Eroberungsphase" und „Reformphase" ausführlicher charakterisiert worden (vgl. Das Kaiserreich als Kolonialmacht, hier: 99 ff.; ferner ders., Imperialismus und Kolonialmission: das kaiserliche Deutschland und sein koloniales Imperium, in: ders. [Hrsg.], Imperialismus und Kolonialmission. Kaiserliches Deutschland und koloniales Imperium, Wiesbaden 1982, 1—28, hier: 3 ff., sowie ders., Deutschlands koloniales Abenteuer 1884—1914/18, Universitas 39, 1984, 1259—1270).

[14] Vgl. W. Reinhard, „Sozialimperialismus" oder „Entkolonisierung der Historie"? Kolonialkrise und „Hottentottenwahlen" 1904—1907, Historisches Jahrbuch 97/98 (1978), 384—417.

[15] Zielpunkte des Deutschen Kolonialwesens. Zwei Vorträge, Berlin 1907, 6 f., 9 (vorangegangenes Zitat); vgl. W. Schiefel, Bernhard Dernburg, 30—142.

[16] Koloniale und politische Aufsätze und Reden, hrsg. v. H. von Poschinger, Berlin 1903, 27; vgl. für die unterschiedlichen Standpunkte der „Humanisten", „Utilitaristen" und „Rassisten" das Sammelwerk von F. Giesebrecht (Hrsg.), Die Behandlung der Eingeborenen in den deutschen Kolonien. Stellungnahmen deutscher Kolonialpioniere, Berlin 1897; dazu G. Leclerc, Anthropologie und Kolonialismus, Berlin 1976.

[17] Sten. Ber. 294, 7897 ff.; vgl. W. D. Smith, The German Colonial Empire, 219.

[18] Vgl. auch K. J. Bade, Die deutsche Kolonialexpansion in Afrika, 39.

[19] Ebd., 41; für die Seite der „positiven" Bilanz vgl. auch L. H. Gann — P. Duignan, The Rulers of German Africa, 242—246.

Verzeichnis der leitenden Kolonialbeamten

A   Dirigenten und Direktoren der Kolonialabteilung des Auswärtigen Amtes und der Staatssekretäre des Reichskolonialamtes.

1. Dr. Friedrich Richard Krauel, Dirigent, 1. 4. 1890 — 30. 6. 1890
2. Dr. Paul Kayser, Dirigent seit 1. 7. 1890, *Direktor* 27. 3. 1894 bis 14. 10. 1896
3. Dr. Oswald Frhr. v. Richthofen, 15. 10. 1896 — 31. 3. 1898
4. Dr. Gerhard v. Buchka, 31. 3. 1898 — 6. 6. 1900
5. Dr. Oscar Wilhelm Stuebel, 12. 6. 1900 — 16. 11. 1905
6. Erbprinz Ernst zu Hohenlohe-Langenburg, ad interim 16. 11. 1905 bis 5. 9. 1906
7. Bernhard Dernburg, ad interim seit 5. 9. 1906, *Staatssekretär* des neuen Reichskolonialamtes 17. 5. 1907 — 9. 6. 1910
8. Dr. Friedrich v. Lindequist, 9. 6. 1910 — 6. 11. 1911
9. Dr. Wilhelm H. Solf, ad interim vom 4. 11. 1911, Staatssekretär 20. 12. 1911 — 13. 12. 1918
10. Dr. Johannes Bell, 13. 2. — 20. 6. 1919

B   Die obersten Verwaltungsbeamten in den Kolonien

Deutsch-Ostafrika

1. Reichskommissar:
Hauptmann Hermann Wissmann, 8. 2. 1889 — 21. 2. 1891

2. Gouverneure
Frhr. Julius v. Soden, 14. 2. 1891 — 15. 9. 1893
Frhr. v. Schele, 15. 9. 1893 — 25. 2. 1895
Dr. Hermann v. Wissmann, 26. 4. 1895 — 3. 12. 1896
Eduard v. Liebert, 3. 12. 1896 — 12. 3. 1901
Graf Adolf v. Götzen, 12. 3. 1901 — 15. 4. 1906
Frhr. Albrecht v. Rechenberg, 15. 4. 1906 — 22. 4. 1912
Dr. Heinrich Schnee, seit 22. 4. 1912

Kamerun

1. Kais. Kommissar:
ad interim mit Charakter als Konsul Dr. Max Buchner, 14. 7. 1884 bis 17. 5. 1885

2. Gouverneure:
Frhr. Julius v. Soden, 26. 5. 1885 — 14. 2. 1891
Eugen v. Zimmerer, 15. 4. 1891 — 13. 8. 1895
Jesco v. Puttkamer, 13. 8. 1895 — 9. 5. 1907

Dr. Theodor Seitz, 9. 5. 1907 — 27. 8. 1910
Dr. Otto Gleim, 28. 8. 1910 — 29. 1. 1912
Karl Ebermaier, seit 29. 1. 1912

Togo

1. Kais. Kommissare:
Ernst Falkenthal, Juni 1885—1887
Eugen v. Zimmerer, 3. 8. 1888 — 14. 4. 1891

2. Landeshauptleute (seit Nov. 1893):
Jesco v. Puttkamer, Kommissar seit 16. 12. 1891, Landeshauptmann
Nov. 1893 — 13. 8. 1895

3. Gouverneure (seit April 1898)
August Köhler, Landeshauptmann 18. 11. 1895 — 18. 4. 1898, Gouverneur bis zu seinem Tod 20. 1. 1902
Waldemar Horn, 1. 12. 1902 — 11. 5. 1905
Graf Julius v. Zech, 11. 5. 1905 — 7. 11. 1910
Edmund Brückner, 31. 3. 1911 — 19. 6. 1912
Herzog Adolf Friedrich zu Mecklenburg, seit 19. 6. 1912

Deutsch-Südwestafrika

1. Kais. Kommissare:
ad interim Dr. Heinrich Ernst Göring, Mai 1885 — Aug. 1890
ad interim Curt v. François, seit März 1891, seit Nov. 1893 Landeshauptmann bis 15. 3. 1894

2. Gouverneure (seit April 1898):
Theodor Leutwein, ad interim 15. 3. 1894, etatmäßig vom 27. 6. 1895, Gouverneur 18. 4. 1898 — 19. 8. 1905
Dr. Friedrich v. Lindequist, 19. 8. 1905 — 20. 5. 1907
Bruno v. Schuckmann, 20. 5. 1907 — 20. 6. 1910
Dr. Theodor Seitz, seit 28. 8. 1910

Deutsch-Neuguinea[1]

(Altes Schutzgebiet:
Kaiser-Wilhelmsland, Bismarck-Archipel, Salomon-Inseln)

1. Landeshauptleute der Neuguinea-Kompanie:
Admiral a. D. Frhr. Georg v. Schleinitz, 17. 5. 1885 (im Schutzgebiet eingetroffen 10. 6. 1886) — März 1888
Geh. Oberpostrat Reinhold Kraetke, 1. 3. 1888 — 31. 10. 1889

---

[1] 1885 — Mai 1889: Die Neuguinea-Kompanie stellt und besoldet den „Landeshauptmann". Mai 1889 — Aug. 1892: Die Reichsregierung stellt den „Kais. Kommissar", die Kompanie besoldet ihn. Sept. 1892 — März 1899: Die Kompanie stellt und besoldet den „Landeshauptmann". — 1. April 1899: Das Reich übernimmt die Hoheitsrechte und stellt und besoldet die Verwaltungsbeamten.

2. Kais. Kommissare:
Gustav v. Oertzen, 1885—1886
Regierungsrat Fritz Rose, ad interim 21. 8. 1889, etatmäßig 30. 9. 1890 bis
15. 6. 1892

3. Landeshauptleute der Kompanie:
bisheriger Kanzler des Kommissariates Georg Schmiele, 20. 6. 1892 — 1895
komm. Korvettenkapitän a. D. Rüdiger, 15. 2. — 28. 8. 1896
komm. Curt v. Hagen, 9. 10. 1896 — 13. 8. 1897
komm. Rechtsanwalt Hugo Skopnik, 11. 9. 1897 — 1898

4. Gouverneure:
Rudolf v. Bennigsen, 26. 3. 1899 — 19. 6. 1902
Dr. Albert Hahl, seit 10. 11. 1902

Marshall-Inseln[2]

1. Kais. Kommissare:
Gustav v. Oertzen, 1885—1886
Konsul Dr. Wilhelm Knappe, 1886—1888
Vizekonsul Dr. Sonnenschein, 1888—1890
Vizekonsul Biermann, April 1890—1891
Dr. Wilhelm Schmidt, März 1892—1893

2. Kais. Landeshauptleute:
Dr. Georg Irmer, 10. 12. 1893 — März 1898
Eugen Brandeis, ad interim 24. 3. 1898 (etatmäßig seit 22. 2. 1900) —
28. 3. 1906

Samoa

Gouverneure:
Dr. Wilhelm H. Solf, 25. 1. 1900 — 19. 12. 1911
Dr. Erich Schulz, seit 19. 6. 1912

Kiautschou

Gouverneure (dem Reichsmarineamt unterstellt):
Kapitän z. S. Oskar Truppel, Febr. — Apr. 1898
Kapitän z. S. Carl Rosendahl, 7. 3. 1898[3] — 10. 10. 1898
Kapitän z. S. Paul Jaeschke, 19. 2. 1899 — 27. 1. 1901
Kapitän z. S. Oskar (v.) Truppel, 20. 2. 1901 — 17. 8. 1911
Kapitän z. S. Alfred Meyer-Waldeck, seit 19. 8. 1911

[2] Seit 21. Jan. 1888 werden die Kommissare von der Regierung gestellt,
von der Jaluit-Gesellschaft besoldet. 1. April 1906: Das Reich übernimmt
die gesamte Verwaltung. Die Inseln werden von einem dem Gouverneur
von Neuguinea unterstehenden Bezirkshauptmann verwaltet. (Nach
A. Zimmermann, Geschichte der Deutschen Kolonialpolitik, Berlin 1914,
312—315.)

[3] ernannt; angetreten 16. 4. 1898

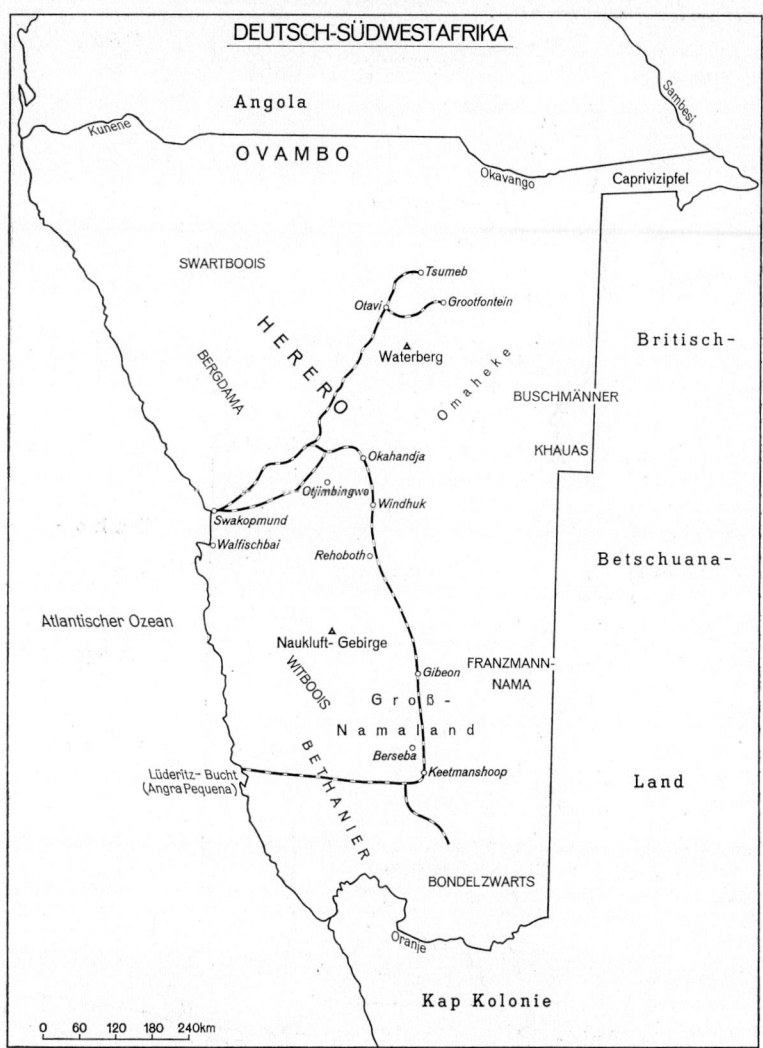

DEUTSCH-SÜDWESTAFRIKA

Angola

OVAMBO

Kunene

Sambesi

Okavango

Caprivizipfel

SWARTBOOIS

Tsumeb

Otavi

Grootfontein

HERERO

BERGDAMA

Waterberg

Omaheke

Britisch-

BUSCHMÄNNER

KHAUAS

Okahandja

Otjimbingwe

Windhuk

Swakopmund

Walfischbai

Rehoboth

Betschuana-

Atlantischer Ozean

Naukluft- Gebirge

WITBOOIS

Groß-

Namaland

BETHANIER

Gibeon

FRANZMANN-
NAMA

Berseba

Lüderitz- Bucht
(Angra Pequena)

Keetmanshoop

Land

BONDELZWARTS

Oranje

Kap Kolonie

0   60   120   180   240km

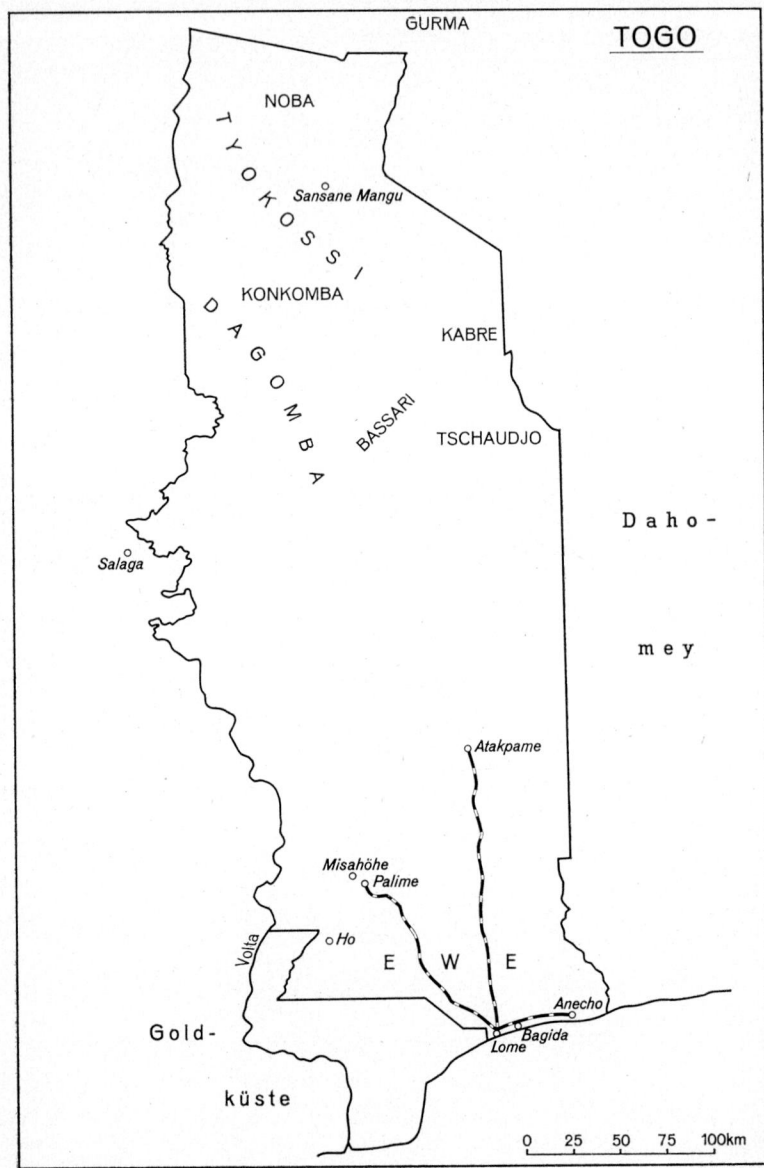

TOGO

GURMA

NOBA

T Y O K O S S I

Sansane Mangu

KONKOMBA

D A G O M B A

KABRE

BASSARI

TSCHAUDJO

D a h o -

Salaga

m e y

Atakpame

Misahöhe
Palime

Volta

Ho

E   W   E

Anecho

Gold-

Bagida
Lome

küste

0   25   50   75   100km

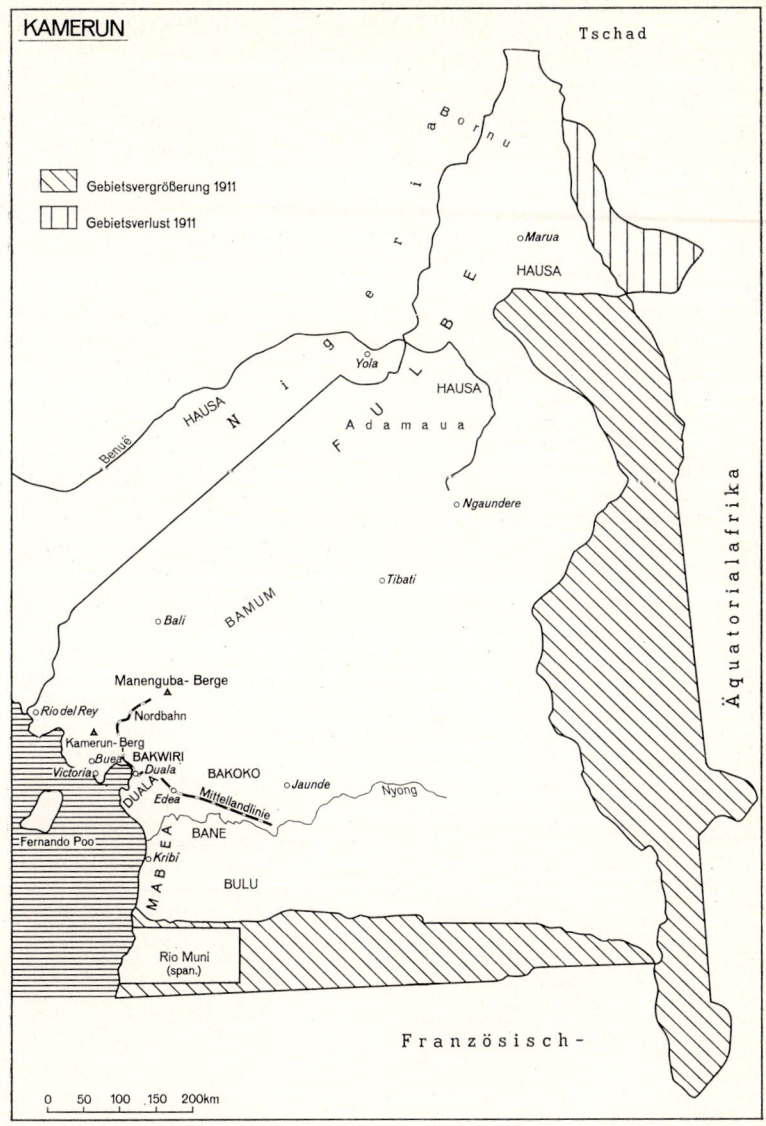

KAMERUN

Tschad

Gebietsvergrößerung 1911

Gebietsverlust 1911

Borno

o Marua

HAUSA

Äquatorialafrika

Nigeria

Benuë

HAUSA

Yola

HAUSA

Adamaua

FULBE

o Ngaundere

o Tibati

BAMUM

o Bali

Manenguba- Berge

o Rio del Rey

Nordbahn

Kamerun- Berg

o Buea   BAKWIRI

Victoria o   o Duala   BAKOKO   o Jaunde   Nyong

DUALA   Edea   Mittellandlinie

Fernando Poo

BANE

MABEA   o Kribi

BULU

Rio Muni
(span.)

Französisch-

0   50   100   150   200km

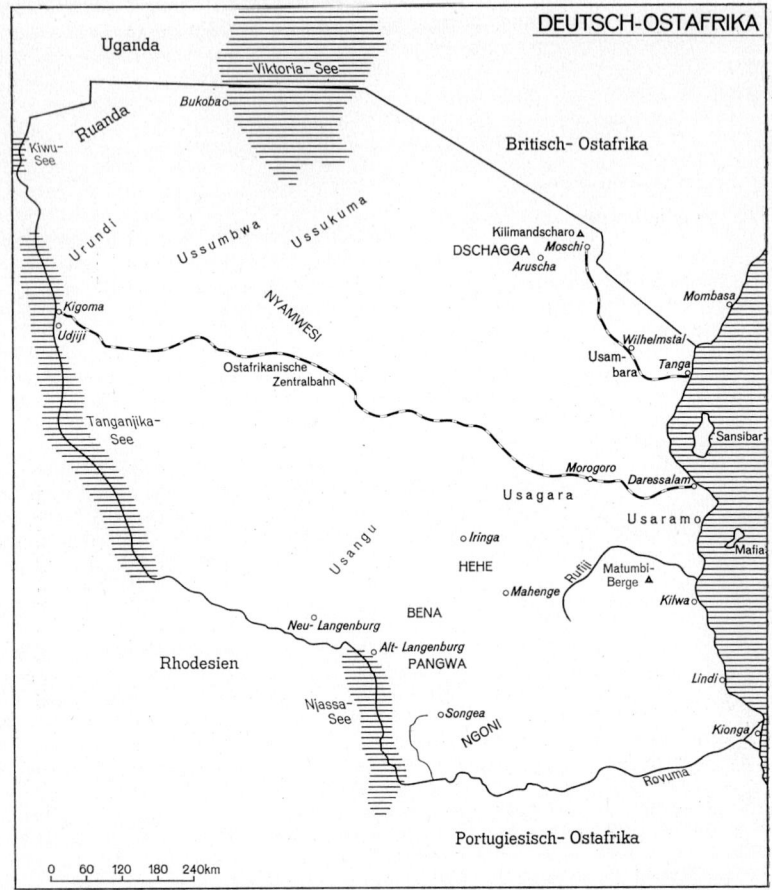

DEUTSCH-OSTAFRIKA

Uganda

Viktoria- See

Bukoba

Ruanda

Kiwu-
See

Britisch- Ostafrika

Urundi

Ussumbwa

Ussukuma

Kilimandscharo ▲
DSCHAGGA   Moschi
     Aruscha

Mombasa

NYAMWESI

Kigoma

Udjiji

Ostafrikanische
Zentralbahn

Wilhelmstal

Usam-
bara

Tanga

Tanganjika-
See

Sansibar

Morogoro   Daressalam

Usagara

Usaramo

Usangu

Iringa

HEHE

Mahenge

Rufiji

Matumbi-
Berge ▲

Mafia

BENA

Neu- Langenburg

Alt- Langenburg
PANGWA

Kilwa

Rhodesien

Njassa-
See

Songea

NGONI

Lindi

Kionga

Rovuma

Portugiesisch- Ostafrika

0   60   120   180   240km

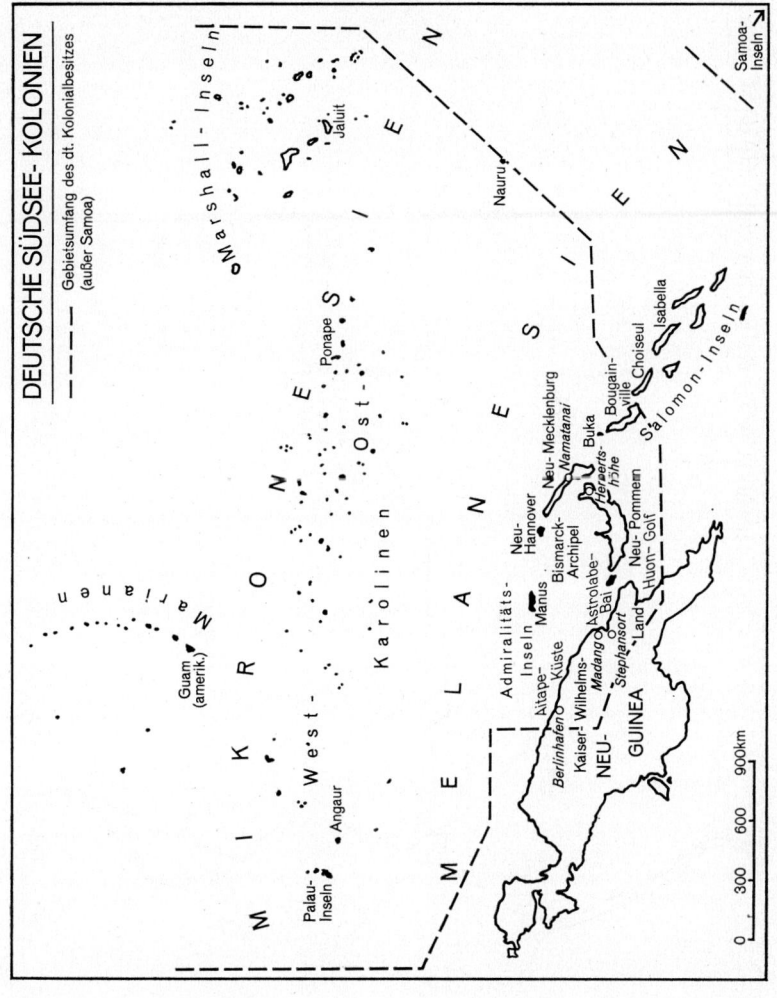

DEUTSCHE SÜDSEE- KOLONIEN

– – – – Gebietsumfang des dt. Kolonialbesitzes
(außer Samoa)

Samoa-Inseln

MIKRONESIEN

Marianen

Guam
(amerik.)

Angaur

Palau-
Inseln

West-

K a r o l i n e n

Ost-

Ponape S

Marshall-Inseln

Jaluit

Nauru

MELANESIEN

Admiralitäts-
Inseln

Manus

Altape

Berlinhafen

Kaiser-Wilhelms-Küste

NEU-
GUINEA

Madang

Stephansort

Astrolabe-
Bai

Land

Huon-Golf

Neu-Pommern

Neu-Hannover

Bismarck-
Archipel

Neu-Mecklenburg

Namatanai

Herberts-
höhe

Buka

Bougain-
ville

Choiseul

Isabella

S a l o m o n - I n s e l n

0   300   600   900km

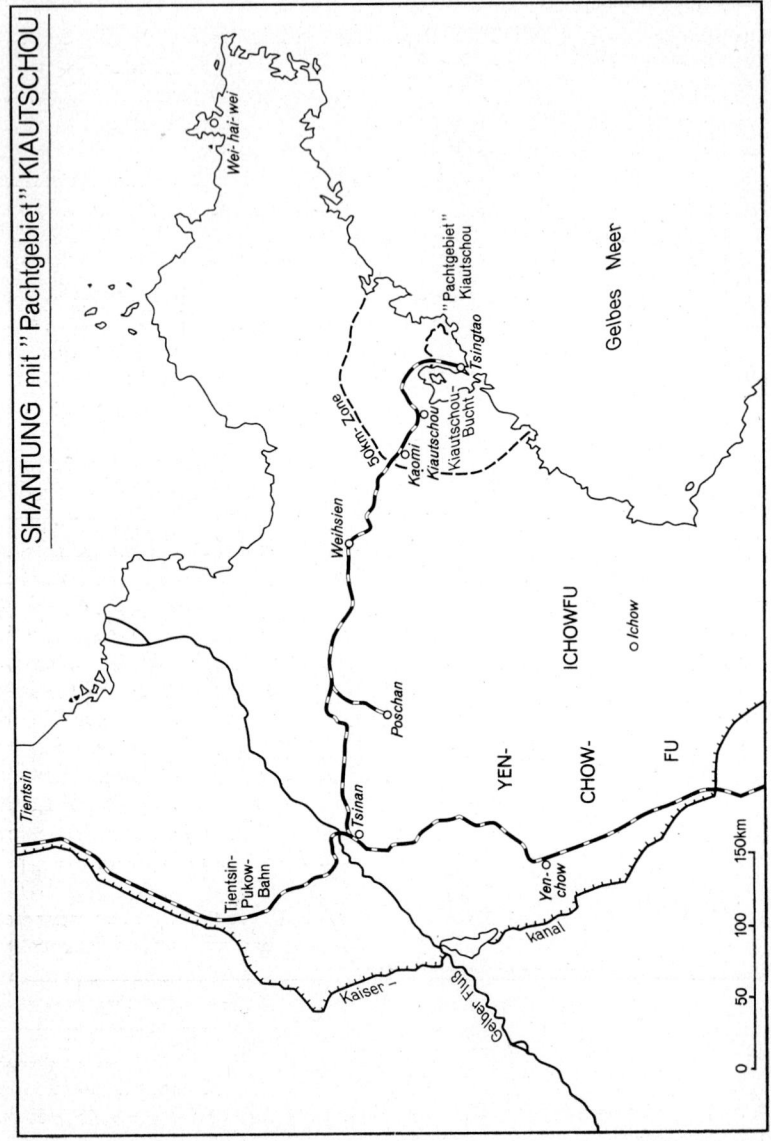

SHANTUNG mit "Pachtgebiet" KIAUTSCHOU

Bibliographie

Bibliographische Hilfsmittel

Afrika-Bibliographie. Verzeichnis des wissenschaftlichen Schrifttums in deutscher Sprache aus den Jahren 1960/1961 ff., Bonn 1963 ff.

Afrika-Schrifttum. Bibliographie deutschsprachiger wissenschaftlicher Veröffentlichungen über Afrika südlich der Sahara, Bd. I: Text, Wiesbaden 1966, Bd. II: Index, 1971.

Africa South of the Sahara. Index to Periodical Literature, 1900—1970, vol. 1—4, Boston, Mass. 1971, First Supplement 1973.

Asamani, J. O., Index Africanus, Stanford, Cal. 1975.

Bestmann, Theodore, A World Bibliography of African Bibliographies, überarb. u. hrsg. v. J. D. Pearson, Oxford 1975.

Bibliotheca Missionum, 21. Bd.: Missions-Literatur von Australien und Ozeanien, 1525—1950, Freiburg 1955.

Bridgman, Jon, Clarke, David E., German Africa. A Select Annotated Bibliography. Hoover Institution Bibliographical Series, Stanford, Cal. 1965.

Brose, Maximilian, Die deutsche Kolonialliteratur von 1884—1895, Berlin 1897 (für die folgenden Jahre im von G. Meinecke herausgegebenen Kolonialen Jahrbuch, Jg. X, 1897 ff.).

Carlson, Andrew R., German Foreign Policy, 1890—1914, and Colonial Policy to 1914: a Handbook and Annotated Bibliography, Metuchen, N.Y. 1970.

Decharme, Pierre, Bibliographie critique de la colonisation allemande, Paris 1900.

De Lancey, Mark W. u. Virginia H., A Bibliography of Cameroon, New York, London 1975 (African Bibliography Series, Bd. 4).

Dickson, Diane, Doson, Carol, World Catalogue of Theses on the Pacific Islands, Canberra 1970.

Dippold, Max F., Une bibliographie du Cameroun. Les écrits en langue allemande, Burgau 1971 (= Veröffentlichung des Instituts für Soziale Zusammenarbeit, Freiburg i. Br.).

Dröscher, Gustav (Bearb.), Deutsche Kolonien. Ein Bücherverzeichnis, Leipzig 1939.

Franz, Eckhart G., Geissler, Peter, Das Deutsch-Ostafrika-Archiv. Inventar der Abteilung „German Records" im Nationalarchiv der Vereinigten Republik Tansania, Dar-es-Salaam, Marburg a. d. Lahn 1973.

Gann, L. H., Duignan, Peter (Hrsg.), Colonialism in Africa, Bd. 5: A Bibliographical guide to Colonialism in Sub-Saharan Africa, Cambridge 1973 (380—410: German Africa).

Gunzenhäuser, Max, Bibliographie zur Außenpolitik und Kolonialpolitik des Deutschen Reiches, 1871—1914, Stuttgart 1943.

Halstead, John, Porcari, Serafino, Modern European Imperialism: A Bibliography of Books and Articles 1815—1972, 2 Bde., Boston, Mass., 1974.

Hess, Robert L., Coger, Dalvan M., A Bibliography of Primary Sources for Nineteenth-Century Tropical Africa as Recorded by Explorers, Missionaries, Traders, Travelers, Administrators, Military Men, Adventurers, and Others, Stanford, Cal. 1973.

Hoffmann, Rainer, Bücherkunde zur chinesischen Geschichte, Kultur und Gesellschaft, München 1973.

Hundsdörfer, Volkhard, Küper, Wolfgang, Bibliographie zur sozialwissenschaftlichen Erforschung Tanzanias, München 1974.

International African Bibliography, London 1971 ff.

International African Bibliography 1973—1978. Books, articles and papers in African studies, hg. v. J. D. Pearson, London 1982.

Köhler, Jochen, Deutsche Dissertationen über Afrika. Ein Verzeichnis für die Jahre 1918—1959, Bonn 1962.

Koloniales Schrifttum. Mitteilungen der Deutschen Kolonialbibliothek, Bd. 1, München 1938.

Kolonialschrifttum, München 1942.

Martin, Helmuth, Pflug, Günther (Hrsg.), Deutsche Fernostbibliographie 1980. Deutschsprachige Veröffentlichungen über Ost-, Zentral- und Südostasien, München 1982.

Martineau, A., Rousier, P., Tramond, J. (Hrsg.), Bibliographie d'Histoire Coloniale (1900—1930), Paris 1932.

Maurer, Barbara, Schwarz, Klaus, Hochschulschriften zu Schwarzafrika, 1960—1978. Deutschland, Österreich, Schweiz, Freiburg i. Br. 1979 (= Materialien zur Afrikakunde 1).

Mohammadou, Eldridge, Catalogue des archives coloniales allemandes du Cameroun (I: Le service des archives nationales de Yaoundé), deutsch-französisch, Yaoundé 1972.

Moses, John A., Kennedy, Paul M. (Hrsg.), Germany in the Pacific and Far East, 1870—1914, St. Lucia, Queensland, 1977 (hier: 385—409).

NNB. Namibische National-Bibliographie, Hrsg. v. Eckard Strohmeyer, Basel 1978 ff.

Ofori, Patrick E., Christianity in Tropical Africa: A Selective Annotated Bibliography, Nendeln/Liechtenstein 1977.

Pogge von Strandmann, Hartmut, Smith, Alison, The German Empire in Africa and British Perspectives: A Historical Essay, in: P. Gifford — W. R. Louis (Hrsg.), Britain and Germany in Africa. Imperial Rivalry and Colonial Rule, New Haven 1967, 709—795.

Quellen zur Geschichte Afrikas südlich der Sahara in den Archiven der
Bundesrepublik Deutschland, hrsg. v. Internationalen Archivrat, Zug
1970.
Real, Jürgen, Verwaltung des deutschen Schutzgebietes Togo,
1884—1914, (Findbuch), Koblenz 1980.
Shulman, Frank Joseph, Doctoral Dissertations on China, 1971—1975. A
Bibliography of Studies in Western Languages, Seattle, Wash. 1978.
Siemers, Günther, China vom Opiumkrieg bis zur Gegenwart. Eine ein-
führende Bibliographie, Hamburg 1974.
Verzeichnis der kolonialwissenschaftlichen Schriften und Aufsätze von
Mitgliedern und Mitarbeitern im Kolonial-Institut der Hansischen
Universität zu Hamburg, Hamburg 1939.
Witsch, Josef (Bearb.), Kolonialkunde und Kolonialpolitik. Ein Führer
durch das Kolonial-Schrifttum der Ernst-Abbe-Bücherei und Lesehalle
zu Jena, Jena 1938.

*Handbücher, Forschungsberichte, Zeittafeln, Lexika, Gesetzessammlungen,
Atlanten*

Bade, Klaus J., Imperialismusforschung und Kolonialhistorie, Geschichte
und Gesellschaft 9 (1983), 138—150.
Baumgart, Winfried, Die deutsche Kolonialherrschaft in Afrika. Neue
Wege der Forschung, Vierteljahrsschrift für Sozial- und Wirtschafts-
geschichte 58 (1971), 468—481.
Die deutsche Kolonialgesetzgebung, Berlin 1884—1914.
Dülffer, Jost, Deutsche Kolonialherrschaft in Afrika, Neue Politische
Literatur 26 (1981), 458—473.
Fitzner, Rudolf, Deutsches Kolonial-Handbuch, 2 Bde, Berlin ²1901.
Heydt, August von der, Kolonial-Handbuch, Berlin 1913.
Hertslet, Edward, The Map of Africa by Treaty, showing the various
political and territorial changes which have taken place since the
general peace of 1814. With numerous maps and notes, 3 Bde, Lon-
don ³1909, Nachdruck 1967.
Jacob, Ernst Gerhard, Deutsche Kolonialkunde 1884—1934, Dresden
1934 (2. Aufl.: Deutsche Kolonialkunde, Dresden 1940).
Kienitz, Ernst (Hrsg.), Zeittafel zur deutschen Kolonialgeschichte, Mün-
chen 1941.
Lange, Fritz (Hrsg.), Deutscher Kolonial-Atlas, 21. Aufl. Berlin 1939.
Langhans, Paul, Justus Perthes alldeutscher Atlas, Gotha 1903.
Meyer, Hans (Hrsg.), Das Deutsche Kolonialreich. Eine Länderkunde der
deutschen Schutzgebiete, Bd. I: Ostafrika und Kamerun, Leipzig,
Wien 1909; Bd. II: Togo, Südwestafrika, Schutzgebiete in der Südsee
und Kiautschougebiete, ebd. 1910.
Nohlen, Dieter, Nuscheler, Franz (Hrsg.), Handbuch der Dritten Welt,
8 Bde, 2. überarb. u. erg. Aufl. Hamburg 1982 ff.

Ohm, Thomas, Wichtige Daten der Missionsgeschichte, Münster [2]1961.
Riebow, O. von, Zimmermann, Alfred (Hrsg.), Die Deutsche Kolonialgesetzgebung. Sammlung der auf die deutschen Schutzgebiete bezüglichen Gesetze. Aufgrund amtlicher Quellen und zum dienstlichen Gebrauch, 2 Bde, Berlin 1893 u. 1898.
Ruppel, Julius, Die Landesgesetzgebung für das Schutzgebiet Kamerun. Sammlung der in Kamerun zur Zeit geltenden völkerrechtlichen Verträge, Gesetze, Verordnungen und Dienstvorschriften mit Anmerkungen und Register, Berlin 1912.
Schnee, Heinrich (Hrsg.), Deutsches Koloniallexikon, 3 Bde, Leipzig 1920.
Spellmeyer, Hans, Deutsche Kolonialpolitik im Reichstag, Stuttgart 1931.
Zorn, Philipp, Sassen, Franz Josef (Hrsg.), Deutsche Kolonialgesetzgebung, Berlin [2]1913.

Quellen, Quelleneditionen

Behnen, Michael, Quellen zur deutschen Außenpolitik im Zeitalter des Imperialismus, Darmstadt 1977.
Bericht über die Verhandlungen des Allgemeinen Deutschen Kongresses zur Förderung überseeischer Interessen in Berlin vom 13.—16. Sept. 1886, Berlin 1886.
Boelcke, Willi A., So kam das Meer zu uns. Die preußisch-deutsche Kriegsmarine in Übersee, 1822—1914, Frankfurt a. M., Berlin 1981.
Deutschland und seine Kolonien im Jahre 1896. Amtlicher Bericht über die erste deutsche Kolonialausstellung, hg. v. Arbeitsausschuß der deutschen Kolonialausstellung, Berlin 1897.
Die deutsche Kolonialpolitik. Aktenstücke, 3 Bde, Berlin 1902—1907.
Die große Politik der europäischen Kabinette 1871—1914. Sammlung der Diplomatischen Akten des Auswärtigen Amtes. Im Auftrage des Auswärtigen Amtes hg. v. Johannes Lepsius, Albrecht Mendelssohn-Bartholdy, Friedrich Thimme, 40 Bde, Berlin 1923—1929.
Fenske, Hans (Hrsg.), Im Bismarckschen Reich 1871—1890, Darmstadt 1978.
Ders., Unter Wilhelm II., Darmstadt 1982.
Gründer, Horst, Der moderne Imperialismus. Unterrichtsmaterialien für die Sekundarstufe II, Düsseldorf [2]1983.
Grütter, Werner, Brandt, Hartwig (Hrsg.), Der Imperialismus von 1870 bis 1914, Paderborn 1982.
Jacob, Ernst Gerhard (Hrsg.), Deutsche Kolonialpolitik in Dokumenten, Gedanken und Gestalten aus den letzten fünfzig Jahren, Leipzig 1938.
Ders., Kolonialpolitisches Quellenheft. Die deutsche Kolonialfrage 1918—1935. Mit einem Geleitwort von Gouverneur Dr. Schnee, Bamberg 1935.
Koloniale Reichstagsreden, 3 Bde, Berlin 1902—1907.

Mommsen, Wolfgang J. (Hrsg.), Der Imperialismus. Seine geistigen, politischen und wirtschaftlichen Grundlagen, Hamburg 1977.
Stenographische Berichte über die Verhandlungen des Deutschen Reichstags nebst Anlagen, 1884 ff.
Verhandlungen der Deutschen Kolonialkongresse 1902 (1905, 1910, 1924) zu Berlin, Berlin 1903 (1906, 1910, 1924).
Verhandlungsberichte über die Sitzungen des Gouvernementsrates vom 20. bis 23. Juni 1912, Dar es Salaam 1912 (ff.).

Übergreifende Darstellungen, Kolonialismusproblematik

Albertini, Rudolf von, Dekolonisation. Die Diskussion über die Verwaltung und Zukunft der Kolonien 1918—1960, Zürich 1966.
Ders., Europäische Kolonialherrschaft 1880—1940, Zürich-Freiburg i. Br. 1976 (hierin A. Wirz über die deutschen Kolonien in Afrika: 302—326).
Ders., Colonialism and Underdevelopment: Critical Remarks on the Theory of Dependency, in: L. Blusse, H. L. Wesseling, J. D. Winius (Hrsg.), History and Underdevelopment. Essays on Underdevelopment and European Expansion in Asia and Africa, Leiden 1980, 42—52.
Ansprenger, Franz, Auflösung der Kolonialreiche, München 1966, ³1977.
Balandier, Georges, Die koloniale Situation: Ein theoretischer Ansatz, in: Rudolf von Albertini (Hrsg.), Moderne Kolonialgeschichte, Köln-Berlin 1970, 105—124.
Baumgart, Winfried, Der Imperialismus. Idee und Wirklichkeit der englischen und französischen Kolonialexpansion 1880—1914, Wiesbaden 1975.
Césaire, Aimé, Über den Kolonialismus, Berlin 1968.
Fanon, Frantz, Les Damnés de la terre, Paris 1961, dt. Reinbek b. Hamburg 1969.
Fieldhouse, David K., Die Kolonialreiche seit dem 18. Jahrhundert, Frankfurt 1965 (=Fischer-Weltgeschichte 29).
Ders., Colonialism 1870—1945, New York-London 1981.
Gerwin, Jos, Mergner, Gottfried (Hrsg.), Innere und äußere Kolonisation. Zur Geschichte der Ausbreitung Europas auf die übrige Welt (I), Oldenburg 1982.
Gerwin, Jos, Mergner, Gottfried, Koetsier, Jos (Hrsg.), Alltäglichkeit und Kolonialisierung. Zur Geschichte der Ausbreitung Europas auf die übrige Welt (II), Oldenburg 1983.
Grohs, Gerhard, Stufen afrikanischer Emanzipation. Studien zum Selbstverständnis westafrikanischer Eliten, Stuttgart-Berlin-Köln-Mainz 1967.
Hampe, Peter, Die ökonomische Imperialismustheorie. Kritische Untersuchungen, München 1976.

Leclerc, Gérard, Anthropologie und Kolonialismus, Frankfurt a. M. 1976.

Memmi, A., Der Kolonisator und der Kolonisierte. Zwei Porträts, Frankfurt a. M. 1980.

Mommsen, Wolfgang J., Imperialismustheorien. Ein Überblick über die neueren Imperialismustheorien, Göttingen ²1980.

Nuscheler, Franz, Ziemer, Klaus, Politische Herrschaft in Schwarzafrika. Geschichte und Gegenwart, München 1978.

Panikkar, Kavalam Madhava, Asien und die Herrschaft des Westens, Zürich 1955.

Robinson, Ronald, Non-European foundations of European imperialism: sketch for a theory of collaboration, in: Studies in the theory of imperialism, hrsg. v. Roger Owen — Bob Sutcliffe, London 1972, 117—142.

Rodney, Walter, How Europe Underdeveloped Africa, London 1972 (dt. Afrika. Die Geschichte einer Unterentwicklung, Berlin 1975).

Schinzinger, Francesca, Die Kolonien und das Deutsche Reich. Die wirtschaftliche Bedeutung der deutschen Besitzungen in Übersee, Wiesbaden 1984.

Senghaas, Dieter (Hrsg.), Imperialismus und strukturelle Gewalt. Analysen über abhängige Reproduktion, Frankfurt a. M. ²1973.

Wesseling, H. L. (Hrsg.), Expansion and Reaction, Leiden 1978.

Gesamtdarstellungen zur deutschen Kolonialgeschichte, deutsche Kolonialideologie

Bade, Klaus J., Das Kaiserreich als Kolonialmacht: Ideologische Projektionen und historische Erfahrungen, in: J. Becker — A. Hillgruber (Hrsg.), Die deutsche Frage im 19. und 20. Jahrhundert, Augsburg 1983, 91—108.

Baglione, Frank Michael, Mysticism and Domination. Theories of Self-Preservation, Expansion and Racial Superiority in German Imperialist Ideology, Phil. Diss. (Masch.) Tufts University 1981.

Brunschwig, Henri, L'expansion allemande outre-mer du XVᵉ siècle à nos jours, Paris 1957.

Cornevin, Robert, Histoire de la Colonisation Allemande, Paris 1969, dt. Goslar 1974.

Gothsch, Manfred, Die deutsche Völkerkunde und ihr Verhältnis zum Kolonialismus. Ein Beitrag zur kolonialideologischen und kolonialpraktischen Bedeutung der deutschen Völkerkunde in der Zeit von 1870 bis 1975, Baden-Baden 1984.

Graudenz, Karlheinz, Die deutschen Kolonien. Geschichte der deutschen Schutzgebiete in Wort, Bild und Karte. Dokumentation und Bildmaterial Hanns Michael Schindler, München 1982 (populärwissenschaftlich).

Gründer, Horst, Christliche Mission und deutscher Imperialismus. Eine politische Geschichte ihrer Beziehungen während der deutschen Kolonialzeit (1884—1914) unter besonderer Berücksichtigung Afrikas und Chinas, Paderborn 1982.

Hassert, Kurt, Deutschlands Kolonien. Erwerbungs- und Entwicklungsgeschichte, Landes- und Volkskunde und wirtschaftliche Bedeutung unserer Schutzgebiete, Leipzig 1899.

Henderson, William Otto, Studies in German Colonial History, London 1962.

Smith, Woodruff D., The Ideology of German Colonialism 1840—1914, Journal of Modern History 46 (1974), 641—662.

Ders., The German Colonial Empire, Chapel Hill 1978.

Timm, Uwe, Deutsche Kolonien, München 1981 (Bildband).

Townsend, Mary Evelyn, The Rise and Fall of Germany's Colonial Empire 1884—1918, New York 1930, dt. Leipzig 1932.

Westphal, Wilfried, Geschichte der deutschen Kolonien, München 1984 (populärwissenschaftlich).

Winfield, Judith A., Carl Peters and Cecil Rhodes. A Comparative Study of Imperialist Theory and Practice, Phil. Diss. (Masch.) University of Connecticut 1972.

Zimmermann, Alfred, Geschichte der deutschen Kolonialpolitik, Berlin 1914.

Zur Vorgeschichte der deutschen Kolonien

Fenske, Hans, Die deutsche Auswanderung in der Mitte des 19. Jahrhunderts — Öffentliche Meinung und amtliche Politik, Geschichte in Wissenschaft und Unterricht 24 (1973), 221—236.

Ders., Imperialistische Tendenzen in Deutschland vor 1866. Auswanderung, überseeische Bestrebungen, Weltmachtträume, Historisches Jahrbuch 97/98 (1978), 337—383.

Marschalck, Peter, Deutsche Überseewanderung im 19. Jahrhundert. Ein Beitrag zur soziologischen Theorie der Bevölkerung, Stuttgart 1973.

Petter, Wolfgang, Die überseeische Stützpunktpolitik der preußisch-deutschen Kriegsmarine 1859—1883, Freiburg i. Br. 1975.

Schramm, Percy Ernst, Deutschland und Übersee. Der deutsche Handel mit anderen Kontinenten, insbesondere Afrika, von Karl V. bis zu Bismarck. Ein Beitrag zur Geschichte der Rivalität im Wirtschaftsleben, Braunschweig 1950.

Sieveking, Heinrich, Hamburger Kolonisationspläne 1840—42, Preußische Jahrbücher 86 (1896), 149—170.

Sommerlad, Theo, Der deutsche Kolonialgedanke und sein Werden im 19. Jahrhundert, Halle a. d. S. 1918.

Winkel, Harald, Der Texasverein. Ein Beitrag zur Geschichte der deutschen Auswanderung im 19. Jahrhundert, Vierteljahrsschrift für Sozial- und Wirtschaftsgeschichte 55 (1968), 348—372.

Expansionsagitation, organisierte Kolonialbewegung

Bade, Klaus J., Friedrich Fabri und der Imperialismus in der Bismarckzeit. Revolution — Depression — Expansion, Freiburg i. Br. 1975.
Bonhard, Otto, Geschichte des Alldeutschen Verbandes, Leipzig — Berlin
1920.
Chickering, Roger, We Men Who Feel Most German. A Cultural Study
of the Pan-German League 1886—1914, London 1984.
Fabri, Friedrich, Bedarf Deutschland der Colonien? Eine politisch-ökonomische Betrachtung, Gotha 1879.
Gründer, Horst, „Gott will es" — Eine Antisklavereibewegung am Ende
des 19. Jahrhunderts, Geschichte in Wissenschaft und Unterricht 28
(1977), 210—224.
Klauß, Klaus, Die Deutsche Kolonialgesellschaft und die deutsche Kolonialpolitik von den Anfängen bis 1895, Phil. Diss. (Masch.) Berlin (O)
1966.
Krätschell, Hermann, Karl Peters 1856—1918. Ein Beitrag zur Publizistik des imperialistischen Nationalismus in Deutschland, Phil. Diss.
FU Berlin 1959.
Krieger, Ursula, Hugo Zöller. Ein deutscher Journalist als Kolonial-
pionier, Würzburg 1940.
Kruck, Alfred, Geschichte des Alldeutschen Verbandes 1890—1939, Wies-
baden 1954.
Müller, Helmut, Fieber, Hans-Joachim, Die Deutsche Kolonialgesell-
schaft, in: Die bürgerlichen Parteien in Deutschland, hrsg. v. einem
Redaktionskollektiv unter Leitung von D. Fricke, Leipzig 1968, Bd. 1,
390—407.
Peters, Carl, Gesammelte Schriften, 3 Bde, München — Berlin 1943.
Pierard, Richard Victor, The German Colonial Society, 1892—1914, Phil.
Diss. (Masch.) University of Iowa 1964.
Ders., A Case Study in German Economic Imperialism: The Colonial
Economic Committee, 1896—1914, Scandinavian Economic History
Review 16 (1968), 155—167.
Pogge von Strandmann, Hartmut, Nationale Verbände zwischen Welt-
politik und Kontinentalpolitik, in: Marine und Marinepolitik im
kaiserlichen Deutschland, hrsg. v. H. Schottelius und W. Deist, Düssel-
dorf 1972, 296—317.
Schilling, Konrad, Beiträge zu einer Geschichte des radikalen Nationalis-
mus in der Wilhelminischen Ära 1890—1909. Die Entstehung des
radikalen Nationalismus, seine Einflußnahme auf die innere und
äußere Politik des deutschen Reiches und die Stellung von Regierung
und Reichstag zu seiner politischen und publizistischen Aktivität, Phil.
Diss. Köln 1968.
Wernecke, Klaus Dieter, Der Wille zur Weltgeltung. Außenpolitik und
Öffentlichkeit am Vorabend des Ersten Weltkrieges, Düsseldorf 1970.

Wertheimer, Mildred S., The Pan-German League, 1890—1914, New York 1924.

Koloniale Interessen, Parteien und Kolonialismus

Ascher, Abraham, Imperialists within German Social Democracy prior to 1914, Journal of Central European Affairs 20 (1961), 397—422.

Ders., „Radical" Imperalists within German Social Democracy, 1912—1918, Political Science Quarterly 76 (1961), 555—579.

Bachem, Karl, Vorgeschichte, Geschichte und Politik der deutschen Zentrumspartei. Zugleich ein Beitrag zur Geschichte der katholischen Bewegung sowie zur allgemeinen Geschichte des neueren und neuesten Deutschland, 9 Bde, Köln 1927—1932.

Böhm, Eckehard, Überseehandel und Flottenbau. Hanseatische Kaufmannschaft und deutsche Seerüstung 1879—1902, Hamburg 1972.

Calwer, Richard, Kolonialpolitik und Sozialdemokratie, Sozialistische Monatshefte 11 (1907), 192—200.

Dix, Arthur, Sozialdemokratie, Militarismus und Kolonial-Politik auf den Sozialisten-Kongressen 1907, Berlin [1907].

Düding, Dieter, Der Nationalsoziale Verein 1896—1903. Der gescheiterte Versuch einer parteipolitischen Synthese von Nationalismus, Sozialismus und Liberalismus, München — Wien 1972.

Faber, Karl-Georg, Zur Vorgeschichte der Geopolitik. Staat, Nation und Lebensraum im Denken deutscher Geographen vor 1914, in: H. Dollinger — H. Gründer — A. Hanschmidt (Hrsg.), Weltpolitik — Europagedanke — Regionalismus. Festschrift für Heinz Gollwitzer zum 65. Geburtstag, Münster 1982, 389—406.

Gottwald, Herbert, Zentrum und Imperialismus. Zur Geschichte der Wandlung des Zentrums beim Übergang zum Imperialismus in Deutschland, Phil. Diss. (Masch.) Jena 1965.

Hampe, Peter, Sozioökonomische und psychische Hintergründe der bildungsbürgerlichen Imperialbegeisterung, in: Klaus Vondung (Hrsg.), Das wilhelminische Bildungsbürgertum. Zur Sozialgeschichte seiner Ideen, Göttingen 1976, 67—79.

Holl, Karl, List, Günter (Hrsg.), Liberalismus und imperialistischer Staat. Der Imperialismus als Problem liberaler Parteien 1890—1914, Göttingen 1975.

Jaeger, Hans, Unternehmer in der deutschen Politik (1890—1918), Bonn 1967.

Kühne, Horst, Die Ausrottungsfeldzüge der „Kaiserlichen Schutztruppen in Afrika" und die sozialdemokratische Reichstagsfraktion, Zeitschrift für Militärgeschichte 18 (1979), 206—216.

Lorenz, Ina Susanne, Eugen Richter. Der entschiedene Liberalismus in wilhelminischer Zeit 1871 bis 1906, Husum 1980.

Mansfeld, Alfred (Hrsg.), Sozialdemokratie und Kolonien, mit Beiträgen von Eduard Bernstein u. a., Berlin 1919.

266 Bibliographie

Morsey, Rudolf, Die deutschen Katholiken und der Nationalstaat zwischen Kulturkampf und Erstem Weltkrieg, Historisches Jahrbuch 90 (1970), 31—64.

Nishikawa, Masao, Zivilisierung der Kolonien oder Kolonisierung durch Zivilisation? Die Sozialisten und die Kolonialfrage im Zeitalter des Imperialismus, in: J. Radkau — I. Geiss (Hrsg.), Imperialismus im 20. Jahrhundert, Gedenkschrift für George W. F. Hallgarten, München 1976, 87—112.

Noske, Gustav, Kolonialpolitik und Sozialdemokratie, Stuttgart 1914.

Nußbaum, Manfred, Vom „Kolonialenthusiasmus" zur Kolonialpolitik der Monopole. Zur deutschen Kolonialpolitik unter Bismarck, Caprivi, Hohenlohe, Berlin (O) 1962.

Pehl, Hans, Die deutsche Kolonialpolitik und das Zentrum (1884—1914), Phil. Diss. Limburg 1934.

Schröder, Hans-Christoph, Sozialismus und Imperialismus. Die Auseinandersetzung der deutschen Sozialdemokratie mit dem Imperialismusproblem und der „Weltpolitik" vor 1914, Teil I, Hannover 1968.

Ders., Sozialistische Imperialismusdeutung. Studien zu ihrer Geschichte, Göttingen 1973.

Ders., Gustav Noske und die Kolonialpolitik des Deutschen Kaiserreichs, Berlin — Bonn 1979.

Schulte-Althoff, Franz-Josef, Studien zur politischen Wissenschaftsgeschichte der deutschen Geographie im Zeitalter des Imperialismus, Paderborn 1971.

Seeber, Gustav, Zwischen Bebel und Bismarck. Zur Geschichte des Linksliberalismus in Deutschland 1871—1893, Berlin 1965.

Stern, Fritz, Gold und Eisen. Bismarck und sein Bankier Bleichröder, Frankfurt a. M.-Berlin 1978.

Theiner, Peter, Sozialer Liberalismus und deutsche Weltpolitik. Friedrich Naumann im Wilhelminischen Deutschland (1860—1919), Baden-Baden 1983.

Washausen, Helmut, Hamburg und die Kolonialpolitik des Deutschen Reiches, 1880—1890, Hamburg 1968.

Weinberger, Gerda, Die deutsche Sozialdemokratie und die Kolonialpolitik, Zeitschrift für Geschichtswissenschaft 15 (1967), 402—423.

Winkelmann, Ingeburg, Die bürgerliche Ethnographie im Dienste der Kolonialpolitik des Deutschen Reiches (1870—1918), Phil. Diss. (Masch.) Berlin (O) 1966.

Zeender, John K., The German Center Party 1890—1906, Philadelphia 1976.

Bismarck und der Kolonialismus, seine Nachfolger

Aydelotte, William O., Bismarck and British Colonial Policy, 1883—1885, Philadelphia 1937, Reprint 1974.

Ders., Wollte Bismarck Kolonien? in: Deutschland und Europa. Festschrift für Hans Rothfels, hrsg. v. W. Conze, Düsseldorf 1951, 41—68.

Bade, Klaus J., Antisklavereibewegung in Deutschland und Kolonialkrieg in Deutsch-Ostafrika 1888—1890: Bismarck und Friedrich Fabri, Geschichte und Gesellschaft 3 (1977), 31—58.

Crowe, Sybil E., The Berlin West African Conference, 1884—1885, London 1942.

Grube, Jochen, Bismarcks Politik in Europa und Übersee. Seine „Annäherung" an Frankreich im Urteil der Pariser Presse 1883—1885, Bern-Frankfurt a. M. 1975.

Hagen, Maximilian von, Bismarcks Kolonialpolitik, Stuttgart-Berlin 1923.

Hallgarten, George W. F., War Bismarck ein Imperialist? Die Außenpolitik des Reichsgründers im Licht der Gegenwart, Geschichte in Wissenschaft und Unterricht 22 (1971), 257—265; Wehler, H.-U., Noch einmal: Bismarcks Imperialismus, ebd. 23 (1972), 226 ff.; Hallgarten, G. W. F., Wehler, der Imperialismus und ich, ebd., 296 ff.

Henning, Hansjoachim, Bismarcks Kolonialpolitik — Export einer Krise?, in: K. E. Born (Hrsg.), Gegenwartsprobleme der Wirtschaft und der Wirtschaftswissenschaft, Tübingen 1978, 53—83.

Hillgruber, Andreas, Bismarcks Außenpolitik, Freiburg i. Br. 1972.

Kennedy, Paul M., German Colonial Expansion in the Late Nineteenth Century: Has the „Manipulated Social Imperialism" been antedated, Past and Present 54 (1972), 134—141.

Miers, Suzanne, The Brussels Conference of 1889—1890: The Place of the Slave Trade in the Policies of Great Britain and Germany, in: Britain and Germany in Africa. Imperial Rivalry and Colonial Rule, hrsg. v. P. Gifford — W. R. Louis, New Haven-London 1967, 83—118.

Pflanze, Otto, Bismarcks Herrschaftstechnik als Problem der gegenwärtigen Historiographie, Historische Zeitschrift 234 (1982), 560—599.

Pogge von Strandmann, Hartmut, Domestic Origins of Germany's Colonial Expansion under Bismarck, Past and Present 42 (1969), 140—159.

Raschdau, Ludwig, Unter Bismarck und Caprivi. Erinnerungen eines deutschen Diplomaten aus den Jahren 1885—1894, Berlin 1939.

Richter, Werner, Bismarck, Frankfurt a. M. 1962.

Taylor, A. J. P., Germany's First Bid for Colonies, 1884—1885, London 1938.

Turner, Henry Ashby, Bismarck's Imperialist Venture: Anti-British in Origin? in: P. Gifford — W. R. Louis (Hrsg.), Britain and Germany in Africa. Imperial Rivalry and Colonial Rule, New Haven-London 1967, 47—82.

Wehler, Hans-Ulrich, Bismarck und der Imperialismus, Köln-Berlin 1969, München [4]1976.

Kolonialverwaltung, Kolonialreform

Crothers, George Dunlap, The German Elections of 1907, New York 1941.

Dernburg, Bernhard, Zielpunkte des Deutschen Kolonialwesens. Zwei Vorträge, Berlin 1907.

Doerr, Friedrich, Deutsches Kolonialzivilprozeßrecht, Leipzig 1914.

Epstein, Klaus, Erzberger and the German Colonial Scandals, 1905—1910, English Historical Review 74 (1959), 637—663.

Ders., Matthias Erzberger und das Dilemma der deutschen Demokratie, Frankfurt a. M.-Berlin-Wien 1976.

Erzberger, Matthias, Die Kolonial-Bilanz. Bilder aus der deutschen Kolonialpolitik auf Grund der Verhandlungen des Reichstages im Sessionsabschnitt 1905/06, Berlin 1906.

Florack, Franz, Die Schutzgebiete, ihre Organisation in Verfassung und Verwaltung, Tübingen 1905.

Frank, Walter, Der Geheime Rat Paul Kayser. Neues Material aus seinem Nachlaß, Historische Zeitschrift 168 (1943), 302—335, 541—563.

Gann, Lewis H., Duignan, Peter, The Rulers of German Africa, 1884—1914, Stanford, Cal. 1977.

Dies., African Proconsuls. European Governors in Africa, Stanford, Cal. 1978 (Schnee, Zech).

Hoffmann, E., Verwaltung und Gerichtsverfassung der deutschen Schutzgebiete, Leipzig 1908.

Hoffmann, Hermann von, Deutsches Kolonialrecht, Leipzig 1907.

Hoffmann, Walter K. H., Vom Kolonialexperten zum Experten der Entwicklungszusammenarbeit. Acht Fallstudien zur Geschichte der Ausbildung von Fachkräften für Übersee in Deutschland und der Schweiz, Saarbrücken-Fort Lauderdale 1980.

Huber, Ernst Rudolf, Deutsche Verfassungsgeschichte seit 1789, Bd. 4: Struktur und Krise des Kaiserreichs, Stuttgart 1969, 604—634.

Kade, Eugen, Die Anfänge der deutschen Kolonial-Zentralverwaltung, Würzburg-Aumühle 1939.

Kucklentz, Karl, Das Zollwesen der deutschen Schutzgebiete in Afrika und der Südsee, Berlin 1914.

Lackner, Horst, Koloniale Finanzpolitik im Deutschen Reichstag (von 1880—1919), Rechts- und Staatswiss. Diss. Königsberg 1939, Berlin 1939.

Petter, Wolfgang, Das Offizierkorps der deutschen Kolonialtruppen 1889—1918, in: H. H. Hofmann (Hrsg.), Das deutsche Offizierkorps 1860—1960, Boppard a. Rh. 1980, 163—174.

Ders., Militärische Einwirkungen auf die deutsche Kolonialverwaltung in Afrika, 1884—1918. Ziele und Ergebnisse, in: Commission Internationale d'Histoire Militaire (Hrsg.), Actes du 4ᵉ Colloque Internationale d'Histoire Militaire, Ottawa 1979, 26—43.

Pierard, Richard V., The Dernburg Reform Policy and German East Africa, Tanzania Notes and Records 67 (1967), 31—38.

Pogge von Strandmann, Hartmut, The Kolonialrat. Its Significance and Influence on German Politics 1890 to 1906, Phil. Diss. (Masch.) Oxford 1970.

Reinhard, Wolfgang, „Sozialimperialismus" oder „Entkolonisierung der Historie"? Kolonialkrise und „Hottentottenwahlen" 1904—1907, Historisches Jahrbuch 97/98 (1978), 384—417.

Schack, Friedrich, Das deutsche Kolonialrecht in seiner Entwicklung bis zum Weltkriege, Hamburg 1923.

Schiefel, Werner, Bernhard Dernburg. 1865—1937. Kolonialpolitiker und Bankier im wilhelminischen Deutschland, Zürich — Freiburg 1974.

Schlimm, Karl, Das Grundstücksrecht in den deutschen Kolonien, Leipzig-Reudnitz 1905.

Schulte-Althoff, Franz-Josef, Koloniale Krise und Reformprojekte. Zur Diskussion über eine Kurskorrektur in der deutschen Kolonialpolitik nach der Jahrhundertwende, in: H. Dollinger — H. Gründer — A. Hanschmidt (Hrsg.), Weltpolitik — Europagedanke — Regionalismus. Festschrift für Heinz Gollwitzer zum 65. Geburtstag, Münster 1982, 407—426.

Spidle, J. W., The German Colonial Civil Service: Organization, Selection and Training, Phil. Diss. (Masch.) Stanford University 1972.

Stengel, Karl von, Die Rechtsverhältnisse der deutschen Schutzgebiete, Tübingen 1901.

Tesch, Johannes, Die Laufbahn der deutschen Kolonialbeamten: Ihre Pflichten und Rechte, Berlin [6]1912.

Westphal, Günther, Der Kolonialrat, 1890—1907. Ein Beitrag zur Geschichte der Herausbildung des imperialistischen Kolonialsystems, Phil. Diss. (Masch.) Berlin (O) 1964.

Koloniale Herrschaftsbeziehungen, koloniale Mentalität, Eingeborenenpolitik

Bleicher, Thomas, Das Abenteuer Afrika — Zum deutschen Unterhaltungsroman zwischen den Weltkriegen, in: W. Bader — J. Riesz (Hrsg.), Literatur und Kolonialismus. Bd. 1: Die Verarbeitung der kolonialen Expansion in der europäischen Literatur, Frankfurt a. M. 1983, 251—290.

Buchner, Max, Aurora colonialis, Bruchstücke eines Tagebuches aus dem ersten Beginn unserer Kolonialpolitik 1884/85, München 1914.

Christadler, Marieluise, Zwischen Gartenlaube und Genozid. Kolonialistische Jugendbücher im Kaiserreich, in: aus politik und zeitgeschichte, B 21/77, 28. Mai 1977, 18—36.

Giesebrecht, Franz (Hrsg.), Die Behandlung der Eingeborenen in den deutschen Kolonien. Ein Sammelwerk, Berlin 1897.

Ittameier, Carl, Die Erhaltung und Vermehrung der Eingeborenen-Bevölkerung. Preisgekrönte Bearbeitung der Eduard Woermann-Preisaufgabe, Hamburgische Universität. Abhandlungen aus dem Gebiet der Auslandskunde, Bd. 13, Hamburg 1923.

Külz, Ludwig, Blätter und Briefe eines Arztes aus dem tropischen Deutschafrika, Berlin 1906 ([2]1911, [3]1943[!]).

Liebert, Eduard von, Aus einem bewegten Leben, München 1925.

Mamozai, Martha, Herrenmenschen. Frauen im deutschen Kolonialismus, Reinbek-Hamburg 1982.

Methner, Wilhelm, Unter drei Gouverneuren. 16 Jahre Dienst in deutschen Tropen, Breslau 1938.

Oetker, Karl, Die Negerseele und die Deutschen in Afrika. Ein Kampf gegen Missionen, Sittlichkeitsfanatismus und Bureaukratie vom Standpunkt moderner Psychologie, München 1907.

Paczensky, Gert von, Weiße Herrschaft. Eine Geschichte des Kolonialismus, München 1979 (vorher unter dem Titel „Die Weißen kommen", Hamburg 1970).

Perbandt, C. v., Richelmann, G., Schmidt, Rochus, u. a., Hermann von Wissmann. Deutschlands größter Afrikaner. Sein Leben und Wirken unter Benutzung des Nachlasses, Berlin 1906.

Reuss, Martin, The Disgrace and Fall of Carl Peters: Morality, Politics, and „Staatsräson" in the Time of Wilhelm II, Central European History 14 (1981), 110—141.

Scharlach, Julius, Koloniale und politische Aufsätze und Reden, hrsg. v. Heinrich von Poschinger, Berlin 1903.

Schmitt-Egner, Peter, Kolonialismus und Faschismus. Eine Studie zur historischen und begrifflichen Genesis faschistischer Bewußtseinsformen am deutschen Beispiel, Gießen-Lollar 1975.

Schütze, Waldemar, Schwarz gegen Weiß, Berlin o. J. (1908).

Sebald, Peter, Malam Musa — Gottlob Adolf Krause (1850—1938). Forscher — Wissenschaftler — Humanist. Leben und Lebenswerk eines antikolonial gesinnten Afrika-Wissenschaftlers unter den Bedingungen des Kolonialismus, Berlin (O) 1972.

Seitz, Theodor, Vom Aufstieg und Niederbruch deutscher Kolonialmacht. Erinnerungen, 3 Bde, Karlsruhe 1927—1929.

Solf, Wilhelm H., Kolonialpolitik. Mein politisches Vermächtnis, Berlin 1919.

Steins, Martin, Das Bild des Schwarzen in der europäischen Kolonialliteratur 1870—1918, Frankfurt a. M. 1972.

Vietsch, Eberhard von, Wilhelm Solf. Botschafter zwischen den Zeiten, Tübingen 1961.

Vogt, Wilhelm, Die Entwicklung der Eingeborenenpolitik in den deutschen Kolonien, Phil. Diss. Greifswald 1927, Gießen 1927.

Warmbold, Joachim, „Ein Stückchen neudeutsche Erd'". Deutsche Kolonial-Literatur. Aspekte ihrer Geschichte, Eigenart und Wirkung, dargestellt am Beispiel Afrikas, Frankfurt a. M. 1982.

Bibliographie   271

Kultur- und Bildungspolitik, Mission, kolonialärztliche Tätigkeit, koloniale Infrastruktur

Bade, Klaus J. (Hrsg.), Imperialismus und Kolonialmission. Kaiserliches Deutschland und koloniales Imperium, Wiesbaden 1982.

Berg, Ludwig, Die katholische Heidenmission als Kulturträger, 3 Bde, Aachen ²1927.

Bruch, Rüdiger vom, Weltpolitik als Kulturmission. Auswärtige Kulturpolitik und Bildungsbürgertum in Deutschland am Vorabend des Ersten Weltkrieges, Paderborn 1982.

Die Deutsche Evangelische Ärztliche Mission nach dem Stande des Jahres 1928. Im Auftrage des Verbandes der Vereine für ärztliche Mission hrsg. v. Deutschen Institut für ärztliche Mission in Tübingen, Stuttgart 1928.

Düwell, Kurt, Link, Werner (Hrsg.), Deutsche auswärtige Kulturpolitik seit 1871, Köln 1981.

Fiedler, Klaus, Christentum und afrikanische Kultur. Konservative Missionare in Tanzania 1900—1940, Gütersloh 1983.

Hammer, Karl, Weltmission und Kolonialismus. Sendungsideen des 19. Jahrhunderts im Konflikt, München 1978.

Hanf, Theodor, Erziehung und politischer Wandel in Schwarzafrika, in: Dieter Oberndörfer (Hrsg.), Systemtheorie, Systemanalyse und Entwicklungsländerforschung, Berlin 1971, 517—573.

Mehnert, Wolfgang, Schulpolitik im Dienste der Kolonialherrschaft des deutschen Imperialismus in Afrika (1884—1914), Habil. Schrift (Masch.) der Phil. Fak. Leipzig 1965.

Mirbt, Carl, Mission und Kolonialpolitik in den deutschen Schutzgebieten, Tübingen 1910.

Mogk, Walter, Paul Rohrbach und das „Größere Deutschland". Ethischer Imperialismus im Wilhelminischen Zeitalter. Ein Beitrag zur Geschichte des Kulturprotestantismus, München 1972.

Osteraas, Gary Lynn, Missionary Politics in Cameroon, 1884—1914, Phil. Diss. (Masch.) Columbia University 1972.

Ploeg, Arie J. van der, Education in Colonial Africa. The German Experience, Comparative Education Review 21 (1977), 91—109.

Schlunk, Martin, Die Schulen für Eingeborene in den deutschen Schutzgebieten am 1. Juni 1911. Auf Grund einer statistischen Erhebung der Zentralstelle des Hamburgischen Kolonialinstituts dargestellt, Hamburg 1914.

Schmidlin, Josef, Die katholischen Missionen in den deutschen Schutzgebieten, Münster 1913.

Weichert, Ludwig, Das Schulwesen deutscher evangelischer Missionsgesellschaften in den deutschen Kolonien, Berlin 1914.

Afrika allgemein

Ajayi, J. F. Ade, Crowder, Michael, History of West Africa, Bd. II, London 1974.

Ashiwaju, Michael, German economic and political penetration of Nigeria 1840 to 1900, Phil. Diss. (Masch.) Leipzig 1968.

Bade, Klaus J., Die deutsche Kolonialexpansion in Afrika: Ausgangssituation und Ergebnis, in: Walter Fürnrohr (Hrsg.), Afrika im Geschichtsunterricht europäischer Länder. Von der Kolonialgeschichte zur Geschichte der Dritten Welt, München 1982, 13—47.

Bertaux, Pierre, Afrika. Von der Vorgeschichte bis zu den Staaten der Gegenwart, Frankfurt a. M. 1966 (= Fischer Weltgeschichte 32).

Brownlie, Ian, African Boundaries. A Legal and Diplomatic Encyclopaedia, London 1979.

Cornevin, Robert, The Germans in Africa before 1918, in: Colonialism in Africa 1870—1960, Bd. I: The History and Politics of Colonialism 1870—1914, hrsg. v. L. H. Gann and P. Duignan, London-New York 1969, 293—324.

Crowder, Michael, West Africa under Colonial Rule, London 1968.

Diehn, Otto, Kaufmannschaft und deutsche Eingeborenenpolitik in Togo und Kamerun von der Jahrhundertwende bis zum Ausbruch des Weltkrieges. Dargestellt unter besonderer Berücksichtigung des Bremer Afrikahauses J. K. Vietor, Phil. Diss. (Masch.) Hamburg 1956.

Gann, Lewis H., Duignan, Peter (Hrsg.), Colonialism in Africa, 5 Bde, Cambridge 1969—1975; Bd. I: The History and Politics of Colonialism 1870—1914, Cambridge 1969 (darin: Robert Cornevin, The Germans in Africa before 1918, 383—419), Bd. IV: The Economics of Imperialism, ebd. 1975 (darin: L. H. Gann, Economic Development in Germany's African Empire, 1884—1914, 213—255).

Gifford, Prosser, Louis, William Roger (Hrsg.), Britain and Germany in Africa. Imperial Rivalry and Colonial Rule, New Haven — London 1967.

Jacob, Ernst Gerhard, Grundzüge der Geschichte Afrikas, Darmstadt 1966.

Ki-Zerbo, Josef, Histoire de l'Afrique Noire, Paris 1978, dt. Wuppertal 1979, Frankfurt a. M. ²1981.

Müller, Hartmut, Bremen und Westafrika. Wirtschafts- und Handelsbeziehungen im Zeitalter des Früh- und Hochkolonialismus 1841 bis 1941, Jahrbuch der Wittheit zu Bremen 15 (1971), 45—92; 17 (1973), 75—148.

Oliver, Roland, Mathew, Gervase (Hrsg.), History of East Africa, Bd. 1, Oxford 1963; Bd. 2, hg. v. Vincent Harlow und E. M. Chilver, Reprint 1968, Bd. 3, hg. v. D. A. Low und Alison Smith, 1976.

Stoecker, Helmut (Hrsg.), Drang nach Afrika. Die koloniale Expansionspolitik und Herrschaft des Deutschen Imperialismus in Afrika von den Anfängen bis zum Ende des zweiten Weltkrieges, Berlin (O) 1977.

Ustorf, Werner, Humanität und Freihandel. Hanseatische Exportfirmen und Kolonialpolitik am Beispiel Togos und Kameruns, Entwicklungspolitische Korrespondenz 5—6 (1977), 14—19.

Wilson, Henry S., The imperial experience in sub-Saharan Africa since 1870, London 1977.

Südwestafrika

Bertelsmann, Werner, Die deutsche Sprachgruppe Südwestafrikas in Politik und Recht seit 1915, Windhoek 1979.

Bley, Helmut, Kolonialherrschaft und Sozialstruktur in Deutsch-Südwestafrika 1894—1914, Hamburg 1968.

Bridgman, Jon M., The Revolt of Hereros, Berkeley 1981.

Clarence-Smith, W. G., Moorsom, R., Underdevelopment and Class-Formation in Ovamboland, 1845—1915, Journal of African History 16 (1975), 365—381.

De Vries, Johannes L., Namibia-Mission und Politik (1880—1918). Der Einfluß des deutschen Kolonialismus auf die Missionsarbeit der Rheinischen Missionsgesellschaft im früheren Deutsch-Südwestafrika, Neukirchen-Vluyn 1980.

Drechsler, Horst, Südwestafrika unter deutscher Kolonialherrschaft. Der Kampf der Herero und Nama gegen den deutschen Imperialismus (1884—1915), Berlin (O) 1966.

Driessler, Heinrich, Die Rheinische Missionsgesellschaft in Südwestafrika, Gütersloh 1932.

Engel, Lothar, Die Stellung der Rheinischen Missionsgesellschaft zu den politischen und gesellschaftlichen Verhältnissen Südwestafrikas und ihr Beitrag zur dortigen kirchlichen Entwicklung bis zum Nama-Herero-Aufstand 1904—1907, Theol. Diss., Hamburg 1972.

Ders., Kolonialismus und Nationalismus im deutschen Protestantismus in Namibia 1907—1945. Beiträge zur Geschichte der deutschen evangelischen Mission und Kirche im ehemaligen Kolonial- und Mandatsgebiet Südwestafrika, Bern-Frankfurt/M. 1976.

Ermacora, Felix, Namibia/Südwestafrika, Müchen 1981.

Esterhuyse, J. H., South West Africa 1880—1894. The Establishment of German Authority in South West Africa, Cape Town 1968.

Fehr, Eugen, Namibia. Befreiungskampf in Südwestafrika, Freiburg i. Ue. 1973.

Goldblatt, I., History of South West Africa from the beginning of the nineteenth century, Cape Town 1971.

Helbig, Helga, Helbig, Ludwig, Mythos Deutsch-Südwest. Namibia und die Deutschen, Weinheim 1983.

Hintrager, Oskar, Südwestafrika in der deutschen Zeit, München 1955.

Hubrich, Heinrich Georg, Melber, Henning, Namibia — Geschichte und
Gegenwart zur Frage der Dekolonisation einer Siedlungskolonie,
Bonn 1977.
Jenny, Hans, Südwestafrika. Land zwischen den Extremen, Stuttgart
⁵1975.
Kienetz, Alvin, Nineteenth-Century South West Africa as a German
Settlement Colony, Phil. Diss. Minnesota 1976.
Ders., The Key Role of Orlam Migration in the Early Europeanization
of South West Africa, International Journal of African Historical
Studies 10 (1977), 553—572.
Lau, Brigitte, The Emergence of Kommando politics in Namaland,
Southern Namibia 1800—1870, Cape Town 1982.
Leser, Hartmut, Namibia, Stuttgart 1982.
Leutwein, Theodor, Elf Jahre Gouverneur in Deutsch-Südwestafrika,
Berlin 1906.
Löwis of Menar, Henning von, Namibia im Ost-West-Konflikt, Köln
1983.
Loth, Heinrich, Die christliche Mission in Südwestafrika. Zur destrukti-
ven Rolle der Rheinischen Missionsgesellschaft beim Prozeß der
Staatsbildung in Südwestafrika (1842—1893), Berlin (O) 1963.
Lüderitz, Carl August (Hrsg.), Die Erschließung von Deutsch-Südwest-
afrika durch Adolf Lüderitz. Akten, Briefe und Denkschriften, Ol-
denburg 1945.
Malan, J. S., Peoples of South West Africa/Namibia, Pretoria-Cape
Town 1980.
Melber, Henning, Schule und Kolonialismus: Das formale Erziehungs-
wesen Namibias, Hamburg 1979.
Ders. (Hrsg.), Namibia — Kolonialismus und Widerstand, Bonn 1981.
Mzimela, Sipo Elijah, Nazism and Apartheid: The Role of the Christian
Churches in Nazi Germany and Apartheid South Africa, Phil. Diss.
(Masch) New York University 1980.
Nachtwei, Winfried, Namibia. Von der antikolonialen Revolte zur natio-
nalen Bewegung. Geschichte der ehemals deutschen Kolonie Südwest-
afrika, Mannheim 1976.
Namibia: Die Aktualität des kolonialen Verhältnisses, Bremen 1982 (=
Diskurs. Bremer Beiträge zur Wissenschaft und Gesellschaft, Bd. 6).
Rohrbach, Paul, Deutsche Kolonialwirtschaft, Bd. 1: Südwestafrika,
Berlin 1907.
Sander, Louis, Geschichte der Deutschen Kolonial-Gesellschaft für Süd-
west-Afrika, 2 Bde, Berlin 1910—1912.
Schrank, Gilbert Isaac, German South West-Africa: Social and Economic
Aspects of its History, 1884—1915, Phil. Diss. (Masch.) New York
University 1974.
Schüssler, Wilhelm, Adolf Lüderitz, Bremen 1936.

Sollars, James W., African Involvement in the Colonial Development of German South West Africa, 1883—1907, Phil. Diss. (Masch.) University of Washington 1972.

Sudholt, Gert, Die deutsche Eingeborenenpolitik in Südwestafrika. Von den Anfängen bis 1904, Hildesheim, New York 1975.

S.W.A. Wissenschaftliche Gesellschaft (Hrsg.), Die Ethnischen Gruppen in Südwestafrika, Windhoek o. J. (1965).

Vedder, Heinrich, Das alte Südwestafrika. Südwestafrikas Geschichte bis zum Tode Mahareros. Nach den besten schriftl. und mündl. Quellen erzählt, Berlin 1934 (fotomech. Repr. Johannesburg 1963).

Wallenkampf, Arnold Valentin, The Herero Rebellion in South West Africa, 1904—1906. A Study in German Colonialism, Phil. Diss. Los Angeles 1969, Ann Arbor 1977.

Weber, Otto von, Geschichte des Schutzgebietes Deutsch-Südwest-Afrika, Windhoek o. J.

Wege, Fritz, Zur Entstehung und Entwicklung der Arbeiterklasse in Südwestafrika während der deutschen Kolonialherrschaft, Phil. Diss. (Masch.) Halle/S. 1966.

Wieden, Helga bei der, Wollschafzucht in Deutsch-Südwestafrika, Vierteljahrsschrift für Sozial- und Wirtschaftsgeschichte 58 (1971), 67—87.

Witbooi, Hendrik, Afrika den Afrikanern! Aufzeichnungen eines Nama-Häuptlings aus der Zeit der deutschen Eroberung Südwestafrikas 1884—1894, hg. v. Wolfgang Reinhard, Berlin-Bonn 1982.

Togo

Adick, Christel, Pädagogische Idylle und Wirtschaftswunder im deutschen Schutzgebiet Togo. — Zur Entstehung eines kolonialen Bildungswesens in Afrika, Die dritte Welt. Vierteljahresschrift zum wirtschaftlichen, kulturellen, sozialen und politischen Wandel, 5 (1977), 27—46.

Dies., Bildung und Kolonialismus in Togo. Eine Studie zu den Entstehungszusammenhängen eines europäisch geprägten Bildungswesens in Afrika am Beispiel Togos (1850—1914), Weinheim 1981.

Cornevin, Robert, Histoire du Togo, Paris 1959.

Darkoh, M. B. K., Togoland under the Germans: Thirty Years of Economic Development (1884 to 1914), Nigerian Geographical Journal 10 (1967), 107—122.

Debrunner, Hans W., A Church between Colonial Powers. A Study of the Church in Togo, London 1965.

Full, August, Fünfzig Jahre Togo, Berlin 1935.

Gärtner, Karl, Togo. Finanztechnische Studie über die Entwicklung des Schutzgebiets, Darmstadt 1924.

Knoll, Arthur J., Togo under Imperial Germany 1884—1914. A Case Study in Colonial Rule, Stanford, Cal., 1978.

Müller, Karl, Geschichte der katholischen Kirche in Togo, Kaldenkirchen, Rhld. 1958.

Norris, Edward Graham, The Hausa Kola Trade through Togo, 1899—1912: Quantifications, Paideuma 30 (1984), 161—184.

Nußbaum, Manfred, Togo — eine Musterkolonie? Berlin (O) 1962.

Rivinius, Karl J., Akten zur katholischen Togo-Mission. Auseinandersetzung zwischen Mitgliedern der Steyler Missionsgesellschaft und deutschen Kolonialbeamten in den Jahren 1903—1907, Neue Zeitschrift für Missionswissenschaft 35 (1979), 58—69, 108—132, 171 bis 190.

Sebald, Peter, Die Kriegsziele der deutschen Togo-Interessenten im ersten Weltkrieg, Wissenschaftliche Zeitschrift der Humboldt-Universität zu Berlin, Gesellschafts- und sprachwiss. Reihe, 13. Jg., 1964, 872—875.

Kamerun

Ardener, Edwin, Ardener, Shirley, Warmington, W. A., Plantation and Village in the Cameroons, Oxford 1960.

Austen, Ralph A., Duala versus Germans in Cameroon: economic dimension of a political conflict, Revue Française d'Histoire d'Outre-Mer 64 (1977), 477—497.

Ballhaus, Jolanda, Die Gesellschaft Nordwest-Kamerun. Ein Beitrag zur Geschichte der kolonialen Konzessionspolitik des deutschen Imperialismus von der Jahrhundertwende bis zum ersten Weltkrieg, Phil. Diss. (Masch.) Berlin (O) 1966.

Dies., Die Landkonzessionsgesellschaften, in: H. Stoecker (Hrsg.), Kamerun unter deutscher Kolonialherrschaft. Studien, Bd. 2, Berlin (O) 1968, 99—179.

Berger, Heinrich, Mission und Kolonialpolitik. Die katholische Mission in Kamerun während der deutschen Kolonialzeit, Immensee 1978.

Braukämper, Ulrich, Der Einfluß des Islam auf die Geschichte und Kulturentwicklung Adamauas. Abriß eines afrikanischen Kulturwandels, Wiesbaden 1970.

Brutsch, J.-R., Les Traités Camerounais, Études Camerounaises 47—48 (1955), 1—32.

B.(rutsch), J.-R., Autour du Procès de Rudolf Duala Manga, Études Camerounaises 51 (1956), 44—51.

Chilver, E. M., Zintgraff's Explorations in Bamenda, Adamawa and the Benue Lands 1889—1892, Buea 1966.

Ders., Paramountcy and Protection in the Cameroons: The Bali and the Germans, 1889—1913, in: Britain and Germany in Africa. Imperial Rivalry and Colonial Rule, hg. v. P. Gifford — W. R. Louis, New Haven-London 1967, 479—511.

Dippold, Max F., L'Image du Cameroun dans la littérature coloniale allemande. Essai sur une littérature coloniale et ses survivances (1880—1943—1969), Yaoundé 1971.

Dominik, Hans, Vom Atlantik zum Tschadsee. Kriegs- und Forschungsfahrten in Kamerun, Berlin 1908.

Essiben, Madiba, Colonisation et Evangélisation en Afrique. L'Héritage scolaire du Cameroun 1885—1956, Bern 1980.

Friedländer, Marianne, Die deutsche Kolonialpolitik in Kamerun von ihren Anfängen bis 1914, Wissenschaftliche Zeitschrift der Humboldt-Universität Berlin, Gesellschafts- und sprachwissenschaftliche Reihe, 5. Jg., 1955/56, 309—328.

Halldén, Erik, The Culture Policy of the Basel Mission in the Cameroons 1886—1905, Lund 1968.

Hausen, Karin, Deutsche Kolonialherrschaft in Afrika. Wirtschaftsinteressen und Kolonialverwaltung in Kamerun vor 1914, Zürich, Freiburg i. Br. 1970.

Hurault, Jean, Une phase de la conquête allemande du Cameroun: l'occupation de Banyo (1902), Revue Française d'Histoire d'Outre-Mer 61 (1974), 579—593.

Imbert, Jean, Le Cameroun, Paris 1973.

Jaeck, Hans-Peter, Die deutsche Annexion, in: Helmut Stoecker (Hrsg.), Kamerun unter deutscher Kolonialherrschaft. Studien, Bd. 1, Berlin (O) 1960, 33—87.

Laburthe-Tolbra, Philippe, Minlaaba, Lille-Paris 1977.

Mandeng, Patrice, Auswirkungen der deutschen Kolonialherrschaft in Kamerun. Die Arbeitskräftebeschaffung in den Südbezirken Kameruns während der deutschen Kolonialherrschaft 1884—1914, Hamburg 1973.

Michel, Marc, Les Plantations allemandes du Mont Cameroun 1885—1914, Revue Française d'Histoire d'Outre-Mer 57 (1969), 183—213.

Mveng, Engelbert, L'histoire du Cameroun, Paris 1963.

Owona, Adalbert, La naissance du Cameroun (1884—1914), Cahiers d'Études Africaines 13 (1973), 16—36.

Passarge, Siegfried, Adamaua. Bericht über die Expedition des Deutschen Kamerun-Komitees in den Jahren 1893/94, Berlin 1895.

Puttkamer, Jesco von, Gouverneursjahre in Kamerun, Berlin 1912.

Rudin, Harry R., Germans in the Cameroons 1884—1914. A Case Study in Modern Imperialism, London 1938.

Rüger, Adolf, Der Aufstand der Polizeisoldaten (Dezember 1893), in: Helmut Stoecker (Hrsg.), Kamerun unter deutscher Kolonialherrschaft. Studien, Bd. 1, Berlin (O) 1960, 97—147.

Ders., Die Entstehung und Lage der Arbeiterklasse unter dem deutschen Kolonialregime in Kamerun (1895—1905), in: ebd., 149—233.

Ders., Die Widerstandsbewegung des Rudolf Manga Bell in Kamerun, in: Études africaines/Afrika-Studien, hg. v. W. Markov, Leipzig 1967, 107—128.

Schömann, Hartmut, Der Eisenbahnbau in Kamerun unter deutscher Kolonialherrschaft, Phil. Diss. (Masch.) Berlin (O) 1965.

Shu, Solomon Neba, The Collaboration Policy in Cameroon Education 1910—1931 (a study in the policy of collaboration between government and voluntary agencies), Phil. Diss. (Masch.) London 1972.

Skolaster, Hermann, Die Pallottiner in Kamerun, 25 Jahre Missionsarbeit, Limburg 1924.

Stoecker, Helmut (Hrsg.), Kamerun unter deutscher Kolonialherrschaft. Studien, 2 Bde, Berlin (O) 1960 bzw. 1968.

Winkler, Hella, Das Kameruner Protektorat 1906—1914, in: H. Stoecker (Hrsg.), Kamerun unter deutscher Kolonialherrschaft. Studien, Bd. 1, Berlin (O) 1960, 243—286.

Wirz, Albert, Vom Sklavenhandel zum kolonialen Handel. Wirtschaftsräume und Wirtschaftsformen in Kamerun vor 1914, Freiburg i. Br. 1972.

Ders., Malaria — Prophylaxe und kolonialer Städtebau: Fortschritt oder Rückschritt? Gesnerus 37 (1980), 215—234.

Ostafrika

Austen, Ralph Albert, Northwest Tanzania under German and British Rule. Colonial Policy and Tribal Politics, 1889—1939, New Haven-London 1968.

Bair, Henry Martin jr., Carl Peters and German Colonialism: A Study in the Ideas and Actions of Imperialism, Phil. Diss. (Masch.) Stanford, Cal., 1968.

Bald, Detlef, Deutsch-Ostafrika 1900—1914. Eine Studie über Verwaltung, Interessengruppen und wirtschaftliche Erschließung, München 1970.

Ders., Afrikanischer Kampf gegen koloniale Herrschaft. Der Maji-Maji-Aufstand in Ostafrika, Militärgeschichtliche Mitteilungen 19 (1976), 23—50.

Ders., Die Reformpolitik von Gouverneur Rechenberg. Koloniale Handelsexpansion und indische Minderheit in Deutsch-Ostafrika, in: D. Oberndörfer (Hrsg.), Africana Collecta II, Düsseldorf 1971, 242—261.

Baumann, Oscar, In Deutsch-Ostafrika während des Aufstandes, Reise der Dr. Hans Meyer'schen Expedition in Usambara, Wien, Olmütz 1890.

Ders., Usambara und seine Nachbargebiete. Allgemeine Darstellung des Nordöstlichen Deutsch-Ostafrika und seiner Bewohner auf Grund einer im Auftrage der Deutsch-Ostafrikanischen Gesellschaft im Jahre 1890 ausgeführten Reise, Berlin 1891.

Baumgarten, Johannes, Ostafrika, der Sudan und das Seengebiet. Land und Leute. Naturschilderungen, charakteristische Reisebilder und Scenen aus dem Volksleben. Aufgaben und Kulturerfolge der christlichen Mission, Sklavenhandel. Die Antisklavereibewegung, ihre Ziele und ihr Ausgang. Kolonial-politische Fragen der Gegenwart. Nach den neuesten und besten Quellen, Gotha 1890.

Becker, Carl Heinrich, Materialien zur Kenntnis des Islam in Deutsch-Ostafrika, Der Islam 2 (1911), 1—48 (erneut unter dem Titel „Vom Werden und Wesen der islamischen Welt", Leipzig 1932, = Islamstudien 2).

Bell, R. M., The Maji-Maji Rebellion in the Liwale District, Tanganyika Notes and Records 28 (1950), 38—57.

Birken, Andreas, Das Sultanat Zanzibar im 19. Jahrhundert, Phil. Diss. Tübingen 1971.

Büttner, Kurt, Die Anfänge der deutschen Kolonialpolitik in Ostafrika. Eine kritische Untersuchung an Hand unveröffentlicher Quellen, Berlin (O) 1959.

Büttner, Kurt, Loth, Heinrich (Hrsg.), Philosophie der Eroberer und koloniale Minderheiten in Ostafrika 1884—1918, Berlin (O) 1981.

Chrétien, Jean-Pierre, La révolte de Ndungutse (1912). Forces traditionelles et pression coloniale au Rwanda allemand, Revue française d'Histoire d'Outre-Mer 59 (1972), 645—680.

Ders., Mworoha, Pierre Émile (fälschlich Mwareka im Titel), Mwezi Gisabo et le maintien d'une fragile indépendance au Burundi, in: Julien, Charles-André u. a. (Hrsg.), Les Africains, Bd. II, Paris 1977, 251—276.

Cooper, Frederick, Plantation Slavery on the East Coast of Africa in the Nineteenth Century, Phil. Diss. (Masch.) Yale University 1974.

Des Forges, Alison L., Defeat is the Only Bad News: Rwanda under Musinga, 1896—1931, Phil. Diss. (Masch.) Yale University 1972.

Dukes, Jack Richard, Helgoland, Zanzibar, East Africa: Colonialism in German Politics, 1884—1890, Phil. Diss. Illinois 1970.

Eberlie, R. F., The German Achievement in East Africa, Tanganyika Notes and Records 55 (1960), 181—214.

Eggert, Johanna, Missionsschule und sozialer Wandel in Ostafrika. Der Beitrag der deutschen evangelischen Missionsgesellschaften zur Entwicklung des Schulwesens in Tanganyika 1891—1939, Bielefeld 1970.

Ekemode, Gabriel O., German rule in north-east Tanzania, 1885—1914, Phil. Diss. University of London 1973.

Franke, Jürgen, Die Dschagga im Spiegel der zeitgenössischen Berichte 1885—1916. Ein Beitrag zur Geschichte der Dschagga während der deutschen Kolonialzeit, Diss. (Masch.) Leipzig, Sektion Afrika- und Nahostwissenschaften, 1974.

Götzen, Adolf Graf von, Deutsch-Ostafrika im Aufstand 1905/06, Berlin 1909.

Gray, John M., Anglo-German Relations in Uganda, 1890—1892, Journal of African History 1 (1960), 281—297.

Gwassa, G. C. K., The German Intervention and African Resistance in Tanzania, in: A History of Tanzania, hg. v. I. N. Kimambo — A. J. Temu, Nairobi 1969, 85—122.

Henderson, William Otto, German East Africa 1884—1918, in: History of East Africa, Bd. II, hg. v. Vincent Harlow — E. M. Chilver, Oxford 1965, 123—162.

Hornsley, George, German Educational Achievement in East Africa, Tanganyika Notes and Records 62 (1964), 83—90.

Iliffe, John, The Organisation of the Maji-Maji Rebellion, Journal of African History 8 (1967), 495—512.

Ders., Tanganyika under German Rule 1905—1912, Cambridge 1969.

Ders., The Effects of the Maji Maji Rebellion of 1905—1906 on German Occupation Policy in East Africa, in: Britain and Germany in Africa. Imperial Rivalry and Colonial Rule, hg. v. P. Gifford — W. R. Louis, New Haven-London 1967, 557—575.

Ders., The Age of Improvement and Differentiation (1907—1945), in: I. N. Kimambo — A. J. Temu (Hrsg.), A History of Tanzania, Nairobi 1969, 123—160.

Ders., A Modern History of Tanganyika, Cambridge 1979.

Kaniki, M. H. Y., (Hrsg.), Tanzania under Colonial Rule, London 1980.

Kieran, J. A., Abushiri and the Germans, in: B. A. Ogot (Hrsg.), Hadith 2, Nairobi 1970, 157—201.

Kimambo, Isaria N., Temu, A. J. (Hrsg.), A History of Tanzania, Nairobi 1969.

Krebs, Siegfried, Zwangsarbeit in der ehemaligen deutschen Kolonie Ostafrika, Wissenschaftliche Zeitschrift der Karl-Marx-Universität Leipzig, Gesellschafts- u. Sprachwissenschaftliche Reihe, 9. Jg., 1958/60, 395—400.

Langheld, Wilhelm, Zwanzig Jahre in deutschen Kolonien, Berlin 1909.

Loth, Heinrich, Die „neue" Politik des deutschen Imperialismus und der Widerstandskampf in Tanganyika (1906—1918), in: Nationalismus und Sozialismus im Befreiungskampf der Völker Asiens und Afrikas, hg. v. H. Krüger, Berlin (O) 1970, 151—161.

Ders., Antikoloniale Traditionen Tansanias im Kampf gegen den deutschen Imperialismus. Unveröffentlichte Dokumente zur „islamischen Bewegung", Wissenschaftliche Zeitschrift der Karl-Marx-Universität Leipzig, Gesellschafts- und Sprachwissenschaftliche Reihe 17 (1968), 85—90.

Ders., Griff nach Ostafrika. Politik des deutschen Imperialismus und antikolonialer Kampf. Legende und Wirklichkeit, Berlin (O) 1968.

Louis, William Roger, Ruanda-Urundi 1884—1919, Oxford 1963.

Ders., The Anglo-German Hinterland Settlement of 1890 and Uganda, Uganda Journal 27 (1963), 71—83.

Maji Maji Research Project 1968. Collected Papers, University College, Dar es Salaam, Departement of History, 1968.

Marsh, Zoe, Kingsnorth, G. W., An Introduction to the History of East Africa, Cambridge 1963.

Mirtschink, Bernhard, Zur Rolle christlicher Mission in kolonialen Gesellschaften. Katholische Missionserziehung in „Deutsch-Ostafrika", Frankfurt a. M. 1980.

Müller, Fritz Ferdinand, Deutschland — Zanzibar — Ostafrika. Geschichte einer deutschen Kolonialeroberung 1884—1890, Berlin (O) 1959.

Niesel, Hans-Joachim, Kolonialverwaltung und Missionen in Deutsch Ostafrika 1890—1914, Phil. Diss. FU Berlin 1971.

Nolan, Francis Patrick, Christianity in Unyamwezi 1878—1928, Phil. Diss. (Masch.) Cambridge 1977.

Oliver, Roland, The Missionary Factor in East Africa, London 1952, ²1965.

Oliver, Roland, Mathew, Gervase (Hrsg.), History of East Africa, Bd. 1, Oxford 1963; Bd. 2, hg. v. V. Harlow — E. M. Chilver, Reprint 1968; Bd. 3, hg. v. D. A. Low-A. Smith, 1976.

Raum, O. F., German East Africa: Changes in African Life under German Administration, 1892—1914, in: History of East Africa, Bd. II, hg. v. V. Harlow — E. M. Chilver, Oxford 1965, 163—207.

Redmayne, Alison, Mkawa and the Hehe wars, Journal of African History 9 (1968), 409—436.

Rodemann, H. William, Tanganyika, 1890—1914: Selected Aspects of German Administration, Phil. Diss. (Masch.) University of Chicago 1961.

Ryckmans, P., Une Page d'Histoire Coloniale. L'occupation allemande dans l'Urundi, Bruxelles 1953.

Safari, Joseph F., Grundlagen und Auswirkungen des Maji-Maji-Aufstandes von 1905. Kulturgeschichtliche Betrachtungen zu einer Heilserwartungsbewegung in Tansania, Phil. Diss. Köln 1972.

Schmidt, Rochus, Geschichte des Araberaufstandes in Ost-Afrika. Seine Entstehung, seine Niederwerfung und seine Folgen, Frankfurt a. O. 1892.

Schnee, Heinrich, Als letzter Gouverneur in Deutsch-Ostafrika, Erinnerungen, Heidelberg 1964.

Schulte-Althoff, Franz-Josef, Koloniale Reformpolitik und Partikularinteressen. Zur Diskussion über die Rolle der Inder in Deutsch-Ostafrika, Saeculum 32 (1981), 146—171.

Schweitzer, Georg, Emin Pascha. Eine Darstellung seines Lebens und Wirkens mit Benutzung seiner Tagebücher, Briefe und wissenschaftlichen Aufzeichnungen, Berlin 1898.

Singleton, Michael, Why was Gieseke killed? Cultures et développement 8 (1976), 646—665.

Stahl, Kathleen M., History of the Chagga People of Kilimanjaro, London 1964.

Stuhlmann, Franz, Mit Emin Pascha ins Herz von Afrika, Berlin 1894.

Tetzlaff, Rainer, Koloniale Entwicklung und Ausbeutung. Wirtschafts- und Sozialgeschichte Deutsch-Ostafrikas 1885—1914, Berlin 1970.

Trimingham, John Spencer, Islam in East Africa, Oxford 1964.

Volkens, Georg, Der Kilimandscharo. Darstellung der allgemeineren Ergebnisse eines fünfzehnmonatigen Aufenthalts im Dschaggalande, Berlin 1897.

Wagner, J., Deutsch-Ostafrika. Geschichte der Gesellschaft für deutsche Kolonisation und der Deutsch-Ostafrikanischen Gesellschaft nach den amtlichen Quellen, Berlin 1886.

Watson, T., Education in German East Africa, in: Religious Studies Papers, University of East Africa, Makerere Institute of Social Research (Social Science Council Conference 1968/69), 85—104.

Weidner, Fritz, Die Haussklaverei in Ostafrika, geschichtlich und politisch dargestellt, Jena 1915.

Wright, Marcia, Local Roots of Policy in German East Africa, Journal of African History 9 (1968), 621—630.

Dies., Chief Merere and the Germans, Tanzania Notes and Records 69 (1968), 41—49.

Dies., German Missions in Tanganyika 1891—1941. Lutherans and Moravians in the Southern Highlands, Oxford 1971.

Südsee

Baaken, Hildegard, Die Karolinen-Frage 1885, Phil. Diss. (Masch.) Köln 1963.

Bade, Klaus J., Colonial Missions and Imperialism: The Background to the Fiasco of the Rhenish Mission in New Guinea, Australian Journal of Politics and History 21 (1975), 73—94.

Beck, Hanno, Germania in Pacifico. Der deutsche Anteil an der Erschließung des Pazifischen Beckens, Mainz 1970.

Biskup, Peter, Dr. Albert Hahl — Sketch of a German Colonial Official, Australian Journal of Politics and History 14 (1968), 342—357.

Ders., Foreign Coloured Labour in German New Guinea. A Study in Economic Development, Journal of Pacific History 5 (1970), 85—107.

Brown, Richard Gary, Germany, Spain, and the Caroline Islands, 1885—1899, Phil. Diss. (Masch.) University of Southern Mississippi 1976.

Davidson, J. W., Samoa mo Samoa. The Emergence of the Independent State of Western Samoa, Oxford (University Press) 1967.

Detzner, Hermann, Vier Jahre unter Kannibalen. Von 1914 bis zum Waffenstillstand unter deutscher Flagge im unerforschten Innern von Neuguinea, Berlin 1920.

Dodge, Ernest S., Islands and Empires. Western Impact on the Pacific and East Asia, University of Minnesota Press / Minneapolis and Oxford University Press / London 1976.

Ehrlich, Paul Mark, „The Clothes of Men". Ponape Island and German Colonial Rule, 1899—1914, Phil. Diss. (Masch.) State University of New York at Stony Brook 1978.

Ellison, J. W., The Partition of Samoa. A Study in Imperialism and Diplomacy, Pacific Historical Review 8 (1939), 259—288.

Firth, Stewart G., The New Guinea Company, 1885—1899: a case of unprofitable imperialism, Historical Studies 15 (1972), 361—377.

Ders., German Recruitment and Employment of Labourers in the Western Pacific before the First World War, Phil. Diss. (Masch.) Oxford 1973.

Ders., Arbeiterpolitik in Deutsch-Neuguinea vor 1914, in: J. Hütter u. a. (Hrsg.), Tradition und Neubeginn. Internationale Forschungen zur deutschen Geschichte im 20. Jahrhundert, Köln 1975, 481—489.

Ders., Governors versus Settlers: The Dispute over Chinese Labour in German Samoa, The New Zealand Journal of History 11 (1977), 155—179.

Ders., New Guinea under the Germans, Melbourne 1982.

Fischer, Hans, Die Hamburger Südsee-Expedition. Über Ethnographie und Kolonialismus, Frankfurt a. M. 1981.

Gilson, Richard Phillip, Samoa 1830 to 1900. The Politics of a Multi-Cultural Community, Oxford (University Press) 1970.

Hahl, Albert, Deutsch-Neuguinea. Koloniale Fragen im Dritten Reich, Berlin 1936.

Ders., Gouverneursjahre in Neuguinea, Berlin 1937.

Hempenstall, Peter J., The Reception of European Missions in the German Pacific Empire: The New Guinean Experience, Journal of Pacific History 10 (1975), 46—64.

Ders., Pacific Islanders under German Rule. A Study of the Meaning of Colonial Resistance, Australian National University Press, Canberra 1978.

Herkner, Walther, Drei Systeme kolonialer Herrschaft auf Samoa, Jur. Diss. (Masch.) Erlangen 1951.

Hezel, F. X., Catholic Missions in the Caroline and Marshall Islands, Journal of Pacific History 5 (1970), 213—227.

Hilliard, David, Colonialism and Christianity: the Melanesian Mission in the Solomon Islands, Journal of Pacific History 9 (1974), 93—116.

Jacobs, M. G., Bismarck and the Annexation of New Guinea, Historical Studies (Australia and New Zealand) 5 (1951), 14—26.

Ders., German New Guinea, in: P. Ryan (Hrsg.), Encyclopaedia of Papua and New Guinea, Melbourne 1972, 485—498.

Jaspers, Reiner, Die missionarische Erschließung Ozeaniens. Ein quellengeschichtlicher und missionsgeographischer Versuch zur kirchlichen Gebietsaufteilung in Ozeanien bis 1855, Münster 1972.

Ders., Kolonialismus und Missionstätigkeit — erläutert an der Religionsgrenzziehung auf New Britain nach 1890, in: „... denn ich bin bei euch" (Mt 28, 20). Perspektiven im christlichen Missionsbewußtsein heute. Festgabe für Josef Glazik und Bernward Willeke zum 65. Geburtstag, hg. v. Hans Waldenfels, Zürich, Einsiedeln, Köln 1978, 169—182.

Kennedy, Paul M., Anglo-German Relations in the Pacific and the Partition of Samoa, 1885—1899, Australian Journal of Politics and History 17 (1971), 56—62.

Ders., Bismarck's Imperialism: The Case of Samoa, 1880—1890, The Historical Journal 15 (1972), 261—283.

Ders., The Samoan Tangle: A Study in Anglo-German-American Relations, 1878—1900, Dublin 1974.

Koskinen, Aarne A., Missionary Influence as a Political Factor in the Pacific Islands, Helsinki 1953.

Laracy, Hugh, Marists and Melanesians. A History of Catholic Missions in the Salomon Islands, Canberra 1976 (Australian National University Press 1976).

Ders., Church and State in German Samoa: The Solf-Broyer Dispute, The New Zealand Journal of History 12 (1978), 158—167.

Moses, John A., The German Empire in Melanesia, in: The History of Melanesia, Canberra-Port Moresbey 1969, 45—58.

Ders., The Solf Regime in Western Samoa — Ideal and Reality, The New Zealand Journal of History 6 (1972), 42—56.

Ders., Kennedy, Paul M. (Hrsg.), Germany in the Pacific and Far East, 1870—1914, St. Lucia, Queensland, 1977.

Neuhauss, Richard, Deutsch Neu-Guinea, 3 Bde, Berlin 1911.

Pilhofer, Georg, Johann Flierl, der Bahnbrecher des Evangeliums unter den Papua, Neuendettelsau ²1956.

Ders., Die Geschichte der Neuendettelsauer Mission in Neuguinea, 3 Bde, Neuendettelsau 1961—1963.

Sack, Peter G., Land between two Laws. Early European Land Acquisitions in New Guinea, Canberra 1973.

Ders., Sack, Bridget R., The Land Law of German Guinea. A Collection of Documents, Canberra 1975.

Snow, Philip, Waine, Stefanie, The People from the Horizon. An illustrated history of the Europeans among the South Sea Islanders, Oxford 1979.

Treue, Wolfgang, Die Jaluit-Gesellschaft, Tradition 7 (1962), 107—123.

Ders., Die Jaluit-Gesellschaft auf den Marschall-Inseln 1887—1914. Ein Beitrag zur Kolonial- und Verwaltungsgeschichte in der Epoche des deutschen Kaiserreichs, Berlin 1976.

Watters, R. E., The Transition of Christianity in Samoa, Historical Studies (Australia and New Zealand) 8 (1959), 392—399.

Weck, Alfred, Deutschlands Politik in der Samoafrage, Leipzig 1933.

Wolff, E., Das Recht am Grund und Boden im Schutzgebiet von Deutsch Neu Guinea, Zeitschrift für Kolonialpolitik 9 (1907), 465—504.

China

Brandt, Max von, Dreiunddreißig Jahre in Ost-Asien. Erinnerungen eines deutschen Diplomaten, Bd. III: China 1875—1893, Leipzig 1901.

Briessen, Fritz van, Grundzüge der deutsch-chinesischen Beziehungen, Darmstadt 1977.

Bruns, Alfred (Hrsg.), Ein Westfale in China. Briefe und Fotografien 1895—1900. Der Nachlaß Robert Löbbecke, Iserlohn, bearb. v. G. Bettge, Münster 1982.

Bornemann, Fritz, Die Angliederung von Kiaochow (Tsingtao) an das Vikariat Süd-Shantung, Zeitschrift für Missionswissenschaft und Religionswissenschaft 54 (1970), 81—100.

Ders., Der selige P. J. Freinademetz 1852—1908. Ein Steyler China-Missionar. Ein Lebensbild nach zeitgenössischen Quellen, Bozen 1977.

Burdick, Charles Burton, The Japanese siege of Tsingtau. World War I in Asia, Hamden, Conn., 1976.

Chen Chi, Die Beziehungen zwischen Deutschland und China bis 1933, Hamburg 1973.

Ch'en, Jerome, The Nature and Characteristics of the Boxer Movement. A Morphological Study, London 1960.

Ders., Yuan Shih k'ai 1859—1916. Brutus assumes the Purple, Stanford, Cal., 1961.

Ders., The Origin of the Boxers, in: Studies in the Social History of China and South-East Asia. Essays in Memory of Victor Purcell, hg. v. J. Ch'en and N. Tarling, Cambridge 1970, 57—84.

Chesneaux, Jean, China from the Opium Wars to the 1911 Revolution, Hassocks, Suss. 1977.

Chi-ming Hou, Foreign Investment and Economic Development in China, 1840—1937, Cambridge, Mass., 1965.

Cordier, Henri, Historie des Relations de la Chine avec les Puissances Occidentales 1860—1900, 3 Bde, Paris 1901—1902 (dt. Übers. Hu Schöng, Der Imperialismus und Chinas Politik, Berlin 1959).

Drechsler, Karl, Deutschland — China — Japan 1933—1939. Das Dilemma der deutschen Fernostpolitik, Berlin 1964.

Dunstheimer, Georges, Le mouvement des Boxers, Revue historique 231 (1964), 387—416.

Fabritzek, Uwe G., Gelber Drache — Schwarzer Adler, München, Gütersloh, Wien 1973.

Fan, Wön-lan, Neue Geschichte Chinas, Bd. I: 1840—1901, Berlin (O) 1959.

Franke, Wolfgang, Zur antiimperialistischen Bewegung in China, Saeculum 5 (1954), 337—358.

Ders., China und das Abendland, Göttingen 1962.

Ders. (Hrsg.), China-Handbuch, Düsseldorf 1974.

Ders., Das Jahrhundert der chinesischen Revolution. 1851—1949, München, Wien ²1980.

Franzius, G., Kiautschou. Deutschlands Erwerbung in Ostasien, Berlin 1898.

Franz-Willing, Georg, Neueste Geschichte Chinas. 1840 bis zur Gegenwart, Paderborn 1975.

Grimm, Tilemann, Die Boxerbewegung in China 1898—1901, Historische Zeitschrift 224 (1977), 615—634.

Gründer, Horst, Liberale Missionstätigkeit im ehemaligen deutschen „Pachtgebiet" Kiautschou (China), liberal 22 (1980), 522—529.

Hanson, Eric Osborne, The Chinese State and the Catholic Church: The Politics of Religion within the Confucian-Sectarian Dynamic, Phil. Diss. (Masch.) Stanford University 1976.

Hermann, Heinrich, Chinesische Geschichte, Stuttgart 1912.

Hesse-Wartegg, Ernst von, Schantung und Deutsch-China. Von Kiautschou ins Heilige Land von China und vom Jangtsekiang nach Peking im Jahre 1898, Leipzig 1898.

Irmer, Julius, Kiautschou. Die diplomatische Vorbereitung der Erwerbung 1894—1898, Köln 1932.

Kindermann, Gottfried-Karl, Der Ferne Osten in der Weltpolitik des industriellen Zeitalters, München 1970.

Kuepers, Jacobus Joannes Antonius Mathias, China und die katholische Mission in Süd-Shantung 1882—1900. Die Geschichte einer Konfrontation, Steyl 1974.

Kung-chuan Hsiao, A modern China and a New World. K'ang Yu-wei, Reformer and Utopian, 1858—1927, Seattle-London 1975.

Kuo-chi Lee, Die chinesische Politik zum Einspruch von Shimonoseki und gegen die Erwerbung der Kiautschou-Bucht, Phil. Diss. Hamburg 1966, gedr. Münster 1966.

Lessel, Emil von, Böhmen, Frankreich und China 1866—1901. Erinnerungen eines preußischen Offiziers, Köln, Berlin 1981.

Loch, Werner, Die imperialistische deutsche Chinapolitik 1898—1901 und die militärische Intervention gegen den Volksaufstand der Ihotwan, Phil. Diss. (Masch.) Leipzig 1960.

Lodwick, Kathleen Lorraine, Chinese, Missionary, and International Efforts to End the Use of Opium in China, 1890—1916, Phil. Diss. (Masch.) Arizona 1976.

Martin, Bernd (Hrsg.), Die deutsche Beraterschaft in China 1927—1938. Militär, Wirtschaft, Außenpolitik, Düsseldorf 1981.

Möller, Matthias, Deutschlands Chinapolitik vom Einspruch von Shimonoseki bis zur Erwerbung von Kiautschou, Phil. u. Naturwiss. Diss. Münster/W. 1927.

Mogk, Walter, Paul Rohrbach als Organisator der „Hamburg-Bremer-Spende" (1908—1912). Ein Beitrag zur Geschichte des Allgemeinen Evangelisch-Protestantischen Missionsvereins, in: Christ aus Weltverantwortung in der Herausforderung der Gegenwart. Eine Festgabe zum 70. Geburtstag von Prof. Dr. theol. Gerhard Rosenkranz, hg. v. W. Kersten-Thiele, Düsseldorf 1966, 110—137.

Mohr, Friedrich Wilhelm, Handbuch für das Schutzgebiet Kiautschou, Tsingtau 1911.

Moltmann, Günter u. a., Soziale Protestbewegungen in Asien in der Zeit des Imperialismus, Geschichte in Wissenschaft und Unterricht 29 (1978), 345—374, bes. 359—366 (T. Grimm).

Purcell, Victor, The Boxer Uprisings: A Background Study, Cambridge 1963.

Richthofen, Ferdinand von, Shantung und seine Eingangspforte Kiautschou, Berlin 1898.

Rivinius, Karl G., Mission und Politik. Eine unveröffentlichte Korrespondenz zwischen Mitgliedern der „Steyler Missionsgesellschaft" und dem Zentrumspolitiker Carl Bachem, St. Augustin 1977.

Ders., Die katholische Mission in Süd-Shantung. Ein Bericht des Legationssekretärs Speck von Sternburg aus dem Jahr 1895 über die Steyler Mission in China, St. Augustin 1979.

Rohrbach, Paul, Deutschland in China voran! Berlin-Schöneberg 1912.

Sattler-von Sivers, Gabriele, Die Reformbewegung von 1898, in: P. J. Opitz (Hrsg.), Chinas große Wandlung. Revolutionäre Bewegungen im 19. und 20. Jahrhundert, München 1972, 55—81.

Schmidt, Vera, Die deutsche Eisenbahnpolitik in Shantung 1898—1914. Ein Beitrag zur Geschichte des deutschen Imperialismus in China, Wiesbaden 1976.

Schrameier, Wilhelm, Aus Kiautschous Verwaltung. Die Land-, Steuer- und Zollpolitik des Kiautschougebietes, Jena 1914.

Schrecker, John E., Imperialism and Chinese Nationalism. Germany in Shantung, Cambridge, Mass., 1971.

Sösemann, Bernd, Die sog. Hunnenrede Wilhelms II., Historische Zeitschrift 222 (1976), 342—358.

Stingl, Werner, Der Ferne Osten in der deutschen Politik vor dem Ersten Weltkrieg, 2 Bde, Frankfurt a. M. 1978.

Stoecker, Helmuth, Deutschland und China im 19. Jahrhundert. Das Eindringen des deutschen Kapitalismus, Berlin (O) 1958.

Tan, Chester C., The Boxer Catastrophe, New York 1955.

Waldersee, Alfred Graf von, Denkwürdigkeiten des General-Feldmarschalls Alfred Grafen von Waldersee. Auf Veranlassung des Generalleutnants Georg Grafen von Waldersee bearb. u. hg. von Heinrich Otto Meisner, Bd. 3: 1900—1904, Stuttgart, Berlin 1923.

Walle, Heinrich, Das deutsche Kreuzergeschwader in Ostasien 1897—1914; politische Absichten und militärische Wirkung, in: Der Einsatz von Seestreitkräften im Dienste der Auswärtigen Politik, hg. v. Deutschen Marine-Institut (Red. H. Walle), Herford 1983, 32—60.

Weicker, Hans, Kiautschou, Das deutsche Schutzgebiet in Ostasien, Berlin ²1908.

Wilhelm, Salomone (Hrsg.), Richard Wilhelm. Der geistige Mittler zwischen China und Europa, Düsseldorf, Köln 1956.

Wilhelmy, Emil, China — Land und Leute. Illustrierte Geschichte des Reiches der Mitte, Berlin 1904.
Wirth, Benedicta, Imperialistische Übersee- und Missionspolitik, dargestellt am Beispiel Chinas, Münster 1968.
Witte, Johannes, Ostasien und Europa. Das Ringen zweier Weltkulturen, Tübingen 1914.
Yu-Wen Jen, The Taiping Revolutionary Movement, New Haven, London 1973.
Yü, Wen-Fang, Die deutsch-chinesischen Beziehungen von 1860—1880, Bochum 1982.

Navalismus, Weltpolitik, Imperialismus

Altrichter, Helmut, Konstitutionalismus und Imperialismus. Der Reichstag und die deutsch-russischen Beziehungen 1890—1914, Frankfurt/M. 1977.
Baumgart, Winfried, Deutschland im Zeitalter des Imperialismus (1890—1914). Grundkräfte, Thesen und Strukturen, 4. erg. Aufl. Frankfurt a. M. 1982.
Berghahn, Volker, Der Tirpitz-Plan. Genesis und Verfall einer innenpolitischen Krisenstrategie, Düsseldorf 1971.
Deist, Wilhelm, Flottenpolitik und Flottenpropaganda. Das Nachrichtenbureau des Reichsmarineamts 1897—1914, Stuttgart 1976.
Eley, Geoff, Sammlungspolitik, Social Imperialism and the Navy Law of 1898, Militärgeschichtliche Mitteilungen 15 (1974), 29—63.
Fischer, Fritz, Krieg der Illusionen. Die deutsche Politik 1911—1914, Düsseldorf 1969.
Frauendienst, Werner, Deutsche Weltpolitik. Zur Problematik des Wilhelminischen Reiches, Welt als Geschichte 1 (1959), 1—39.
Friedjung, Heinrich, Das Zeitalter des Imperialismus 1884—1914, 3 Bde, Berlin 1919—1922.
Geiss, Imanuel, German Foreign Policy 1871—1914, London 1975.
Gollwitzer, Heinz, Geschichte des weltpolitischen Denkens, Bd. II: Zeitalter des Imperialismus und der Weltkriege, Göttingen 1982.
Gründer, Horst, Religionsprotektorate und europäische Mächterivalitäten im Zeitalter des Imperialismus, Geschichte in Wissenschaft und Unterricht 34 (1983), 416—433.
Grupp, Peter, Deutschland, Frankreich und die Kolonien. Der französische „Parti colonial" und Deutschland von 1890—1914, Tübingen 1980.
Hallgarten, George W. F., Imperialismus vor 1914. Die soziologischen Grundlagen der Außenpolitik europäischer Großmächte vor dem Ersten Weltkrieg, 2 Bde, München ^{2}1963.
Hölzle, Erwin, Die Selbstentmachtung Europas. Das Experiment des Friedens vor und im Ersten Weltkrieg, Göttingen 1975.

Kaulisch, Baldur, Alfred von Tirpitz und die imperialistische deutsche Flottenrüstung, Berlin (O) 1982.

Kennedy, Paul M., The Rise of the Anglo-German Antagonism 1860 to 1914, London 1980.

Koch, Hansjoachim W., Der Sozialdarwinismus. Seine Genese und sein Einfluß auf das imperialistische Denken, München 1973.

Langer, William L., The Diplomacy of Imperialism 1890—1902, New York ²1960, 637—639.

Mommsen, Wolfgang J. (Hrsg.), Der moderne Imperialismus, Stuttgart, Berlin, Köln, Mainz 1971.

Ders., Der europäische Imperialismus. Aufsätze und Abhandlungen, Göttingen 1979.

Sell, Manfred, Die deutsche öffentliche Meinung und das Helgolandabkommen im Jahre 1890, Phil. Diss. Köln, Berlin-Bonn 1926.

Tirpitz, Alfred von, Erinnerungen, Leipzig 1919.

Winzen, Peter, Bülows Weltmachtkonzept. Untersuchungen zur Frühphase seiner Außenpolitik 1897—1901, Boppard a.Rh. 1977.

Marokko, „Mittelafrika", Südafrika

Böhme, Helmut, Katanga in der deutschen Welt- und Kolonialpolitik, in: Wissenschaft, Wirtschaft und Technik. Festschrift für W. Treue, hg. v. K.-H. Manegold, München 1969, 204—209.

Drechsler, Horst, Deutsche Versuche, das deutsch-englische Abkommen von 1898 über die deutsch-portugiesischen Kolonien zu verwirklichen, Zeitschrift für Geschichte 9 (1961), 1619—1631.

Guillen, Pierre, L'Allemagne et le Maroc de 1870 à 1905, Paris 1967.

Hatton, P. H. S., Harcourt and Solf: the Search for an Anglo-German Understanding through Africa, 1912—1914, European Studies Review 1 (1971), 123—145.

Loth, Heinrich, Kolonialismus und „Humanitätsintervention". Kritische Untersuchung der Politik Deutschlands gegenüber dem Kongostaat (1884—1908), Berlin (O) 1966.

Müller-Burbach, Carina, Die deutschen Mittelafrikapläne bis 1914, in: ergebnisse 1, Hamburg 1978, 70—129.

Nissen, Holger, Südafrika im politischen Kalkül des kaiserlichen Deutschland. Zur Geschichte der deutsch-englischen Beziehungen 1884—1902, in: ergebnisse 1, Hamburg 1978, 15—69.

Oncken, Emily, Panthersprung nach Agadir. Die deutsche Politik während der zweiten Marokkokrise, Düsseldorf 1981.

Penner, C. D., Germany and the Transvaal before 1896, Journal of Modern History 12 (1940), 31—58.

Pogge von Strandmann, Hartmut, Rathenau, die Gebrüder Mannesmann und die Vorgeschichte der Zweiten Marokkokrise, in: Deutschland und die Weltpolitik des 19. und 20. Jahrhunderts (Festschrift Fritz

Fischer zum 65. Geburtstag), hg. v. I. Geiss — B. J. Wendt, Düsseldorf 1973, 251—270.

Rathmann, Lothar, Zur Ägyptenpolitik des deutschen Imperialismus vor dem Ersten Weltkrieg, in: Geschichte und Geschichtsbild Afrikas, Berlin 1960, 73—99.

Schreuder, D. M., The Scramble for Southern Africa, 1877—1895. The Politics of Partition Reappraised, Cambridge 1980.

Vincent-Smith, G. D., The Anglo-German Negotiations over the Portuguese Colonies in Africa 1911—1914, Historical Journal 17 (1974), 620—629.

Willequet, Jacques, Le Congo belge et la Weltpolitik (1894—1914), Brüssel 1962.

Naher Osten, Bagdadbahn

Bensinger, Gad J., Palestine in German Thought and Action, 1871—1914, Phil. Diss. (Masch.) Chicago, Ill. 1971.

Carmel, Alex, Die Siedlungen der württembergischen Templer in Palästina 1868—1918. Ihre lokalpolitischen und internationalen Probleme, Stuttgart 1973.

Gründer, Horst, Die Kaiserfahrt Wilhelms II. ins Heilige Land 1898. Aspekte deutscher Palästinapolitik im Zeitalter des Imperialismus, in: H. Dollinger — H. Gründer — A. Hanschmidt (Hrsg.), Weltpolitik — Europagedanke — Regionalismus. Festschrift für Heinz Gollwitzer zum 65. Geburtstag, Münster 1982, 363—388.

Holborn, Hajo, Deutschland und die Türkei 1878—1890, Berlin 1926.

Jaeckh, Ernst, Der goldene Pflug. Lebensernte eines Weltbürgers, Stuttgart 1954.

Kampen, Wilhelm van, Studien zur deutschen Türkeipolitik in der Zeit Wilhelms II., Phil. Diss. (Masch.) Kiel 1968.

Manzenreiter, Johann, Die Bagdadbahn als Beispiel für die Entstehung des Finanzimperialismus in Europa 1872—1903, Bochum 1982.

Mejcher, Helmut, Die Bagdadbahn als Instrument deutschen wirtschaftlichen Einflusses im Osmanischen Reich, Geschichte und Gesellschaft 1 (1975), 447—481.

Ders., Schölch, Alexander (Hrsg.), Die Palästina-Frage 1917—1948. Palästina als Problem internationaler und regionaler Politik von der „Balfour Declaration" bis zum Ende der britischen Mandatszeit, Paderborn 1980.

Rathmann, Lothar, Die Nahostexpansion des deutschen Imperialismus vom Ausgang des 19. Jahrhunderts bis zum Ende des Ersten Weltkriegs, Phil. Habil. (Masch.) Leipzig 1961.

Roth, Erwin, Preußens Gloria im Heiligen Land. Die Deutschen und Jerusalem, München 1973 (populärwissenschaftlich).

Schöllgen, Gregor, Imperialismus und Gleichgewicht. Deutschland, England und die orientalische Frage 1871—1914, München 1984.

Schulte, Bernd F., Vor dem Kriegsausbruch 1914. Deutschland, die Türkei und der Balkan, Düsseldorf 1980.

Wallach, Jehuda L. (Hrsg.), Germany and the Middle East 1835—1939. International Symposium April 1975, Tel-Aviv (1975) (= Jahrbuch des Instituts für Deutsche Geschichte, Beiheft 1).

Mittel- und Südamerika

Blancpain, Jean-Pierre, Les Allemands au Chile, Köln 1974.

Brunn, Gerhard, Deutschland und Brasilien (1889—1914), Köln 1971.

Fluck, Julius, Die Entwicklung der deutsch-brasilianischen Handelsbeziehungen von 1871—1931, Wirtsch. u. sozialwiss. Diss. Köln 1951.

Hell, Jürgen, Die Politik des Deutschen Reiches zur Umwandlung Südbrasiliens in ein überseeisches Neudeutschland (1890—1914), Phil. Diss. (Masch.) Rostock 1966.

Hood, Miriam, Gunboat diplomacy, 1895—1905. Great power pressure in Venezuela, London 1983.

Kannapin, Klaus, Die deutsch-argentinischen Beziehungen von 1891—1914 unter besonderer Berücksichtigung der Handels- und Wirtschaftsbeziehungen und der Auswanderungspolitik, Phil. Diss. (Masch.) Berlin 1968.

Katz, Friedrich, Deutschland, Diaz u. die mexikanische Revolution, 1870—1920, Berlin 1964.

Schaefer, Jürgen, Deutsche Militärhilfe in Südamerika: Militär und Rüstungsinteressen in Argentinien, Bolivien und Chile vor 1914, Düsseldorf 1974.

Schottelius, Herbert, Mittelamerika als Schauplatz deutscher Kolonisationsversuche 1840—1865, Phil. Diss. Hamburg 1939.

1. Weltkrieg

Fischer, Fritz, Griff nach der Weltmacht. Die Kriegszielpolitik des kaiserlichen Deutschland 1914/1918, Kronsberg/Ts. 1977 (Athenäum/Droste Taschenbuch 7203)

Kersten, Dietrich, Die Kriegsziele der Hamburger Kaufmannschaft im Ersten Weltkrieg. Ein Beitrag zur Frage der Kriegszielpolitik im kaiserlichen Deutschland 1914—1918, Phil. Diss. (Masch.) Hamburg 1963.

Louis, William Roger, Das Ende des deutschen Kolonialreiches. Britischer Imperialismus und die deutschen Kolonien 1914—1919, Düsseldorf 1971 (Original-Ausgabe unter dem Titel: Great Britain and Germany's Lost Colonies 1914—1919, Oxford 1967).

Sebald, Peter, Die Kriegsziele der deutschen Togo-Interessenten im ersten Weltkrieg, Wiss. Zeitschrift der Humboldt Universität zu Berlin, Gesellschafts- u. sprachwiss. Reihe, Jg. 13 (1964), 872—875.

Schnee, Heinrich, Deutsch-Ostafrika im Weltkriege. Wie wir lebten und kämpften, Leipzig 1919.
Stoecker, Helmuth, Der erste Weltkrieg, in: ders., Drang nach Afrika. Die koloniale Expansionspolitik und Herrschaft des deutschen Imperialismus in Afrika von den Anfängen bis zum Ende des zweiten Weltkrieges, Berlin (O) 1977, 229—242.

Kolonialrevisionismus in der Weimarer Republik, Kolonialfrage im 3. Reich

Crozier, Andrew J., Die Kolonialfrage während der Locarno-Verhandlungen und danach. Ein Essay über die Beziehungen zwischen Großbritannien und Deutschland 1924—1927, in: W. Michalka — M. M. Lee (Hrsg.), Gustav Stresemann, Darmstadt 1982, 324—349.
Ders., Imperial Decline and the Colonial Question in Anglo-German Relations 1919—1939, European Studies Review 11 (1981), 207—242.
Fieber, H.-J., Die Kolonialgesellschaften — ein Instrument der deutschen Kolonialpolitik in Afrika während der Weimarer Republik, Zeitschrift für Geschichtswissenschaft 1961, Sonderheft, 210—219.
Hauner, Milan, Did Hitler Want a World Dominion? Journal of Contemporary History 13 (1978), 15—32.
Henke, Josef, England in Hitlers politischem Kalkül 1935—1939, Boppard a. Rh. 1973.
Hildebrand, Klaus, Vom Reich zum Weltreich. Hitler, NSDAP und koloniale Frage 1919—1945, München 1969.
Ders., Deutsche Außenpolitik 1933—1945. Kalkül oder Dogma, 4. erg. Aufl., Stuttgart 1980.
Hillgruber, Andreas, Hitlers Strategie. Politik und Kriegführung 1940—1941, München ²1982.
Ders., Deutsche Großmacht- und Weltpolitik im 19. und 20. Jahrhundert, Düsseldorf 1979.
Hinnenberg, Wolfgang, Die deutschen Bestrebungen zur wirtschaftlichen Durchdringung Tanganyikas 1925—1933. Ein Beitrag zur Geschichte der deutschen Kolonialpolitik in der Weimarer Republik, Phil. Diss. Hamburg 1973.
Krebs, Siegfried, „Neue" Kolonialpolitik und koloniale Siedlung in Tanganyika. Ein Beitrag gegen die neokolonialistische Verfälschung der Geschichte der deutschen Kolonialpolitik in der Zeit der Weimarer Republik, Phil. Diss. (Masch.) Leipzig 1964.
Kühne, Horst, Faschistische Kolonialideologie und Zweiter Weltkrieg, Berlin (O) 1962.
Kum'a N'Dumbé III, Alexandre, Pläne zu einer nationalsozialistischen Kolonialherrschaft in Afrika, in: Aspekte deutscher Außenpolitik im 20. Jahrhundert. Aufsätze Hans Rothfels zum Gedächtnis, hg. v. Wolfgang Benz — Hermann Graml, Stuttgart 1976, 165—192.

Ders., Hitler voulait l'Afrique. Le projet du IIIe Reich sur le continent africain, Paris 1980.

Lakowski, Richard, Die Kriegsziele des faschistischen Deutschland im transsaharischen Afrika, Phil. Diss. (Masch.) Berlin (O) 1970.

Louis, William Roger, Colonial Appeasement 1936—1938, Revue Belge de Philologie et d'Histoire 49 (1971), 1175—1191.

Martin, William S., The Colonial-Mandate Question at the Paris Peace Conference of 1919: The United States and the Disposition of the German Colonies in Africa and the Pacific, Phil. Diss. (Masch.) University of Southern Mississippi 1982.

Pogge von Strandmann, Hartmut, Deutscher Imperialismus nach 1918, in: D. Stegmann — B.-J. Wendt — P. Chr. Witt (Hrsg.), Deutscher Konservativismus im 19. und 20. Jahrhundert. Fs. f. Fritz Fischer zum 75. Geburtstag, Bonn 1983, 281—293.

Rich, Norman, Hitler's War Aims, Bd. 2: The Establishment of the New Order, London 1974.

Rüger, Adolf, Die kolonialen Bestrebungen des deutschen Imperialismus in Afrika (Vom Ende des ersten Weltkrieges bis zur Locarno-Konferenz), ungedr. Habil.-Schrift Berlin (O) 1969.

Ders., Der Kolonialrevisionismus der Weimarer Republik, in: Drang nach Afrika. Die koloniale Expansionspolitik und Herrschaft des deutschen Imperialismus in Afrika von den Anfängen bis zum Ende des zweiten Weltkrieges, hg. v. H. Stoecker, Berlin (O) 1977, 243—279.

Schmokel, Wolfe W., Dream of Empire. German Colonialism 1919—1945, New Haven 1964, dt. Gütersloh 1967.

Schnee, Heinrich, Die koloniale Schuldlüge, München ²1927, ¹²1940.

Schöllgen, Gregor, Der Irrweg einer Tradition. Grundlagen der britischen Deutschlandpolitik 1937/38, Historische Zeitschrift, Beih. 8 (1983), 117—134.

Weinberg, Gerhard L., German Colonial Plans and Policies 1938—1942, in: Geschichte und Gegenwartsbewußtsein. Historische Betrachtungen und Untersuchungen. Fs. f. Hans Rothfels zum 70. Geburtstag, hg. v. W. Besson u. F. Frhr. Hiller von Gaertringen, Göttingen 1963, 462—491.

Personenregister

Sachregister